영의 생각, 육신의 생각

ON SPIRITUAL MINDEDNESS

JOHN OWEN

영의 생각,
육신의 생각

존 오웬 지음 | 서문 강 옮김

청교도신앙사

CONTENTS

추천의 글 6
저자의 말 14
역자의 말 19

I part
'영의 생각'의 정체

1장 로마서 8:6의 이해 _ 26
2장 '영의 생각'의 본질 _ 39
3장 '영의 생각'의 허울을 둘러쓴 '육신의 생각' _ 48
4장 '영의 생각'의 증거 _ 75
5장 '영의 생각'의 대상(1) _ 90
6장 '영의 생각'의 대상(2) _ 124
7장 하늘의 영광을 사모함 _ 140
8장 하나님을 묵상함(1) _ 150
9장 하나님을 묵상함(2) _ 176
10장 '영의 생각'의 실천 방안 _ 194

II part

'영의 생각'으로 누리는 마음의 복락

11장 '영의 생각'과 정서 _ 216

12장 정서의 본질 _ 230

13장 새롭게 된 정서(1) _ 238

14장 새롭게 된 정서(2) _ 248

15장 예배를 통해 누리는 기쁨 _ 259

16장 하늘에 속한 것에 동화되어 가는 정서 _ 280

17장 영적 정서의 후패에 대하여 _ 293

18장 영적으로 새로워진 정서의 상태 _ 312

19장 하늘에 속한 신령한 것들의 영광스런 본질 _ 321

20장 새로워진 영적 정서의 승리 _ 332

21장 생명과 평안 _ 339

추천의 글

총신대학교 윤종훈 교수

본 작품은 'Grace and Duty of Being Spiritually Minded'(영적 사색자의 은혜와 의무)를 번역한 것입니다. 1676년에 완성된 저작으로서, 존 오웬이 병들어 사역활동에 매우 불편해 하던 시절에 회중을 대상으로 직접 설교한 내용을 담고 있는 보배와 같은 책입니다. 저자는 책이 완성된 후 7년 뒤에 죽었습니다.

존 오웬는 청교도의 대표적인 인물입니다. 청교도들의 작품은 오늘날 베스트셀러로 호평받는 책들과는 본질적으로 차원이 다릅니다. 청교도들은 진정한 하나님의 말씀에 근거한 예배, 성령의 임재를 매순간 체험하는 그리스도와의 연합된 임재를 경험하는 예배를 드리는 것을 생명보다 더 귀하게 여긴 사람들이었습니다. 그로 인하여 당시 로마 카톨릭과 영국 성공회(Anglican)의 예배 방식과 제도를 거부한다는 오해를 받아 화형 틀에 매달려 장렬한 순교의 잔을 마셨습니다. 그들은 단두대의 형장의 이슬로 이생을 마감하면서도 그것을 영광스런 천국입성으로 여기던 이들이었습니다. 청교도들은 당시 영국 최고위층의 성직계급과 국가 주요직의 제안을 거부한 일로 귀와 손과 팔과 다리가 잘리면서도 '오늘이 마지막이라'는 믿음으로 확신 있고 담대하게 말씀을 선포하였습니다. 그 선포된 내용들이 오늘날 작품으로 남아서 우리의 손에 들려지게 된 것입니다. 오늘날 한국교회가 비본질적인 일로 헛되이 다투느라 혈안이 되어 목숨을 거는 것 같은 현상과는 얼마나 다른 모습입니까!

존 오웬의 글을 사랑하는 독자들은 그의 논리의 영적 깊이와 은혜의 풍성함에 매료됩니다. 그런데 그의 17세기의 영어 구문과 문체는 현대인에게 쉽지 않습니다. 본서의 원서도 예외가 아닙니다.

필자는 총신대에서 학생들에게 '청교도신학'을 강의하면서 존 오웬의 글을 읽도록 하여 청교도의 작품의 진수를 체험하게 하고, 일부 학생들에게 이 책을 발제하여 발표수업을 하도록 하였습니다. 발제에 임한 학생들은 이 책을 내용이 매우 심오하고 귀한 작품으로 인식하였습니다. 그런데 여러 학생들이 오웬이 독자들에게 말하고자 하는 명확한 의도를 이해하는 데 난점이 있음을 호소하곤 하였습니다. 오웬을 전공한 저로서도 그 분의 원문의 깊은 의미를 이해하기에 어려운 점이 있으니 충분히 이해되는 바입니다.

본 역서는 한국번역계의 선두주자로 많은 수고를 감당하시는 서문강 목사님께서 오래 전에 '영적 사고방식'이란 제하로 이미 번역하여 한국 교계에 소개된 내용입니다. 서문 목사님은 평생토록 한국교회에 청교도들의 신앙과 사상 그리고 이들의 삶의 신앙을 소개해주고 이끌어 오셨던 매우 귀한 목회자입니다. 친히 청교도 목회를 추구하시되, 특히 존 오웬의 작품을 중심으로 성도들과 깊은 나눔의 사역을 통하여 건강하고 충실한 신자들을 양육하려고 애를 쓰고 계십니다. 서문 목사님의 부단한 노력과 헌신적인 노고의 열매는 오늘날 한국교회 신자들에게 참으로 큰 위로와 소망을 안겨줄 것으로 확신하는 바입니다.

서문 목사님이 섬기시는 교회 성도들을 대상으로 이미 역간된 그 책을 함께 묵상하고 토론하는 과정 중에서 오웬의 글의 특성상 난해한 부분들이 있음을 감지하였습니다. 그래서 오늘날 모든 그리스도인들이 이 귀한 서적을 좀 더 쉽고도 편리하게 묵상하고 이해할 수 있도록 원문과 대조하여 번역문을 새롭게 다듬고 다시 편집하여 이렇게 새롭게 역간하게 되었으니 매우 기쁜 일입니다.

이미 서구에서는 중세 또는 근세 초기의 작품들을 독자들에게 보다 친근하게 접근토록 하려고 원문을 풀어서 현대어법에 맞게 편집하여 출간하는 작업(Paraphrasing)이 한창 진행되고 있습니다. 따라서 그런 과정을 통해서 값진 보물이 담긴 귀중한 작품이 독자들에게 더욱 선명하게 드러날 것입니다. 이해의 어려움 때문에 보물과 같은 본래의 영광을 접촉하지 못하게 막는 여러 장애물들이 제거되어 보다 많은 대중들의 사랑을 받게 될 것입니다.

한국교회여! 얄팍한 입술만의 개혁주의 신학에만 머물지 말고, 삶의 신학과 신앙으로 승화시켜라!

본서는 오웬이 로마서 8:6의 말씀, "육신의 생각은 사망이요 영의 생각은 생명과 평안이니라"라는 말씀을 집중 강론하여 성도의 신앙과 삶의 본질과 정체가 무엇인지 확실하게 제시하고 있습니다.

오웬은 이 작품을 통하여 개혁주의 신학의 성경중심성과 객관성이 어떻게 삶의 신학으로 이어질 수 있는가에 대한 뚜렷한 대안을 제시해주고 있습니다. 본서 전반부는 육적인 신자와 영적인 신자의 분명하고도 단호한 차이점과 그 결과, 그리고 영적인 신자로 살도록 성령께서 시여하시는 은혜의 방편들이 무엇인가에 대하여 자세하게 그려주고 있습니다. 후반부에서는 전반부에서 다룬 것의 실천적이고 체험적인 부분을 다루고 있습니다.

오늘날 한국교회의 실상이 너무나 안타깝습니다. 개혁주의를 주장하고 복음주의를 강조하는 목소리는 하늘을 찌를 듯이 드높습니다. 그러나 실상은 개혁주의적인 복음주의 신앙고백과는 너무 동떨어져 있습니다. 세상에 속한 이들 마저도 주저할 만큼의 세속적인 삶의 방식이 교회와 기관, 각종 모임, 한국교회를 대표하는 공동체 속에서 버젓이 도사리고 있습니다. 이 현실을 목도하면서 개탄해하지 않을 수 없는 처지에 놓여있습니다.

존 오웬이 본서에서 역설하고 있는 바에 비추어 보면 현재 한국교회의 장막이 무너져 내리는 원인이 무엇인가가 극명하게 보입니다.

오늘날 정말로 많은 이들이 자신을 속이고 있습니다. 들려지는 말씀을 단순하게 지적(知的)으로만 찬동할 뿐, 정작 그들의 양심은 그 진리의 세력 안으로 들어가지 않습니다. 진리들을 통하여 자신들의 영적인 실상과 조건을 돌아보려고 하지 않습니다. 그러면서도 자기들이 생명과 평안을 누리고 있는 것처럼 착각하고 있습니다. 그들은 진리를 믿고 있다고 느낄지 모르겠습니다만 사실 단 한 음절의 말씀도 믿질 않습니다. 만약 그들이 말씀의 진리를 진정으로 믿는다면, 그 진리에 비추어 자신들을 돌아보지 않을 리가 없습니다. 정말 믿는 자라면 마지막 날에 그 진리가 자기들에게 어떻게 작용하며 찾아올 것인지를 생각하지 않을 수가 없는 것입니다(약 1:23,24).

위 내용은 참으로 현대 한국교회를 꿰뚫어 보고 있는 듯합니다. 실로 그 혜

안이 담긴 귀한 보물과 같이 심화된 지적입니다. 오늘날 한국교회가 마치 하나님이 살아계시지 않는 것처럼 행사하며, 단지 기독교가 문화종교, 전통종교로 전락해버렸음을 존 오웬은 17세기의 신학자로서 보여주고 있습니다.

라오디게아 교회여! 안약을 사서 눈에 발라 보게 하라!

사랑하는 독자여러분!

왜 한국교회가 이런 모습을 보이며, 어쩌다가 이렇게 더 이상 망가질 수 없는 데까지 철저하게 타락하게 되었습니까? 오웬은 본서를 통해 '육신의 생각' 과 '영의 생각'이라는 두 개의 진단을 한국교회에 제시하고 있습니다. 아담의 타락이후 모든 인류는 마귀의 자녀가 되었습니다(요 8:44). 그러나 하나님의 부르심과 성자 예수 그리스도의 십자가 보혈의 공로를 힘입어 하나님의 자녀로 받아들여진 성도들은 하나님을 감히 아바 아버지로 부를 수 있는 놀라운 특권을 가지게 되었습니다. 그 특권을 가진 성도들을 가리켜 "택하신 족속이요 왕같은 제사장이요 거룩한 나라요 그의 소유된 백성이라"(벧전 2:9) 부릅니다. 그런데 오늘날 한국교회의 지도자들을 위시하여 성도들이 아직 육신의 감성과 생각에 사로잡혀 있어 육신의 열매를 맺고 있으며, 부패의 처절한 열매가 나타나고, 세상에 속한 이들의 질타의 대상이 되고 있습니다. 존 오웬의 이 책에서 우리는 그 원인과 실상에 대한 극명한 진단과 그에 대한 유효한 처방을 얻게 됩니다.

오웬은 말합니다. 한국교회가 과거의 구습인 육신의 생각을 버리고, 새로운 신분인 영에 속한 생각을 지속적으로 삶의 표준으로 삼는 날이 온다면, 영원한 파멸에서 영원한 복락으로 바뀌게 될 수 있음을 지적하고 있습니다. 오웬은 본서를 통해 영의 생각을 추구하는 신자가 되기 위해서는 성령님을 통하여 베푸시는 은혜의 수단들(The Means of Grace)을 구체적이며 열정적으로 활용해야 하는 "신자의 의무들"을 절대로 간과해선 안 된다고 강조하고 있습니다.

그럼, 오웬이 제시하는 신자의 의무이자, 성령의 시여수단인 은혜의 수단들은 무엇일까요?

첫째로, 말씀(The Word)과 기도(Prayer)입니다. 말씀은 영혼의 영적 양식이며 은혜의 작용을 유도하는 기회를 불러일으킵니다. 또한 기도는 믿음과 사랑의 은혜의 원리를 자극하고 부추겨 신자로 하여금 거룩한 생각과 영적인 생각, 하늘의 신령한 정서를 갖추게 하는 엄청난 은혜의 수단입니다. 또한 회복된 양심의 가책(The Design of Conviction)은 육적인 생각을 멈추게 하고 악한 생각들을 줄이고 영적 사고방식이 넘치게 합니다. 또한 자아부인(The Self-Denial)과 자아 점검(the Self-Examination), 자아억제(the Self-Constraint) 등 은혜의 수단들은 육신의 생각을 포기하고 하늘에 속한 것들에 동화되어 가는 정서를 창출케 할 것입니다.

독자들이여! 거룩한 하나님의 공동체들이여! 하늘에 속한 신령한 것들을 사모하자!

오웬은 신자들이 영적 사고방식을 추구하는 과정 속에서 사용되는 은혜의 수단들을 단순한 의무감에 따라 간헐적으로 추구하면 "영의 생각의 허울로 둘러 쓴 육적인 생각"으로 전락될 수 있음을 지적하고 있습니다. 또한 영에 속한 하나님의 사람들이 이 세상에서 흔들리지 않는 견고한 삶을 살기 위해선, 무엇보다도 영광스런 하늘의 영적 세계에 대하여 날마다 묵상하고 깊이 숙고해야할 시대적 사명과 의무가 있음을 오웬은 힘주어 강조하고 있습니다.

참 신자는 영원한 대제사장이신 주님께서 우릴 위해 준비하신 영광스런 하늘의 세계에 들어가기 위해서 하늘을 사모하며 희구하는 영적 사고방식을 추구하는 사람입니다. 그런 신자는 진정한 '칭의의 생명'을 기반으로 '성화의 생명'(롬 5:18 ; 엡 2:1-5)을 이 땅에서도 누리는 복을 받게 될 것이며, 보편적이자 절대적인 의미에서의 '평안의 복'(롬 5:1 ; 골 1:20 ; 엡 2:14,15)을 함께 향유하게 될 것입니다.

한국교회여! 오웬의 마지막 경종의 나팔에 귀를 기울이라!

하나님께서 영미 선교사들을 척박한 이 땅에 보내주셔서 외침과 당쟁과 굶주림에 지친 반만년의 유구한 부끄러운 역사가 변하여 세계 강대국의 반열에 우뚝 서는 놀라운 결과를 가져왔습니다. 약 100년 동안 우리 믿음의 선진들은 하나님 말씀에 순종하며 목숨을 걸고 육신의 생각을 죽이고(Mortification), 영의 생각을 소생(Vivification)시키는 놀라운 사역을 감당해왔습니다. 그러나 오늘날 작금의 한국교회 현실은 너무 가슴이 저리고 슬픈 타락의 역사로 전락했습니다. 언젠가부터 목회자의 주님 앞에 무릎 꿇는 횟수가 줄어들고, 하나님의 음성보다는 세상의 인기와 명예, 그리고 각 기관의 장이 되기 위해 세상사람들도 두려워하는 방법을 서슴지 않고 악용하는 기현상이 펼쳐지고 있습니다. 이러한 정황 속에서, 모든 그리스도인들은 한국교회 갱신과 회복의 방법론을 제시하고 있는 존 오웬의 본 작품에 마지막 희망을 걸고 열과 성을 다하여 숙독하고 묵상하는 작업이 반드시 실행되어야 할 것입니다.

오웬은 말합니다. "영적으로 생각하는 사고방식은 우리의 육신의 생각과 정서를 완전히 깨뜨리고 하나님의 은혜와 사랑의 줄에 완전히 매여 고정되는 놀라운 역사를 창출하게 될 것입니다."

　바라기는, 온 한국교회 신자들이 이 책을 가슴으로 깊이 묵상하며 숙독하심으로 무너진 한국교회가 새롭게 재건되고 회복되는 놀라운 축복의 역사가 펼쳐지기를 두 손 모아 간절히 기원 드리는 바입니다.

저자의 말

이 책을 읽는 독자들에게

먼저 본 강론이 가지는 목적과 의도를 말씀드리는 일이 필요하다고 생각합니다. 본래 이 책에 수록된 내용들은 제 자신이 이 세상 가운데서 더 이상 어떠한 일도 할 수 없을 거라는 생각을 하던 때에 깊이 묵상하던 것입니다. 하나님께서는 묵상 중에 있던 저의 힘을 회복시켜 주셨고, 저의 영혼은 한없는 유익과 만족을 얻게 되었습니다. 이후 저는 이러한 묵상이 모든 신앙고백자들의 마음과 양심에 적용되어야 한다는 확신 아래, 많은 회중들에게 이 묵상의 주제를 강론하게 되었습니다.

저는 두 가지의 사역 원리를 목회 사역의 기준으로 삼고 있었습니다. 그것은 성도 개개인이 하늘을 묵상함으로 누리는 은혜를 체험하게 하고, 세상에서 만나는 여러 가지 시험의 때에 그들에게 특별하게 요청되는 영적인 도리들을 강권하는 것입니다. 목회 사역은 예수 그리스도로 말미암은 교회의 구원에 관한 하나님의 뜻 전체를 선언하는 것이 핵심이 되어야 합니다. 성도들이 허공을 치는 것과 같이 불분명하게 싸우게 하지 말아야 하는 것입니다. 어떤 계획이나 목적도 없이 그저 막연히 그들을 방치해서는 안 됩니다. 시험의 때에 연약한 그들 성도들이 필요로 하는 은혜가 무엇인지를 바로 알게 해야 합니다. 그들이 당하는 시험이 무엇인지, 시험 가운데에 있는 그들에게 요구되는 빛이 무엇인지에 대한 예리한 통찰력이 목회 사역에 반드시 필요한 것입니다.

말씀은 언제나 그러한 원리 아래 하나님의 영광에 대한 열심과 성도들의 영혼에 대한 긍휼어린 심정으로 준비되어야 합니다. 전파되는 말씀은 하나님의 말씀입니다. 말씀을 듣는 이 뿐만 아니라 말씀을 전하는 이들 역시 머지않아 그리스도의 심판대 앞에 서게 될 것입니다. 말씀을 전파하는 자들은 두려운 경외심을 가져야 합니다. 그 말씀이 누구의 말씀이며, 그 말씀을 받아 전하는 일이 가지는 거룩한 사명과 권위가 무엇인지 잊지 말고 모든 사역이 복된 열매로 거두어지기를 겸손히 바라야 하는 것입니다.

제가 본 강론을 통해 성도들에게 의도하는 바는 매우 간단한 것입니다. 본 강론을 접한 모든 그리스도인들이 '영적으로 생각하는 것과 그에 대한 놀라운 은혜'가 무엇인지를 알고 그것을 가지기를 바라는 것입니다. 그것은 이 시대를 살아가는 성도들에게 반드시 필요한 것입니다. 사람들의 마음을 빼앗으려 안달하고 있는 세상을 보십시오. 사람들의 마음을 온전히 자기의 정신으로 채우려고 안간힘을 쓰고 있습니다. 만약 세상이 사람들의 마음과 정서를 온전히 자기 방식대로 장악하여 마음속에 굳건한 요새를 구축하는데 성공한다면, 어느 누구도 하나님께 대한 믿음과 순종을 가질 수가 없습니다. 그러한 마음의 열매는 오직 영원한 파멸뿐인 것입니다.

우리가 세상을 사랑하면 하나님 아버지에 대한 사랑이 우리 속에 거할 수 없습니다. 세상의 것으로 완전히 장악된 정서를 가진 마음은 세상에 대한 헛된 관심과 염려로 가득 찰 수밖에 없습니다. 그들의 입에서 나오는 모든 말은 모두가 세상적인 것들입니다. 세상에 속한 일들이 그들의 오직 유일한 관심사이기 때문입니다.

갈수록 흉흉한 상태에 빠져가는 세상을 보십시오. 견고했던 수많은 기초들이 무너져 내리고 있습니다. 사람들의 마음은 온통 세상의 일들로 분주합니다. 물론 우리의 마음이 세상의 다양하고 풍부한 세력에도 불구하고 그것에 마음을 빼앗기지만 않는다면, 그것이 아무리 강력한 세력을 가지고 있다 할지라도 마음에 아무런 영향도 주지 못할 것입니다. 그렇게만 된다면 말입니다. 그러나 어떠한 방식으로든 조금이라도 그러한 것들에 마음을 빼앗겨버린다면, 영적인 일들을 하기 위한 마음의 힘은 순식간에 사라지고 말 것입니다. 물론 그러한 마음의 상태를 가지면서도 신령한 의무들은 계속 이행할 수 있을지 모릅니다. 그러나 어떤 은혜라도 합당하고 힘있는 방식으로 일으켜 세워지는 일은 결코 일어나지 않을 것입니다.

세상의 세력에 우리의 마음이 장악되지 않기 위해서 우리가 세심한 주의를 기울이지 않는 한, 생명과 평안에 이르는 영적인 생각의 은혜는 누구도 보장할 수 없습니다. 우리는 하늘에 속한 모든 영적인 것들에 대한 우월한 애정을 가지고 부단하게 묵상함으로 마음을 지키려고 애를 써야 합니다. 그렇지 않고서는 누구도 세상의 덫에서 자유로울 수 없다는 사실을 알아야 합니다.

오늘날 신앙을 고백하는 사람들 중 많은 이들의 심령이 세상적이라는 사실을 보여주는 증거들이 어찌 그리 많은지요. 지금이야말로 모든 믿는 자들에게 나타나는 세상의 모습들이 얼마나 합당하지 않은 지를 바르게 깨닫는 일이 긴박하게 필요한 시기입니다.

물론 모든 신앙고백자들의 심령 속에 존재하는 세상의 세력이 모두 동일한 모습으로 나타나는 것은 아닙니다. 세상에 극도로 오염된 심령의 상태를 가졌음에도 불구하고 겉으로는 전혀 드러나 보이지 않는 경우도 있을 것입니다. 그러나 겉으로 아무리 그런 모습을 가진다 할지라도 자신이 가지고 있는 현재의 진상은 결코 부인할 수 없는 것입니다.

자신의 신앙을 고백한다고 하는 사람들 중 얼마나 많은 이들이 세상의 자유분방한 즐거움을 위해 시간을 낭비하고 있는지 모릅니다. 세상을 사랑하고 세상을 따르는 그들을 어찌 세상과 구별된 자라고 말할 수 있겠습니까. 그들의 육신적인 정서 속에서 득세하고 있는 세상을 사모하는 마음으로 인해 그들은 결코 은혜로 얻은 영적 화평을 일관성 있게 유지할 수 없습니다.

저는 본 강론을 통해 신자라고 고백하는 사람들이 가지고 있는 이러한 세상적인 마음과 사고의 구조에서 그들의 영혼이 하루 속히 벗어날 것을 촉구할 것입니다. 그들로 하여금 그러한 것들이 가진 죄악성과 영적인 위험이 얼마나 심각한 것인지를 알게 할 것입니다. 또 이 악한 마음의 성향이 심령을 장악하는 여러 가지의 과정과 방편들을 숙고해봄으로써 우리가 무엇을 경계해야 할 지 생각해 볼 것입니다. 그리고 우리가 이 세상에 사는 동안 영의 생각을 통해 누릴 수 있는 생명과 평안을 위해 우리에게 요구되는 일들을 강권할 것입니다. 이것이 본 강론이 가지는 목적과 의도입니다.

물론 이 강론집 하나로 이러한 모든 거룩한 목적과 의도가 단번에 완전히 이루어질 것이라고는 기대하지 않습니다만, 이 책을 읽는 독자들이 본 강론을 통해 세상의 교활함을 경계하고 대처할 수 있는 능력을 조금이라도 가지게 된다면 저의 수고가 헛된 것은 아닐 것입니다.

우리 신앙고백자들은 엄격하게 육신의 생각을 죽여 영적으로 진지한 삶의 자세를 가져야 합니다. 진지한 삶의 자세를 가지고 세상의 길에서 벗어나 신령한 하늘에 속한 것을 생각하고, 영적인 일들에 대한 묵상을 즐거워하여 복음과 기독교의 본질 전체가 요구하는 바를 행하지 못한다면 우리의 영혼은 매우 불확실한 조건에 처할 수 밖에 없습니다. 그러한 일에 충실하지 않고서는 우리 영혼을 위해서 우리가 목적하는 바를 이룰 수 없는 것입니다.

신앙을 고백한 자들임에도 불구하고 이 중 너무나 많은 이들이 하늘에 속한 위엣 것을 생각지 않고 세상을 신뢰하는 무익하고 부패한 정서를 추구함으로써 자신들 속에 하나님의 사랑이 있다는 증거를 보여주지 못하고 있습니다. 마치 하늘에 속한 것들을 묵상하는 거룩한 삶이 무엇인지 전혀 모르는 자들처럼 말입니다.

하늘에 대한 생각이 가진 선한 본질을 발견하지 못하는 한, 어떤 은혜도 우리 안에서 번성할 수 없다는 사실을 알아야 합니다. 그러한 조건이라면 우리의 심령은 결코 개선되지 않을 것입니다. 그 어떠한 영적인 도리도 바르게 행사할 수 없을 것입니다.

이 책을 읽는 모든 독자들이 본 강론을 통해, 장차 보게 될 하늘의 영원한 영광을 미리 볼 수 있는 영적 시각을 가져, 자신을 '빛 가운데 있는 성도들의 기업에 합당한 자로' 거룩히 준비할 수 있게 되기를 바랍니다.

존 오웬

역자의 말

오늘을 살아가고 있는 우리는

알지 못하는 사이에 '옛 것'을 버리고 '새로운 것'들 만을 추구하는 의식에 사로잡혀 있습니다. 새로운 것들만을 인정하고 대접하는 현 시대의 풍토 속에서 사람들은 저마다 더욱 새로운 것들을 만들어 내려고 안간힘을 쓰고 있습니다. 문명의 발전을 위해 새로운 것을 지향해야 한다는 것에 대해서는 누구도 이의를 제기하지 않겠지만 이렇게 새로운 것만을 추구하는 의식을 우리 영혼의 문제, 즉 영적인 일들에 적용하는 것은 어떠합니까? 이러한 의식은 사회 분야 전반 뿐만 아니라 현대 기독교 교회와 성도들의 마음을 사로잡고 있습니다. 우리는 여기서 잠시 그러한 의식이 기독교에 영향을 미치는 원인을 돌아볼 필요가 있습니다. 그러한 현상을 그저 현대인이 가지는 독특한 사고체계에서 나온 것으로 보아야 할지 말입니다.

사도 바울은 아덴에서 '새로 되는 것을 말하고 듣는 이외에는 달리는 시간을 쓰지 않는' 무리들을 만나게 되었습니다(행 17:21). 그리고 그 도시를 가득

메운 우상들을 보았습니다(행 17:16). 사도가 접한 이 두 가지의 사실이 우리에게 무엇을 보여주고 있습니까? 새로운 것을 끊임 없이 추구한 것에 대한 진보의 열매입니까? 아니면 견고하게 설 영원한 진리를 발견하지 못한 인간의 본성이 가지는 요동함과 방황입니까? 말할 필요도 없이 후자일 것입니다.

오늘날 교회 내에서 사람들의 환심을 사고 있는 새로운 영적인 대안들은 어떠합니까? 심리학과 정신의학이 그리스도인들의 심리와 그 영성에 접근하고 분석하여 이제껏 제시된 바 없는 새로운 영적인 대안들을 쏟아내고 있습니다. 과연 이것을 현대적 영적 진보의 모습으로 볼 수 있을까요? 그렇지 않습니다. 그것은 더 깊은 영적 갈증을 불러올 뿐입니다. 만약 이에 더욱 새롭고 진보한 대안을 찾아 나선다면 그것은 '방황의 바다로의 출항(出航)'을 시작하는 일일 것입니다. 그 옛날 아덴의 사람들처럼 말입니다.

사람들은 마치 하나님께서 우리 영혼의 문제에 대하여 아무런 대안을 주시지 않은 것처럼 생각하는 것 같습니다. 영혼의 문제를 위한 새로운 대안을 우리 스스로 찾아 나서지 않으면 안 되도록 말입니다. 하나님께서 과연 당신의 백성들의 영혼을 위한 대안을 주신 일이 없습니까? 결코 그렇지 않습니다.

"자기 아들을 아끼지 아니하시고 우리 모든 사람을 위하여 내주신 이가 어찌 그 아들과 함께 모든 것을 우리에게 (은사로) 주지 아니하겠느냐"(롬 8:32).

하나님께서는 이미 성경을 통해 영적인 순례길을 가는 성도들에게 필요한 수를 헤아릴 수 없는 푯대를 세워 놓으셨습니다. 그리고 당신의 수많은 신실한 종들을 예비하시어 우리가 그 푯대를 향해 바르게 나아가도록 인도하셨습니다. 그 수많은 신실한 종들 가운데 한 사람이 바로 이 책의 저자인 '존 오웬'입니다.

그는 로마서 8장 6절의 "육신의 생각은 사망이요 영의 생각은 생명과 평안이니라."를 기초 본문으로 삼아, 당시 목양하던 회중들에게 '영적 생각의 방식'을 연속 강론하고 그것을 책으로 엮어 낸 것입니다.

저자는 본서를 통해 구원받은 그리스도인들의 마음의 생각과 삶의 방식에 대한 성화(聖化)를 역설하고 있습니다. 이 책을 읽는 독자들은 먼저, 성령님께 사로잡혔던 바울이 의도했던 '영의 생각'과 '육신의 생각'의 실상과 차이를 명쾌하게 발견하게 될 것입니다. 그리고 예수님의 산상설교를 들은 마태가 느꼈던 성령님의 감화를 느끼게 될 것입니다.

"예수께서 이 말씀을 마치시매 무리들이 그 가르치심에 놀라니 이는 그 가르치시는 것이 권위 있는 자와 같고 그들의 서기관들과 같지 아니함일러라"(마 7:28, 29).

본 번역본은 십 수년 전, '영적 사고방식'이라는 제목으로 처음 역간되었는데(이 책은 바로 그 '영적 사고방식'의 개정역으로 보아야 할 것입니다) 당시 책을 읽은 수많은 분들로부터 큰 감동의 증언들을 들을 수 있었습니다. 하지만 폭 넓은 독자들이 이 책을 보다 쉽게 접하고 이해할 수 있도록 새롭게 다듬는 작업을 거쳐 본 개정역을 출간하기에 이른 것입니다. 또한 책 제목인 '영적 사고방식' 역시 영문 원서의 원제인 『On Spiritual Mindedness』를 충실하게 번역한 것이기는 하나, 본서의 주된 주제인 로마서 8장 6절의 기초 본문이 의도하고 있는 바를 해석하고 확대 설명하고 적용한 이 책의 내용을 감안하여 책 제목도 『영의 생각, 육신의 생각』으로 바꾸었습니다. 그래서 이 책을 처음 접하는 독자들 모두가 성령님을 따라 믿음으로 하는 '영적인 생각'과 옛 사람의 본성에서 나는 '육신의 생각'에 대한 차이에 항상 주목하도록 하였습니다.

　지금까지 청교도적인 고전(古典)들을 소개하는 일을 일종의 소명(召命)으로 여기고 있는 역자의 입장에서 항상 무언가 아쉬움이 하나 있었습니다. 그것은 책의 내용이 가진 가치와 풍성함과 중후함이 독자들에게 온전히 전달되지 못하는 현실을 인지(認知) 한데서 온 것입니다. 아울러 아무리 '정금'과 같은 가치를 지니고 있어도 어떤 연유로든 독자들에게 그것이 '정금'으로 인지하는 데 많은 어려움이 있다면 다른 시각으로 보아야 합니다. 청교도 시대의 저작(著作) 관습 – 문체나 책의 편집 방식이나, 내용을 표현하고 서술하고 담아내는 구조를 포함한 – 과 현대 독자들의 독서 관습 사이에 존재하는 차이가 가져올 수 있는 난제가 결코 작은 문제가 아니란 것입니다. 원저자의 의도를 조금이라도 손상해서는 안된다는 역자 나름의 '번역 원칙'은 절대적인 것입니다. 그래서 고전의 문장뿐 아니라 틀을 그대로 유지하는 선에서 책을 내려고 지금까지 애를 써 왔습니다. 그래야 합니다. 그러나 그것이 현대 일반 독자층의 저변을 확대하는 데는 한계가 있음을 알았습니다. 내용은 본질에 속한 것이니 시대의 변화를 초월한 것이지만, 책의 형식을 반드시 고집할 것은 아니라는 것입니다. 내용을 파악하기 전에 그만 구조상의 낯설고 복잡한 구조 때문에 책에 대한 친밀감이 감소하고, 저자가 말하고자 하는 의도의 핵심에 이르기도 전에 독자의 힘이 소진되는 일이 있을 수 있겠다는 생각을 하였습니다.

　주지하다시피 본서의 저자 존 오웬의 저작들의 영적인 깊이와 섬세함이 정말 놀랍습니다. 그러나 그 논리형식이나 표현양식이나 글의 구조가 어떤 경우에는 현대인들에게 익숙하지 않음이 분명합니다. 영국에 유학하여 바로 이 존 오웬을 연구하여 박사 학위를 취득하신 총신대의 윤종훈 교수님의 말로는, 저자의 후손격인 영어를 모국어로 쓰고 있는 영국 현지인들도 매우 난해하다는 호소를 한다고 합니다. 그러니 원 저작의 구조와 틀을 그대로 유지하고서는 번역서가 이 '정금'과 같이 가치 있는 책의 내용을 독자들에게 전달하기는 어렵게 되어 있습니다. 이전의 역본 「영적 사고방식」을 읽은 독자들 중 여러 사람이 하나 같이 그런 느낌을 말하였습니다. 그래서 이번에 역자는 이 책에서 저자가 말하고자 하는 의도는 조금도 손상하지 않는 범위 안에서 독자들이 평이하면서도 명료하게 이해할 수 있는 방식을 고민하였습니다. 그 결과 이 역본 『영의 생각, 육신의 생각』이 새롭게 나온 것입니다. 그리하여 사역자들 뿐만 아니라 일반 성도들도 저자가 원저에서 말하는 요점에 더 가까이 접근하게 하였습니다. 이 책의 저자나 이 책의 독자 모두가 동일하게 가진 목적은 궁극적으로 성경에 계시된 하나님의 변치 않는 말씀 진리의 의도를 바르게 배워 경건의 실제에 적용하여 주님 안에 더욱 견고하게 서는 데 있습니다.

그래서 원저의 내용은 여전히 살아 있으면서 문장 하나하나 대구적(對句的)으로만 번역하는 것을 삼가한 대목도 있습니다. 물론 이런 과정에서도 역자의 관점을 문장에 가미하는 일은 절대 하지 않았습니다. 그런 대목이 많지는 않으나 과감하게 축약(縮約)하는 방식을 취하기도 하였습니다. 그것은 장황한 논리가 독자들의 이해를 도리어 혼란케 할 수 있다고 여겼기 때문입니다. 그리고 각 장(章)마다 큰 제목 하나만 두고 모든 작은 제목들과 항목들의 표시는 아예 없애 버렸습니다. 마치 하나로 연결되는 강물의 흐름을 따라 유유히 배를 타고 가는 것 같게 하였습니다. 그리하여 마치 각 장의 제목으로 표시된 주제의 강론을 회중석에 앉아 한 시간 내내 숨죽이고 듣는 것 같이 하였습니다. 사실 이 책의 내용들은 본래 먼저 존 오웬의 개인 묵상의 재료들이었고, 나중에 그 내용들을 담임하고 있는 교회 회중들에게 설교 형식으로 연속 증거되었습니다. 책으로 낼 때는 강론할 때와 다르게 여러 가지의 제목들과 소

제목들과 형식을 가미하였을 것임에 틀림없습니다. 그래서 이 역서(譯書)는 거꾸로 '독자를 회중석이라는 본래 강론의 현장으로 데리고 가 거기 앉아 집중하여 듣게 하는 형식'을 취한 것입니다.

이 책을 읽는 독자 모두가 아무쪼록 로마서 8장 6절의 기초 본문이 의도한 바와 같이 바른 '영의 생각'을 따라서 순례길을 행하시기를 빕니다. 이 책이 하나님께서 의도하시는 성화(聖化)의 진보를 갈망하는 모든 하나님의 사람들에게 분명한 확신과 분별력을 얻는 거룩한 도구가 되길 바랍니다. 이 책을 만드는 일에 수고한 본 청교도신앙사 대표이며 편집장 서문동수 집사님과, 편집 디자인을 위해 수고한 백현아 집사님에게 주님 안에서 감사의 말을 전합니다. 사랑하는 아내를 비롯하여 이 책으로 하나님의 은혜를 받을 모든 이들에게 이 책을 읽는 모든 독자들께 이 책을 드리는 바입니다.

우리의 소망이신 예수 그리스도의 이름으로 하나님 우리 아버지께 모든 영광과 존귀를 돌리나이다. 아멘.

2011년 4월 봄꽃의 계절에 녹번동에서
역자 드림

I
part

'영의 생각'의 정체

"육신의 생각은 사망이요 영의 생각은 생명과 평안이니라"
_ 롬 8:6

chapter.1

로마서 8:6의 이해

"육신의 생각은 사망이요 영의 생각은 생명과 평안이니라"(롬 8:6).

KJV 역본 성경의 표현이 원문과 달리 들립니다. 우리 역본의 읽기는 "영적으로 생각되는 것은…"(to be spiritually minded)입니다. 원어에는 '프로네마 투 프뉴마토스'(φρόνημα τοῦ πνεύματος)입니다. 이 구절의 앞부분에서 '프로네마 테스 살코스'(φρόνημα τῆς σαρκὸς)라 한 것과 같습니다. KJV 역본에서 그 부분의 읽기는 "육신적으로 생각되는 것은…"(to be carnally minded)입니다. KJV의 난하주에는 '육신의 생각하기'(the minding of flesh)와 '영의 생각하기'(the minding of Spirit)의 읽기가 소개되어 있습니다. 고대나 현대(이 책이 저작되던 17세기를 이름–역자 주)를 막론하고 역본마다 읽기가 아주 다양합니다. 이 부분을 나타내기 위하여 '영의 지혜, 영의 이해, 영의 사고, 영의 생각이나 궁리, 영의 분간, 영이 맛을 내어 풍기는 것'(The wisdom, the understanding, the mind, the thought or contrivance, the discretion of the Spirit, that which the Spirit savoureth)등의 표현들이 사용되었습니다. 최초의 영어 역본인 틴데일(Tyndale) 이후의 모든 영역본 성경들은 꾸준히 "영적으로 생각되는 것은…"(to be spiritually minded)이라는 읽기를 채택해왔습니다. 이곳에서 사도가 의도하는 바를 감안해 볼 때 원어의 강조점을 더 잘 표현할 다른 어떤 말이 있는지 저도 잘 모르겠습니다. 그러나 이 부분에서 성령께서 의미하는 것이 무엇인지 더 잘 알아보기 위하여 더 탐구해 보아야 마땅합니다.

로마서 8:6의 전체 본문은 서로 대칭 되는 두 가지 전제로 이루어져 있습니다. 한 문장 안에서 주어부에 '육신'과 '영', 술어부에 '사망'과 '생명과 평안'을 서로 대칭시키고 있습니다. 이 대칭은 영원한 복락과 영원한 파멸의 현실 속에서 존재하는 가장 높고 가장 큰 대칭입니다.

사도는 먼저 주어부인 '육신의 생각'과 '영의 생각'으로 인류를 크게 두 부류로 나누고 있습니다. 이 세상에 있는 사람 모두는 예외 없이 그 둘 중 하나에 해당될 것입니다. 자기들이 어디에 속하여 있는지 아는 것이야말로 사람들의 영혼이 기울일 가장 높은 관심거리입니다. 그런데 그러한 두 가지의 속성을 모두 가지고 있는 이들도 있습니다. 곧 한 사람 속에 "육신의 생각"과 "영의 생각"이 동시에 거하는 경우입니다. 이는 거듭난 사람들 중 많은 이들에게서 흔히 발견되는 현상입니다.

"육체의 소욕은 성령을 거스르고 성령은 육체를 거스르나니 이 둘이 서로 대적함으로 **너희**가 원하는 것을 하지 못하게 하려 함이니라"(갈 5:17).

하지만 그렇게 한 사람 속에 서로 대립되는 정반대의 성향이 동시에 존재할 수는 있지만, 그 성향이 각각 구별되는 별개의 상태를 따로 구성하지는 않습니다. 그 둘 중 어느 것이든지 영혼 속에서 더 우세하게 되면 영혼의 상태를 그 우세한 세력이 주장하여 이전과는 다른 상태로 만들어 냅니다.

사도는 로마서 8장 9절에서 서로 다른 두 성향이 만들어 내는 상태들을 이렇게 표현합니다. "…너희가 육신에 있지 아니하고 영에 있나니." 어떤 이들은 육신에 있어 하나님을 기쁘시게 할 수 없습니다(8절). 그들은 "육신을 따르는 자들"이며(5절), "육신대로 사는" 자들이며(13절), "육신을 따라 행하는" 자들입니다. 이것이 바로 영혼의 한 상태입니다. 그와 다른 이들은 "영 안에 있는 자들"이며(9절), "영을 좇는 자들"이며(5절), "영을 따라 행하는 자들"입니다. 이것이 영혼의 다른 상태입니다.

전자(前者)가 바로 '육신적으로 생각이 돌아가는 자들'이며, 후자가 '영적으로 생각이 돌아가는 자들'입니다.

우리는 모두 이 둘 중 하나의 상태에 속해 있기 마련입니다. 육체의 지배를 받는 사람이든지, 영의 지배를 받는 사람이든지 둘 중 하나인 것입니다. 중립적인 상태란 있을 수 없습니다. 물론 이 두 상태 모두 각각 선악 간에 정도의 차이는 있습니다.

그러나 이 두 상태의 차이를 무한하게 확장하면 실로 거대합니다. 영원한 복락과 영원한 비참의 문제가 바로 이 차이에 달려있기 때문입니다. 지금 현재로는 이 다른 두가지 상태를 가져오는 원리들과 그 작용의 결과로 열리는 열매들과 효과들을 통하여 그 차이가 드러납니다. 사도는 그 열매들과 효과들을 그 두 전제의 술어부(述語部)를 통해 표현합니다. '사망'과 '생명과 평안'이 그것입니다.

"육신의 생각은 사망이요." 절대적인 형벌로서의 이 사망은 영적이고 영원한 것입니다. '영적인 사망'은 공식적(formal) 죽음이요, '영원한 사망'은 '응분에 합당한 대가적'(meritorious) 죽음입니다.

'공식적인 영적 사망'이라 함은 육신적으로 생각이 돌아가는 이들이 죄와 허물로 죽어 있다는 말입니다(엡 2:1). 육적인 사고방식을 가진 자들이 바로 그러합니다. 그 영이 죽어 있는 상태로 "육체의 욕심을 따라 지내며 육체와 마음의 원하는 것을 하여 다른 이들과 같이 본질상 진노의 자녀"인 것입니다(엡 2:3). 그들은 형벌적으로 영적 죽음의 세력 아래 있습니다. 그들은 "범죄와 육체의 무할례로 죽은 자들"입니다(골 2:13). 그 사망은 응분에 합당한 영원한 대가를 치르는 죽음입니다.

"육신대로 살면 반드시 죽을 것이로되"(롬 8:13).
"죄의 삯은 사망이요"(롬 6:23).

그리고 사도는 다음 구절에서 육신의 생각이 당하는 끔찍한 선고에 대한 근거를 설명하고 있습니다. "육신의 생각은 하나님과 원수가 되나니 이는 하나님의 법에 굴복하지 아니할 뿐 아니라 할 수도 없음이라." 이것이 육신의 생각이 결국 사망에 이를 수밖에 없는 분명한 이유입니다. 이것 외에 어떤 다른 것도 기대할 수가 없습니다. 그들은 하나님과 원수가 되어 하나님의 저주 아래 있는 자들이기 때문입니다.

그러나 육신의 생각과는 정반대인 '영의 생각'은 '생명과 평안이라'고 말하고 있습니다. 우리가 지금부터 특별하게 숙고해보아야 하는 요점이 바로 이것입니다. 곧 '영의 생각'이 무엇인지, 또 '영의 생각'이 가져다주는 '생명과 평안'이 우리에게 어떠한 유익으로 작용하게 될지 알아볼 것입니다.

이 문맥에서 '영'(Spirit)이 이중적 측면을 가지고 있습니다. 성령 자신을 가리키기도 하고, '사람의 영혼에 작용하시는 성령의 역사(役事)'를 가리키기도

합니다. 이 두 개념이 함께 연관되어 있을 경우에 흔히 그러합니다. 다시 말해 '하나님의 성령의 인격 자체'를 '영'으로 지칭합니다. "만일 너희 속에 하나님의 영이 거하시면"(롬 8:9)이라고 한 것같이 말입니다. 11절에서도 "예수를 죽은 자 가운데서 살리신 이의 영이 너희 안에 거하시면…"이라고 말하고 있습니다. 이 부분에서도 역시 모든 신령한 긍휼과 은사의 주도적인 효력을 산출하는 원인자이신 성령님을 가리키고 있는 것입니다.

그런데 '영'이라는 표현은 성령으로 말미암아 거듭난 모든 자들 속에서 작용하는 '영적 생명의 원리'(principal of spiritual life)를 나타내기 위해서 사용되기도 합니다.

"육으로 난 것은 육이요 영으로 난 것은 영이니"(요 3:6).

이 로마서 8:6에서는 '영'이라는 명사가 후자의 의미로 사용되었음을 알 수 있습니다. 다시 말해 '영'이라는 표현을 '성령으로 말미암아 난 것'을 가리키는 말로 보아야 한다는 말입니다. 그것은 곧 하나님께로 난 자들 속에 있는 '영적 생명의 원리'를 말합니다. 신자들로 하여금 하나님을 위하여 살도록 하시려는 성령께서 신자들의 영혼 속에 일으키시는 새로운 '순종의 거룩하고 생명 있는 원리'가 그것입니다.

그에 반해 '육신'은 그것이 가진 본성과 활동과 작용의 차원에서 '영'과는 정반대입니다. 모든 악한 행동들을 유발시키는 타락한 본성이 가지는 부패의 원리를 가리켜 '육신'이라고 표현하고 있습니다(롬 8:1,4,5). 육신을 따라 사는 자들의 부패한 정서를 '육신'으로 표현하고 있는 것입니다. 사도는 갈라디아서 5장 17절에서도 '영'과 '육'을 대치시키는 방식을 통해 이점을 동일하게 선언하고 있습니다.

"육체의 소욕은 성령을 거스르고 성령은 육체를 거스르나니 이 둘이 서로 대적함으로 너희가 원하는 것을 하지 못하게 하려 함이니라."

'영'의 의미를 함축하고 있는 '프로네마'에서 파생된 '프로네시스'라는 말은 이지(mind : 理智)의 활동과 작용을 말합니다. 곧 이지가 가진 지혜와 지식과 총명과 분별력을 의미하는 것으로서, 습관적인 마음의 행로나 정서의 성향을 움직이는 이지의 작용을 의미하고 있는 것입니다.

무엇을 생각하거나, 마음속에서 즐거움을 느끼는 것들에 집착하여 모든 정성을 거기에 기울이도록 하는 것이 이지의 주된 작용입니다. 그런 개념의 차원에서 때로는 '프로네인'을 '생각하다'(think)로 번역하기도 합니다. 무언가를 항상 궁리하고 생각한다는 의미로 말입니다.

"…마땅히 생각할 그 이상의 생각을 품지 말고…"(롬 12:3).

골로새서 3장 2절을 보면, '마음에 깊이 두다', '애착을 갖다'(set the affection)의 의미로 그 단어가 사용되었습니다. 곧 어떤 것들에 우리의 정성을 모아서 집요하게 달라붙을 정도의 애착을 가진다는 의미로 말입니다. 때로는 "땅의 것들을 생각한다"(to mind earthly things)로도 그 말이 사용됩니다(빌 3:19). 그 경우 이지가 애착을 가진 것 속에서 맛과 풍미도 함께 느끼고 있음을 함축합니다. 이 경우에 이지가 사물들에 대한 관념적인 개념들을 가지는 정도로 결코 끝나지 않고 강한 애착을 가지고 몰입하게 됩니다.

따라서 우리는 '영의 생각' 또는 '영적으로 생각하기'를 성령으로 새롭게 된 이지와 정서의 모든 실천적 행사로 보아야 합니다. 영적인 일들을 생각하고 그 영적인 일들에게 애착을 가지고, 그 영적인 일들에서 맛과 풍미를 느끼며, 거기서 즐거움과 만족을 찾기까지 나아가려는 모든 작용, 바로 그것이 '영의 생각'입니다. 다시 설명하면, 이지가 영적 생명과 빛으로 말미암아 변화되고 새로워져 영적인 것들을 생각하고 묵상합니다. 그로 인하여 그 이지가 부단하게 작용하고 감화를 받아 영적인 것들에 깊은 애착을 갖게 됩니다. 그렇게 됨으로써 영적인 것들 안에서 즐거움과 만족을 발견하게 된다는 것입니다. 그것이 바로 '영의 생각' 입니다.

우리는 영적인 생각이 이지의 작용에 미치는 영향을 세 가지로 나누어 생각해 볼 수 있습니다.

(1) 이지의 실제적인 행사(actual exercise of the mind)
영적으로 생각한다는 것은 하늘에 속한 신령한 것들을 생각하고 묵상하고 소원하는 이지의 실제적인 활동입니다. 육신을 쫓는 자는 육신의 일을 생각합니다. 그리고 그 일들에 대한 소욕을 따라 실제적인 활동을 개시합니다. 그러나 영을 쫓는 자는 영의 일을 생각하고, 마음의 생각과 묵상을 그 영적인 일들에 고정시키려고 온전히 마음을 기울이는 것입니다.

(2) 이지의 성향과 구조(inclination, disposition, and frame of the mind)
영적으로 생각한다는 것은 이지가 모든 정서를 동원하여 영적인 일들을 고집하고 애착을 가지는 성향입니다. '영의 생각' 이 정서(情緒, affections) 속에 습관적으로 거하기 때문입니다. '영의 생각' 은 생명의 신령한 원리로 새로워지고 그 원리를 따라 작용하는 이지가 영적인 것들을 생각하고 묵상하는 실제입니다. 그것은 이지의 정서가 그 신령한 것들 속에서 사랑과 즐거움을 느껴 애착을 가지는 데서 우러나온 것입니다.

(3) 이지의 만족
이것은 이지가 영적인 것들 속에서 달콤한 맛과 풍미를 발견하고, 체질이

나 성향에 그 영적인 것들이 아주 잘 들어맞는 데에서 오는 만족을 말합니다. 영적인 일에는 언제나 그 본질을 잃지 않게 하고, 새롭게 된 심령이 맛을 느끼게 하는 소금과 같은 것이 있습니다. 영적인 일들을 통해 하나님의 은혜로 우심을 체험하고 맛볼 수 있도록 하는 것입니다. 그리스도의 사랑은 포도주보다 더 낫고, 육신적인 소욕에 즐거움을 주는 가장 우아한 맛을 가진 그 어느 것 보다도 더 낫습니다. 바로 이 샘에서 '말할 수 없이 영광스러운 기쁨이' 충만하게 솟아나기 때문입니다.

이 모든 일들이 '영의 생각' 속에서 일어납니다. 아니면 영적으로 생각하는 사람의 특성을 이루는 것입니다. '영의 생각' 속에 함축되어 있는 모든 도리의 초석(礎石)은 정서(affections), 곧 신령한 것들에 즉각적인 애착을 가지는 정서 속에 있습니다. 이지가 영적인 것들을 생각하고 묵상하는 일이 바로 그 정서에서 나오는 것입니다. 그럴지라도 이 의무의 독특한 부분들은 차후 순서가 되었을 때에 다루겠습니다. 먼저 처음에는 영적인 일들을 생각하고 묵상하는 행사를 다루겠습니다. 왜냐하면 영적인 것들을 생각하고 묵상하는 순전한 행동들이 나오려면 먼저 '영의 생각'에 대한 정서가 우세해야만 하기 때문입니다. 그러니 영적인 것들을 생각하고 묵상하는 행위들은 그것들을 낸 샘이 어떤 성질의 것인지를 가장 분명하게 드러낼 것입니다.

그러나 우리가 앞으로 진행해 나가기 전에 이 강론의 기초 본문이 되는 말씀이 직접 함축하고 있는 중요한 진리들을 지적하는 것이 합당하다고 봅니다.

첫째, '영적으로 생각이 돌아가는 것은 모든 거듭나지 않은 이들과 참 신자들을 구별하는 큰 특성이다.'

사도가 역설(力說)하고 있는 것처럼 "육신에 속하여 육신적으로 생각이 돌아가는" 모든 자들은 거듭나지 못한 이들, 곧 하나님께로부터 나지 않은 이들입니다. 그들은 하나님을 기쁘시게 할 수 없습니다. 그들은 결국 영원히 멸망할 수밖에 없는 것입니다. 그러나 '영적으로 생각이 돌아가는 자들'은 하나님께로부터 난 자들입니다. 그들은 하나님을 위하여 살고, 하나님을 즐거워하는 경지에 이를 것입니다. 우리가 어떤 상태에 속하는지를 결정하고 시험하는 것은 바로 '영적으로 생각이 돌아가느냐'의 여부입니다.

둘째, '영적으로 생각하는 곳에서만 생명과 평안이 있다.'
'생명과 평안'이 무엇이며, 그것들을 이루고 있는 것들이 무엇이며, 이 세상에 있는 모든 것 보다 그것들이 어떻게 탁월하고 빼어난지, 그리고 '생명과 평안'이 어떻게 해서 영적으로 생각하는 것의 효과와 귀추인지는 차후에 다루어 선포할 것입니다.

지금은 이러한 것들을 다루지 않을 것입니다. 다만, 영적으로 생각하는 것의 문제가 우리에게 얼마나 큰 관심거리인지를 확증하고, 우리가 정말 영적으로 생각하는 사람인지 아닌지를 부지런히 탐색하는 것으로 족하게 여길 뿐입니다.
"영의 생각은 생명과 평안"이라는 진리의 권능에 마땅히 순복하여 우리 영혼이나 양심이 늘 감화를 받게 된다면 결코 적지 않은 유익을 얻을 것입니다. 그러니 우리가 달리 무엇을 생각하든지 간에, 우리가 그렇게 하지 않으면 생명이나 평안을 하나도 갖지 못할 것입니다. 생명과 평안은 영적으로 생각하는 자들만이 누릴 수 있는 유익입니다. 인정하고 싶지 않아도 우리가 영적으로 생각하지 않는 한, 우리는 어떠한 생명이나 평안도 가질 수 없습니다. 그러한 경우라면 우리는 이 진리의 유익과는 전혀 무관한 사람이 될 수밖에 없습니다. 우리는 영의 세력 아래에서만 유익을 얻을 수 있는 것입니다.

오늘날 정말로 많은 이들이 자신을 속이고 있습니다. 들려지는 말씀에 대해 그저 지적(知的)으로만 인정하고 찬동할 뿐, 정작 그들의 양심은 그 진리의 세력 안으로 들어가지 않습니다. 진리들을 통하여 자신들의 영적인 실상과 조건을 돌아보려고 하지 않습니다. 그러면서도 자기들이 생명과 평안을 누리고 있는 것처럼 착각하고 있습니다. 그들은 진리를 믿고 있다고 느낄지 모르겠습니다만 사실 단 한 음절의 말씀도 믿지 않습니다. 만약 그들이 말씀의 진리를 진정으로 믿는다면, 그 진리에 비추어 자신들을 돌아보지 않을 리가 없습니다. 정말 믿는 자라면 마지막 날에 그 진리가 자기들에게 어떻게 작용하며 찾아올 것인지를 생각해보지 않을 수가 없는 것입니다.

사도 야고보는 그들의 처한 영적인 상태와 조건을 이렇게 묘사하고 있습니다.

"누구든지 말씀을 듣고 행하지 아니하면 그는 거울로 자기의 생긴 얼굴을 보는 사람과 같아서 제 자신을 보고 가서 그 모습이 어떠했는지를 곧 잊어버리거니와"(약 1:23,24).

사람들은 이 말씀을 주목하면서 자기들의 상태를 아주 잘 묘사하고 있다는 것을 인정하곤 합니다. 그러나 거기까지입니다. 이내 마음의 생각은 엉뚱한 일들에 다시금 사로잡히고, 말씀으로 알게 되었던 자기들의 영적인 실상에 대한 각성은 흔적도 없이 사라지고 맙니다.

견고한 확신을 가지고 "영의 생각은 생명과 평안이니라"는 진리의 말씀의 세력 아래 순종하지 않는 사람이라면, 누구도 이 진리를 통해 유익을 얻을 수 없습니다. 우리가 설령 수준 높은 이성의 빛이나 지식을 가지고 모든 영적 의무들을 성실히 감당했다고 할지라도 말입니다.

여러분이 이 진리를 숙고함에 있어서 감화나 이해의 정도의 차이가 있을 수 있지만 여러분 모두가 잊지 말아야 하는 분명한 사실은, '영적으로 생각하는 것'은 '육신적으로 생각하는 것'과 정반대 된다는 것입니다. '영적으로 생각하는 것'은 '세상을 향해 생각이 돌아가는 것'과 완전히 상반되는 본질을 가지고 있습니다. 사도가 말하는 바와 같이, '육신의 생각'(육신적으로 생각이 돌아가는 것)은 사망입니다. 모든 방면에서 그러합니다. 허물과 죄로 죽어있는 사람들은 다 그러합니다. 그 본질과 진수에 비추어 볼 때 '영의 생각'(영적으로 생각이 돌아가는 것)과는 완전히 정반대의 것입니다.

영적으로 생각하지 않는 사람은 분명 육신적으로 생각하는 사람일 수밖에 없습니다. 영원한 죽음의 권세 아래 영원한 사망을 당할 운명에 처해 있는 것입니다.

사람들이 생각을 세상적으로 가지는 모습을 둘로 나누어 볼 수 있습니다. 그 중 하나는 세상에 속한 것들을 사랑하는 생각이 그 마음을 '완전히 장악하고' 있는 경우입니다. 이 경우는 육신적인 생각이 부분적으로 작용하는 경우가 아닙니다. 그보다 훨씬 더 광범위한 것입니다. 모든 생각의 '원리와 뿌리'가 육신에 있습니다. 육신적인 이지가 작용한 결과입니다. 그런 상태에 있는 사람은 결코 '생명과 평안'에 이를 수 없습니다(빌 3:19 ; 요일 2:15,16).

이것은 영적인 생각 체계와는 완전히 정반대의 상태입니다. 어느 누구든지 땅의 것들을 사랑하는 마음이 우세하면, 그 사람을 가리켜서 '육신적으로 생각이 돌아가는 사람'이라고 말할 수 밖에 없는 것입니다. 이런 사람들은 영적으로 생각하려 하지 않을 뿐 아니라 할 수도 없습니다. 이들은 영적으로 생각이 돌아감으로 말미암아 얻어지는 유익과 아무런 관련이 없는 사람입니다.

이런 관점에서 본다면 '영적으로 생각하는 것'은 확실히 세상에서 그리스도인들로 불리는 자들의 가장 큰 특징이 아닐 수 없습니다. 하지만 그리스도인들도 그 정반대의 세상적인 생각에 사로잡힌 모습을 보일 때가 있습니다. 그리스도인들도 '불규칙적으로' 이따금씩 땅의 일들에 애착을 가지는 방식으로 마음을 쓰곤 하는 것입니다. 이것이 세상적인 생각이 존재하는 또 다른 모습입니다.

다시금 영적인 것에 마음을 온전히 돌리려면 분명 그러한 죄악적인 일들을 바로 잡아야 합니다. 많은 그리스도인들이 평소에는 참되게 영적으로 마음을 쓰다가도(거듭남을 통해 본질적으로 영적인 생각을 하는 사람이 되었음에도 불구하고-역자 주) 땅에 속한 것들에 관심을 두며 애착을 가지곤 합니다. 모든 그리스도인은 영적인 것에 온전히 마음을 기울여야 할 영적 목표와 의무를 가지고 있습니다. 그런 점에서 본다면 잠시나마 가지는 그러한 생각을 '세상적'이라고 말하지 않을 수 없는 것입니다. 그러한 상태에서 영적인 은혜는 넘칠 수 없습니다. 영적인 은혜가 더욱 높은 수준으로 진보할 수 없습니다. 세상적으로 생각하는 것과 영적으로 생각하는 것은 어느 한 부분도 일치하는 것이 없기 때문입니다.

많은 신앙 고백자들은 불규칙하고 간헐적인 영적 탐구와 생각들을 자신의 목숨을 간신히 건질 '도피성' 쯤으로 여기고 있습니다. 하지만 '작은 도피성'만으로는 영적인 생각이 가져다주는 생명과 평안을 누릴 수 없습니다. 그러한 생각은 구원의 섭리와 서로 조화를 이룰 수 없습니다. 엄격히 말하자면, 그것은 가장 비열한 죄 가운데서 살아가는 것과 크게 다르지 않습니다.

세상을 떠나는 사람들이 모두 같은 병으로 죽는 것은 아닌 것처럼, 영원히 멸망하는 사람 모두가 똑같은 죄를 가지고 있는 것은 아닙니다. 그러나 하나님께서는 '탐심을 가진 자들을 음행하는 자나 간음하는 자나 도적질하는 자와 똑같이' 여기십니다. 아울러 그들을 하나님의 유업(遺業)을 받을 수 없는 자들로 여기시기 때문입니다(고전 6:9,10).

신자들에게도 그러한 탐심이 생길 때가 종종 있습니다. 죄에 대한 각성이나 의식을 전혀 가지지 않는 동료들과 어울리는 동안 자신이 가지고 있던 죄에 대한 의식이 무뎌질 수 있기 때문입니다. 하지만 그러한 일이 계속 반복된다면 '세상적으로 생각하는 것이 악하다'는 의식은 약해질 수밖에 없습니다.

사람들은 세상적인 일들로 향하는 것이 영적인 은혜와 정반대의 성향을 가지고 있다는 것을 인정합니다. 또 영적으로 바르게 마음을 쓰는 신앙인들을 좋게 평가합니다. 그러나 그뿐입니다. 영적으로 생각하는 일 자체를 그저 보편적인 입장에서 판단할 뿐입니다. 그것을 자신에게 적용할 마음은 없습니다. 그저 여러 가지 변명과 구실을 늘어놓으며 영적이지 못한 자신의 처지를 합리화하고 마는 것입니다.

여러분들이 설령 은혜의 빛이 요구하는 최상의 영적 수준에 이르는 일 자체를 아무리 좋은 것으로 인정한다 할지라도 여러분 자신이 그 일을 위해 부단히 애쓰려는 마음이 없다면, 여러분이야말로 '생각이 육신적으로 돌아가는 사람이라'고 말하지 않을 수 없습니다.

모든 믿는 자들은 영적으로 생각해야 할 의무와 필요성을 가지고 있습니다. 그렇지 않고서 하나님 앞에 담대한 양심을 가질 수 있는 사람은 이 세상에 단 한 명도 없다는 사실을 잊지 마십시오.

chapter.2

'영의 생각'의 본질

우리는 로마서 8장의 본문을 통해 사도가 권고하는 생각의 구조를 보편적인 차원에서 생각해 보았습니다. 이제 우리는 특별한 전제가 말하는 그 은혜의 본질을 더욱 구체적으로 알아보고, 우리 속에 과연 그러한 은혜가 있는지에 대해 바르게 분별하는 문제를 다루어 볼 것입니다.

신령한 정서로부터 나오는 생각과 묵상은 '영적으로 생각이 돌아가는' 은혜를 구성하는 가장 우선적인 것들입니다. 은혜의 모습은 그러한 생각과 묵상을 통해 가장 먼저 드러납니다. 우리의 생각들은 나무에 피어나는 꽃과 같습니다. 꽃은 만발하였으나 열매는 적은 경우도 있습니다. 그러나 열매는 꽃을 통해서만 맺히는 법입니다. 꽃을 통해 그 나무의 본질을 알 수 있는 것처럼 마음에 떠오르는 생각들은 사람의 이지의 구조(frame of mind)가 어떠한지를 보여주는 가장 확실한 척도가 되는 것입니다.

"대저 그 마음의 생각이 어떠하면 그 위인도 그러한즉"(잠 23:7).

물론 강하고 격렬한 시험의 때와 같이 일상적이지 않은 특별한 경우에 드는 생각을 마음의 기본구조라고 단정하기는 어렵습니다. 그런 경우 마음에 떠오르는 상념들이 사탄의 암시를 통하여 일어난 것이든지, 그 사람의 내면의 흑암이나 고통에서 나오는 것이든지 간에 사람들의 생각을 혼란스럽게 만들기 때문입니다. 하지만 그러한 특별한 시기가 아닌 일반적인 상황 속에서 자연스럽게 떠오르는 생각들은 우리 마음의 구조가 어떠한지 단정 지을 수 있는 분명한 척도가 됩니다.

자라나는 식물을 보고 토양의 성질을 판단할 수 있듯이, 사람이 가진 마음의 성향은 일상적인 상황 속에서 빈번하게 일어나는 생각들을 통해 드러납니다. 생각은 영혼의 가장 원초적인 활동입니다. 마음은 생각을 통해 자기 속에 있는 감추어진 것을 토해내듯 드러내는 것입니다. 마치 샘에서 솟아나는 물처럼 말입니다.

마음은 생각의 창고입니다. 그 창고에서 흘러나오는 생각의 일부만으로도 마음에 쌓아놓은 것들의 본질이 무엇인지 발견할 수 있습니다. 사람들이 저마다 가지고 있는 생각들이 본성에 속한 것이든, 은혜에 속한 것이든 마음은 하나의 샘 근원을 가지고 있습니다. 그 샘은 절대 사라지지 않습니다. 그 샘은 수많은 생각들을 끊임없이 쏟아냅니다. 그 쏟아내는 생각들이 선한 것이든 악한 것이든 말입니다. 결국 마음은 그 샘이 쏟아내는 생각들로 자신의 정체를 드러내는 것입니다.

어리석고, 교만하고, 야심적이고, 육감적이고, 더러운 생각에 사로잡혀 있는 사람이 있다면 그가 가진 마음의 성향이 바로 그러하다고 말할 수 있습니다. 반면에 거룩하고 신령하여 온전히 하늘에 속한 것에 생각을 향하고 있는 사람은 신령한 마음의 구조를 가지고 있다고 말할 수 있습니다.

거듭나지 못한 상태에 있는 사람들의 마음의 구조, 즉 본성이 새롭게 하심을 받지 못한 자들의 마음의 구조와 특징을 잘 묘사하고 있는 말씀이 있습니다.

"그 마음의 생각의 모든 계획이 항상 악할 뿐임을 보시고"(창 6:5).

그들의 마음은 헛되고 어리석고 악한 생각들로 이어지는 상념들과 상상들을 끊임없이 만들어내고 있었습니다. 그들에게 상습적으로 일어나는 악한 생각들을 통해 자신들이 가지고 있던 마음의 본질이 악하다는 것을 분명하게 드러내고 있었던 것입니다.

사람들은 날마다 분출되어 나오는 수를 헤아릴 수 없는 헛된 상념들로 인하여 자신의 깊은 창고에 무엇이 들어있는지를 분명하게 드러내 보입니다. 거듭나지 못한 자들의 마음은 능히 안정치 못하고 "그 물이 진흙과 더러운 것을 늘 솟구쳐내는 요동하는 바다"(사 57:20)와 같습니다. 그들의 마음속은 더러운 악으로 가득 차 있습니다. 그들이 가진 악한 샘은 결코 멈추지 않습니다. 온갖 정욕과 불타는 소욕으로 악한 생각들을 끊임없이 그 마음에 쌓아 가는 것입니다.

이렇듯 우리 마음에서 자연스럽게 일어나는 빈번한 생각들은 마음의 내면적인 구조와 상태를 가장 정확하고 명료하게 나타내는 증거입니다. 마음의 주된 성향이 육신적이면 육신적인 생각을 할 수밖에 없습니다. 영적인 마음의 성향이 언제나 영적인 생각들을 내게 되어 있는 것처럼 말입니다.

'영의 생각'(또는 영적으로 생각이 돌아가는 것)은 우리 일상적인 생각들의 경로와 흐름이 우선적으로 신령한 방향을 향하고 있음을 말합니다. 물론 그러한 신령한 생각의 활동은 자연스러운 것이어야 합니다. 인위적이거나 억지로 하는 외양적인 활동을 의미하지 않습니다.

시편 기자가 사람들의 '속생각'에 대해서 언급한 것처럼(시 49:11) 마음에서 일어나는 생각들은, 그 생각의 근원과 그 생각들이 나오게 된 동기, 그 생각들이 이루어지는 과정과 체계의 차원에서 주목해야 합니다. '속생각'이란 어떤 외부의 자극이나 암시를 통해 갑자기 일어나는 생각이 아닙니다. '속생각'은 사람들의 가장 깊은 마음의 원리들과 성향 속에 늘 존재하고 있는 것입니다.

악인은 마음의 가장 깊은 곳에 자신들을 기만하는 탐욕의 '속생각'을 가지고 있습니다(약 1:14). 그들이 마음 깊이 늘 품고 있던 그 정욕의 '속생각'이 육신을 위한 계획을 마련하도록 강력하게 마음의 생각을 부추기는 것입니다. 아간의 경우를 보십시오. 그는 "내가 노략한 물건 중에 시날 산의 아름다운 외투 한 벌과 은 이백 세겔과 그 무게가 오십 세겔 되는 금덩이 하나를 보고 탐내어 가졌나이다."라고 말합니다(수 7:21). 그가 재물을 본 순간 탐심 어린 생각이 곧바로 일어났습니다. 탐욕의 속생각을 마음 깊은 곳에 품고 있는 사람들은 언제나 그렇습니다. 욕심을 채울 기회가 주어지기 무섭게 탐심어린 생각이 일어납니다. 어떤 외부의 강압적인 자극이나 특별한 계기가 없어도 자신들이 본래 가지고 있던 성향과 경향으로 인해 아주 자연스럽게 그러한 생각들이 우러나오게 되는 것입니다.

"어리석은 자는 어리석은 것을 말하며 그 마음에 불의를 품어 간사를 행하며"(사 32:6).

어리석은 사람은 자기들의 탐하는 것을 어떻게 행할까 항상 궁리합니다. 그들은 끊임없이 자신의 욕심을 채울 외부적인 대상을 찾아 나섭니다. 세상의 모든 쾌락의 도구가 그들의 악한 생각들을 부추기는 외부적인 대상이 될 수 있습니다. 그래서 욥은 자기의 눈과 언약을 맺은 것입니다.

"내가 내 눈과 약속하였나니 어찌 처녀에게 주목하랴"(욥 31:1).

어리석은 자들은 자신 속에 부단히 악한 생각들을 쏟아내는 샘을 가지고 있습니다. 사도 베드로는 그런 자들을 두고 "음심(淫心)이 가득한 눈을 가지고 범죄 하기를 쉬지 아니한다."고 말한 바 있습니다(벧후 2:14). 그들의 마음은 죄를 지을 궁리로 분주합니다. 독주에 취해 자신을 방임하는 사람들을 보십시오. 솔로몬은 이렇게 충고하였습니다.

"포도주는 붉고 잔에서 번쩍이며 순하게 내려가나니 너는 그것을 보지도 말지어다"(잠 23:31).

정욕을 채울 것을 생각하게 하는 습관적인 성향이 그러한 이들에게 존재하는 것입니다. 잠언 23장 33-35절에서도 역시 이점을 다루고 있습니다.

영적인 사람들도 내면의 속생각들을 가지고 있습니다. 악인이 가진 속생각이 쉬지 않고 악한 생각을 뿜어내는 것처럼, 영적인 사람들도 '영적인 생각'을 힘차게 솟구쳐내는 마음의 샘을 가지고 있는 것입니다. 그들이 바로 영적으로 생각하는 사람입니다. 시편 기자는 45편 1절에서 "내 마음이 좋은 말로 왕을 위하여 지은 것을 말하리니."라고 말합니다. 그는 신령한 것들에 대한 것들을 묵상하면서 마음이 온전히 '선한 일로 부풀어' 있었던 것입니다. 영적으로 생각하는 사람들이 그러합니다. 그들 마음속에 살아있는 영적인 샘이 영적인 것들에 대한 거룩한 생각을 솟아내는 것입니다.

"그 속에서 영생하도록 솟아나는 샘물이 되리라"(요 4:14).

그 생명수의 샘은 바로 신자의 마음속에 거하시는 성령이십니다. 그 샘은 두레박으로 퍼내야만 하는 우물과 같지 않습니다. 충만한 물을 가지고 있지만 물을 길러 내지 않으면 얻을 수 없는 우물과 같지 않습니다. 그러나 그것을 알지 못했던 여인은 주님께서 말씀하신 생명수에 대해 "주여 물길을 그릇도 없고 이 우물은 깊은데 어디서 당신이 그 생수를 얻겠사옵나이까."라고 여쭈었습니다(11절).

여인의 질문에 주님께서는 이렇게 답하셨습니다.

"이 물을 마시는 자마다 다시 목마르려니와 내가 주는 물을 마시는 자는 영원히 목마르지 아니하리니 내가 주는 물은 그 속에서 영생하도록 솟아나는 샘물이 되리라"(요 4:13,14).

새로운 피조물의 원리, 새로운 본성의 원리, 믿는 자들의 마음에 하나님의 성령께서 은혜 주시어 있게 하신 원리가 바로 그와 같은 것입니다. 그것은 밖으로부터 오는 어떤 외적인 영향력에 의해서 나오는 것이 아닙니다. 그것은 샘솟듯 저절로 솟아나는 것이며 영혼 전체를 영적인 방향으로 이끌어 영원한 생명에 합당한 행동을 하게 합니다. 영적인 생각은 바로 그러한 원리에서 일어나는 것입니다. 내면적인 영혼의 성향과 정서의 원리로부터 그러한 생각이 나옵니다. 주님께서 말씀하신 바로 그 생수의 우물에서 말입니다. 그것이 바로 '영의 생각들' 입니다.

주님께서 말씀하셨습니다.

"선한 사람은 그 쌓은 선에서 선한 것을 내고 악한 사람은 그 쌓은 악에서 악한 것을 내느니라"(마 12:35).

은혜로 말미암아 새롭게 변화된 본성으로 지음 받은 이들은 선한 생각을 드러내지만, 거듭나지 않은 악한 자들은 자신의 본성에 쌓아 놓고 있던 악한 것을 드러낼 뿐입니다. 이 세상에서 동일한 시간 속에 같이 살아가고 있는 사람들 가운데 이러한 차이가 존재하는 것입니다. 누구나 자기 마음에 자기가 귀하다 여기는 보배를 가지고 있습니다. 그것은 모든 행실에 대한 주도적인 원리입니다. 그러나 어떤 사람들의 보배는 선하고, 어떤 사람들의 경우에는 악합니다. 자기들의 성향과 정서상 선하고 은혜로운 방향으로 움직이는 주도적인 마음의 원리를 가지고 있는 사람들이 있는 반면, 언제나 악하게 움직여 나가는 원리를 가지고 있는 사람들도 있는 것입니다.

선한 사람은 쌓은 선에서 선한 열매를 맺습니다. 마음에서 일어나는 선한 생각들이 선한 열매로 드러나는 것입니다. 마음에서 일어나는 생각과 그 속에 쌓여있는 것의 본질은 같은 것입니다. 마음에서 일어나는 자연스러운 생각들 대부분이 헛되고 어리석고 감각적이고 세상적이고 이기적이라면, 마음에 쌓은 것, 곧 그 마음의 원리가 그러한 것입니다. 만약 여러분이 마음에 쌓아 놓아 자연스럽게 흘러나오는 생각들이 영적이고 거룩한 것이라면, 여러분은 분명 영적으로 생각하는 사람일 것입니다. 그러나 반대로 그렇지 못하다면 여러분이 가진 모든 생각들은 자신이 영적으로 생각하는 사람이 아님을 증거하는 셈입니다.

그러나 우리는 여기서 잠시, 겉으로 드러나 영적인 모양을 가진 것처럼 보이는 생각들이 마음의 샘 근원에서 나온 것이 아닐 수도 있음을 주목해 보아야 합니다. 외부로부터 내면에 가해지는 일시적인 자극으로 인해 마치 마음 근원의 본질이 변화한 것처럼 보이는 경우가 있기 때문입니다.

이러한 경우, 내면에 존재하는 '양심'은 가책을 느끼게 됩니다. 그리고 그 양심의 가책은 마음에 영향을 끼치거나 인상을 주어 이전에 가지고 있던 성향이나 정서와 정반대의 성질을 가진 행동들을 유발합니다. 물은 아래로 흘러내리는 성질이 있지만 도구를 이용한다면 땅 위로 솟구쳐 올라갑니다. 그러나 도구를 통해 가해지던 압력이 중단되면 물은 그 본래의 성향으로 돌아와 낮은 곳으로 흘러갑니다. 사람들의 생각도 그러합니다. 세상적인 본성을 가지고 모든 삶의 행로를 세상에 맞추어 나아가던 사람도 양심의 가책을 크게 느끼게 되면 순간적으로 생각의 방향을 바꾸는 일이 일어날 수 있습니다. 그러한 양심의 가책은 그들로 하여금 순간적으로 하늘의 것들을 생각하게 하여 마치 그것이 그들의 본질적인 삶의 행로였던 것같이 보이게 할 수가 있는 것입니다. 그러나 그 각성의 힘이 사그라져 마음이 양심의 가책을 상실하게 되면 그들의 생각은 다시 예전의 상태로 돌아가 버리고 맙니다. 솟아오르던 물이 다시 아래로 흘러내려가 버리는 것같이 말입니다.

시편 78편 34-37절은 이러한 경우를 아주 자세히 묘사하고 있습니다.

"하나님이 그들을 죽이실 때에 저희가 그에게 구하며 돌이켜 하나님을 간절히 찾았고 하나님이 그들의 반석이시며 지존하신 하나님이 그들의 구속자이심을 기억하였도다. 그러나 그들이 입으로 그에게 아첨하며 자기 혀로 그에게 거짓을 말하였으니."

육신의 질병으로 인한 고통과 죽음의 위험으로부터 느끼는 두려움도 이러한 일시적인 변화를 가져올 수 있습니다. 이런 상황 가운데 처한 사람들은 말씀을 통해 자신의 죄를 크게 깨닫고 영적인 것들에 대하여 생각하고 묵상하는데 열심을 냅니다. 영적인 일들에 대한 묵상을 더 열심히 하지 못하는 자신을 질책하며 크게 상심하기까지 합니다. 그리고 세상에 속한 것들을 모조리 어리석은 일로 여기기도 합니다. 그러나 그들에게 고통을 주었던 원인이 사라짐과 동시에 그들이 가지고 있던 그토록 신령했던 생각들은 잦아들기 시작합니다. 그들에게 있어서 그러한 생각을 가져야 할 이유가 더 이상 존재하지 않게 된 것이지요.

"구스인이 그의 피부를, 표범이 그의 반점을 변하게 할 수 있느냐 할 수 있을진대 악에 익숙한 너희도 선을 행할 수 있으리라"(렘 13:23).

악인들은 악의 소굴을 가지고 있습니다. 그 소굴은 세상의 가르침으로 견고히 세워진 것입니다. 속마음의 성향과 습관이 그렇게 쉽게 변할 리가 없습니다. 어쩔 수 없는 환경이 닥쳐와 잠시 몸을 숙였을 뿐, 그 이상 영적인 것들을 향해 계속 나아갈 수는 없는 것입니다.

마음의 가책이나 외부의 어쩔 수 없는 환경으로 인해 갑자기 떠올랐다가 사라지는 경우를 영적인 사고방식을 가진 마음의 상태라고 말할 수는 없습니다. '소낙비'로 불어난 물은 한동안 맹렬한 기세를 자랑합니다. 그러나 그렇게 불어난 물줄기가 이내 말라버리는 것처럼 '뇌성벽력 같은 갑작스런 양심의 가책'의 대단한 자극도 머지않아 잦아들고 시들해지는 것입니다. 물론 그 시간만큼은 영적으로 생각하는 은혜에 조금이라도 관계되어 있었다는 사실은 부인하지 않겠습니다. 하지만 그런 은혜의 수준은 여전히 전과 같이 낮은 상태로 돌아가버리고 마는 것입니다. 끊임없이 뿜어내는 샘의 구멍을 차단하면 물은 흘러나올 수 없게 될 것입니다. 그러나 그 물의 통로를 막았던 방해물이 제거되는 순간부터 그 샘은 다시 예전과 같은 분량의 물을 쏟아낼 것입니다.

일시적으로, 또는 부분적으로 일어나는 영적인 생각 자체를 전혀 유익하지 않다고 말할 수는 없을 것입니다. 하지만 거기에는 분명한 가치의 차이가 있습니다. 마음의 자연스러운 내면의 원리로 인해 거룩한 생각들이 일어나고 마음의 거룩한 성향이 사람의 정서를 온전히 장악하는 경우와, 그렇지 않은 경우 사이에 비교할 수 없는 가치의 차이가 존재합니다. 자발적이지 않은 외부의 자극으로 잠시 가지게 된 관념의 영향을, 온전히 영적인 것에 사로잡혀 하늘의 것을 향해 끊임없이 나아가려는 심령의 상태와 같은 가치로 여길 수는 없는 것입니다. 이 문제는 따로 다루어야 할 만큼 매우 중요합니다.

chapter.3

'영의 생각'의 허울을 둘러쓴 '육신의 생각'

"말씀을 설교하는 것" 자체는 하나의 방편입니다. 복음서에 보면 많은 이들이 전파되는 말씀을 기꺼이 듣고 기쁨을 얻고 말씀 전파를 위하여 많은 일들을 하였습니다. 오늘날에도 매일 허다한 무리들이 그와 동일한 모습을 보입니다. 그런 이들이 말씀이 말하는 영적인 일들에 대해 많은 생각들을 하지 않고서는 그러한 일들이 전혀 존재할 수 없습니다. 왜냐하면 그런 일들은 바로 그런 생각들의 효과들이고, 사람들의 이지 속에서 일어나고 있는 일들이기 때문입니다. 또 그런 일들이 같은 성질의 일들을 더 많이 산출할 것입니다. 그럼에도 불구하고 그런 일에 간여한 이들이 외식자(外飾者, hypocrite)들로 판명나고, 영적으로 생각한 적이 없는 이들로 드러나기도 합니다.

우리 구주께서는 이 비난받을 만한 일이 일어나는 이유를 마태복음 13장 20,21절에서 밝히고 계십니다. "돌밭에 뿌려졌다는 것은 말씀을 듣고 즉시 기쁨으로 받되 그 속에 뿌리가 없어 잠시 견디다가 말씀으로 말미암아 환난이나 박해가 일어날 때에는 곧 넘어지는 자요." 그들이 가지는 선한 생각들은 자기들 속에있는 내면의 원리에서 나온 것이 아닙니다.

지금 이 복음시대에 살고 있는 자들 중에 그런 경우에 해당하는 이들이 얼마나 많은지요. 그들은 자기들에게 부단히 제시되는 영적인 것들에 대한 생각을 거부하지 않습니다. 그리고 한동안 그러한 생각들을 하기도 합니다. 저는 지금 말씀 자체를 경멸하거나 그저 방관적으로만 말씀을 듣는 이들에 대하여 말하는 것이 아닙니다. 그런 자들이라면 자기들이 듣는 것을 전혀 이해하지 못합니다. 그래서 말씀을 듣자마자 그에 대한 생각들을 지워버리겠지요. 지금 저는 그러한 이들에 대하여 말하는 것이 아닙니다. 말씀을 받아들이고, 얼마간의 열심을 내면서 그것을 기쁘게 여기기도 하는 이들을 가리켜 말하고 있는 것입니다. 이들은 말씀을 듣는 것에 익숙하고 영적인 기회와 늘 가까이 있는 자들입니다. 그런데 그들 중 많은 사람들의 마음은 마치 소나기가 내린 뒤의 물과 같습니다. 소나기는 샘을 가지고 있지 않습니다. 소나기로 불어났던 물들이 다 흘러 지나가 버리면 그 물이 지나갔던 수로(水路)에는 그저 돌멩이와 더러운 오물만이 남아 있을 뿐입니다. 말씀의 교리가 그런 이들에게 소나기같이 떨어지면 다소간 영적인 것들을 생각하도록 길을 열어 줍니다. 그러나 그들은 '영생하도록 솟아나는 물 샘'을 갖고 있지 못합니다. 잠시 그런 영적인 것들을 생각하다가 메말라 버려 바닥을 드러내고서 어리석고 더러운 것으로 돌아가 버립니다.

가장 거룩하고 신령하게 생각하는 최선의 사람들도 말씀 설교를 통해서 자극을 받아야 영적인 것들에 대한 생각을 일으키고 확대하고 확고하게 합니다. 그 점을 반드시 유념해야 합니다. 그것이 말씀을 전파하는 목적입니다. 말씀을 받은 이들 속에서 역사하는 말씀의 주도적인 용도가 바로 그것입니다. 말씀 전파는 두 가지 방식의 효력을 냅니다.

첫째, 우리에게 증거되는 말씀은 우리 영혼의 '영적 양식' 입니다. 말씀을 토대로 영혼의 영적 원리가 유지되며, 그로 인해 모든 은혜가 견고해지는 것입니다. 그런 일이 많을수록 우리는 영적으로 생각하는 일을 더 풍성하게 해낼 것입니다.

둘째, 그 말씀은 은혜를 실행으로 옮길 '기회'를 제공합니다. 그래서 말씀은 믿음과 사랑과 두려움과 신뢰심과 경외하는 마음의 진정한 대상을 우리 영혼에 제시하며, 모든 은혜들이 우리에게 작용하도록 만드는 것입니다.

그러나 증거되는 말씀이 자기들에게 제시되는 그 순간에만 영적인 것을 생각하는 이들의 경우는 다릅니다. 그들이 말씀을 듣는 순간 즉시로 영적인 것들을 생각한다고 할지라도, 그들이 영적인 생각을 하는 자로서 그 말씀을 받았다고 볼 수는 없는 것입니다. 그들이 순간적으로 가지는 영적인 것들에 대한 열심은 마치 한 순간 꿈을 꾸는 것과 같습니다. 그들의 심령에 가해지는 영적인 압박이, 듣는 그 순간 그들에게 정말 바람직한 것이든, 아니면 정말 피해야 할 것이든 간에 그 기회를 통해 여러 가지 상상(想像)이 발동될 수 있는 것입니다. 그래서 그들은 자신이 마치 있는 힘을 다하여 영적으로 경주하고 있는 것과 같은 착각에 빠지기도 합니다. 그들은 모든 것이 자기들을 압박하고 있다는 느낌을 받습니다. 그들이 그러한 생각에서 깨어나기 전까지는 긴장을 늦추지 않습니다. 그들은 말씀으로 주어진 그 압박의 힘 때문에 생기는 마음의 부담감 때문에 자기들에게 주어진 신령한 의무들을 이행하려고 무진 애를 쓰는 것입니다. 그러나 그들의 힘은 결국 소진되고 영적인 수준은 더 이상 성장하지 못합니다. 그리고 얼마 가지 못해 그들은 모든 노력을 중지하고 다시 그러한 생각이 새롭게 일어나기까지는 힘을 쓰지 못하게 됩니다. 그들에게 영적인 생명의 원리가 없기 때문입니다.

그러나 말씀을 통해 내면적인 은혜의 원리에서 나오는 생각들은, 순간적이며 일시적으로 나타나는 경우와 다릅니다. 그 내면의 원리에서 나오는 생각들은 그에 상응하는 자극을 받아 실행된 것들이기에 증거된 말씀 때문에 간헐적으로 일어난 이지의 생각들과는 구별이 됩니다.

먼저, 이 내면의 원리에서 나는 생각들은 설교되는 것들 자체를 향한 '믿음과 사랑의 특별한 작용'들입니다. 진리를 사랑함으로 받아 나온 생각들입니다. 증거된 진리의 내용들 자체의 선함을 사랑함으로 나온 것입니다. 설교되는 명제들의 진실성 자체만이 아니라, 그 진리 자체를 사랑하는 것이 그 생각들 속에 있습니다. 그러나 이지가 빛과 진리의 영향을 받은 의식으로만 가진 생각들에 불과하다면, 거기에는 그 빛과 진리 자체를 정중하게 사랑하는 것은 빠져 있습니다.

내면의 원리에서 나는 생각들은 '영혼의 만족'을 동반합니다. 설교되는 말씀을 통해 누릴 수 있는 진정한 만족은 오직 설교되는 것들의 능력을 사랑하고 체험함으로 얻을 수 있는 것입니다. 그 만족이란 자신 안에 존재하고 있는 은혜의 본질과 설교되는 말씀이 서로 맞아 들어가는 것을 느낄 때 가질 수 있는 상쾌함입니다. 말씀의 증거가 우리 속에 있는 은혜의 본질에 강한 확신과 위로를 줄 때, 우리의 영혼이 은밀한 만족과 자신감을 얻게 되는 것입니다. 그러나 간헐적으로 불규칙하게 일어나는 생각들은 이렇게 동반하는 것들이나 효력들이 없습니다. 그 생각들은 어떤 몇 마디의 말씀이나 잠시 강론을 들을 때에만 존재하다가 다시 말라버리고 열매도 맺지 못합니다.

증거되는 말씀 진리에 대한 '믿음과 사랑'은 '영적 성장'의 방편들입니다. 채소들이 자라는 것은 무감각한 활동에 의하지 않고, 증식(增殖)하려는 감각의 폭발하고 분출하는 힘으로 말미암는다고 어떤 이들은 말합니다. 영적인 성장에 그 믿음과 사랑이 그와 같은 역할을 합니다. 증거되는 말씀이 새로운 성품의 원리를 자극하여 여러 생각들을 하게 하여 그 속에서 '영혼의 만족'을 누리게 되는 것입니다.

말씀과 마찬가지로 '기도' 역시 같은 성질을 가진 방편이라고 할 수 있습니다. 기도의 가장 큰 목직은 마음속에 있는 믿음과 사랑과 은혜의 원리를 자극하고 북돋는 데 있습니다. 그 결과 하나님께 대한 거룩하고 영적인 것들에 대한 생각들을 하게 됩니다. 그리하여 우리가 그에 걸 맞는 정서를 갖게 합니다. 이러한 목적 없이 기도하는 이들은 무엇을 위해 기도해야 할지 전혀 알지 못합니다.

많은 사람들이 기도하는 일에 참여합니다. 매일 기도하는 것이 자기들의 의무라는 확신을 가진 사람들이 있습니다. 그들은 모든 가정이나 모임에서 그렇게 해야 한다고 생각합니다. 기도의 모임에 부단히 참여하는 일이나, 스스로 혼자 매일 기도하는 일은 쉬운 일이 아닙니다. 하지만 그 어려운 기도의 의무를 온전히 수행함에도 불구하고 그것이 일시적으로 받은 자극이나 인상에 의한 일에 불구하다면, 그것은 단지 그 마음에 은혜의 샘 근원을 전혀 가지지 않은 가운데 행하는 외적인 일에 불과합니다.

간혹 사람들의 영적인 생각들이 '자기 은사(gift)의 실행'을 통해서 의무를 수행하는 사람 속에서 일어날 수 있습니다. 그 은사들을 실행하는 데도 불구하고 은혜의 작용은 전혀 없을 수 있습니다. 은사들이 이지를 이끌어 기도와 같은 영적인 일들을 수행하게 하는 경우가 거기에 해당되지요. '은사'란 우리가 천성적으로 가지고 있는 수완이나 기능들을 영적인 용도에 맞게 활용하게 하는 무엇입니다. 사람이 어떤 말을 하거나 어떤 일을 발설할 때 이성적인 기능들로만 그 일을 해 낼 수 있습니다. 곧 궁리하고 기억해내는 것과 같은 일을 통해서 말입니다. 이 일의 경우 역시 그 행위를 은혜의 작용으로 볼 수 없습니다. 사람이 가진 이성적인 작용만으로도 그런 영적인 행위로 보이는 일을 얼마든지 해 낼 수 있기 때문입니다. 하지만 사람들은 때로 그 은사를 자신의 주장을 펼치기 위해 기억을 동원하고 궁리하는 이성적인 수단으로 활용합니다.

영적인 일들을 표현한 아주 '긴 기도문'을 읽어 내려가면서도 그 마음에 영적인 생각들은 전혀 없을 수도 있습니다. 마땅히 작용하여야 할 마음의 작용은 배제시키면서 그저 읽혀지는 문장의 철자에 생각을 집중하고 있는 경우가 있을 수 있는 것입니다. 물론 사람들의 모든 기도가 그러하다는 것은 아닙니다. 다만 그런 식의 기도를 할 수도 있다는 말입니다. 영적인 목적을 위해 은사의 기능을 활용하면서도 정작 마음에는 영적인 작용이 일어나지 않을 수도 있는 것입니다. '이성의 작용'은 물론 필요한 것입니다. 생각하고 판단하고 기억함으로 영적인 일들을 지원하는 일들이 있어야 할 것입니다. 그러나 그들이 현재 외적으로 참여하고 있는 의무들 때문에 일어난 영적인 생각들이 이성의 기능으로 나타난 일시적인 것에 불과하다 합시다. 그 경우 그들은 생명의 샘과 은혜의 작용이 완전히 배제된 상태에서 여러 가지 일들을 수행하며 스스로 만족하고 있습니다. 그리하여 자신뿐 아니라 다른 이들의 영혼까지 속일 수가 있는 것입니다.

성경은 이러한 일들을 증거하고 있습니다. 그리고 우리들의 경험을 통해 우리 스스로를 자문할 수 있을 것입니다. 특히 영적인 은사를 받은 자들의 경우라면 더욱 그러해야 합니다. 기도라는 의무를 감당하면서 자신의 은사들을 활용하고 있는 사람들 중에 많은 이들이 그렇게 합니다. 우리는 우리 자신에게 물어야 합니다. 우리의 기도가 외적인 은사의 기능에서 나온 것인지, 아니면 우리 마음에 있는 생명의 샘 원리에서 자연스레 솟아 나온 것인지.

이는 매우 중요한 문제입니다. 어떤 이들이 이 문제에 대해 어떤 이해를 가지든지 말입니다. 이 문제를 바르게 정립하는 데에는 많은 시간이 요구 될 수 있습니다. 세련되어 보이는 외식자들이 경건의 모습을 보이면서 자신과 다른 이들을 기만하는 방식만큼 간교한 것이 없습니다. 그들은 기도의 은사들을 이용해 자신의 욕심을 채웁니다. 기도의 의무를 매일 감당하는 아주 훌륭한 신자들로 여겨지는 이들이라도 자신이 감당하는 기도의 의무가 그러한 외식의 악에 빠져들게 하지 않는지 살펴보아야 합니다. 만일 그 문제에 대해 자신을 돌아보는 일을 게을리 한다면 아무리 훌륭한 신자들이라도 단지 은사의 기능만을 활용하는 것에 머물 수 있기 때문입니다. 여러분의 기도가 만약 그러하다면, 그 기도 속에서 은혜의 작용을 나타내는 그 어떤 증거도 찾을 수 없을 것입니다.

많은 사람들은 이렇게 불평하곤 합니다. '영적인 것들은 큰 난제와 장애 요소들로 가득하다.' 그렇게 보일 수 있을지 모르겠습니다. 그러나 사실 영적인 것들 자체 속에는 그들이 말하는 어려운 난제란 존재하지 않습니다. 그 영적인 것들은 오직 아버지께로부터 나온 빛과 질서와 아름다움과 지혜로 충만할 뿐입니다. 모든 난제와 장애 요소를 가지고 있는 것은 오히려 우리 자신입니다. 햇빛의 강렬함을 감당할 수 없는 시각을 가지고 있기 때문에 우리가 태양을 똑바로 바라보지 못하는 것처럼, 우리가 하늘에 속한 영적인 것들의 진리와 본질을 감히 제대로 보지 못하는 이유는 바로 우리 자신에게 있습니다.

"내가 땅의 일을 말하여도 너희가 믿지 아니하거든 하물며 하늘의 일을 말하면 어떻게 믿겠느냐"(요 3:12).

우리가 하늘의 일들보다 땅의 일들을 바라보는 이유는 이 세상에 속한 것들이 더 많은 실질적인 가치를 가지고 있기 때문이 아닙니다. 우리가 가진 이해의 능력이 땅에 속한 것들에만 머무는 수준이기 때문입니다.

하늘에 속한 모든 영적인 요소들은 우리가 가진 이해의 수준으로는 온전히 받아들이기 어려운 것입니다. 우리는 그저 부분적으로만 알 수 있을 뿐입니다. 그러나 그나마 가진 하늘에 대한 부분적인 총명마저도 여러 가지 세상의 장애 앞에 너무나 쉽게 무디어지곤 합니다. 그래서 하늘에 속한 영적인 것들을 이해하는 갈피를 순식간에 잃어버리고 마는 것입니다. 그런 경우 영적인 일들이 자기들과 어떤 이해관계를 가지고 있는지 알지 못합니다. 부패의 만연이 사람들의 이지의 빛을 어둡게 하여 그 판단력을 더욱 흐릿하게 만들어 버렸기 때문입니다. 세상에 만연되어 있는 죄의 속임수는 사람들에게 큰 효과를 발휘하고 있습니다. 사람들이 스스로 '평안'하다고 떠들어 대는 것을 보십시오. 하나님께서 그들에게 '평화'를 선언하신 적이 없는데도 말입니다. 사도 바울의 말을 주목해 보십시오.

"우리 주 예수 그리스도의 하나님, 영광의 아버지께서 지혜와 계시의 영을 **너희**에게 주사 하나님을 알게 하시고 **너희** 마음의 눈을 밝히사 그의 부르심의 소망이 무엇이며 성도 안에서 그 기업의 영광의 풍성함이 무엇이며 그의 힘의 위력으로 역사하심을 따라 믿는 우리에게 베푸신 능력의 지극히 크심이 어떠한 것을 **너희**로 알게 하시기를 구하노라"(엡 1:17-19).

'잠시 불붙는 믿음'과 '지속적이며 견고한 믿음'이 얼핏 비슷해 보이는 것처럼, '은사의 기능'과 '은혜의 작용'도 외적인 모습만으로는 구분해내기 어렵습니다. 그러기 위해서는 '성령의 특별한 빛과 인도하심'이 있어야 합니다. 하나님의 영광을 위하고 자기들의 영혼에 평화를 가져오는 견고한 터가 될 상태와 행동이 무엇인지 판별해야 하는데, 그 일은 오직 성령의 인도하심으로 가능한 일입니다. 성령의 복된 인도하심이 있다면, 우리가 감당하는 모든 의무가 진정한 믿음에서 나온 것인지, 또 그 속에 은혜의 작용이 있는지를 분명하게 확인할 수 있을 것입니다. 특히 기도하는 일에 있어서 더욱 그러합니다. 성령의 인도하심 속에서만이 우리의 기도가 영적인 원리에서 나온 것인지, 아니면 단순히 은사를 통해 우리 천성적인 기능의 힘에서 나온 것인지를 확인할 수 있을 것입니다. 만약 자신을 속이며 모든 영적인 의무를 통해 하나님과 동행하고 있다고 착각하면서 자기들이 감당하고 있는 의무의 본질이 무엇인지 전혀 점검하지 않는 이가 있다면, 그는 마지막 날 당할 하나님의 심문을 전혀 준비하고 있지 않는 사람으로 보아야 할 것입니다.

우리는 진리의 말씀으로 공정하고 냉정해야 합니다. 우리가 거룩한 의무들을 감당할 때 우리의 마음을 검증해 보아야 합니다. 우리가 이행하는 의무의 원리와 목적과 의도, 그 모든 활동들을 부지런히 살피면서 매일 우리 영혼 전체를 점검해 보아야 하는 것입니다. 이 일을 두려워하지 마십시오. "너희가 믿음 안에 있는가 너희 자신을 시험하고 너희 자신을 확증하라 예수 그리스도께서 너희 안에 계신 줄을 너희가 스스로 알지 못하느냐 그렇지 않으면 너희는 버리운 자니라"(고후 13:5).

여러분이 창고에 가득히 쌓아 놓았던 것이 금과 은이 아닌 구리와 납일 수도 있습니다. 여러분이 행했던 모든 영적 의무들을 저울과 시금석으로 달아 볼 날이 있을 것입니다.

여러분은 그동안 감당하는 모든 의무를 수량으로 계산하고 있지는 않습니까? 그렇다면 여러분은 크게 속고 있는 것입니다. 아무런 가치도 없는 것들을 가득 쌓아 놓고 자신이 부요하다고 생각하는 사람은 매우 큰 착각 속에 빠져 있는 자가 아닐 수 없습니다. 여러분이 감당한 어떤 의무가 정말 무거운 것일 수 있습니다. 그러나 시금석에 비추어 그것이 아무런 가치가 없는 것이라고 판명 난다면 그 무거움이 무슨 의미가 있겠습니까. 만일 여러분이 이에 대해 정확히 측정하고 계산하길 원한다면, 성령의 인도하심을 방편으로 사용하십시오. 우리가 모든 거룩한 의무들을 감당하면서 스스로를 검증하고 시험해보는 것은 하나님께서 원하시는 일입니다. 우리가 행하는 모든 의무 속에 하나님께서 받으실 만한 진정한 믿음과 은혜를 가지고 있는지 살펴보라고 권고하시는 것입니다(사 58:2-7).

우리가 드리고 있는 '간절한 기도'가 정말 바른 것인지를 부지런히 살펴보십시오. 하나님께서 우리의 기도를 시험하시고 판단하실 것입니다. 기도하는 우리의 마음을 살펴보실 것입니다. 시편 기자는 이렇게 기록하였습니다.

"하나님이여 나를 살피사 내 마음을 아시며 나를 시험하사 내 뜻을 아옵소서 내게 무슨 악한 행위가 있나 보시고 나를 영원한 길로 인도하소서"(시 139:23, 24).

여러분은 우리의 진실성을 증명하실 하나님의 성령의 은혜를 받기를 원하지 않습니까? 우리의 기도나 모든 영적 일들에 대한 문제에 있어 하나님의 평가가 어떠하실 지를 상기하는 것이 중요한 일로 여겨지지 않습니까? 그것은 너무나 중요한 문제이면서도 어려운 일입니다. 하나님께서 우리 마음을 판단하실 것입니다.

이 문제는 우리 마음의 확신어린 만족을 누릴 수 있는지에 대한 문제입니다. 이 일은 정말 중요한 것입니다. 그리고 반드시 필요한 일입니다.

외식자는 신앙고백에서 있어서 아주 대단한 모습을 보입니다. 자신들이 받은 은사의 기능들을 마치 은혜의 원리의 작용인양 여기면서 말입니다. 은사의 기능만을 이용해 모든 기독교의 의무들을 감당하며 자기 자신과 다른 이들에게 헛된 만족감을 주는 일만큼 하나님을 거스르는 위험이 없습니다.

자신들이 가지고 있는 은사의 기능을 이용해 모든 영적인 것의 모양을 취함으로써 자신을 만족시키고 다른 이들과 하나님을 기만하고 있으니 말입니다. 사실 그들의 그러한 외적 모습은 오래 유지되지도 못합니다. 저는 영적인 일에 대단한 열심을 보였던 이들이 비열한 타락의 길을 걷게 되는 경우를 많이 보았습니다. 그들은 계속 죄와 정욕의 노예로 살아가고 있습니다. 그들 중에는 그러면서도 여전히 종교적인 의무들을 계속 감당하는 사람들도 있습니다.

"너희 소돔의 관원들아 여호와의 말씀을 들을지어다 너희 고모라의 백성아 우리 하나님의 법에 귀를 기울일지어다 여호와께서 말씀하시되 너희의 무수한 제물이 내게 무엇이 유익하뇨 나는 숫양의 번제와 살진 짐승의 기름에 배불렀고 나는 수송아지나 어린 양이나 숫염소의 피를 기뻐하지 아니하노라 너희가 내 앞에 보이러 오니 이것을 누가 너희에게 요구하였느냐 내 마당만 밟을 뿐이니라 헛된 제물을 다시 가져오지 말라 분향은 내가 가증히 여기는 바요 월삭과 안식일과 대회로 모이는 것도 그러하니 성회와 아울러 악을 행하는 것을 내가 견디지 못하겠노라 내 마음이 너희의 월삭과 정한 절기를 싫어하나니 그것이 내게 무거운 짐이라 내가 지기에 곤비하였느니라"(사 1:10-14).

이와같이 영적인 지각으로 재어 봤을 때 우리의 기도가 그저 머리를 써서 나온 것일지도 모릅니다. 우리가 드렸던 간절한 기도가 우리가 가진 사고의 은사를 이용한 기억과 궁리를 총동원한 결과인지도 모릅니다. 우리의 기도 속에서 믿음과 사랑, 겸손이나 경외심, 거룩한 두려움 같은 것을 전혀 찾아내지 못할지도 모릅니다. 포도주같이 흘러나왔던 우리의 기도에서 고약한 냄새가 난다면 어떻게 하실 것입니까? 우리는 우리 자신을 '엄격하게 검증' 해 보아야 합니다. 그렇게 하지 않는다면 영적인 마음과 생각 없이 영적인 의무들을 외적으로 감당하는 헛된 수고를 피하지 못하게 될 것입니다.

    은사는 그리스도께서 우리 자신이나 다른 이들의 은혜를 유용하게 활용하도록 하기 위해 베푸신 선물입니다. 바른 은사의 사용으로 다른 이들에게 은혜를 일으키는 역할을 하기도 합니다. 은사가 은혜를 바른 용도로 쓰이게 하는 도구 역할을 하는 것입니다. 만일 우리가 은사들을 활용하면서 은사가 가지는 그 목적을 항상 염두에 두지 않는다면 은사가 차라리 없는 편이 나을 뻔하였습니다. 우리가 신령한 빛 가운데서 은사로 받은 사고와 기억과 판단을 이용해 힘 있게 기도 한다면 그 기도는 우리 영혼에 유익이 될 것입니다. 그러나 적당히 마시면 다소간의 유익을 주지만 과음을 하면 해가 되어 몸의 모든 기능을 장악해버리는 포도주와 같이 영적인 은사들도 그러합니다. 은사가 사람 속에 있는 은혜에 도움을 주어 원활하게 작용하게 하는데 사용이 된다면 그것은 분명 유익한 것이 되지만, 그 은사들 자체가 신령한 은혜의 자리까지 다 차지하고 장악하게 되면, 그것은 분명 해로운 것이 되는 것입니다.

    그러므로 우리의 기도나 우리가 가지게 된 영적인 생각들이 정말 우리 마음에 있는 '은혜의 원리', 곧 구원받게 하는 진정한 은혜의 작용으로 인한 것인지 유심히 살펴보아야 합니다. 만약 우리가 하는 기도가 진정 영적인 것이 아니라면, 영혼의 영적 성장에 아무런 방편도 되지 못합니다. 그 기도를 통해 영혼이 겸손하고 거룩하게 되어 범사에 하나님께 순종하는 일은 일어날 수가 없는 것입니다.

    은혜는 어떠한 의무들을 감당해 나가는 것 자체를 통해서 풍성해지는 것이 아닙니다. 간절하고 열심 있는 기도를 드린다고 해도 그것이 마음의 뿌리에서 나온 영적인 것이 아니라면 은혜의 열매가 풍성히 맺히는 일은 기대할 수 없는 것입니다. 이 원칙을 전혀 이상한 것으로 받아들이지 마십시오.

"여호와의 손이 짧아 구원하지 못하심도 아니요 귀가 둔하여 듣지 못하심도 아니라"(사 59:1).

하나님께서는 예나 지금이나 언제나 같으신 분입니다. 지금 살아계신 하나님은 우리의 옛 믿음의 선조들이 부르짖었던 그분이십니다. 그 때의 하나님과 지금의 하나님은 같은 분이십니다. "예수 그리스도는 어제나 오늘이나 영원토록 동일하시니라"(히 13:8). 지금 우리가 기도드리는 하나님은 그들이 드렸던 하나님과 같으신 분이십니다. 그런데 우리는 왜 그들처럼 하나님께 응답받지 못하는 것입니까? 우리는 그토록 기도를 많이 드리고 있음에도 왜 언제나 조금만 응답 받는 것입니까? 저는 하나님의 섭리의 외적인 경륜이 드러나는 환난이나 핍박을 당하는 때를 말하고 있는 것이 아닙니다. 그러한 때에는 하나님께서 언제나 주권적이며 주도적인 방식으로 행사하십니다. 그래서 때로는 가장 유익한 응답으로 간절한 기도를 부인하시고 거부하시기도 하시는 것입니다. 저는 그러한 특별한 때를 가리키고 있는 것이 아닙니다. 시편 기자의 체험한 것과 같은 기도의 응답을 말하고 있는 것입니다.

"내가 간구하는 날에 주께서 응답하시고 내 영혼에 힘을 주어 강하게 하셨나이다"(시 138:3).

겉으로 보기에 신령하고 은혜가 풍성한 것 같은 기도들이 너무나 많이 행해지고 있습니다. 물론 모든 기도가 다 외식적이며 전적으로 신실하지 않다고 단정하는 것은 아닙니다. 저는 모자란 것을 말하고 있습니다. 우리가 살펴보아야 할 것이 바로 모자란 그 부분입니다. 여러분에게 기도의 응답이 일어나지 않는 일이 무엇인가 분명하게 살필 문제가 아닙니까? 기도가 효력이 있는 경우라면 반드시 영적인 능력을 불러오게 되어 있습니다. 간구를 통해 주실법한 은혜와 신령함과 풍성한 무엇이 주어지지 않는 것을 이상하게 여기지 않으십니까? 여러분은 세상에서 만나는 환난과 시험에서 건짐 받기 위하여 '긍휼'과 '은혜'를 구하는 기도를 자주 드릴 것입니다. 그런데 왜 영적인 힘의 공급은 체험하지 못하는 것입니까? 바울은 자기의 육신의 연약을 제거하여 달라고 세 번이나 기도했지만 그 고통거리는 그를 떠나지 않았습니다. 사도의 기도는 분명 어떠한 결함도 없었을 것입니다. 하지만 바울은 자신이 바라던 간구함 대신 영혼의 힘이 되기에 충분한 다른 특별한 은혜를 받았습니다. 그런데 여러분은 왜 그처럼 열심히 기도 생활을 하면서도 영혼에 어떠한 힘도 얻지 못하는 것입니까?

많은 사람들이 가정에서나 모임에서 기도하는 일을 부지런히 감당하면서도 여전히 죄 가운데 살아가는 것을 보면 놀라지 않을 수 없습니다. 기도를 하고 있는 순간의 그들의 마음이 어떠할지 모르겠습니다만, 그 기도가 영적인 뿌리에서 나온 것이라고 어떻게 말할 수 있겠습니까? 어찌 그러한 이들을 비열한 외식자들이라 말하지 않을 수 있겠냐는 말입니다. 그들은 하나님을 모독하고 있는 자들입니다. 그들은 기도하면서 아뢰는 것들을 마음 깊이 진정으로 소원하지도 않습니다. 그들의 기도는 자신들의 세상을 향한 욕심을 채우고 마음속에서 일어나고 있는 양심의 가책을 잠시 무마시키는 수단일 뿐입니다.

만일 지금 여러분이 여기서 무엇인가를 깨닫고 있다면, 우리가 가졌던 기도의 응답에 대한 난제가 풀린 것이나 다름없습니다. '두 마음을 가진 사람'은 "주께로부터 무엇을 받을까 생각하지 말아야" 합니다(약 1:7,8). 그러한 이들은 주님으로부터 아무것도 얻을 수 없습니다. 남이 아닌 자신을 위한 기도를 하면서도 믿지 않습니다.

"내가 불렀으나 너희가 듣기 싫어하였고 내가 손을 폈으나 돌아보는 자가 없었고"(잠 1:24).

"그때에 너희가 나를 부르리라 그래도 내가 대답지 아니하겠고 부지런히 나를 찾으리라 그래도 나를 만나지 못하리니"(잠 1:28).

물론 그러한 자들은 "악인에게는 하나님이 이르시되 네가 어찌하여 내 율례를 전하며 내 언약을 네 입에 두느냐"(시 50:16)는 질책을 받아 마땅한 자들입니다. 그러한 질책은 죄 가운데 거하면서 온갖 비행을 그치지 않는 사람이 받을 만한 것입니다. 그러나 저는 그런 그들에게 죄를 버리기까지 기도하지 말라고 말할 수는 없습니다. 만일 그렇게 말한다면 병을 완전히 치료한 후에야 처방을 사용하라고 말하는 것과 마찬가지이기 때문입니다.

오직 성령께서만이 우리의 생명 없는 기도를 살리시어 당신이 원하시고 기뻐하시는 때와 방식을 따라서 역사하실 수 있습니다. 성령께서만이 우리의 죽은 기도를 다시 살리시고 죄의 권세에서 우리를 건져내시는 방편을 알고 계십니다. 기도하는 일과 범죄하는 일을 병행해 나가는 것은 그들 자신의 책임이고 허물입니다. 그들의 기도에 은혜가 없는 이유가 바로 그것입니다. 여러분들 중에 그저 죄로 인한 마음의 가책이나 두려움 때문에 열심과 간절함으로 기도하는 사람이 있다면, 그는 영적인 힘을 잃어가고 있는 외식자입니다. 그가 기도를 하면서 가지게 되는 영적인 생각들은 육적인 본성에서 나오는 것이기 때문입니다.

겉으로 드러나는 기도의 '간절함과 열심'을 모두 은혜의 내면의 샘에서 나오는 증거로 여길 수는 없습니다. 기도가 가진 고유한 본질은 그러한 외양적 모습이 아닌 내면의 심령으로 이루어지기 때문입니다. 바른 기도는 심령 깊은 곳에 있는 사랑과 믿음과 소망의 간절한 행사를 가지고 있는 것이어야 합니다. 그러나 겉으로 드러나 보이는 외양적인 간절함은 그러한 내면의 바른 요소 없이도 얼마든지 나타내 보일 수 있습니다.

기도를 통해 얻어내고자 하는 목적에 대해 본성적인 강력한 '애착'을 가질 때 그러합니다. 사랑하는 가족이나 친지나, 자신에게 큰 고통과 위험이 닥칠 때 간절하고 의욕적으로 기도하지 않을 사람은 아무도 없습니다. 그러나 이러한 경우는 기도 할 수밖에 없는 아주 급박한 계기가 정서에 강력한 영향을 주어 나타나는 현상입니다. 이런 경우라면 그들이 보이는 거룩한 기도의 행위는 정서의 자극이 주는 일시적인 작용으로 볼 수밖에 없습니다. 하나님께서는 이러한 기도를 떠도는 '메아리' 같이 여기실 것입니다.

"성심으로 나를 부르지 아니하였으며 오직 침상에서 슬피 부르짖으며 곡식과 새 포도주로 말미암아 모이며 나를 거역하는도다"(호 7:14).

그러한 기도는 하나님께 있어서 마치 그것은 굶주린 들짐승의 울부짖음과도 같은 것입니다. 먹이를 배불리 먹고 나면 몸을 돌려 순식간에 사라질 들짐승 소리로 밖에는 여기시지 않습니다.

예리한 양심의 가책이 주는 불안감 역시 사람들이 사자처럼 울부짖으며 기도하게 만들 수 있습니다. 그 예리함이 더 할수록 그들은 더 큰 소리를 낼 것입니다. 여전히 참된 은혜를 받지 못한 상태일지라도 말입니다. 이 후 참된 은혜를 받는다고 해도 그 정도의 모습은 아닐 것입니다. 양심의 가책이 주는 복잡한 작용은 마음속에 열심을 내어 기도하게 하는 많은 효력과 변화를 가져옵니다. 외적인 환난이나 고통이 양심의 가책과 동시에 수반될 때는 특히 그러합니다.

"하나님이 그들을 죽이실 때에 그들이 그에게 구하며 돌이켜 하나님을 간절히 찾았고 하나님이 그들의 반석이시며 지존하신 하나님이 저희 구속자이심을 기억하였도다"(시 78:34, 35).

그들의 겉모습과는 달리 내면의 마음과 정서는 그리 간절하지 않을 수도 있습니다. 사람들은 자기들의 사고와 언어의 은사를 사용해 자신들의 본성의 정서를 과격하게 격동시키는 표현들을 지나치게 사용하곤 합니다. 진정한 마음의 간절함이 없는 그러한 기도는 썩어 있는 외식자들의 것에 불과합니다. 그러한 이들 중 많은 이들이 믿음의 배도자(背道者)로 돌아서는 경우가 허다합니다. 이렇듯 은혜의 샘이나 생명의 원리에서 나오는 영적인 생각의 작용 없이도 얼마든지 간절한 기도의 모습들이 나타날 수 있는 것입니다.

이러한 일들이 하나님을 모독하고 하나님에 대한 믿음을 웃음거리로 만드는 일을 합니다. 외식자들의 신령치 못한 기도로 인해(은혜는 없이 은사로만 간절히 기도하는 모습을 보이는) 정작 진정한 간절함으로 기도하는 이들의 기도까지 모두 외식적인 행사요 빈말로 치부될 수 있기 때문입니다.

햇빛 아래 거름더미에서 고약한 냄새를 맡은 사람이 같은 햇빛 아래에서 자라는 꽃의 향기를 맡기 전에 '이 꽃도 분명 거름더미와 같은 고약한 냄새가 날 거야' 고 생각하는 것은 이치에 맞지 않습니다. 햇빛은 물질을 비출 뿐, 그 비춰진 물질의 본질을 바꾸는 것은 아닙니다. 은사 역시 마찬가지 입니다. 영적인 은사 자체가 사람들에게 주어진다고 해도 그것이 사람의 본성과 마음을 변하게 하는 것은 아닙니다. 은사란 단지 사람이 본성적인 능력과 기능이 유용하게 작용하도록 비추고 도움을 주는 역할을 합니다. 그러므로 어떠한 경우라도 사람들에게 주어진 은사 자체만으로 구원에 이르기에 합당한 믿음의 역사를 일으키는 일은 있을 수가 없는 것입니다. 구원의 은혜가 있는 곳이라야 그 영적인 은사들이 가치 있는 것입니다.

모든 '은사'들이 그렇습니다. 아무리 영적인 것이라 해도 모든 은사들은 충분히 남용될 소지를 가지고 있습니다. 그렇다면 우리에게 주어진 은사는 악한 것입니까? 그렇지 않습니다. 그런 영적인 은사들은 성령으로 말미암아 세상 끝까지 당신의 교회와 함께 계시겠다고 약속하신 그리스도께서 허락해 주신 것입니다. 저는 모든 복음적 은사들이 어떤 이들로 하여금 남용될 수도 있음을 말씀드리는 것입니다. 기도는 분명 우리에게 유익한 것입니다. 그러나 그 기도가 습관적인 태도로 매일 되뇌는 식의 것에 불과하다면 그것은 오히려 큰 악이 될 수 있는 것입니다.

그러므로 우리는 이러한 질문을 던져야만 합니다. "우리의 기도가 내면적인 은혜의 샘에서 나온 영적인 생각들로 행해지고 있다는 사실을 어떻게 알 수 있는가?" 또, "우리가 영적으로 생각하는 사람들이라는 확신을 어떻게 가질 수 있는가?" 하는 것입니다.

자신의 마음을 비추어 볼 수 있는 영적인 빛을 조금이라도 가진 사람이라면, 자기들이 감당하고 있는 영적 의무들 안에 믿음으로 하나님을 사랑하고 즐거워하는 것이 있는지 알 수 있을 것입니다. 그들의 영적 생각의 근거가 어디로부터 나온 것인지를 알아차릴 수 있다는 말입니다.

"믿는 자는 자기 안에 증거가" 있습니다(요일 5:10).
믿음은 그 자체로 반드시 모습을 드러내어 보이기 마련입니다. 그러한 원리를 전제로 믿음의 존재 여부를 검증할 수 있는 것입니다. 대부분의 사람들은 자신들이 감당한 어떤 영적인 의무에 대해 그 행위 자체로 만족합니다. 자기들이 감당했던 의무의 근거가 어디로부터 나온 것인지, 그 속에 은혜가 작용하고 있는지 돌아보지 않습니다. 그런 그들이 자신들의 행위에 대한 어떠한 확신도 가지지 못하는 것은 당연한 일입니다.

영혼이 여러 가지의 의무들을 감당하면서 신령한 만족을 얻고 있다면, 영적인 생각의 은혜를 힘입고 의무들을 감당했다는 증거가 됩니다. 예레미야 31장에서 선지자는 하나님으로부터 은혜로운 메시지를 받습니다. 그 메시지는 교회에 대한 애절한 권고와 놀라운 약속으로 가득한 것이었습니다. 그 메시지는 "이는 내가 피곤한 심령을 만족케 하며 무릇 슬픈 심령을 상쾌케 하였음이니라."라는 말씀으로 마무리 됩니다. 그리고 선지자는 이렇게 말합니다. "내가 깨어 보니 내 잠이 달았더라."

하나님의 은혜로운 메시지가 고통 가운데 있는 그의 심령에 얼마나 큰 위로와 안정을 주었던지요! 그는 고요한 안식을 취하고 깨어난 사람이 느끼는 것 같은 평안함을 느낀 것입니다. 그래서 그는 "내가 깨어 보니 내 잠이 달았더라"라는 말로 '내게 주신 그 말씀으로 인해 영혼이 은혜로운 만족과 상쾌함을 얻게 되었다' 는 마음을 표현한 것입니다. 그것은 기도의 의무를 감당하면서 하나님과 진정한 교통을 하고 있는 영혼만이 느낄 수 있는 만족입니다. 그것은 심령이 느끼는 영적인 상쾌함입니다. 그것은 정말이지 달콤한 것입니다. 이러한 상쾌한 만족과 안식이 기도 하는 신자들의 기쁨의 샘이 되는 것입니다. 그들은 기도하는 일을 억지로 감당할 의무로 여기지 않습니다. 또 무엇이 필요하기 때문에 하는 것도 아닙니다. 그들이 기도하는 이유는 기도하지 않고는 도저히 견딜 수 없기 때문입니다. 그들에게 있어서 기도하지 않는다는 것은 마치 매일 먹어야 할 음식을 먹지 않는 것과도 같습니다. 다른 것에서는 그러한 안식감과 만족감이 주는 즐거움을 찾지 못합니다.

그들은 기도를 통해 하나님께 가까이 나아갑니다. 하나님의 은혜의 보좌 앞에 나아감을 통해 영적인 즐거움을 얻는 것입니다(엡 2:18 ; 히 10:19,20). 은혜의 작용을 통해서 하나님께 나아가는 자들은 하나님의 살아 계시다는 영적 체험을 하게 됩니다. 그러면서 모든 영적인 유쾌함과 안식과 만족의 샘 근원이신 하나님으로부터 영혼의 달콤한 미각을 얻게 되는 것입니다.

"여호와 앞에 잠잠하고 참고 기다리라 자기 길이 형통하며 악한 꾀를 이루는 자 때문에 불평하지 말지어다 분을 그치고 노를 버리며 불평하지 말라 오히려 악을 만들 뿐이라 진실로 악을 행하는 자들은 끊어질 것이나 여호와를 소망하는 자들은 땅을 차지하리로다"(시 37:7-9).

하나님은 자비하심이 탁월한 분이십니다. 그 자비하심이 하나님의 모든 선하심과 은혜와 긍휼하심 속에 들어있습니다. 그분은 또한 생명과 빛이시며 모든 영적인 능력과 기쁨의 샘 근원이십니다. '주의 날개 그늘 아래 피하는 자들'이라고 묘사된 믿는 자들은 하나님께 예배함으로 나아가 '하나님의 집의 살진 것'으로 풍족함을 입게 될 것입니다. 하나님께서 당신의 즐거움의 '강수(江水)'를 그들로 하여금 마시게 하실 것입니다. 그리고 그들의 영혼은 만족해할 것입니다. 하나님께 나아가는 것은 '생명 샘'으로 나아가는 것입니다. 그 생명 샘은 생명과 은혜를 새롭게 하는 생수가 솟아나는 근원입니다. 그리고 그들은 만족과 기쁨 안에서 하나님의 '광명'의 빛을 보게 될 것입니다.

영적인 만족이란 이러한 것입니다. 참된 신자들이 자기들의 영적 의무를 바르게 감당할 때 이러한 신령한 만족을 얻게 되는 것입니다. 행하는 모든 의무 가운데 하나님을 향한 믿음과 사랑과 즐거움이 있다면 그러한 만족을 얻게 됩니다. 이것이 바로 새로운 피조물이 살아가야 할 삶입니다. 진정한 평안함과 휴식이 그 속에 있습니다. 그것만이 영적 생명의 미각을 온전하게 만족시킵니다. 그러한 영혼의 만족은 세상에서 당하는 고통을 작게 여기도록 합니다. 영혼의 흡족함은 그러한 고통을 느끼지 못하게 할 만큼 큰 것이기 때문입니다.

'믿는 자들은 자기 속에 분명한 증거'를 가지고 있기 마련입니다. 그것은 우리가 감당하는 의무에 대해 가지는 목적과 동기에 관한 양심의 증거입니다. 여러분은 영혼의 큰 만족과 은혜로운 마음의 안정을 느끼고 계십니까? 만약 느끼지 못하신다면 그것은 여러분이 여러 가지의 영적인 의무들을 아무렇게나 감당하였다는 증거가 될 것입니다. 그 만족과 평안이야 말로 우리가 마땅히 행할 거룩한 의무를 바르게 감당해야만 느낄 수 있는 가장 주된 은혜이기 때문입니다. 여러분은 기도할 때 그런 마음의 체험을 하십니까? 만약 그렇지 않다면 여러분은 그 기도를 통해 하나님께 어떠한 영광도 돌리지 못했다는 증거가 됩니다. 그러한 기도는 여러분에게 아무런 유익을 주지 못할 것입니다.

가장 선한 은혜가 설 자리에 가장 악한 것이 들어와 자리를 잡고 영향을 끼치지 않을까 경계하십시오. 모든 영적인 의무들을 이용해 '자기 스스로'를 즐겁게 하는 일이 바로 그것입니다. 그것은 영적인 일을 감당하면서 스스로 만들어낸 악한 교만의 효력입니다. 자기가 만든 그물에 자신이 걸리는 일과 다를 바 없습니다. 그것은 육체를 자랑하는 일입니다. 행했던 일들이 무엇이든지 간에 그것은 육체를 위한 열심에 지나지 않습니다. 사람들은 자기 자신을 과장되게 표현하고 싶어 합니다. 자기로 인해 다른 이들이 만족과 감동을 느끼게 됐다고 생각이 되는 순간부터 마음은 교만해지기 시작합니다. 선한 일을 은밀히 행하는 이들의 마음도 그러할 수 있습니다. 이러한 방식으로 드려지는 기도 역시 영적인 만족과는 전혀 정반대의 본질을 가지게 되는 것입니다.

영적인 만족을 가지는 자들은 "내가 주 여호와의 능하신 행적을 가지고 오겠사오며 주의 의(義) 곧 주의 공의(公義)만 전하겠나이다."(시 71:16)라고 말합니다. 그러나 교만한 이들은 '하나님, 제가 이러 저러 한 일을 하게 하신 것을 감사하나이다.'라고 말합니다. 영적인 자들은 오직 '하나님' 한 분만을 바라보지만, 교만한 자는 '자기 자신'을 바라봅니다. 영적인 자들은 '은혜의 향기'를 발하지만, 교만한 자들은 은혜의 향기를 자기 자신으로 덮어버립니다.

진정한 영적 만족은 우리 자신이 행한 행위들을 잊게 합니다. 모든 것을 '하나님께서 주신 은혜'로 여깁니다. 그래서 그런 사람에게는 오직 하나님의 은혜와 사랑의 인상만 눈에 띄게 되는 것입니다. 그러나 자기 자신만을 바라보는 교만한 이들은 자기 스스로 행한 바를 생각할 뿐, 하나님께로부터 받은 모든 은혜를 망각해 버립니다. 그런 사람에게 하나님의 위대함이나 선하심에 대한 인상은 찾아 볼 수 없습니다.

'그렇다면 자기가 한 일은 온전히 무시당해야만 하는가?'라고 말하려는 사람들이 있을 것입니다. 그러나 그렇게 말하는 이들은 하나님 안에서 누릴 수 있는 영적인 안식이나 만족을 단 한 번도 경험해보지 못한 사람들입니다. 기도를 통해 얻을 수 있는 은혜의 영적 안식과 만족이 무엇인지 전혀 모르는 이들인 것입니다. 그들은 눈물을 흘리면서 기도하곤 하지만 슬픔은 가시지 않습니다. 자기들이 한 기도의 본질이 무엇인지를 전혀 알지 못하는 것입니다. 기도를 통해 하나님께 영광을 돌리지도 못했으면서 자기들의 영혼이 성장하지 못하고 있는 것에 대한 걱정만 할 뿐입니다.

우리가 기도할 때 나타나는 경건한 슬픔 뒤에는 '커다란 영적인 상쾌함'이 주어집니다. 은혜와 간구의 영으로 일하시는 성령께서 우리의 애통 가운데 기쁨을 심어주시기 때문입니다. 참된 신자들이 기도를 통해 얻는 '거룩한 만족' 안에는 하나님을 감히 똑바로 바라보고 집중할 수 있는 은밀한 용기가 포함되어 있습니다. 그 은밀한 용기는 '거룩한 만족'을 체험할 때만 가질 수 있는 것입니다.

진지하고 엄숙하게 여러분의 기도를 돌아보십시오. 머지않아 하나님 안에 있는 거룩한 안식과 그것을 얻는 새 힘이 무엇인지 발견하게 될 것입니다. 여러분이여, 여러분에게 하나님을 알고자 하는 간절한 마음이 있다면, 여러분은 하나님을 알게 될 것입니다. 오직 하나님 안에만 있는 특별한 만족을 얻기를 멈추지 마십시오. 여러분은 분명 그 만족을 얻게 될 것입니다.

여러분이 영혼의 상태를 거룩하고 겸손하고 주의 깊게 유지함으로써 언제나 '기도의 열매와 유익'을 얻고 있다면, 여러분이 기도하면서 하게 되는 영적인 생각은 분명 내면적인 은혜의 샘에서 흘러나온 것입니다. 기도의 유익과 효력은 그 수를 헤아릴 수 없을 정도입니다. 그 유익과 효력의 본질은 은혜와 위로 안에서 우리의 영혼을 성장하게 하는 것입니다. 바른 심령의 상태를 유지하면서 하는 기도는 여러분에게 영적인 성장을 가져올 것입니다.

간절한 기도에도 불구하고 주어지는 은혜와 위로가 없다는 것은 자기 속에 부패가 세력을 행사하고 있다는 분명한 조짐입니다. 그리고 그 기도 자체에 영적인 생각이 부족하다는 것을 확실하게 드러내고 있는 증거가 됩니다. 일용할 양식을 규칙적으로 섭취하지 않아 그 몸에 영양분을 공급하지 못하는 사람의 몸은 연약해질 수밖에 없습니다. 새로운 피조물인 영적인 몸도 그러합니다. 여러분의 영혼이 바른 기도를 통해 어떤 상태를 유지하고 있는지를 살펴보십시오. 바른 기도는 영혼을 겸손하게 하고, 자신의 마음의 상태와 활동을 부지런히 살피도록 합니다. 바르게 기도하는 이는 자신이 기도하는 대로 살려고 온전히 애를 쓸 것입니다. 그렇게 하지 않을 수 없습니다. 간절히 기도하면서도 부주의한 삶을 살아가는 사람이 있다면, 그 사람의 기도에는 영적인 생각이 없는 것입니다.

이와 같이 이상에서 제시한 것들을 통하여, 우리가 기도하면서 마음에 떠오르는 영적인 생각들이 어떤 근원에서 나오는지를 알 수 있는 것입니다. 만일 우리의 마음이 우리가 기도하고 있는 영적인 것들에 대하여 온전히 기울어져 있고, 그러한 심령의 상태를 유지하려고 매일 끊임없이 애를 쓰고 있다면, 우리의 생각은 그 사람 속에 있는 은혜의 샘에서 나오는 것임이 분명합니다. 그러나 우리가 기도하면서 마치 무엇과 씨름하는 것처럼 무언가 우리 마음과 '맞지 않는' 듯한 불편함이 있다면, 그것은 앞에서 말한 것처럼 단순한 은사의 기능을 활용하고 있는 것이지 은혜는 아닌 것입니다.

은사는 마음의 '종'이지 '다스리는 자'가 아닙니다. 은사들이 우리에게 부여된 것은 '은혜를 섬기기' 위한 것입니다. 만약 우리가 신령한 정서와 의무를 감당하는 일을 위하여 은사가 자극을 받고 생기를 찾으면서도 그 은사가 우리 마음에 어떠한 영향도 끼치지 않고 있다면, 우리가 생각을 영적으로 하고 있다는 증거입니다. 은사는 은혜를 이끌어내기 위함이 아니라, 은혜를 잘 따라가도록 주어진 것입니다. 은사가 언제든 은혜의 행사를 도울 준비를 하는 것입니다. 그러나 반대로 은사가 주도권을 잡게 되면, 거기에는 은사만 있고 은혜는 없습니다.

'은혜'는 마음으로 하여금 기도하는 습관을 이끌어 주고 그러한 마음의 상태를 유지하려고 하는 경향이 있습니다. 은혜의 '섭리'와 '통치'는 여러 가지의 영적인 기회를 제공합니다. 기도의 의무를 위해 '은혜'가 실제적인 행사에 들어가면, 은사들은 그 은혜의 행사를 돕기 시작합니다. 물론 기도할 마음이 전혀 없는 상태에서 단지 옳다는 의무감과 순종의 마음으로 기도하고 있는 사람이 은사를 통해 받은 정서의 자극으로 인해 바르게 서게 되는 경우도 있을 수 있습니다. 그러나 어디까지나 '그럴 수도 있다'고 말씀드립니다. 그러나 사람들이 모두 이 거꾸로 된 질서와 방식만을 추구한다면 정서 자체는 열을 내고 동요할지 몰라도 참된 은혜의 역사는 없을 것입니다. 마음과 생각이 바른 질서 속에 있다는 것은, 믿음과 사랑과 거룩한 진정한 경외심이 은혜로 말미암아 작용하는 것을 말합니다. 그리하여 그 은혜로운 소원의 효력이 은사로 드러내도록 자극합니다. 바로 그런 과정이 마음과 생각의 바른 질서 속에 존재하는 것입니다.

기독교의 다른 의무들도 그러합니다. 기도하고 말씀을 듣는 일만을 영적인 의무의 전부로 생각해서는 안 됩니다. 하나님께서는 다른 여러 의무들도 그와 동등하게 여기십니다. 구제의 경우가 그렇습니다.

"말하되 고넬료야 하나님이 네 기도를 들으시고 네 구제를 기억하셨으니"(행 10:31).

야고보는 구제하는 일을 매우 중요하게 여겼습니다.

"하나님 아버지 앞에서 정결하고 더러움이 없는 경건은 곧 고아와 과부를 그 환난중에 돌보고"(약 1:27).

저는 구제하지 않는 이들의 기도는 크게 여기지 않습니다. 이는 목회를 하는 모든 이들에게 더 특별히 요구되는 부분입니다. 목회가 교차로에서 사람들의 오고가는 진행을 지시하는 손과 같아서는 안 됩니다. 가만히 앉아서 손짓 하나로 다른 이들의 갈 길을 안내하는 식으로 해서는 안 된다는 말입니다.

은사가 은혜의 자리를 차지해 버리지 않도록 조심하십시오. 바른 목적을 위해 은사를 활용하십시오. 은사는 은혜의 작용을 돕는 도구임을 잊지 마십시오. 만약 지금 여러분 속에 살아있는 생명의 샘 근원이 없다면, '영적인 것들을 생각하도록 할 수 있는 모든 기회와 방편들'을 찾아야 합니다.

"여호와를 경외하는 자들이 피차에" 하나님의 영광에 대하여 말하게 될 것입니다(말 3:16).

하나님의 의와 영광을 선언하는 것은 성도들의 즐거움입니다.

"여호와는 위대하시니 크게 찬양할 것이라 그의 위대하심을 측량하지 못하리로다 대대로 주께서 행하시는 일을 크게 찬양하며 주의 능한 일을 선포하리로다 주의 존귀하고 영광스러운 위엄과 주의 기이한 일들을 나는 작은 소리로 읊조리리이다 사람들은 주의 두려운 일의 권능을 말할 것이요 나도 주의 위대하심을 선포하리이다 그들이 주의 크신 은혜를 기념하여 말하며 주의 의를 노래하리이다 여호와는 은혜로우시며 긍휼이 많으시며 노하기를 더디 하시며 인자하심이 크시도다"(시 145:3-8).

하나님께 속한 영적이고 거룩한 일들을 말하고 싶어 견디지 못하는 사람들이 있습니다. 그런 이들이 더 많아지기를 바라야 할 것입니다. 사람들이 하나님의 일들에 대해 말하는 것을 이상하게 여기고, 심지어 부끄러운 일로 여기는 풍조가 있습니다. 그것보다 기독교의 침체를 더 잘 말해주는 것이 없습니다. 우리 기독교가 그 본래의 영광과 능력을 가지고 있다면 그럴 수 없습니다. 하나님을 진정으로 두려워하며 자기들의 의무가 무엇인지 안다면 그런 일은 있을 수 없는 것입니다. 여러분에게 아주 작을지라도 영적인 빛이 있다면 사람들과의 영적인 교통의 기회에서 그들이 말하는 바에 마음을 기울이면서 영적인 것들을 생각하는 데로 나아갈 수 있을 것입니다.

사람의 본성에서 나오는 생각은 정상적인 줄기와 길을 벗어나려는 성향을 가지고 있습니다. 좋게 여겨왔던 것이 어느 날 이상하게 보입니다. 그래서 그것으로 인해 느꼈던 즐거움을 망각해 버립니다. 사람들과의 영적인 대화를 통해 가졌던 영적인 생각은 언제 사라질지 모릅니다. 어느 순간 빈말로 건성건성 대답하며, 그 대화의 내용과 멀리 떨어져 있는 자신을 발견할 수 있습니다. 만약 그렇게 된다면 영적인 대화의 기회는 큰 의미가 없게 됩니다. 그러한 영적인 기회들이 자주 찾아와 나누는 그 대화를 통해 마음에 인상을 끼치고 순간적으로 영적인 생각들을 자극할지 모릅니다만, 그 생각들이란 잠시 들렀다가 가버리는 '손님'과도 같을 수 있습니다. 같이 사는 '가족' 같지 않다는 말입니다. 손님이란 가끔 찾아오는 사람입니다. 그들은 잠시 후 돌아갈 사람들인 것입니다.

  그러나 마음에 있는 '은혜의 살아있는 샘'에서 우러나오는 본질적이고 순전한 영적인 생각들은 집에 함께 거하는 '가족' 같이 마음에 오랫동안 거할 것입니다. 영적인 생각을 갈망하고 이를 위한 영적인 방편의 기회들이 적재적소에 나타나기를 기대하면서 말입니다. 만약 영적인 생각들이 보이지 않는다면 그들은 찾아 나설 것입니다. 영적인 생각을 하지 않고 보낸 시간이 얼마나 오래였는지 상기하고 놀라면서 말입니다.

chapter.4

'영의 생각'의 증거

영적인 것들에 대한 우리 생각들이 거룩함을 입은 총명과 정서의 내면의 샘에서 나왔음을 보여주는 또 다른 증거가 있습니다. 그것은 그 생각들이 우리 속에서 흘러 넘쳐 우리 '마음이 그 생각들로 가득 차 있게 되는 것' 입니다. 그래서 생각의 열매가 나타나는 것입니다. 로마서 8장은 이러한 심령의 상태가 맺는 열매를 '생명' 과 '평안' 이라고 말합니다.

이 은혜의 열매의 본질은 먼저 '생명' 의 차원에서 숙고되어야 합니다. 은혜로 주어지는 첫 번째 열매가 바로 '생명' 이기 때문입니다. 그러한 심령의 상태가 가져오는 두 번째 효력인 '평안' 은 우리 마음의 상태에 관한 것입니다. 심령 속에 있는 생명의 원리가 어느 정도의 분량으로 작용하는지에 따라 평안의 정도는 달라질 것입니다.

"그 생각하는 것이 항상 악할 뿐"(창 6:5)이라는 말씀은 하나님을 등지고, 부패한 본성의 상태에 머물러 있는 모든 인생들의 특성입니다. 그런 자들 모두가 하나님을 정면으로 모독하거나, 함부로 맹세하거나, 음행을 행하거나, 우상을 섬기는 등의 겉으로 드러나 보이는 확연한 죄를 범하는 것은 아닙니다. 이러한 악들은 특이하게 악한 성미를 가진 자들이나 어떤 시험 가운데 있는 자들이 나타내는 열매들입니다. 하지만 겉으로 보이는 확연한 죄를 범하지 않는 자들에게도 한결같은 악이 존재합니다. 그들이 마음으로 생각하고 상상하는 모든 것이 다 악하다는 것입니다. 눈에 보이는 특정한 죄를 지은 사람들이 아니라고 해서 그들을 '전혀 다른 지위에 있는 자들'이라고 말할 수 없는 이유가 바로 이것입니다. 모두가 동등한 본질의 부패를 가지고 있는 것입니다.

　부패한 본성에 거하는 자들은 자신들이 상상하는 악한 소재를 부단하게 찾아 다닙니다. 그 상상하는 목적을 달성하기 위해 자신의 육체를 부리는 것입니다. 그러한 외양적 형태가 어떻게 드러나든 본질은 같은 것입니다. 그들이 마음에 쌓아 놓은 것이란 한결같이 모두 악한 것입니다. 세상에 만연되어 있는 헤아릴 수 없이 많은 죄악들은 하나님을 등지고 떠나 있는 배도(背道)의 본질과 효력을 분명하게 드러내는 증거입니다. 마음으로 생각하고 상상하는 것들의 악함과 허무함이 그 부패한 본성에서 나오는 주된 열매이기 때문입니다.

　이 부패한 본성에 변화가 일어날 수만 있다면 이는 정말 복된 일이 아닐 수 없을 것입니다. 몸이 부어오르는 병에 걸린 사람이 치료를 통해 그 붓기가 온전히 가라앉았다고 해도, 그 즉시 그가 건강한 사람이 되었다고 선언할 수는 없습니다. 그 사람 속에 여전히 질병의 씨앗이 존재할 수 있는 것입니다. 그러나 이후 혈압도 안정되고, 체온도 정상을 찾으면서 좋은 상태를 보이기 시작한다면, 그의 몸의 근본적인 건강의 상태가 변화되어 가고 있음을 말해주는 것입니다. 죄의 문제도 역시 그러합니다. 어떤 특정한 죄는 치유된 것처럼 보일 수 있지만 영원한 죽음의 씨앗이 여전히 존재할 수 있습니다. 그 죽음의 씨앗이 언제 즉각적인 효력을 드러낼지 아무도 모릅니다.

  부패한 본성의 근원적 상태가 변화된다면 그는 영적으로 그 본질이 회복되어가고 있는 사람입니다. 우리가 생각의 줄기의 방향을 바꾸려고 하면 할수록, 우리 본래 가지고 있는 성질에 속한 정반대의 생각들을 더욱 강하게 만들어 냅니다. 만약 부패한 상태와 조건에서 변이(變異)가 일어나고 있다면, 그런 현상은 마음의 본성이 향하는 성향이 바뀌어 가고 있음을 보여주는 큰 증거입니다.

  사람들의 마음에 일어나는 '생각의 허다함'처럼 헤아리기 곤란한 것은 없습니다. 그 생각들은 가을바람에 떨어져 내리는 나뭇잎과도 같습니다. 만약 그 허다한 마음의 모든 생각들의 파편과 상념들이 악하다면 그 자체로 가공할 공포와 혼돈의 지옥이 아닐 수 없습니다. 이러한 끔찍한 상태에서 벗어나는 것을 온 세상을 얻는 것보다 더 가치 있게 여겨야 합니다. 영혼의 본질적 변화 없이는 평안도 영생도 영광도 얻을 수 없기 때문입니다.

  양심의 가책이 가지는 가치는 그러한 생각들을 멈추게 하고 그 악한 생각들의 수를 줄여 그에 대한 죄책을 적게 하는데 있습니다. 그러나 그것이 마음의 내면 활동에까지 영향을 미치지 못하고 그저 외적인 행실에 대해서만 일시적으로 자극을 주었다 합시다. 그러면 그것은 양심이 제대로 작용했다고 말할 수 없습니다. 외적인 행실에 변화가 오면 내면의 본질에는 전혀 변화가 없어도 마치 변화가 일어나고 있는 것 같이 보일 수 있습니다. 미신적인 방편은 양심의 가책을 속여 마음으로 하여금 전혀 다른 대상들을 향하도록 자극합니다. 교황주의의 종교의 헌신이 부흥하는 것은 다 이와 같은 경우입니다. 그것은 미신의 방식이 양심의 눈을 가린 결과입니다. 양심의 가책은 악하고 부패한 것을 제어하고 멈추게 하려고 하지만 미신은 양심을 속여 마음의 시선을 다른 대상들로 향하게 함으로 사람들을 전혀 엉뚱한 방향으로 나아가도록 만듭니다. 미신의 방식에 의해 눈이 멀어 버리는 열심보다 헛된 시도는 없는데도 말입니다.

    사람들이 가진 마음과 생각들은 끊임없이 새로운 상상들을 만들어냅니다. 도도한 강물이 쉬지 않고 바다를 향해 흘러들어 가듯이, 거듭나지 않은 사람의 생각들도 항상 그렇습니다. 지옥을 향해 치달아 가는 일을 잠시도 쉬지 않습니다. 그러한 강물을 막고 그 물줄기를 돌리려고 하는 시도는 바람직한 일입니다. 적어도 그런 시도를 하는 동안만큼은 그 흐름을 잠시 멈추게 할 수 있을지 모르겠습니다. 그러나 그 도도한 강물줄기는 앞을 가로막고 있는 모든 장애물을 결국 삽시간에 무너뜨립니다. 방법은 딱 한 가지입니다. 그 물이 흘러갈 다른 통로를 만들어 주는 것입니다. 그렇게 거센 물줄기를 다른 방향으로 돌리는 수밖에는 없습니다. 생각의 도도한 줄기는 너무나 거세어 멈추게 하려는 시도 따위는 용납하지 않을 것이기 때문입니다.

    하지만 그 전에 해야 할 일이 있습니다. 샘 근원에 소금을 넣는 일입니다. 여리고의 쓴 물을 달게 하기 위해 엘리사가 소금을 넣었던 것처럼 먼저 사람의 마음의 샘 근원에 '은혜'가 녹아들어야 하는 것입니다. 좋은 열매를 얻기 위해서는 먼저 좋은 나무가 되어야 합니다. 따라서 생각의 줄기에 새로운 통로를 터주기 전에 먼저 샘 근원에 은혜가 공급되는 일이 있어야 합니다. 먼저 생각의 본질적 변화가 있어야 합니다. 그런 다음 그 변화된 본질이 가지는 새로운 목적과 새로운 대상들을 향하도록 생각의 방향을 고정시키는 것입니다. 그렇게 함으로써 끊임없이 솟아나 흘러넘치는 우리의 생각들이 원천적으로 영적인 생각이 되도록 해야 하는 것입니다.

이를 위해 사도는 충고하고 있습니다.

"술 취하지 말라 이는 방탕한 것이니 오직 성령의 충만함을 받으라 시와 찬미와 신령한 노래들로 서로 화답하며 너희의 마음으로 주께 노래하며 찬송하며"(엡 5:18,19).

포도주를 지나치게 마시는 일은 사람들로 하여금 허망하고 어리석은 상상들로 가득 차게 만듭니다. 그래서 사도는 "성령의 충만을 받으라"고 말하고 있습니다. 포도주에 취해 있는 대신 성령의 충만함을 받는 일에 참여하라고 강권하고 있습니다. 술에 취해 어리석고 허망한 상상들로 마음을 채우는 사람들과 같이 하지 말아야 합니다. 오직 성령의 충만함을 통해 거룩하고 영적인 생각으로 마음을 가득 채워야 합니다. 사도의 권고가 바로 그것입니다. 모든 신령한 의무를 감당할 때 마음이 온통 '영의 생각들'로 넘치게 하라는 것입니다. 우리가 영적으로 생각하는 사람이 되면 우리의 마음은 영적인 것들에 대한 생각으로 흘러넘치게 될 수밖에 없습니다. 그저 잠시간 그런 생각을 가지는 것이 아닙니다. 영적인 생각들이 끊임없이 흘러넘치게 되는 것입니다.

시편 119편의 다윗을 보십시오. 영적인 생각이 넘쳐난다는 것이 과연 무엇인지 알 수 있을 것입니다. 다윗의 본으로 여러분 자신을 재어보시기 바랍니다. 그가 얼마나 하나님의 율법을 즐거워하고 사모했는지 주목하여 보십시오. 다윗의 열정까지는 아니더라도 은혜를 바라보는 진지함이 그와 같은지 돌아보십시오. 여러분은 이렇게 말하고 싶어 할지도 모릅니다. '그러한 일은 다윗이기에 가능한 것이다. 우리가 어찌 그와 같이 될 수 있겠는가?'

아닙니다. 우리도 그와 같아야 합니다. 그가 올랐던 영적 수준에까지 성장하기를 우리가 진정으로 바라고 있다면 말입니다. 성경에 나와 있는 하나님의 성도들이 하나님에 대해 가졌던 믿음과 사랑과 즐거움을 어떻게 표현하고 있는지 보십시오. 그것이 그저 다른 사람의 이야기로만 여겨지십니까? 그렇다면 여러분의 영혼은 더 이상 성장할 수 없습니다. 성경의 기록은 단순히 그들의 행적을 설명하기 위함이 아닙니다. 그들을 바라보는 우리가 어떠한 사람이 되어야 하는지를 말해주고 있는 것입니다. 그들에 관한 모든 것은 '우리의 거울로 기록된 것' 입니다(고전 10:11). 만일 우리가 그들만큼 하나님을 즐거워하지 않고, 하늘에 속한 것들에 대한 생각들과 묵상에 있어서 그들과 같은 영적인 사고방식을 가지고 있지 않는다면, 우리는 결코 그들만큼 하나님을 기쁘시게 할 수 없습니다.

수많은 사람들이 대수롭지 않게 하나님의 살아계심을 고백합니다. 그러한 고백에서 '거룩한 진실' 이라고는 찾아볼 수가 없습니다. 정말이지 이것이야말로 허망하기 짝이 없는 땅에 속한 생각이 아닐 수가 없습니다. 그들이 풍기는 냄새는 향기가 아니라 부패한 악취입니다. 불규칙하고 불확실한 순종의 법칙 아래 살아가는 그들을 보십시오. 옛날 거룩한 성도들은 하나님 앞에서 그와 같은 식으로 하지 않았습니다. 온전한 순종으로 하나님을 기쁘시게 하였고, 하나님의 율법을 부단히도 사모하면서 묵상하였습니다. 온종일 하나님에 대한 생각으로 가득하였고 언제나 하나님의 방식과 하나님의 행사를 찬미하였습니다. 그들의 모든 즐거움은 하나님 안에 있었습니다. 그리고 모든 일 가운데 하나님 앞에 '근신' 하였습니다. 다윗의 본을 주목하십시오. "약한 자가 그 날에는 다윗과 같겠다."(슥 12:8)고 한 것은 바로 복음으로 말미암아 베풀어질 은혜에 대한 약속입니다. 여러분은 그 약속에 참여하고 있습니까?

여러분 속에서 나오는 여러 가지 생각들 중 '영의 생각' 이 차지하는 비율과 '육신의 생각' 이 차지하는 비율이 서로 어떠한지 관찰해보십시오. 여러분이 입으로 고백한 것과 실상이 일치합니까? 여러분의 가장 주된 관심이 하늘에 속한 영원한 것에 있다고 고백하면서 실상이 그렇지 않다면 그 고백처럼 무의미하고 허망한 것이 어디 있겠습니까. 그것은 앞뒤가 맞지 않는 일입니다. 그런 모순은 전적으로 세상적인 일 가운데서도 찾아 볼 수 없습니다. "네 보물이 있는 곳에 네 마음도 있느니라." 사람의 생각은 자신이 진정으로 사모하는 곳에 집중되기 마련입니다. 여러분이 입으로 신앙을 고백한 바대로라면 여러분의 정서 대부분은 전적으로 영적인 것에 집중되어 있어야 합니다. 여러분이 가지는 소원과 생각의 방향이 전적으로 영적인 것들을 향해 있어야 하는 것입니다.

사람들이 세상에서 가지는 생각들이 그들의 삶 속에서 어떤 원리로 작용하고 있는지를 보십시오. 사람들은 아침에 일찍 일어나고 늦게 눕고 수고의 떡을 먹습니다. 자기들에게 주어진 길을 성실히 걸어갑니다. 물론 그러한 일은 세상에 살아가는 사람들이 해야 할 합당한 일입니다. 하지만 그렇다 할지라도 이것이 사람들의 생각이 세상에 집중되고 있음을 정당화할 근거는 될 수 없습니다. 그들 중 누가 그런 일에 대한 자기 생각이 허망한 것이라고 상상하겠습니까. 아마도 자기 자신을 스스로 성실한 사람으로 여기며 남들로부터 칭찬 받아 마땅하다고 생각할지도 모릅니다. 그들은 그런 자신을 정당하게 여깁니다. 그러나 영적인 차원에서는 어떠합니까? 그들 대부분은 오직 자기와 관련된 것들만 생각하고 있습니다. 만약 그들이 영적인 것들에 대해 전혀 생각하지 않은 채 살아간다면 그들을 영적으로 생각하는 이들이라고 말할 수 있습니까? 그럼에도 그들이 영적으로 생각하는 사람임을 증명할 다른 증거가 있는 것입니까? 그들이 과연 무엇으로 자신들의 가장 큰 관심이 '위에 있는 것들'에 가 있음을 증명할 수 있겠냐는 말입니다.

세상에서 사람들이 감당하는 생업의 일들을 생각하는 것만큼이나 영적이고 하늘에 속한 것들에 관해서 '많이, 자주 생각할 필요가 있느냐?' 고 물으실지도 모르겠습니다. 그러나 저는 분명히 말씀드립니다. 여러분이 한 고백대로라면 세상의 그 어느 것보다 더 더욱 많이 생각해야 한다고 말입니다. 대부분의 사람들은 온종일 세상과 관련된 자신들의 일에 육신과 마음의 힘을 소진(消盡)시키며 살아갑니다. 영적인 일들에 대해서는 아주 미미한 관심만을 가지면서 말입니다.

누군가가 정말 중요하고 시급한 문제를 해결해야 함에도 불구하고, 그가 실상 하고 있는 생각이 그 문제와는 전혀 상관없는 소소한 일들에 관한 것이라면 어떻게 생각하십니까? 모든 사소한 일들에 대한 생각을 버리고 자신이 해결해야 할 가장 큰 목적을 위해 마음을 온전히 기울이는 것이 마땅한 일이 아닙니까? 우리는 습관처럼 우리의 가야 할 종착지가 영광스러운 하늘이라고 고백합니다. 그런데 우리가 하고 있는 실제 생각들 대부분이 장차 사라져 버릴 이 세상에 속한 것이라면, 무엇으로 '우리 마음이 진정 하늘을 향하고 있다' 고 증명할 수 있겠습니까?

어떤 이들은 '정당하고 합법적인 세상의 일들을 잘 감당하면서도 온전히 영적으로 생각하는 것이 과연 가능한 일이냐?' 고 물으시는 분들이 있을 수 있습니다. 그래서 그들에게 말씀드리겠습니다. '가능하다' 고 말입니다. 우리 구주께서 분명히 말씀하셨습니다. "무엇을 먹을까 몸을 위하여 무엇을 입을까 하지 말라 이는 다 이방인들이 구하는 것이라…너희는 먼저 그의 나라와 그의 의를 구하라 그리하면 이 모든 것을 너희에게 더하시리라." 우리가 세상에서 최선을 다하는 모든 일들은 다 우리가 먹고 마시고 입는 문제에 속한 것들입니다. 그러나 우리 구주께서 이러한 것들에 대하여 어떤 염려도 하지 말라고 말씀하셨습니다. 그런 염려와 걱정은 우리를 '불안하게' 만들 뿐입니다. 그러한 불안감을 가진다는 것은 아버지 하나님의 부성애적인 돌보심이나 섭리를 부정하고 불신하고 있다는 것을 보여주는 것이나 마찬가지입니다. 우리 주님은 영적인 것들에 대하여 가져야 할 마땅한 생각 대신 이 세상 일로 염려하고 불안하여 '심령을 부단히 쏟는 일을 삼가라' 고 말씀하고 계시는 것입니다.

"너희는 먼저 그 나라와 의를 구하라." 이것이 여러분의 삶의 가장 주도적인 일이 되게 하십시오. 그 비중에 있어서 영적인 생각들이 세상적인 것들을 월등히 압도하도록 하십시오. 이 법칙으로 매일 여러분 자신을 검증하십시오. 영적인 것들에 대한 우리의 생각이 땅에 관한 생각과 비교하여 얼마나 컸는지를 스스로 묻고 점검해 보십시오. 만약 영적인 것들을 더 생각하는 일이 불편하게 느껴진다면, 여러분은 아직 '생명과 평안' 에서 멀리 떨어져 있는 상태에 있음을 알아야 합니다.

세상에 속한 '다른 생각들' 이 영적인 의무들을 감당하고 있는 우리의 마음을 흔들어 놓는 일은 허다합니다. 세속적인 관심거리들이 우리의 영적인 일들을 방해하는 것입니다. 그것은 순례자들의 마음을 흐트러지게 하고 방황하게 하여 하늘로 향하는 길목을 막아버리려고 하는 것과 같습니다. 하지만 이러한 현상이 정반대의 경우에서 나타나기도 합니다. 우리가 세상의 일들을 감당하고 있는데 '영의 생각' 이 우리에게 와 영향을 끼치는 일이 있다는 것입니다. 이것이 바로 참된 신자들에게 일어나는 일입니다.

"부지중에 내 마음이 나를 내 귀한 백성의 수레 가운데 이르게 하였구나"(아 6:12).

알지 못하는 사이에 우리 영혼 속에 있는 은혜가 그리스도와 영적인 교통을 하게 만듭니다. 그리스도의 신부(新婦)인 우리가 다른 것들을 생각하고 있을 때 말입니다.

사람들은 허망한 생각 자체를 죄악적인 것으로 인정하지 않으려고 합니다. '그 생각의 대상들 자체가 죄악적인 것은 아니지 않느냐'고 말하면서 말입니다. 그러나 그것은 분명 위험한 실수입니다. 사람들은 자기들이 가진 어리석음이 허망한 생각들을 만들어 낸다는 것을 알지 못합니다. 그러한 허망함이 부패한 자신의 근원으로 말미암아 더러워진 양심의 상태에서 우러나온다는 것을 깨닫지 못하기 때문입니다. '악한 생각들'이 있는 곳마다 죄가 있기 마련입니다(렘 4:14). 쉴 새 없이 솟아나는 상상들이 허망한 생각들을 만들어냅니다. 사람들은 자신이 마치 다른 사람이 된 것 같은 상상을 하곤 합니다. 자기들이 하지 않은 일도 한 것같이 생각할 때도 있습니다. 또 자신들이 누리지 못한 것을 누리고 있는 것 같은 착각에 빠집니다. 심지어는 자기가 원하는 대로 다른 이들의 마음을 움직일 수 있다고 생각하기도 합니다. 이것이 어처구니없는 어리석음에 빠져버리는 우리의 본성입니다. 어떤 과도한 공상은 저주 어린 눈으로 하나님을 바라보게 할 정도로 사람들을 미치게 만듭니다. 그래서 두로의 왕은 자기가 신(神)이라고 생각하면서 하나님의 자리에 앉았던 것입니다(겔 28:2). 실로 그런 이들이 많습니다. 겉으로 그렇게 보이지 않는 이들도 그 내면에 '교만과 육신의 정욕과 세상 자랑과 하나님과 같이 되려는 허망한 야심과 조금도 다를 바 없는 것들'이 가득 차 있을 수 있습니다. 그런 일이 허다합니다. 우리의 본성이 이토록 허망한 상상을 할 정도로 비참해진 것만큼 더 큰 형벌은 없다고 저는 생각합니다. 그러한 허망한 생각에서 자유하게 되는 것이야 말로 하늘의 큰 복락의 일부일 것입니다. 허망한 상상들로부터는 그 어떠한 선한 열매도 없습니다. 그것은 가장 어리석은 것입니다.

우리의 마음속에 이러한 허망하고 무익한 생각들이 얼마나 많이 들어오고 나가는지 늘 살펴보아야 합니다. 영적인 것들에 대한 생각들이 세상의 모든 생각들보다 앞서야 한다는 것을 바로 이해하였다면, 여러분이 하는 영적인 생각들이 그 허망하고 무익한 생각들에 비하여 어느 정도의 비율로 앞서는지를 검증해 보십시오. 세상의 일들에 대한 허망한 생각을 죽이고 거룩한 묵상에 대한 생각들을 더 살리고자 노력하십시오. 세상에서 생업을 영위하는 일과 관련하여 일어나는 생각들이 '영적인 것들에 거룩한 생각들'을 앞서지 않도록 극히 주의하십시오.

우리는 또 우리 자신에게 '영적인 생각들이 얼마나 자주 드느냐'의 문제도 숙고해 보아야 합니다. 사람들이 삶을 살아가다 보면 모든 일상에서 물러나 생각 속에 깊이 빠질 때가 있습니다. 매우 바쁜 이들이라도 그런 시간을 가지곤 합니다. 지혜로운 이들이라면 그런 시간을 더 많이 가지려고 할 것입니다. 그런 시간을 가지려고 하지 않는 이들은 마치 그런 시간을 보내는 일로 자신이 지금보다 더 지혜롭거나 선하게 될까 두려워하는 것처럼 보입니다. 다른 관심거리로 너무 바쁜 이들은 그러한 시간을 가지려고 하지 않습니다. 그래서 그들은 자기들의 영혼이 어떠한 상태에 있는지에 대하여 스스로 탐문해 보지 못합니다. 그러나 그러한 허다한 생각들로부터 물러나 자신을 검증해보지 않으면 안 되는 때가 찾아올 것입니다. 침상에서 일어나는 시간부터 모든 일상적인 일들을 행하고 자리에 눕기까지의 시간 중 어느 때이든지 이를 위한 시간이 될 수 있습니다. 우리가 영적으로 생각하는 사람이고, 영적인 것들에 대한 생각들이 우리 속에서 충만하다면 이러한 시간을 가지는 것을 매우 마땅하게 여길 것입니다. 그것을 영적인 생각들을 위하여 따로 구분된 귀한 시간으로 여기는 것입니다.

"나를 훈계하신 여호와를 송축할찌라 밤마다 내 양심이 나를 교훈하도다 내가 여호와를 항상 내 앞에 모심이여 그가 나의 오른쪽에 계시므로 내가 흔들리지 아니하리로다"(시 16:7,8).

"지존자여 십현금과 비파와 수금으로 여호와께 감사하며 주의 이름을 찬양하고 아침마다 주의 인자하심을 알리며 밤마다 주의 성실하심을 베풂이 좋으니이다"(시 92:1).

"네 자녀에게 부지런히 가르치며 집에 앉았을 때에든지 길을 갈 때에든지 누워 있을 때에든지 일어날 때에든지 이 말씀을 강론할 것이며"(신 6:7).

그러나 만일 우리가 통상적으로 세상적인 목적과 기회들에만 자신을 온전히 바침으로 마음이 영적이지 못한 성질의 것들로 가득 차 있는 상태라면, 그러한 허다한 생각들에서 물러나 영적인 시간을 갖는 것에 대해 전혀 관심을 기울이지 않을 것입니다. 그러한 경우라면 우리의 영혼의 행실 속에 영적인 세력이 아주 미미하다는 것을 말해 주는 것입니다.

영적인 생각들을 위해 시간을 할애하는 일은 우리의 마땅한 의무입니다. 우리에겐 영적인 것들을 위해 일상에서 벗어난 '정해진 시간'이 필요합니다. 만약 우리가 그렇게 마땅히 만들어야 할 시간을 다른 여러 가지 일들과 이유에 빼앗겨버린다면, 우리 중 어느 누구도 영적인 일들을 사랑한다고 말할 수는 없는 것입니다. 우리가 입으로 고백한 영적인 일들에 대한 사랑은 결코 입증되지 못할 것입니다.

신앙을 고백하는 거의 모든 이들은 자기들이 주야로 기도해야 한다는 사실을 마땅한 것으로 여기고 있습니다. 그러한 생각은 분명 바람직한 것입니다. 그러나 그들이 감당하고 있는 거룩한 의무가 영적인 것들에 대한 진정한 관심 없이 이루어지는 것이라면, 그것은 영적인 일들을 세상적인 시각으로 행하고 있는 것입니다. 일상적으로 행해지는 의무 자체가 진정한 영적 관심을 완전히 대신할 수는 없기 때문입니다. 이 경우 역시 그러한 이들을 전적으로 영적인 사람이라고 말할 수 없을 것입니다.

만약 그러한 묵상에 합당한 때를 영적이지 못한 다른 용도로 사용하는 사람이 있다면, 그는 우리의 삶에 주어지는 매 시간의 분초를 가장 어리석게 활용하는 자일 것입니다. 그가 가지는 그러한 시간은 허망하고 어리석고 부패한 상상들로 가득 찰 것입니다. 자기들의 영혼에 생명과 평안이 달려 있는 그 보배로운 순간들을 세상의 고민과 슬픔으로 인한 혼란의 시간들로 바꿔버리고 마는 것입니다. 그처럼 보배로운 시간에 허망하고 악한 생각이 늘 찾아 들곤 하는 것은 영적으로 생각하려고 애를 쓰는 자들에게는 감당하기 힘든 양심의 고통이 됩니다. 하나님께서 섭리 가운데 자신들을 선하게 하시려고 주신 은혜가 그들에게 오히려 함정이 되어 버리는 셈이 되기 때문입니다. 하나님께서 그들을 그대로 버려두시고 어리석음의 열매를 먹게 하신다 해도 그것은 이상한 일이 아닙니다. 선을 위해 베푸신 하나님의 은혜를 그들이 멸시한 것이나 다름없기 때문입니다.

우리가 여가의 시간을 하나님께 드릴 수 없다고 말하는 것은 하나님께 아무것도 드리지 않겠다고 말하는 것과 다를 바가 없습니다.

"그들이 침상에서 죄를 꾀하며 악을 꾸미고 날이 밝으면 그 손에 힘이 있으므로 그것을 행하는 자는 화 있을진저"(미 2:1).

이 말씀은 밤에 잠자리에 누워 꾀했던 악한 상상들을 이루기 위해 다음 날 아침부터 하루 종일 기회를 노리는 사람을 묘사한 것입니다. 그러나 이렇게 악을 행하기 위해 절호의 기회를 노리는 사람이나, 자기의 영원한 복락을 위해 활용해야할 그 시간에 아무 일도 하지 않는 사람이나 다 같이 본질적으로 같은 상태에 머물러 있는 자들입니다.

그러므로 여러분이 진정 영적으로 생각하는 이 은혜를 계속 누리길 원하거나 우리 자신 속에 그에 대한 어떤 증거를 가지기를 원한다면(그런 증거가 없는데 어떻게 생명이나 평안을 가졌다고 확신할 수 있겠습니까?) 그러한 영적인 생각을 위한 시간을 가져야 하는 정당한 이유를 잊지 마십시오. 그리고 실제로 그렇게 하기를 힘써야 할 것입니다. 여러분은 나태함과 시험과, 우리 삶의 일상적인 여러 가지의 지엽적인 문제들로 인하여 하나님과 하늘에 속한 것을 생각하지 못하고 다른 것들을 생각하고 있지는 않습니까? 육신의 생각은 본질상 모든 영적 의무에 거부감을 가지도록 합니다. 그러한 마음을 가진 상태라면 설령 영적인 의무를 감당해낸다고 할지라도 마지못해 억지로 밖에는 할 수 없는 것입니다. 만약 영적인 의무에 참여하느라 어떤 세상적인 이익을 상실하는 일이 발생하기라도 한다면 영적인 의무를 악한 것으로 간주해버릴지도 모릅니다.

그러나 '은혜로운 영혼', 곧 '진정으로 영적으로 생각할 줄 아는 영혼'은 정반대입니다. 세상의 일로 인해 자신이 영적인 의무를 제대로 감당하지 못하는 일이 발생하면 매우 애통히 여깁니다. 또 다시 그러한 일이 일어나지 않도록 모든 조치를 강구할 것입니다. 그들의 영혼은 이렇게 말할 것입니다. '오늘 내가 그리스도와 함께 있는 시간이 얼마나 적었던가! 시간을 헛되이 보낸 나는 얼마나 어리석은 자인가!'

우리가 진정 영적으로 생각하는 사람이라면, 우리는 마땅히 영적인 생각들을 위하여 자신들을 드릴 수 있는 기회가 오기를 예의 주시하며 신중하게 기다릴 것입니다. 만약 그러한 기회와 때를 놓쳐 조금이라도 그 시간을 상실한다면 자신의 게으름에 대하여 애통해 할 것입니다. 여러분에게 시시각각 주어지는 영적인 기회의 때를 놓치지 마십시오. 그러한 일이 자주 반복됨으로 우리의 양심이 무뎌져 결국 마음 전체가 냉랭해져 버릴지도 모릅니다.

　신자로서 '시간을 아무렇게나 보내는 것'은 정말 크게 경계할 일입니다. 열매 없는 허망함을 따라 세상에 대한 자신들의 관심거리를 '주제넘게' 생각하고, 다른 이들을 넘어지게 하는 그 의미 없는 대화가 이루어질 그 시간을 거룩한 묵상의 분량으로 사용하십시오. 선하신 주님께서 여러분으로 하여금 시간을 허송치 않게 하시고 영혼을 위해 보다 더 주의 깊게 돌아볼 수 있는 은혜를 베푸시길 원합니다!

chapter.5

'영의 생각'의 대상(1)

우리는 일반적인 요점이자 이 책의 핵심과도 같은 항목으로 나아가려 합니다. 곧 '은혜의 샘과 그에 상응하는 도리(의무)'의 항목으로 나아가려고 합니다. 그러나 우리가 이 문제로 나아가기 전에 먼저 이전에 강조된 몇 가지 사항들을 다시 숙고해 보아야 합니다. 다시 말해 우리가 영적인 사람임을 입증하는 증거가 되는 생각들의 '특별한 대상'이 무엇인가 자세히 살펴 보자는 말입니다. 이는 우리에게 많은 유익이 될 것입니다. 불확실한 것들로 기울어지는 성향을 가진 우리의 마음을 바르게 잡아주는 데 도움을 줄 것입니다. 우리 영혼의 무질서와 연약 때문에 마음이 이리 저리 표류하는 경우가 너무나 허다한 현실을 감안하면서 말입니다.

부패하고 타락한 이지와 정서로 인해, 신령하고 영적인 하늘에 속한 것들을 생각할 때 거룩함을 입은 영적 이지의 인도를 따라가지 못하는 경우를 자주 발견하게 됩니다. 그런 상태라면 선한 이지의 의도는 이루어지기 어렵습니다. 마음의 연약과 변덕스러움 역시 의지와 정서가 뜻을 이루지 못하도록 하는 요소가 됩니다.

사람들은 곧잘 선한 뜻을 세우곤 하지만 그 뜻을 이루는 방식은 알지 못합니다. 많은 사람들이 열매를 맺지 못하는 것은 그러한 이유입니다. 그들은 자기들의 생각을 어디에 고정시켜야 할지 모릅니다. 어떤 주제를 묵상의 대상으로 삼기는 하지만 그 생각들을 어떻게 진행하여 나가야 하는지 전혀 알지 못하는 것입니다. 그래서 그들은 자기들이 행해야 할 마땅한 도리를 위해 자기들의 생각을 어떻게 활용해야 하는지를 고민합니다. 하지만 열매 없는 시간만 흘러갈 뿐입니다. 선한 뜻을 이루려는 기꺼운 마음은 있습니다. 그럼에도 불구하고 그것을 행할 방식을 알지 못하여 지치게 됩니다.

따라서 우리는 두 가지 사항을 숙고해 볼 것입니다. 하나는 신령한 생각들이 초점을 맞추어야 할 대상이 무엇인지, 또 다른 하나는 그 신령한 생각들을 끝까지 견지하게 열매 맺게 할 방식이 무엇인지 알아 보겠습니다.

먼저 하나님의 소리에 귀를 기울이십시오.

"여호와께서 성읍을 향하여 외쳐 부르시나니 지혜는 주의 이름을 경외함이니라 너희는 매가 예비되었나니 그것을 정하신 이가 누구인지 들을지니라"(미 6:9).

하나님의 말씀이 외쳐 부르십니다. 징계하시는 하나님의 말씀 가운데 우리를 부르시는 소리가 있습니다. 하나님께서는 그 부르시는 소리로 당신의 이름과 그 거룩하심과 능력과 위대하심을 선포하시는 것입니다. '지혜롭고 신실한 사람'이라면, 그 부르심의 뜻이 무엇인지 알고 그에 순응하려고 애를 쓰는 사람입니다. 만약 우리가 그렇지 않다면 하나님께서는 크게 노하실 것입니다.

"악인은 은총을 입을지라도 의를 배우지 아니하며 정직한 자의 땅에서 불의를 행하고 여호와의 위엄을 돌아보지 아니하는도다"(사 26:10).

그러므로 만일 우리가 우리에게 주어진 상황 가운데 마땅히 행할 도리를 다하려 한다면, 먼저 하나님께서 하시는 섭리와 경륜의 말씀이 무엇인지 지혜롭게 숙고해야 합니다. 그 경륜에 대하여 옳지 못한 해석을 하는 자들의 소리에 귀를 기울이지 마십시오. 어리석은 곳을 향해 나아가는 죄악을 보시고 불쾌하게 여기시고 분을 내실까 염려하십시오. 사람들의 경건치 않음에 대하여 하나님의 진노가 하늘로부터 나타날 것입니다. 특히 불의로 진리를 막는 사람들과, 외식적인 자들에 대해 더욱 그러하실 것입니다.

하나님께서는 사람이 지상에서 누리는 것의 불확실함과 덧없음을 분명히 선언하셨습니다. 그렇다면 지상의 덧없는 것들을 사모하고 집착하는 사람이 얼마나 어리석고 헛된지를 선언하시는 것이 아니면 무엇이겠습니까? 벨사살왕이 당할 일을 알리기 위해 나타난 손가락이 쓴 글을 읽거나 이해한 사람이 없었습니다. 그러나 다니엘을 통해 하나님께서 무엇을 말씀하시는지 바로 밝혀졌습니다. 그 자리에 있던 자들은 모두 도망쳤습니다. 하늘이 어두운 구름으로 가득하고 번개가 번쩍이고 천둥이 요란한 것을 보면서도 금방 강한 폭우가 쏟아질 것을 느끼지 못하는 사람이 있습니까? 그런 이가 있다면, 그는 아무 준비 없이 폭우의 혹독한 시련을 감수하게 될 것입니다. 하나님의 섭리를 통해 그 뜻을 알리는 소리와 징조가 우리에게 닥친다면 우리가 어떻게 해야 하겠습니까?

여러분 자신을 면밀히 탐사해 보십시오. 거룩의 시각으로 여러분 자신을 바라보십시오. 우리가 하나님을 불쾌하시도록 만들었던 죄의 방식이 무엇인지 찾아내야 합니다. 우리에게 주시는 섭리적인 상황들을 통해 하나님의 노와 불쾌하심의 이유를 발견해야 합니다. 많은 사람들이 그러한 섭리의 책임을 다른 사람들에게 돌립니다. 스스로 죄를 경멸하고 비난하는 사람이라고 생각하며 다른 이에게 분을 발함으로 그 섭리로 찾아온 고통의 책임을 돌립니다. 그들이 마음을 기울이고 두려워하는 부분은 단지 그 섭리로 인하여 자기들에게 찾아올 고통뿐입니다.

안타까운 일이 아닐 수 없습니다. 폭풍으로 인해 침몰할 위기에 빠진 배에 탄 사람들 중에서 그 폭풍의 섭리의 책임은 정작 그 배에서 오직 유일하게 하나님을 경외하는 요나에게 있었습니다(욘 1:7). 하나님의 섭리로 주어지는 인생의 풍랑은 하나님을 경외하지 않는 악한 자들에게만 일어나는 일이 아닙니다. 신앙을 가지고 있다는 사람들의 은밀한 죄로 말미암을 수도 있습니다. 하나님께서는 당신을 아는 자들을 혹독하게 판단하실 것입니다(암 3:2). 여러분이 하나님을 경외하는 사람들일지라도 혹 여러분 속에 하나님을 불쾌하시게 할 어떤 것이 없는지 염려하십시오. 이를 위해 자신을 돌아보는 일에 안일하거나 게으르지 않도록 주의해야 할 것입니다.

우리 구주께서 "너희 중에 한 사람이 나를 팔리라"고 말씀하셨을 때, 바로 그 장본인은 맨 나중에 '주여 내니이까?'라고 말한 사람이었습니다. 아무 근거 없이 '나는 영적인 조건에 있고 하나님께 열납 된 자리에 있다'고 스스로 판단하지 마십시오. 마땅히 행할 일들 중 어떤 일에든지 신실하지 못하면서도 스스로 세상적인 사람들과는 다르다고 생각해서는 안 됩니다. 이 세상에 속한 사람들과 구별된 모습을 보이지 못하면서 그런 생각을 한다면 그것은 큰 착각이 아닐 수 없습니다.

하나님의 주권적인 뜻에 거룩하게 순응하십시오. 여러분 자신과 여러분에게 주어져 있는 모든 것들을 하나님의 주권적인 뜻과 하나님의 지혜에 거룩하게 순응시키는 일에 힘써야 합니다. 범사에 기꺼이 하나님의 부르심대로 행할 만반의 준비를 갖추십시오. 하나님께서는 우리의 거처를 요동케 하시고 눈에 보이던 삶의 방편들을 제거하시는 섭리를 통해 이 세상에 속한 모든 것들의 덧없음과 불확실함을 선언하시곤 하십니다. 그때 우리가 하나님 한 분으로 만족해하지 않는다면 우리는 결코 평안과 안식을 누릴 수 없을 것입니다. 우리가 안식과 평안을 누릴 수 있는 유일한 방편은 무엇입니까? 우리가 집착하고 있던 모든 것을 내려놓고 오직 하나님께서 정하시고 기뻐하시는 주권적인 뜻을 바라보는 일입니다.

신령한 것들을 자주 생각하도록 하십시오. 그러한 것들을 여러분 앞에 늘 두도록 하십시오. 그 신령한 일들이 여러분에게 요구하는 것은 무엇인지 귀 기울여야 합니다. 그러면 여러분이 무엇을 해야 할지 알 수 있을 것입니다. 그것은 여러분이 해내야 할 임무에 속한 것입니다. 그러한 일들을 위하여 시간을 내십시오. 위에서 진술한 그러한 마땅한 도리들에 대하여 신실한 마음의 상태를 찾게 되었다고 자신의 양심이 말해줄 때까지 그런 자세를 견지하도록 하십시오. 만약 그렇지 않는다면 하나님께서는 징계의 섭리를 통하여 부르시는 명백한 음성을 만홀히 여기는 여러분을 매우 불쾌하게 생각하실 것입니다. 하나님의 부르심을 만홀히 여기는 것이 가져오는 화는 너무도 두려운 것입니다. 잠언 1장 24-31절의 말씀과 이사야 65장 12절, 66장 4절의 말씀이 바로 그 일을 경고하고 있습니다. 어느 누가 하나님의 진노하심을 피할 수 있겠습니까? 지금은 여러분 자신이 영적으로 생각하는 사람인지 아닌지를 시험해 보아야 하는 중요한 때입니다. 현재 주어진 여러분의 형편에 따라 은혜를 구하십시오. 그런 은혜가 여러분 속에 존재한다면, 여러분은 마땅히 행할 거룩한 의무들에 대하여 많은 생각들을 하게 할 것입니다.

너무나 많은 사람들이 하나님께 등을 돌린 채 살아갑니다. 하나님께서 불쾌하게 여기시며 노하고 계시다는 표증이 흘러넘치는데도 세상은 오만한 죄악을 그치지 않습니다. 이러한 불순종의 자식들에게 하나님의 노가 임할 것임은 너무나 당연한 일입니다. 그러나 그들 대부분 그러한 하나님의 노하심의 책임이 자기들에게 있다 생각하지 않습니다. 그 원인이 자기들 속에 있다는 생각을 하지 않습니다. 세상이 저지르고 있는 그 뻔뻔스런 죄악들에 대한 하나님의 징벌이 때로는 즉각적이지 않아 보일지도 모릅니다. 그러나 그 모든 죄악들이 마지막 날 큰 심판대를 피할 수 있을 것 같습니까?

"너희로 환난을 받게 하는 자들에게는 환난으로 갚으시고 환난을 받는 너희에게는 우리와 함께 안식으로 갚으시는 것이 하나님의 공의시니 주 예수께서 자기의 능력의 천사들과 함께 하늘로부터 불꽃 가운데 나타나실 때에 하나님을 모르는 자들과 우리 주 예수의 복음에 복종하지 않는 자들에게 형벌을 내리시리니 이런 자들은 주의 얼굴과 그의 힘의 영광을 떠나 영원한 멸망의 형벌을 받으리로다"(살후 1:6-9).

무엇 때문에 하나님의 진노의 심판이 내리는지 생각해보십시오. 그리고 이에 비추어 우리 자신을 시험해 보십시오. 이것은 우리의 마땅한 도리입니다.

우리는 하나님의 뜻에 우리 자신을 겸손하게 복종시켜야 합니다. 이것이 우리가 행해야 할 또 다른 도리입니다. 그것은 우리가 이 세상에서 누리는 것과 세상에 속한 모든 것에서 우리의 생각을 떼어 내야만 가능한 일입니다. 그렇게 해야 할 이유도 모르고 그렇게 할 동기조차 없다면 우리 자신을 하나님의 뜻에 복종시키는 일은 결코 일어나지 않을 것입니다. 이 얼마나 안타까운 일입니까! 오늘날 얼마나 많은 사람들이 그 일에 있어서 노골적으로 하나님을 등지고 있습니까! 세상의 일을 사랑하고 조금이라도 더 가지고 누리려고 애를 쓰고 있는 동안 여러분이 하나님에게로부터 점점 더 멀어지고 있음을 모르십니까? 옛 사람들도 그러하였습니다. "노아의 때와 같이 인자의 임함도 그러하리라 홍수전에 노아가 방주에 들어가던 날까지 사람들이 먹고 마시고 장가들고 시집가고 있으면서 홍수가 나서 저희를 다 멸하기까지 깨닫지 못하였으니 인자의 임함도 이와 같으리라." 오늘날 믿음을 가지고 있다고 고백하는 사람들 대부분의 삶의 자세가 과연 자신들을 하나님의 거룩한 뜻에 복종시키고 있는 상태라고 자신 있게 말할 수 있습니까? 진정 하나님의 부르심을 묵상하고 하나님의 때와 하나님의 기뻐하심에 자신들을 온전히 드릴 각오가 되어 있는 것입니까? 하나님의 마음과 정반대의 생각들을 하면서 어떻게 영적으로 생각하는 사람인 체 할 수 있는 것입니까! 이것은 자기 스스로를 속이는 일입니다. 그들은 자기들이 특별한 방식으로 복음을 믿는다고 고백하는 사람들입니다. 자기들이야 말로 진정한 신앙인이라고 떠벌리고 다닙니다. 자기들만큼은 구원받을 것이란 확신을 가지고 있습니다. 자기들은 구원의 많은 증거들을 가지고 있노라 생각하고 있습니다.

그러나 한 가지의 부정적인 증거가 그들의 백 가지 증거를 무익한 것으로 날려버리고 맙니다. "내가 모든 것을 다 행하였나이다"라고 말한 청년에게 예수님은 이렇게 말씀하셨습니다. "네게 한 가지 부족한 것이 있다…" 그가 했다고 한 '백 가지의 일'은 그 '부족한 한가지'로 인해 아무 것도 아닌 것이 되어 버렸습니다.

여러분은 많은 일을 하였고 지금도 많은 일을 하고 있습니다. 여러분 자신이나 다른 사람들도 이에 동의할 것입니다. 그러나 여러분이 만일 영적으로 생각하는 면에서 부족하다면, 애석하게도 여러분이 한 많은 일들은 아무런 의미가 없는 것입니다. 여러분의 상태가 그렇다면 여러분은 여전히 하나님이 원하시는 것과 정반대의 방향으로 흘러가고 있는 것입니다.

예전이나 지금이나 사람들이 세상을 사랑하는 것에 대한 강렬함은 변함이 없습니다. 아니 점점 더해가고 있는 것 같습니다. 세상에 속한 것들을 가지고 싶어 하는 소원이 어찌나 강렬한지 하나님의 뜻에 자신 모두를 복종시키는 법을 터득하기 위해 고민하는 일 따위는 아랑곳 하지 않습니다. 자신을 하나님께 복종시키는 일은 생각하고 묵상하지 않는 한 결코 성취할 수 없는 일입니다. 그러면서도 어떻게 자신이 영적인 사람이라고 스스로 생각할 수 있는지 저는 이해할 수가 없습니다.

사람이 특별한 시련과 시험을 만나게 되면 그 사람의 생각은 그것에 집중되기 마련입니다. 만일 어떤 사람이 육신의 질병으로 인한 고통과 불안함을 가지고 있다면, 원하든 원치 않든 간에 그 문제에 대해 많이 생각할 것입니다. 정상적인 이성의 기능을 가진 사람이라면 그러하지요. 하지만 영혼의 질병에 대하여 사람들은 어떻습니까? 자신이 걸린 '영혼의 질병'에 모든 생각을 집중하여 치료를 위한 방안을 찾고 있습니까? 아니면 그에 대해 아무런 생각도, 아무런 느낌도 갖지 못하는 그런 환자들과 같은 상태에 있는 것입니까? 지각할 수 있든 그렇지 않든 영혼을 영원한 죽음으로 몰고 가는 그 질병은 실로 두려운 것입니다. 이러한 것들에 대하여 생각지 못하는 것이 얼마나 슬프고 미련한 안일입니까.

"네가 스스로 말하기를 사람이 나를 때려도 나는 아프지 아니하고 나를 상하게 하여도 내게 감각이 없도다"(잠 23:35).

우리가 시험받을 때에 어떻게 하면 우리가 생각을 바르게 할 수 있느냐는 결코 쉬운 사안이 아닙니다. 왜냐하면 시험이 사람들로 하여금 그 시험의 대상에 대한 생각을 많이 하도록 자극함으로 마음의 모든 정상적인 기능들을 완전히 장악하려고 하기 때문입니다. 이런 일은 가장 먼저 마음의 정서 속에서 자리하고 있던 정욕을 통해 이루어집니다. 정욕은 사람들의 마음을 세상에 관한 생각들로 가득 채우고 그에 따른 여러 가지의 상상을 만들어 냅니다.

그 상상들은 사람들이 마땅한 도리에 마음을 쓰지 못하도록 하고 그 마음을 죄로 기울어지게 합니다(약 1:14). 사람들은 그 상상들을 통하여 '음심(淫心)이 가득한 눈'을 가지게 됩니다(벧후 2:14). 사람들로 하여금 죄악의 즐거움을 부단하게 묵상하도록 하는 것입니다.

시험의 대상이 나타니면 정욕은 아주 좋은 기회를 얻게 됩니다. 아간이 금덩이를 보고 마음의 탐심을 가지게 된 것이 그러합니다(수 7:21 ; 잠 23:31). 시편 기자는 그러한 탐심을 경계하며 하나님께 은혜를 구하였습니다.

"내 눈을 돌이켜 허탄한 것을 보지 말게 하시고"(시 119:37).

욥도 그러한 것을 아예 보지 않기로 자신의 눈과 맹세하였습니다(욥 31:1).

상상은 죄악의 즐거움을 생각하도록 만듭니다. 정욕의 자극을 받은 상상으로 부단하게 죄의 즐거움을 그려보고, 죄를 행할 생각을 마음에 새기는 것입니다. 이렇게 사람들은 "정욕을 위하여 육신의 일을 도모하게" 되는 것입니다(롬 13:14). 그러한 일은 물론 사탄의 역사를 통해서도 일어납니다. 사탄은 자기의 간계를 총동원하여 유혹의 대상에 대하여 무익한 생각들을 무수하게 일으키면서 그 시험이 계속 유지되도록 부추기는 것입니다.

그 요인이 무엇이든 간에, 죄에 대한 무익한 상상들이 일어나 마음이 그 죄악을 즐거워하게 되는 지경에 이르게 되면, 누구도 죄를 막을 외적인 제어력(制御力)을 가질 수 없습니다. 그러한 자들은 기회가 주어지는 즉시 죄를 행하게 될 것입니다. 사람들의 마음이 비행(非行)을 궁리하고 있으면, 그 비행을 저지를 힘과 기회가 주어지자마자 그 비행을 저지르게 되어 있습니다(미 2:1). 지금 현재 죄에 대한 유혹에 많은 생각을 기울이고 있는 사람에게 무엇인가를 충고하는 것은 안전한 길이 아닐 것입니다. 죄에 대한 갈망의 생각들이 그러한 충고를 달게 받도록 내버려두지 않을 것이기 때문입니다.

대부분의 사람들이 처음에는 시험받는 일을 고통스러워하며 매우 신중한 자세를 취하곤 합니다. 그러한 덫에서 헤어나지 못하고 비참해질까 두려워하며 경계합니다. 그것이 어떤 유의 죄의 대상이든지 처음엔 아주 큰 혐오감을 가지는 것입니다. 그러나 시험은 그것을 인정하고 만족하게 느끼도록 설득합니다. 마음의 정욕을 이용해 죄를 유쾌하게 생각하도록 사람의 마음을 사로잡아 끝내 사람들이 가지고 있던 바른 심령의 구조를 부패시켜 버리고 마는 것입니다. 죄를 자신들의 힘으로 정복하려는 사람들이 있습니다. 그러나 자기들이 정복했다고 생각하는 죄에 스스로 발목을 잡힌 자신을 발견하곤 합니다. 마음속 깊이 자리하고 있는 죄를 즐기는 은밀한 정욕 때문에 죄와의 싸움에서 넉넉히 이기는 것이 어렵기 때문입니다.

'독(毒) 이빨'을 가진 죄는 한번 무는 것만으로도 그 생각에 충분한 독을 뿜어 넣을 수 있습니다. 특히 죄를 은밀하게 생각하고 즐거워하고 있는 마음이 깨끗지 못한 사람에게라면 더할 나위 없습니다. 어느 정도의 영적인 능력을 가지고 마땅한 도리들을 행할 수 있는 사람이라도, 시험의 생각에 사로잡히면, 메두사의 머리를 본 사람처럼 순식간에 마땅한 도리에 대해 돌같이 굳어 버릴 수 있습니다. 그렇게 된다면 은혜의 작용은 순식간에 멈추어 버립니다. 그를 감싸고 있던 전신갑주(全身甲冑)는 어디론가 사라져버리고, 어느새 그 시험에 먹이가 되어버리고 마는 것입니다. 새로운 은혜만이 그를 건져낼 수 있을 것입니다.

저는 누군가가 지금 어떤 시험과 씨름을 하고 있다면, 저는 그들에게 그 시험의 대상 자체에 생각을 집중하지 말라고 권하는 바입니다. 간교한 사탄은 여전히 존재하고 있는 부패의 본성을 동원하여 현재 그 시험의 대상에 생각을 집중하고 있는 사람의 마음에 다시금 정욕을 채우고자 하는 욕망을 불어 넣습니다. 그렇게 되면 결국 자신도 모르는 사이에 벗어나야 할 그 죄와 새롭게 타협하기에 이릅니다. 그렇기 때문에 자신이 빠져 들어간 함정과 처하게 된 위험을 벗어날 방도에 대해서 생각을 집중해야 합니다. '죄의 책임'이 무엇인지 생각하심으로 겸비해지십시오. '죄의 가공할 능력'을 생각하며 죄를 이길 힘 구하기를 힘써야 합니다.

여러분이 죄에 더 이상 얽매이지 않으려면 세상의 안목의 정욕과 육신의 정욕과 이생의 자랑, 즉 '죄의 소재'가 될 만한 모든 것들에 대하여 생각을 집중하지 말아야 합니다. 그리고 죄를 짓게 하는 시험에서 벗어날 방도들을 부단히 생각해야 합니다. 물론 영적으로 생각하는 사람들이 아니라면 그런 일에 있어서 매우 더딘 반응을 보일 것입니다. 저는 지금 죄의 속박을 사랑하고, 자기들의 멍에를 자랑하며, 그 시험거리들로 자신을 만족시키는 일을 즐거워하는 자들에게 말하고 있는 것이 아닙니다. 그러한 사람들은 마음으로 정욕의 대상을 끊임없이 생각하지 않으면 견디지 못하는 자들입니다. 그 생각들을 절대로 멈추려 하지 않습니다. 사도는 그것을 가리켜 '정욕을 위하여 육체의 일을 도모하는 것'이라고 말합니다(롬 13:14). 그들의 주된 고통거리는, 외적인 제약으로 인해 자신들이 마음껏 정욕의 소원대로 행하지 못하는 것입니다. 그들은 죄를 아무렇지도 않게 생각하는 다른 사람들과 가까이 합니다. 스스로 자신을 어리석은 자들 중 한 사람이 되도록 방임하는 것입니다.

저는 시험이 찾아오는 것을 매우 큰 고통으로 여기는 사람들에게 말하고 있습니다. 시험에서 벗어날 방도를 강구하느라 애통해 하는 바로 그 사람들을 위해서 이 말을 하는 것입니다. 자신을 곤궁한 처지에서 벗어나게 할 위대한 방도를 알고 있는 이와 가까이 하십시오. 우리는 그와 교제하여야 합니다. 히브리서 2장 17-18절에서 표현한 바와 같이 말입니다. "저가…자비하고 충성된 대제사장이 되어 백성의 죄를 구속하려 하심이라 자기가 시험을 받아 고난을 당하였은즉 시험 받는 자들을 능히 도우시리라." 또 히브리서 4장 15,16절에서는 이렇게 말하고 있습니다. "우리에게 있는 대제사장은 우리 연약함을 동정하지 못하실 이가 아니요 모든 일에 우리와 한결같이 시험을 받은 자로되 죄는 없으시니라 그러므로 우리가 긍휼하심을 받고 때를 따라 돕는 은혜를 얻기 위하여 은혜의 보좌 앞에 담대히 나아갈 것이니라." 시험당하는 자들이 그 시험에서 벗어나는 오직 유일한 길은 그리스도에게 있습니다. 은혜의 풍성함을 끝까지 잃지 않을 모든 방도를 갖고 계신 그분은 시험 당하는 자들을 능히 구원하시는 분이십니다. 여러분에게 찾아오는 긴박한 시험의 때에 그 시험을 넉넉히 이기도록 도우시는 분이십니다.

그러나 여러분은 여전히 이렇게 말하고 싶으십니까?

"다메섹 강 아마나와 바르발은 이스라엘 모든 강물보다 낫지 아니하냐?"(왕하 5:12)

그러나 저는 분명히 말씀드립니다. 우리 구원을 위한 은혜를 베푸시는 그리스도 예수님을 믿는 믿음의 역사 없이는, 그 누구에게도 그 어려운 시험에서 벗어나 하나님께 영광을 돌리고 자신의 영혼을 유익하게 할 수 있는 일은 일어나지 않을 것이라고 말입니다. 영적으로 생각할 수 없는 사람은 그 생각을 영적인 신령함에 고정시킬 수가 없습니다. 여러 가지 시험으로 말미암아 그들의 영혼은 매일같이 수척해져 갈 것입니다. 그저 여전히 시험의 주위를 맴돌 뿐입니다. 그들의 손상된 영혼의 상처는 바다처럼 넘쳐날 것입니다.

우리는 마땅히 해야 할 도리를 정확히 알아야 합니다. 죄를 혐오하며 그 시험으로 인해 고통스러워하고 애통하며 울부짖는 사람들은, 그 시험에서 벗어날 수 있는 일이라면 어떤 것도 마다하지 않을 것입니다. 거짓된 종교가 제안하는 거짓된 방식들이 그들을 미혹할 것입니다. 그러나 그들은 설득 당하지 않을 것입니다. 주 예수 그리스도를 믿는 믿음에 합한 여러 생각들에 자신을 온전히 드리려고 할 것입니다. 그들은 시험을 이길 수 있는 오직 유일한 길이 그리스도의 은혜 밖에 없다는 사실을 알기 때문입니다.

우리 모두는 언제든 시험에 빠질 수 있습니다. 그 점을 인식하지 못하는 사람은 시험의 세력 안에 더욱 쉽게 넘어지는 자가 될 것입니다. 하나님의 책망하심을 위해 특이한 방식으로 하나님의 손에 들린 사람들이 있습니다. 하나님께서는 아무도 시험하시는 분이 아닙니다. 시험은 사람으로 하여금 죄에 빠지도록 하기 때문입니다. 다만 하나님께서 징계를 위해 '시험들을 주장' 하심으로 사람들을 고통 가운데 그대로 두시는 경우가 있습니다. 마음속에 있는 정욕과 부패가 시험과 함께 작용하여 마음에 우세한 세력을 잡기까지 그대로 내버려 두시는 방식이 바로 그런 경우입니다. 그때 마음이 완전히 굳어 있는 사람이 아니라면 자기 영혼의 병을 치료하기 위해 어떤 일이라도 해야 한다는 생각을 하게 될 것입니다.

우리는 시험에서 벗어나는 길을 발견하려고 애를 써야 할 뿐만 아니라 시험이 찾아온 이유에 대해서도 알아보아야 합니다. 저는, 여러 가지 시험의 세력에 빠져서 영적인 어둠에 쌓인 채 살아가면서도 그 시험이 왜 자신을 찾아왔는지 알지 못하는 사람들이 많지 않기를 바랍니다. 흰 머리카락이 그들의 머리를 덮을 때까지도 그 시험의 정체조차 알지 못하고 있는 사람들이 많지 않기를 바랍니다. 우리가 지금보다 조금만 더 세심하게 주의하여 부지런히 살펴본다면 부패한 본성 안에 자리 잡고 있는 마음의 병고(病苦)가 무엇인지 발견할 수 있을 것입니다. 또 그 마음의 병고가 어떠한 과정이나 경로를 통해 시험과 더불어 작용하는지, 그 마음의 병고가 습관적으로 어떤 기회를 통해 그 성질을 드러내는지 알 수 있을 것입니다.

사람들은 자기들이 맡은 일들을 통해서 자주 시험에 빠지곤 합니다. 어떤 특정한 은사를 가지고 있는 사람을 생각해 봅시다. 그 은사는 탁월하여 쓸모에 있어서 다른 이들을 능가합니다. 그 은사를 통해 그는 다른 이들보다 더 많은 성공의 가능성을 가지고 있습니다. 다른 사람들은 그를 크게 인정합니다. 그러나 그는 이중적인 시험을 경계해야 합니다. 영적인 교만과 자기 우월감의 시험을 말입니다.

사도는 새로 입교한 자를 사역자로 받아드리는 것을 인정하지 않았습니다. 그런 사람은 은혜의 방식과 죄의 속임수에 대한 경험이 부족하거나 없는 사람입니다. 그는 '교만'으로 우쭐거리거나 '마귀를 정죄한 죄'(딤전 3:6)에 아주 쉽게 빠질 수 있는 사람입니다. 사도 바울 자신이 바로 그러하였기 때문입니다(고후 12:1-7). 자기 자신이 하나님 보시기에 얼마나 비열한 존재인가를 상기하며 겸비한 마음의 균형을 유지하지 않는다면, 사람들의 갈채로 일어나는 은근한 교만을 피할 수 있는 사람은 없을 것입니다. 다른 이들보다 사역에 있어서 크게 성공한 것처럼 보이는 이들 역시 그 일로 다른 이들에게 인정과 갈채를 받으면서 점점 자신을 정확하게 판단하고 제어하는 일에 태만할 수 있습니다. 사역자들은 이를 세심하게 주의해야 합니다. 만약 그렇지 않는다면 전하는 복음의 진보에 있어서 매우 불리하게 작용하는 일이 일어날지도 모르기 때문입니다.

부(富)한 사람들은 자신들의 부요함으로 찾아오는 특별한 시험거리들을 가지고 있습니다. 가난한 사람들도 마찬가지입니다. 가난하기 때문에 당하는 그들만의 시험거리들이 있는 것입니다. 때로는 '체질 자체'가 시험의 함정이 되기도 하고, 사람들이 즐기는 '교제하는 모임'에도 시험거리가 존재합니다. 이처럼 사람들이 각각 처한 환경이나 상황에 수반되는 여러 가지 다양한 시험거리가 도사리고 있는 것입니다.

자신을 깊이 관찰하십시오. 지혜를 동원하여 시험이 찾아오는 과정과 경로를 자세히 살펴보십시오. 그러면 왜, 어떻게 시험이 찾아와 영혼을 위험에 빠뜨리는지 알 수 있을 것입니다.

그리고 여러분은 더 나아가 시험에서 벗어나는 길뿐만 아니라 그 시험에 다시는 빠지지 않게 자신을 보존할 수 있는 방법이 무엇인지 배워야 합니다. 가장 먼저 여러분에게 고통을 주고 여러분 속에 있는 하나님의 생명을 손상시키는 그 '특별하게 찾아온 시험들'이 무엇인지 알아내십시오. 그리고 그 시험에서 벗어나게 할 '처방'이 무엇인지 알아내십시오. 그러나 여기서 분명히 말씀드립니다. 이 모든 것 중 한 가지라도 얻기를 원한다면 "시험받는 자들을 능히 도우시는"(히 2:8) 이를 믿고 의지해야 합니다. 그렇지 않고서는 절대로 그 시험에서 구원 받지 못할 것입니다. 이것은 여러분 자신이 해야 하는 일입니다. 믿는 자들을 능히 도우시고 구원하시는 그리스도의 사랑과 긍휼과 능력을 부단히 묵상하십시오. 여러분의 믿음은 강력해지고 시험에서 승리할 것입니다.

땅에 거하는 모든 사람들을 시험하는 특별한 때가 있습니다. 어둠의 세력이 그 마각을 드러내 사람들의 영성을 차갑게 하고, 영적으로 죽어 있게 하여 은혜 안에 살지 못하도록 하고 있습니다. 하나님을 사랑하고 하나님 안에서 열심과 즐거워하는 일이 침체되어 가는 작금의 상황을 두고 많은 사람들은 지금이 그 시험의 특별한 때라고 말합니다. 이 시대의 영적 침체의 원인에 대해서는 여러 시각들이 있습니다마는 이것을 느끼고 있는 사람이라면 이 시험의 때를 벗어날 방도를 궁구하려고 애를 쓸 것입니다. 인자(人子)되신 분 앞에 서서 생각해 보십시오. 그러면 여러분은 근신해야 할 동기들과 이유들에 대하여 관심을 가지는 것이 얼마나 중요한 일인지를 깨닫게 될 것입니다. 오늘날 만연하고 있는 부패에서 여러분 자신을 보전해 주는 은혜를 확보하는 일이 얼마나 시급한 일임을 알게 될 것입니다.

우리는 '그리스도 안에 있는 모든 것들을 믿는 것'을 우리의 영적 생각의 대상으로 삼아야 합니다. 우리가 장차 누리게 될 하늘에 있는 영원한 것들에 대하여 깊이 생각하십시오. 이 세상에서 우리가 은혜의 생활과 마땅한 도리를 다하는 삶을 영위한다는 것은 바로 그것을 의미하는 것입니다. '하늘에 합당한 방식으로 생각하는 것' - 곧 하늘에 속한 것들을 생각하는 것 - 그리고 '영의 생각'은 모두 동일한 의미입니다. 영적인 효력의 본질과 진수를 생각하는 것이 바로 그것입니다. 사람이 하늘에 속한 것을 많이 생각하지 않고도 어떻게 그것을 자기 최고의 관심거리로 삼을 수 있겠습니까? 이는 불가능한 일입니다.

"그러므로 너희가 그리스도와 함께 다시 살리심을 받았으면 위엣 것을 찾으라 거기는 그리스도께서 하나님 우편에 앉아 계시느니라 위엣 것을 생각하고 땅엣 것을 생각하지 말라 이는 너희가 죽었고 너희 생명이 그리스도와 함께 하나님 안에 감추어졌음이라"(골 3:1-3).

그리스도의 부활하심으로 말미암아 새 생명으로 살리심을 받은 자들은 마땅히 그 생각을 위엣 것에 집중시켜야 합당한 일입니다. 그리스도를 생각하십시오. 그리스도께서만이 우리가 하늘의 생각을 하도록 가르치시는 우리 속의 오직 유일한 소망이십니다.

"그러므로 우리가 낙심하지 아니하노니 겉사람은 낡아지나 우리의 속사람은 날로 새로워지는도다 우리의 잠시 받는 환난의 경한 것이 지극히 크고 영원한 영광의 중한 것을 우리에게 이루게 함이니 우리의 주목하는 것은 보이는 것이 아니요 보이지 않는 것이니 보이는 것은 잠간이요 보이지 않는 것은 영원함이라"(고후 4:16-18).

　사도는 말씀을 통해 우리의 겉 사람이 날로 후패하여 가는 것이나 다가올 고난에 대해 두려워하고 낙심하지 말아야 할 이유를 말하고 있습니다. 영적으로 생각하는 사람들은 환난을 가볍고 잠시 있는 일로 여깁니다. 말로 할 수 없는 부요함과 영광의 특권이 자기들에게 예비되어 있다는 것을 알기 때문입니다. 여러분에게 있어서 그것보다 더 좋은 일이라는 것이 무엇입니까? 신자라고 말하는 여러분이 바랄 그 외의 더 좋은 일이 대체 무엇이란 말입니까? 세상이 주는 평안과 안일 모두를 합친 것보다 그것이 여러분에게 비교할 수 없을 정도로 더 큰 것이 아닙니까?

　우리가 하늘의 영광스런 일들에 참예하는 오직 유일한 방도는 눈에 보이지 않는 영원한 것들을 묵상하는 것입니다. 그것은 아직 우리 눈에 보이지 않습니다. 그러나 그럼에도 불구하고 그 영광스런 하늘만이 우리가 소망의 닻을 내릴 유일한 곳임을 잊지 말아야 합니다(히 6:19,20).

　많은 그리스도인들이 바로 이 점에서 크게 부족합니다. 그것을 이해하는 빛이 모자랍니다. 그러한 것을 기뻐하지 않습니다. 영원한 나라에 대하여는 아주 조금 밖에 생각하지 않습니다. 그들은 자신들이 현재 거주하고 있는 나라에 대한 생각을 절대 게을리 하지 않습니다. 잠시 동안이라도 멀리 떨어져 있기라도 한다면 그곳에 대한 소식을 알고 싶어 견디지 못합니다. 그런데 영원한 우리의 거처가 될 하늘나라는 어째서 그토록 여러분의 주목을 받지 못하는 것입니까? 사람들은 영원하고 눈에 보이지 않는 것들에 대해 마음을 쓰지 않습니다. 설령 마음을 쓴다고 해도 세상을 바라보느라 하늘에 속한 것에 오랫동안 집중할 겨를이 없습니다.

해를 오랫동안 쳐다보면 그 햇빛의 광채로 인해 자기 주위에 있는 다른 것들이 한동안 보이지 않습니다. 마치 주위가 다 어두운 것같이 보입니다. 그와 같습니다. 설령 지금 당장 하늘의 영광을 온전히 이해하지 못한다 해도 위에 있는 영원한 것들과 하늘에 속한 것들을 생각하려고 부단히 마음을 써야 합니다. 그러면 세상에 있는 것들의 그럴듯한 아름다움은 모두 어둡게 보일 것입니다. 영적 신자들은 하늘의 영원한 생명과 그 영광의 소망의 확신을 가지고 이 땅을 살아갑니다. 그 확신으로 이 땅에서 당하는 여러 가지의 고난과 슬픔과 시험을 이겨내며 위안을 삼는 것입니다. 만일 우리가 영적으로 생각하는 사람이라면 영적인 것들을 생각하는 일처럼 자연스러운 것은 없을 것입니다. 마치 세상에 속한 사람들이 세상의 것들을 생각하는 것이 더 편하고 익숙한 것처럼 말입니다. 다가올 복된 영광과 하늘의 속한 것들을 여러분의 가장 주요한 대상으로 삼으십시오. 그리고 그것을 계속 생각하고 묵상하십시오.

그러나 그 일에 대해 용기를 가지지 못하는 사람이 너무나 많습니다. 마치 하늘의 영광, 즉 그것들 안에 있는 무한하신 하나님의 영광 때문에 주눅이 들어있습니다. 그것이 가진 본질의 무한함이 그들을 어리둥절하게 만들어 버립니다. 그래서 그것들에 관하여 생각할 엄두를 내지 못하는 것입니다. 그런 경우가 아니면 눈에 보이지 않는 것들을 생각하고 이해하는 기술과 능력 자체의 결핍 때문일 것입니다. 우리가 하늘에 속한 것들에 관하여 무지하고 이해가 없는 것은 전적으로 우리 자신의 게으름 때문입니다. 길에 사자가 있을까 두려워 나가지 못하는 사람처럼 하늘에 속한 것에 존재하는 것처럼 보이는 여러 가지 난제들에 다가가지 않습니다.

보이지 않는 하늘의 속한 일들을 진지하고 일관성 있게 생각하는 사람은 누구나 하늘에 속한 것들을 이해하며, 영적인 것들을 통해 큰 만족을 느낍니다. 우리 믿음의 정당한 대상은 눈에 보이지 않는 것입니다. 믿음은 '보이지 않는 것들의 증거'이기 때문입니다(히 11:1). 위에 있는 것들을 생각한다는 것은 믿음을 바르게 행사하고 있다는 것의 증거가 됩니다. 위에 있는 것들에 생각을 집중하면 할수록 우리의 믿음은 더욱 성장할 것입니다. 우리의 영혼은 그것에 대한 더 큰 만족을 느낄 것이며, 보이지 않는 하늘에 속한 것들에 대한 실상을 더 민감하게 지각하게 될 것입니다. 우리는 어둠의 상상이 만들어낸 모하멧 교도들의 낙원에 대한 이야기나, 교황주의자들의 연옥설(煉獄說), 그 외에 온갖 미신과 상상이 만들어낸 모든 잡동사니들에 결코 현혹되지 않을 것입니다. 누구나 알 수 있도록 구체적으로 묘사해낸 것들을 보고 아는 것은 믿음이나 신앙이 아닙니다. 그들이 그러한 것을 통해 하늘에 속한 것들에 대한 이해를 가졌다 하나 사실은 하나의 관념에 불과합니다. 그런 것은 하늘에 속한 것들에 대한 신령한 지각도 아니고, 어떤 견고한 만족에서 오는 믿음도 아닌 것입니다. 그들은 자신들의 믿음을 위해 항상 선행적(先行的)인 증거를 원합니다. 이것은 '믿음이 보이지 않는 것의 실상과 증거라'는 진리와 정반대의 개념입니다. 믿음이 그러한 것들의 증거가 된다는 것과 완전히 대치되는 것입니다. 인간의 '상상'(想像)은 그 상상을 위한 대상을 만들어 내려고 발버둥치지만, '믿음'은 이미 존재하고 있던 대상을 향한 것입니다. 그리스도께서 우리의 믿음이 그저 이해하는 것으로만 만족하게 내버려 두지 아니하실 것입니다. 우리의 마음속에 영적인 실상을 제시하실 것입니다.

눈에 보이지 않는 영원한 것들에 대한 믿음이 어느 때보다 긴박하게 요구되는 때가 있습니다. 믿음으로 그러한 영적인 실상을 보지 않으면 바른 방식으로 합당하게 대처하기 어려운 때가 있기 때문입니다. 그러한 때 일수록 믿음은 우리 마음속에서 영원한 하늘의 실상을 더욱 확실히 보여줄 것입니다.

그것은 단순한 위로의 차원이 아닙니다. 우리 속에 분명한 실상을 드러내는 것입니다. 믿음을 가장 달콤한 영광의 첫 열매로 귀히 여길 수 있기를 간구하십시오. 그리고 그 믿음이 충만하길 간구하십시오. 믿음이 없다면 환난의 때에 우리의 삶은 폐허와 같을 것입니다.

하늘과 그 영광에 대한 '헛된 상상들과 관념' 들은 끊임없이 우리를 자극할 것입니다. 그러나 우리가 부지런히 하늘에 속한 것들을 생각하고 이해함으로 우리 마음이 영광스러운 감화로 가득 차 있다면, 그러한 상상들은 우리에게 큰 영향을 끼치지 못할 것입니다. 우리는 하늘에 속한 것들의 본질과 영광과 탁월함을 더 많이 알게 될 것입니다. 우리의 영혼은 진정한 안식과 복락을 누릴 것이며, 우리 마음의 모든 은혜로운 성향과 정서는 하늘에 속한 것들을 향해 끊임없이 나아가게 될 것입니다. 어쩌면 그것은 이미 우리 속에 오래전부터 시작된 일의 완성일지도 모릅니다.

하늘에 속한 것들을 부단하게 숙고하는 것 속에는 '믿음의 양식' 이 들어 있습니다. 믿음은 그것을 통해 더욱 강력해지는 것입니다. 믿음의 양식을 공급받지 못한 영혼이 연약해지는 것은 당연한 일입니다. 그 양식을 공급받기 위해서 애를 쓰지 않는데 어찌 그 믿음이 약해지지 않을 수 있겠습니까? 믿음은 우리 소망의 활력입니다. 그리고 그 소망은 영광스러운 은혜입니다. 성경은 복된 여러 효력들이 바로 그 소망의 은혜를 통하여 열린다고 말하고 있습니다. 소망의 은혜가 신자로 하여금 인내할 수 있는 힘과 위로를 줄 것이기 때문입니다. 우리는 그 은혜로 말미암아 더욱 정결해지고 더욱 거룩해질 것입니다. 소망의 은혜는 곧 우리 속에 거하시는 그리스도로 요약됩니다.

"너희 안에 계신 그리스도시니 곧 영광의 소망이니라"(골 1:27).

그리스도께서 우리와 함께 계시는 것 자체가 우리에게는 한없는 영광의 소망입니다. 그리스도께서 그 소망에 대한 확실한 약속을 주셨습니다. 그리고 우리 영혼으로 하여금 그 소망하는 것을 고대하도록 하십니다.

세상에서 가질 수 있는 일반적인 소망이란 그저 우리가 바라는 미래에 대한 막연한 기대와 상상입니다. 그러나 그리스도께서 주시는 소망의 은혜에는 불확실성이란 존재하지 않습니다. 소망은 믿음과 신뢰와 확신에서 나오는 간절한 기대입니다. 그것을 향유하고자 하는 강렬한 소원인 것입니다.

소망을 따라 자신을 드리는 사람이 이토록 적은 것은 소망이 가지는 은혜의 본질을 제대로 알지 못하기 때문입니다. 그들이 가졌다는 소망이란 믿음 없는 불확실하고 막연한 기대에 불과합니다. 소망의 확신에 대한 어떠한 근거도 가지고 있지 않습니다. 복되신 성령이 주시는 믿음과 확신의 열매가 소망의 은혜라는 사실을 전혀 알지 못하는 것입니다. 복음적인 소망은 믿음과 확신의 열매입니다. 모든 은혜가 작용함으로 소망이 더욱 견고해지는 것입니다. 그 소망은 더 이상 높이 올라갈 수 없을 정도가 될 것입니다(롬 5:2-5).

하늘에 대하여 소망하고 묵상하는 일에 게으른 사람들은 결코 이 탁월한 은혜를 누릴 수 없습니다. 은혜가 그들의 영혼에 아무런 유익도 되지 못하는 것입니다. 소망이 가지는 궁극의 목적은 영원한 영광입니다(골 1:27 ; 롬 5:2). 소망은 모든 시련과 곤비함과 절망 속에 있는 영혼을 위로하고 지탱해 주며 새롭게 합니다. 영광에 대한 확고한 기대감으로 더욱 간절히 소원하는 마음을 가지게 하는 것입니다. 하지만 우리의 게으름으로 인해 이 영광의 실상과 본질을 확실하게 이해하지 못한 상태에서는 사도가 소망으로 구원을 받았다고 말할 때와 같이 그 영광이 소망의 열렬한 대상이 될 수 없습니다. 영광의 본질을 이해하지 못하고는 영원한 것들의 증거를 가질 수 없습니다. 영원한 것들에 어떠한 가치가 있는지를 전혀 알지 못하기 때문입니다.

먼 나라로 가기 위해 배를 타고 여행을 떠나는 사람들 중에 자신들이 어느 나라에 도착할지 모르는 사람은 없을 것입니다. 그런데 만약 그것을 전혀 모르는 사람이 배에 타고 있다고 상상해 보십시오. 그는 자신이 어디로 가는지 전혀 알지 못할 뿐만 아니라, 알려고 하지도 않습니다. 오늘날 이와 같은 사람들이 너무나 많습니다. 이들은 자신이 갈 목적지와 거기서 거할 처소에 대해 생각을 할 이유를 전혀 가지지 않고 있는 사람들처럼 보입니다. 누구나 해야 할 마땅한 생각인데도 불구하고 말입니다. 그들은 그저 막연한 기대감에 만족하며 살아갈 뿐입니다.

먼 길을 떠나는 사람의 마음을 격앙시키고 용기를 갖도록 하는 것은, 그들이 가려고 하는 목적지에 대한 소망과 기대뿐입니다. 그러나 자신이 어디로 갈지 모른 채 그저 막연한 소망을 가지고 있는 사람들은 연약해지고 쉽게 낙담할 수밖에 없습니다. 그들이 가지고 있는 그 막연한 소망만으로는 자신을 지탱할 수 없는 것입니다. 마음에 힘과 용기를 잃지 않는 사람은 자기가 가려는 곳의 그 말로 할 수 없는 영광에 대하여 분명하고 바른 이해를 가지고 있는 사람일 것입니다. 하늘나라로 향하여 가는 우리의 순례 길에 수많은 난제들과 위험들이 도사리고 있다는 사실을 잊지 마십시오.

우리 속에 새 힘을 주는 소망의 은혜는 그저 막연한 관념이 아닙니다. 그것은 우리가 당할 수 있는 모든 상황에서 다른 모든 것들보다 더 힘 있고 활력 넘치게 작용하여 위력을 발휘할 실제적인 것입니다. 그것은 분명 소망의 은혜가 주는 말로 할 수 없는 유익의 작용입니다. 진정한 '영적 사고방식'을 가진 이들이라면 그 소망의 은혜가 가져오는 유익을 누리게 될 것입니다. 그래야만 우리가 당할 수 있는 모든 고난과 십자가에 대한 완벽한 준비를 갖출 수 있는 것입니다. 만약 여러분이 이러한 준비를 하지 않는다면, 여러분은 어느 때인가 아주 놀라게 될지도 모릅니다.

폭풍이 몰아치면 선원들은 일단 모든 장비들을 동원해 배를 안전하게 제어하려는 시도를 할 것입니다. 그러나 그러한 시도로는 감당할 수 없을 정도로 폭풍이 강해지면 선원들은 그 모든 행동을 중지하고 돛대를 붙잡고 몸을 고정시킬 것입니다. 배를 제어할 수 없을 정도의 강력한 폭풍 앞에서는 돛대를 의지해 그저 자기 자신의 목숨을 부지하는 일이 최선이기 때문입니다. 그처럼 핍박과 고난의 폭풍이 일어나기 시작하면, 사람들은 여러 가지 방도로 그 고난과 핍박을 면하여 보려고 애를 씁니다만, 모든 노력이 허사가 되는 극단의 상황에 이르게 되면 – 적신(赤身)과 칼과 기근과 죽음이 눈앞에 다가오면 – 눈에 보이지 않는 영원한 것들을 생각하고 믿음을 가지는 것 외에 자신의 몸을 숨길 견고한 피난처가 없다는 사실을 알게 될 것입니다.

"그러므로 우리가 낙심하지 아니하노니 우리의 겉사람은 낡아지나 우리의 속사람은 날로 새로워지도다 우리의 잠시 받는 환난의 경한 것이 지극히 크고 영원한 영광의 중한 것을 우리에게 이루게 함이니 우리가 주목하는 것은 보이는 것이 아니요 보이지 않는 것이니 보이는 것은 잠깐이요 보이지 않는 것은 영원함이라"(고후 4:16-18).

사도는 모든 환난을 저울 한쪽에 올려놓으면서 그 모든 환난을 '가볍고 잠시 있는 것에 불과하다'고 선언합니다. 그런 다음 영원한 영광을 다른 저울판에 올려놓으면서 영원한 영광이 '크고 무겁고 영원하다'고 선언합니다. 한편에는 잠시 당하는 슬픔이 있고, 다른 한편에는 영원한 영광이 있습니다. 한편에는 가벼운 아픔이 있지만 다른 한편에는 장중하고 영원한 안식이 있습니다. 사라져 갈 세상 것들에 대한 손실과 그리스도 안에서 이루실 하나님의 온전하신 성취를 비교하고 있는 것입니다.

"생각하건대 현재의 고난은 장차 우리에게 나타날 영광과 비교할 수 없도다"(롬 8:18).

현세에 받는 고난과 하늘의 영원한 영광은 본질상 비교될 수 없습니다.

장차 나타날 영광에 참예하기 위해 겪는 현재의 고난에 불만을 가지는 사람들도 있을 것입니다. 현재의 고난을 피할 수만 있다면 차라리 장차 나타날 영광의 일부를 과감히 포기해 버리는 쪽을 선택할지도 모릅니다. 참아 낼 수 있는 한계를 초과하는 크고 극심한 고난을 두려워하는 것은 인간이 가진 본성입니다. 죄는 하나도 없으시나 우리 인간의 본성을 그대로 취하신 우리 주 예수께서도 친히 당신에게 다가올 고난을 두려워하셨습니다. 물론 그러한 두려움마저도 가장 거룩하고 은혜로운 것으로 바꾸셨지만 말입니다. 자기의 용감함을 자랑하면서 고난 앞에 담대하지 못한 사람들을 비판하는 자들 중 대부분은 정작 자신이 실제로 그 고난과 싸울 때 너무나 쉽게 무너지곤 합니다. 베드로가 그러하였습니다. 베드로는 자신감에 충만한 나머지 자신만은 결코 주를 버리지 않을 것이라고 장담하였습니다. 주를 버리는 자에게는 화가 있을 것이라고 저주하는 것처럼 말입니다. 하지만 그만이 주를 부인하였습니다.

교회사 전체를 통하여 보면 그런 경우들이 얼마나 많았는지 모릅니다. 시련이 오기 전에는 큰 소리로 장담하던 자들이 비겁한 자로 전락해버리는 일들이 허다합니다. 물론 성경은 우리가 그러한 시련들을 피할 수 있는 합당한 방편들을 제시하고 있지만, 하나님의 영광을 위하여 그 모든 시련들을 그대로 감당하여야 하는 때가 있습니다. 모든 시련과 고통을 감당하면서 사람들 앞에서 그리스도를 고백하여야 할 때가 있는 것입니다. 하늘의 아버지 앞에서 그리스도께서 우리를 시인하실 것같이 말입니다.

바로 그러한 때를 예비하라는 것입니다. 그때에 '결연한 순교자들'이 될 준비를 해야 합니다. 당장 우리 앞에 그러한 고난이 없더라도 항상 그런 자세로 살아가야 하는 것입니다. 우리가 그때를 준비하는 오직 유일한 길은 눈에 보이지 않는 영원한 하늘에 있는 것들을 묵상하는 것뿐입니다. 영적으로 생각하는 사람, 다시 말해 위에 있는 것들을 생각하고 사모하는 자만이 장차 불어 닥칠 역경을 맞을 준비가 되어 있는 사람인 것입니다. 그런 사람이야말로 그리스도께서 하나님 우편에 계신 하늘의 영광을 볼 수 있는 믿음을 소유하고 있는 자입니다. 그 믿음이 매 순간 그를 지탱해 주고 새로운 힘을 얻게 할 것입니다.

정말 가련한 일입니다! 끊임없이 땅에 아첨하고 흙 속을 기어 다니는 이들이여! 극심한 고난이 그들에게 닥쳐올 때 하늘의 것들에 대하여 생각하는 일이 낯설었던 그들은 어찌해야한다는 말입니까! 하늘의 것을 생각하지 않고 살아오던 사람 속에 그 고난을 이기게 할 하늘의 은혜가 있기나 하겠습니까?

입다가 말하였습니다.

"이제 너희가 환난을 당하였다고 어찌하여 내게 왔느냐"(삿 11:7).

물론 하나님께서는 우리의 고난의 때에 우리의 영혼을 돕고 지원하실 수 있는 분이심을 저는 알고 있습니다. 그러나 우리가 하늘에 속한 것을 그런 식으로 이용하려 드는 것은 곤란한 일입니다. 하나님께서 은혜를 주시려고 오래 전부터 친히 지정해 주신 방편들을 게을리 해놓고서 그러한 때에 갑자기 하나님을 시험하는 것은 우리가 할 일이 아닌 것입니다.

우리에게 친히 본을 보이신 우리 주 예수님을 보십시오.

"믿음의 주요 온전하게 하시는 이인 예수를 바라보자 저는 그 앞에 있는 기쁨을 위하여 십자가를 참으사 부끄러움을 개의치 아니하시더니 하나님 우편에 앉으셨느니라"(히 12:2).

교회를 구원하시기 위해 그 영광스런 중보를 즐겁게 감당하신 구주를 보십시오. 주님께서는 모든 고난 속에서도 그 기쁨을 바라보시고 새 힘을 얻으시어 참아내셨습니다. "믿음의 주요 온전케 하시는" 그분이 보여주신 본보다 우리에게 있어서 더 확실한 가르침은 없습니다. 영원한 영광이 우리 앞에도 있습니다. 그것을 생각함으로 모든 고난 중에서 새 힘을 얻고, 말로 할 수 없는 기쁨으로 가득 차도록 하시는 것이 바로 하나님께서 의도하시는 바입니다.

불 시험과 큰 환난을 지나 마침내 하나님의 영광을 누리고 있는 하늘의 복된 영혼들을 보십시오. 그들은 이 땅에서 살면서 믿음으로 말미암아 영광을 소유했던 사람들이며 고난 중에도 찬양하고 즐거워했던 사람들입니다. 그들은 극심한 고통 가운데서 그 영광을 바라보았습니다. 스데반이 돌에 맞아 죽을 때 그는 "하늘이 열리고 인자가 하나님 우편에 서신 것"을 보았습니다(행 7:56). 그 영광의 광경을 보는 것이 거룩한 영혼을 일으켜 세워 죽음의 고통마저도 다 무시할 수 있도록 했던 것입니다.

"이기기를 다투는 자마다 모든 일에 절제하나니 그들은 썩을 승리자의 관을 얻고자 하되 우리는 썩지 아니할 것을 얻고자 하노라"(고전 9:25).

세상에 속한 허영에 찬 사람들도 세상의 썩을 면류관을 얻기 위해 바라고 참아냅니다. 하물며 썩지 아니하는 찬란한 영광의 면류관을 얻고자 하는 우리는 얼마나 더 소망하고 바라고 참아내야 하겠습니까! 우리 구주께서 그것들을 '미워하는 것'이라고 칭하신 것처럼 우리가 관계하고 누리고 있는 세상의 모든 것들을 미워하고 경멸해야 하는 것입니다(이것은 상대적인 미움을 의미하는 것입니다. 다시 말해 그리스도와 그 복음과 비교하여 세상의 것들을 아무것도 아닌 것으로 여기는 것을 말합니다.)

"무릇 내게 오는 자가 자기 부모와 처자와 형제와 자매와 더욱이 자기 목숨까지 미워하지 아니하면 능히 나의 제자가 되지 못하고"(눅 14:26).

어떤 사람은 이렇게 말 할지도 모릅니다. '그것은 불가능한 일이 아닌가?

누가 그렇게 할 수 있단 말인가?' 또 어떤 이들은 주의 제자들같이 '주여, 그러면 누가 구원을 받겠습니까?' 라고 말하고 싶을지도 모릅니다. 그러나 그렇게 말하는 것은 자신이 어떠한 차원에서도 그리스도의 제자가 될 수 없다는 것을 스스로 드러내는 일 밖에는 되지 않습니다. 이것이 오늘날 많은 신앙 고백자들의 믿음이 연약해 보이는 이유 입니다. "사람들이 배로 흙바닥을 기어 다니는 식"입니다. 그들의 생각하는 것은 온통 세상에 속한 일들뿐입니다.

저는 노골적인 약탈과 속임수와 압제로 자신을 배불리려 기를 쓰는 사람들에 대하여 말하고 있지 않습니다. 세상의 영광을 얻고자 수단과 방법을 가리지 않으며 세상의 일 외에는 아무런 관심이 없는 사람들이 아닌 이들에게 말하고 있습니다. 세상 속에서 매우 합법적이고 정직하고 흠 없는 방식을 통해 '세상의 풍부함' 를 성취하고자 애를 쓰는 사람들에 대하여 말하고 싶은 것입니다. 그러한 이들은 세상 것들을 얻기 위한 방편들을 절제 있게 사용하는 사람들입니다. 그들이 자신을 스스로 선하다고 여기는 이유가 여기에 있습니다. 그들로 하여금 '내가 죄 가운데 있다' 는 깨달음을 강하게 갖게 하는 일은 쉽지 않습니다. 그들은 세상에 속한 일들을 소홀히 하는 것은 자기들이 해야 할 마땅한 일을 게을리 하는 것이라고 생각합니다. 그런데도 정작 자기 영혼에는 아무런 유익이 되지 못합니다. 그들은 현세의 일들에 대하여 매우 큰 애착을 가집니다. 세상 일들을 아주 큰 가치로 여기고 부단한 관심을 가집니다. 그것이 영적으로 생각해야할 자기들의 영적 입장과 전혀 부합하지 못한 일임에도 불구하고 말입니다. 그들이 세워 놓은 마음속의 은밀한 '우상' 은 그들이 세상으로부터 소유하고 누리고 있는 것들 안에 있습니다. 그들이 삶 속에서 느끼는 소망과 기쁨과 두려움과 사랑은 모두 그것들을 중심으로 움직입니다. 오직 세상에 속한 것들만이 그들의 주된 관심거리입니다. 그들은 자기들이 하는 모든 일을 선한 것으로 여기며 그를 위해 노력하지 않는 것은 시간을 허송한 것이라고 생각합니다. 그들은 영적인 문제와 관련된 양심의 가책을 느끼지 않습니다. 그들이 누리고 있는 것들에 관하여 그토록 관심을 쏟는 일은 매우 합법적이라는 확신을 가지고 있기 때문입니다.

세상의 일들에 대해 우리의 '정서가 활동할 바른 범위'를 설정하는 것은 쉬운 일이 아닙니다. 정말로 큰 신령한 지혜가 요구되는 일입니다. 여기서 저는 사람들이 합법적이라고 생각하는 일들에 대한 하나의 원칙을 제시하겠습니다.
사람들이 지상의 일들에 열정을 쏟는 일과 그 사용하는 방편이 설사 정당한 것이라 해도, 그 일 때문에 신앙적인 여러 가지 의무들과 경건과 사랑을 위한 일이 뒷전에 놓인다면 그것은 분명 죄악적인 과도함으로 나아간 경우입니다. 그들에게 가난한 이들에게 베풀 너그러움이 있냐고 묻는다면 여러분은 혹 이렇게 이들을 변호하려 할지 모르겠습니다. '이들에게도 부양해야 할 가족이 있다. 그들에게 다른 이들에게 베풀 경제적인 여유가 있겠는가? 이들에게 그런 선한 의무는 무리이다.' 라고 말입니다. 시간에 관한 문제도 마찬가지입니다. 여러분은 '그들에게는 할 일이 너무 많아서 그런 것이 아닌가?' 라고 말하고 싶지 않으십니까? 그러나 어느 누가 어떠한 구실을 댄다고 할지라도 그들을 땅에 속한 일들로 마음이 가득 차 있는 사람이라고 말하지 않을 수 없습니다. 생각해 보십시오. 그런 구실과 변명이 이 나라의 모든 지역 구석구석을 생명력 없고 기운 없는 신앙고백자들로 가득 채우고 있지 않습니까. 자신의 상태가 좋은 것으로 착각하며 만족해하고 있는 사람들로 말입니다. 사실 그런 구실을 생각해내는 것 자체가 비성경적입니다.

누구의 마음이든지 특별한 애정과 열정을 기울여 관심을 가지는 것이 있기 마련입니다. 끊임없는 마음의 활동을 통해 자신이 원하는 것을 얻고 그것으로 만족과 평안을 얻고자 합니다. 사람이 가지는 열정과 관심은 칼끝과도 같아서 반드시 어디로든 방향을 정하게 되어 있습니다. 사도는 사람의 마음이 칼끝이 향할 수 있는 대상을 '위엣 것들'과 '땅엣 것들' 즉, 하늘에 속한 일들과 땅에 속한 일들로 분명히 나누어 말하고 있습니다. 우리가 아무리 아닌 척한다 해도 세상에 속한 것들을 더 우세하게 바라보는 사고방식의 세력 아래 살아가고 있다면, 우리는 하늘에 있는 것들을 우리 마음의 사모하는 대상으로 삼고 즐거워한다고 말할 수 없습니다. 이것이 수많은 사람들이 봉착하고 있는 커다란 위험입니다. 사람들의 영혼은 세상이 주는 마음의 힘에 압도당하고 있습니다. 저마다 아주 다양한 모습으로 그러한 위험에 휘말려 들어가 있는 것입니다.

그들 대부분은 자기들이 잘못된 방향으로 나아가고 있다는 것을 전혀 인식하지 못합니다. 자기들에게 큰 허물이 있다는 사실을 전혀 알아채지 못하고 있는 것입니다. 그들은 오히려 자기들이 하는 세상의 일들이 합법적이라는 구실을 대며 그 일을 존중히 여기는 일이 마땅하지 않느냐며 되묻습니다. 그들은 말합니다. "다른 이들이 자신의 육신의 정욕을 채우느라 분주하여 가족이나 친지를 돌아보지 않는 경우가 허다한 이때에, 가족과 친지를 돌아보며 즐거움을 가지는 일이 잘못된 일인가? 짐승과 같은 욕심을 채우느라 시간을 다 허비하고 압제와 속임수로 그 욕심을 더해 가고 있는 사람들에 비하면 우리가 해야 하는 일들에 성실하고 정직하고 착한 방식으로 관심을 기울이는 일은 지극히 선한 일이다. 해야 할 일과 돌보아야 할 자녀들에 무관심한 자는 불신자보다 더 악한 자가 아닌가?"

많은 사람들이 그런 식의 논리를 통해 세상을 향해 쏟아내는 자신들의 열심을 정당화시키고 있습니다. 그들에게 영적 도리를 종용하는 사람이 있다면 그들은 그와 다시는 가까이 지내려 하지 않을 것입니다. 진리를 말하고 있다는 것을 그들도 아는지라 차마 원수로 삼지는 않겠지요. 그러나 설령 그들이 그것이 진리라는 사실을 안다고 해도 그것이 세상의 이해관계에서 손해를 보게 하는 것이라는 판단이 서면 그들은 주저하지 않고 그 도리를 피하려 들것입니다. 그들은 그 도리가 또 다른 의무를 계속 수반할 것이라는 것을 잘 알고 있기 때문입니다. 그들은 신앙적인 회합에 참여하지 않을 것입니다. 설령 참여한다 해도 자기들이 감당해야 하는 의무를 아주 일관성 있게 거절할 것입니다. 그들은 혹시라도 사랑과 자비의 의무를 감당하는 일이 자기들에게 주어질까 두려워합니다. 저는 도대체 그들이 무슨 근거를 가지고 스스로 영적인 사람들이라 주장하는지 알 수가 없습니다. 그런 논리와 구실과 주장을 내세우는 것 자체가 그들의 마음이 세상을 향하고 있다는 명백한 증거가 되는데도 말입니다.

세상을 향해 온전히 마음을 쏟는 이들 가운데도 자기들 속에 악이 존재한다는 사실을 알고 있는 사람들이 있습니다. 이들은 자신의 마음이 세상에 속한 것들에 과도하게 집착하는 것을 원치 않습니다. 세상에서 누리는 모든 것이 허무하다는 것을 인정합니다. 자신이 그런 상태에 빠지는 것을 두려워하면서 악을 대항하여 부지런히 싸웁니다. 때로는 경건과 자애를 위하여 힘을 기르려고 애쓰는 모습을 보이기도 합니다. 자신의 마음의 구조를 완전히 바꿔보려고 안간힘을 씁니다. 특히 시련과 여러 가지의 환난을 통하여 하나님께서 그들의 마음을 깨우쳐 주실 때 그러합니다. 그러나 이들 대부분이 바른 방식으로 죄와 싸우고 있지 않습니다. 이들 역시 영적 질병으로 죽어가고 있는 자들입니다. 이들의 영적 질병은 영적으로 합당한 일들을 통하지 않고는 결코 치료될 수 없습니다. 이들이 죄에 대항하여 싸울 때 요구되는 의무들은 세상에 속한 것들을 향한 소원과 그 사모하는 정을 죽이는 일에 속한 일들입니다. 하늘에 속한 것에 마음을 집중하지 않고는 그들이 바라는 일은 성취될 수 없습니다. 그들이 기를 써서 세상을 사랑하는 마음을 제거했다고 합시다. 그럼에도 불구하고 그들의 마음이 하늘에 속한 것에 대한 사랑으로 사로잡혀 있지 않은 상태라면 그 일이 그들에게 아무런 유익을 주지 못합니다.

세상과 사람들에게 염증을 느끼고 지쳐 수도원 같은 은둔처로 도피하는 사람들이 있습니다. 그러나 그러한 행위 자체가 그들의 영혼에 유익을 주는 것은 아닙니다. 그들은 단지 세상과 조금 거리를 둔 것뿐입니다.

우리와 친밀한 존재들, 곧 우리의 가족과 집이나 나라나 모든 재산에 가지는 관심을 완전히 파괴하라고 강요하는 매몰찬 상전쯤으로 하나님을 생각하지 말아야 합니다. 다만 하나님의 부르심에 완전히 순응하는 우리가 가져야 할 마음의 바른 방식을 말하는 것 뿐입니다.

"딸이여 듣고 보고 귀를 기울일지어다 네 백성과 아버지의 집을 잊어버릴지어다" (시 45:10).

하나님을 온전하게 따르려면 하나님께서 어디로 부르시든지 자기 고향과 자기 아버지 집을 떠난 아브라함의 믿음을 가지고 나오라는 것입니다. 11절을 보십시오.

"그리하면 왕이 네 아름다움을 사모하실지라 그는 네 주인이시니 너는 그를 경배할지어다"(시 45:11).

그 큰 임금이 주시는 사랑은 이 세상에 속한 모든 것을 떠난데 대한 풍성하고 만족할만한 보상입니다.

이삭의 아내가 될 리브가를 위하여 아브라함의 보냄을 받은 종은 리브가에게 그녀의 아비와 어미와 형제들과 다른 모든 것들을 뒤에 두고 떠날 것을 요구하였습니다. 그리고 그 자리에서 "은금 패물과 의복을 꺼내어 리브가에게 주고 그 오라버니와 어머니에게도 보물을"(창 24:53) 주었습니다. 주님과 그 복음을 위하여 모든 것과 결별할 것을 요구하시는 하나님께서는 우리에게 백배의 보상을 약속하셨습니다. 그 약속하신 보상은 곧 영적이고 하늘에 속한 것들에 참예할 수 있는 권한입니다.

교회 안에서나 가정에서 영적인 의무들을 감당하고, 영적인 것들에 대한 강화를 맡고 있고, 세상에 만연하는 무절제를 피하여 자신들을 단속하는 자들임에도 불구하고 세상에 속한 것들에 대한 애착과 집착을 버리지 못하여 시험 받고 있는 이들이 있습니다. 그들을 바라보는 일은 너무나 안타깝습니다. 그들의 노력이 어떠하였던 간에 그들도 여전히 합당한 방식으로 영적인 생각을 하지 못하는 사람들입니다. 우리 주님께서 자기의 양심과 종교적인 행습을 지키며 살아온 젊은이를 시험하시기 위하여 "네가 가진 것을 팔아 가난한 자들에게 주고 나를 따르라"고 말씀하셨습니다. 그 말씀이 젊은이에게 큰 근심거리가 되었습니다. 자기가 세상에서 누리던 것을 포기하고 싶지가 않았기 때문입니다. 안타까운 일이 아닐 수 없습니다. 사람들은 자기들이 누리고 있는 것들 중에서 백의 하나라도 버리고 싶어 하지 않습니다. 자기들이 해야 할 마땅한 의무를 포기하면서까지 말입니다.

저는 모든 이들에게 사도와 같이 이렇게 말씀드릴 수 있기를 원합니다. "사랑하는 자들아 우리가 이같이 말하나 너희에게는 이보다 더 좋은 것 곧 구원에 속한 것이 있음을 확신하노라"(히 6:9). "형제들아 하나님께서 마게도냐 교회들에게 주신 은혜를 우리가 너희에게 알리노니 환난의 많은 시련 가운데서 그들의 넘치는 기쁨과 극심한 가난이 그들의 풍성한 연보를 넘치도록 하게 하였느니라 내가 증언하노니 그들이 힘대로 할 뿐 아니라 힘에 지나도록 자원하여"(고후 8:1-3).

우리 가운데서 행해진 것 중 자랑할 만한 일은 없습니다만 어느 시대 어떤 지역을 막론하고 지금처럼 복음적인 참된 사랑을 그렇게 많이 보여준 실례는 아마도 없었을 것이라는 생각을 해 봅니다. 그 여러 해 동안 유익하게 쓰임을 받고 많은 이들에게 도움을 주었던 사람들이 주님의 긍휼의 그 풍성함을 따라서 행한 선과 절제를 주께서 기억하시옵소서! 그들이 한 일은 대학을 세우고 병원을 세우는 일이 아니었습니다. 그들은 대부분 극한 가난의 환경 속에서 살아가던 사람들입니다만 그리스도의 궁핍한 종들이 그들의 도움으로 살아갈 수 있었고, 그 힘으로 더욱 하나님을 찬미하게 되었습니다.

"말할 수 없는 그의 은사로 말미암아 하나님께 감사하노라"(고후 9:15).

당신의 복음을 그 영광과 함께 빛내시고 복음의 능력과 효력을 보여주시어 복음을 향한 우리의 신앙을 붙들어 주시는 하나님을 찬미하리로다! 그렇습니다. 하나님께서는 핍박과 여러 환난 속에서 영광을 드높이십니다. 그들은 풍성하고 많은 재물을 가지고 있을 때보다 오히려 환난과 핍박으로 인해 그들이 가졌던 재물을 잃고 나서 더 넘치는 사랑을 베풀었습니다.

"먹는 자에게서 먹는 것이 나오고…"(삿 14:14).

세상이 만약 궁핍과 가난 속에 맺히는 복음의 영광의 열매를 알기만 한다면, 자기들이 세상적으로 성공하는 것만을 최고의 만족으로 여기지는 않을 것입니다.

가난한 사람들은 내면적인 은혜를 통해서 뿐 아니라 자기들에게 당면한 외적인 처지로 인해 위에 있는 것들을 더욱 상기하고 생각합니다. 그들은 하늘 위에 있는 것들을 바라봄으로 자신들이 처해있는 궁핍의 고통 속에서 위로를 얻는 것입니다. 그러나 땅에 속한 것들을 충만하게 누리는 사람들은 그 마땅한 도리를 정면으로 가로막는 두 가지의 악을 경계하지 않으면 안 됩니다.

그 중 가장 경계해야 할 것은 '욕심' 입니다. 사람이 땅에서 누리는 것이 많아지면 세상적인 욕심은 더욱 늘어나게 되어 있습니다. 재물이 증가하는 만큼 그것들에 대한 애착도 함께 자라나는 것입니다. 잔잔한 물줄기는 보통의 방축으로 간수할 수 있지만, 홍수가 일어나 물이 한정 없이 밀려들어오면 방축은 더 이상 물을 간수하지 못하고 무너져 내릴 것입니다.

이처럼 사람들은 지혜와 근신함과 안전함의 한계를 넘어서는 거대한 풍족함을 누리려고 합니다. 일용할 양식을 위하여 일하는 사람들은 자기가 소유한 것을 더 늘리려는 강렬한 소원을 가지기 힘듭니다. 그러나 이미 많이 가진 자들은 더 많이 가지려고 합니다. 그래야만 그들의 직성이 풀릴 것입니다. 그렇게 직성이 풀리고 나면 얼마 지나지 않아 그들은 또 다른 것을 향하여 두리번거립니다. 이들이 훌륭한 그리스도인들로 추앙을 받고, 선한 그리스도인같이 여김 받는 것은 정말이지 이해할 수 없는 일입니다. 그들은 자기들이 가진 재물이 가난한 자들과 자기들을 서로 다른 종류의 사람으로 구분지어 주는 잣대로 여기기도 합니다. 그것은 영적인 생각과는 완전히 상반되는 것입니다. 그런 식의 사고방식이 장악하고 있는 마음은 영적으로 생각하는 일을 할 수 없습니다. 그 두 가지 생각은 절대로 공존할 수가 없기 때문입니다. 그들의 생각이 눈에 보이지 않는 영원한 영광을 바르게 이해하는 일을 위하여 집중되어 있지 않는 한, 그들은 결코 그 악한 마음의 세력에서 벗어날 수 없을 것입니다.

우리가 무슨 일을 하든지, 우리가 어떤 존재이든지 간에, 우리가 위에 있는 것들을 부단히 묵상하지 않으면 우리의 생각이 영적으로 돌아가는 일은 일어나지 않습니다. 그렇다면 우리의 기독교는 헛된 것입니다.

chapter.6

'영의 생각'의 대상(2)

우리는 앞에서 영적인 생각들의 바른 대상들이 무엇인가를 다루어 보았습니다. 하늘에 속한 것들, 눈에 보이지 않는 장래 일들을 살펴보았습니다. 그리고 아울러 그리스도와 하나님 안에 있는 하늘에 속한 것들의 샘 근원이 무엇인지 살펴보았습니다. 이제 그 일을 실제로 해 나가는 것에 대하여 말씀드리고자 합니다. 영적으로 생각하는 일은 여전히 익숙하지 않은 일입니다. 때문에 그런 일을 실제로 해 나가는 길에는 여러 가지 큰 난제들이 존재합니다. 우리가 위에 있는 것들과 장래 영광에 대해서 바른 개념을 보다 확실히 가지지 않는다면 그 일을 하는 길에서 큰 어려움을 만나게 될 것입니다.

우리의 마음은 '위에 있는 것들과 장래 누릴 영광에 대한 바른 개념과 바른 이해'로 채워져 있어야 합니다. 그러나 "우리의 돌아보는 것은 보이지 않는 것"입니다(고후 4:18). 믿음이 없이는 볼 수 없습니다. 우리가 바라보아야 할 장래의 영광의 찬란함은 "우리가 믿음으로 행하고 보는 것으로 행하지 아니하는" 것이기 때문입니다. 눈에 보이지 않는 것들을 믿음으로 바르게 이해하지 못하는 한 우리는 아무 유익도 얻을 수 없습니다. 믿음은 자기에게 제시되는 일들 속에서 그 실상을 나타냅니다. 인류의 대부분이 바로 이 문제에 대해서 심각한 오류를 범하고 있습니다. 그들은 장래의 상태를 공상으로 그려냅니다. 그들이 그려낸 장래의 일이란 것은 그저 자신들의 상상 속에서만 맴도는 것일 뿐, 어디에도 그에 대한 근거는 찾아볼 수 없습니다. 사도는 우리에게 '위엣 것'을 찾고 생각하라고 촉구하면서 우리가 하늘에 대한 바른 개념을 가질 수 있도록 구체적으로 부연하고 있습니다.

"거기는 그리스도께서 하나님 우편에 앉아 계시느니라"(골 3:1,2).

사도는 우리가 하늘에 속한 것들을 분명히 이해하길 바랐을 것입니다. 그 중에서도 우리로 하여금 가장 알게 하고 싶었던 것은 바로 영광 중에 높아지신 그리스도였을 것입니다.

장차 우리가 행복한 상태에 이를 것에 대해 어느 정도의 관심이나 이해력을 가지고 있는 사람이라면, 그것은 바로 모든 악한 것으로부터 우리가 자유롭게 되는 상태라는 데에 동조할 것입니다. 그렇다면 우리가 벗어나야 할 악한 것이란 무엇입니까? 이 점에서 많은 사람들이 의견을 달리합니다. 대부분의 사람들은 인간을 고통스럽게 하는 짐스러운 것들만을 악한 것으로 여깁니다. 다시 말해 형벌의 모습을 띠는 것 같은 고통과 질병과 슬픔과 상실과 궁핍 같은 요소들을 악한 것으로 여기는 것입니다. 그 중에서도 특히 죽음 그 자체가 악하다고 말합니다. 따라서 장래 영광의 상태에 이른다는 것은 세상에서 당할 수 있는 그런 모든 고통으로부터 자유함을 얻는 복된 상태를 누리는 것이라고 말합니다. 장래의 복락의 상태를 현세에서 겪을 수 있는 여러 가지의 고통들과 대치시키는 것입니다. 어떤 이는 세상적 쾌락에 비추어 그 복락의 상태를 말하기도 합니다. 오직 하늘에 가는 것만이 불경스럽고 방탕한 삶이 주는 고통에서 안식을 얻을 수 있는 길이라고 말하는 것입니다. 장래의 복락이 그런 사람들을 위하여 마련된 안식처가 아닌데도 말입니다.

하늘에 가서야 비로소 그러한 것들로부터 구원을 받는다는 막연한 기대를 가지고 있습니다. 믿지 않은 자들마저도 그러한 것들을 악한 것으로 여기고 있습니다. 물론 모든 외적인 고통, 즉 죽음 자체와 죽음으로 이끄는 모든 것으로부터 자신이 구원 받는 문제에 대하여 묵상하는 일은 우리로서 합당하고 바른 일입니다. 분명 하늘은 고통당하는 자들에게 '안식처'로 약속된 곳이기 때문입니다(살후 1:7). 모든 고난과 환난과 핍박 가운데서 그러한 모든 것들로부터 구원을 받게 될 그 영광스런 상태를 묵상하는 것은 우리에게 있어 마땅한 바입니다.

"하나님께서 그들의 눈에서 모든 눈물을 씻어 주실 것임이러라"(계 7:17).

모든 슬픔의 원인을 우리에게서 가져가실 것이라는 기대는 하늘에 대하여 가질 수 있는 복된 개념입니다. 만약 우리가 이러한 기대로 마음에 위안을 삼고 힘을 얻는 일에 익숙해진다면 그것은 우리에게 큰 유익이 될 것입니다. 두려움과 슬픔과 위험이 엄습해 왔을 때마다 우리가 그 영광스런 상태에 대하여 보다 더 많이 자주 생각하였더라면 얼마나 좋았겠습니까. 우리가 아주 조금만 생각하였더라도 우리는 큰 유익을 얻을 수 있었을 것입니다. 불만이 가득 찬 상태로 불확실한 기대를 가지며 어떠한 열매도 없는 일에 힘을 쓰는 일보다는 분명히 훨씬 나은 일일 테니 말입니다.

그러나 진정으로 영적인 생각을 하는 이들에게는 사람들이 저마다 이야기하고 있는 것들보다 더 악한 것이 있습니다. 그것은 바로 죄입니다. 하늘은 우리가 죄에서 완전하게 벗어날 수 있는 상태입니다. 죄와, 죄가 가져오는 모든 결과들에서 비로소 완전히 벗어날 수 있는 상태인 것입니다. 죄를 가장 무겁고 고통스러운 짐이며 가장 슬픈 것으로 여기지 않는 사람이 있다면 그는 참 신자라고 할 수 없습니다. 자신의 죄를 가장 큰 짐으로 여기지 않는 사람들이 신실한 신자가 될 수 있다는 것은 이해할 수 없는 일입니다. 때때로 친애하는 친지를 잃는 슬픔처럼 육신적인 정에 작용하는 강한 고통이 우리의 죄보다 더 깊은 인상을 남길 때가 있습니다. 몇 시간 후에 없어져 버릴 치통이 자신의 이단적인 열심이 주는 죄의 고통보다 더 크게 느껴질 때가 있는 것입니다. 사실 그의 영원한 생명을 앗아가는 것은 그 이단적 열심인데도 말입니다.

여러분은 하늘에 대한 바른 개념을 견고하게 가져야만 합니다. 하늘에 대하여 바른 개념을 가진다는 것은, '우리의 죄와 관련된 모든 것으로부터 우리가 영원하고 완전하게 자유로운 상태가 하늘의 영광스러운 복락'이라고 이해하는 것을 말합니다. 하늘은 그리스도를 통해 죄용서받은 자들이 하나님의 영광을 드높이는 곳입니다. 죄에서 자유롭게 되는 것을 최고의 소원으로 삼는 사람 즉, 죄로 인한 낙심 속에서 자신을 비하하며 죄가 더 이상 자기 속에서 작용하지 않기를 바라는 소망을 간절히 가지는 사람은 장차 누릴 영원한 하늘의 복된 상태를 바라보고 기대하는 일로 힘을 얻을 수 있습니다. 그럴 때에 하늘에 대한 바른 개념이 우리의 마음과 생각에 얼마든지 쉽게 정착될 수 있습니다. 그러한 개념을 가지고 하늘을 자주 생각하고 묵상한다면 그것을 이해할 수 있는 영적인 사고력은 성장할 것입니다. 그리되면 여러분은 죄가 얼마나 무거운 짐인지를 더욱 깨닫게 될 것이며, 그 죄가 가져오는 모든 결과에서 벗어나게 되기를 갈망하게 될 것입니다. 그 상태를 생각하고 기대하는 것 자체만으로도 여러분은 큰 위로와 힘을 얻게 될 것입니다.

만약 자신의 죄 때문에 근심하고 불안해하는 사람이 자신의 죄에서 벗어나기를 원하면서 그 하늘의 상태를 생각하는데도 불구하고 그것이 마음의 위로와 힘이 되지 않는다면, 죄에 대해 염려한다는 그의 말을 의심할 수밖에 없습니다. 자신의 죄를 생각하며 고민하고 씨름한다 해도 죄로부터 진정 자유로 워질 하늘의 상태를 사모하지 않고 이 세상에서 언젠가 나아질 것이라는 헛된 희망을 위안으로 삼는 이를 어찌 영적인 사람으로 생각할 수 있겠습니까. 진지한 신자들은 이와는 아주 다른 모습을 보입니다. 그들은 복음의 약속을 통해 얻게 된 하나님의 은혜와 사랑, 그리스도의 피, 자기들 속에 거하시는 성령의 거룩하심과 정결하심을 생각할 때마다 자신에게 남은 죄가 자신을 무겁게 짓누르는 것을 느낍니다. 그것이 그들의 마음을 부수고 마음에 고통을 주어 종일 신음하도록 만듭니다. 아주 작은 것이라 해도 하나님께서 미워하시는 것이 여전히 자기들 속에 남아 있음을 알고 있기 때문입니다. 그들은 장차 누릴 영원히 복된 상태를 사모하고 그것이 주는 위로와 힘으로 이 세상에 사는 동안 죄를 죽이되 그 뿌리와 가지까지 철저히 제거되길 소원합니다. 이들이 바로 영적인 사고방식을 가진 사람들입니다. 그러한 마음은 은혜와 신실함을 미세하게나마 가지고 있는 사람이라면 분명히 느낄 수 있는 문제입니다. 죄에 대한 심각하고 바른 의식을 가지고 있는 사람이라면 알 수 있는 것입니다. 그를 통해 주어지는 위로와 힘을 받지 않으려고 일부러 눈을 감아버리지만 않는다면 말입니다. 확신에 넘치는 견실한 마음으로 눈에 보이지 않는 것들을 생각하십시오. 여러분의 영혼은 결코 적지 않은 영적 유익과 위안을 얻게 될 것입니다.

장차 벗어나게 될 악함의 본질이 무엇인지에 대한 의견이 다양한 것처럼 영광스런 장래 상태가 구체적으로 어떤 것인지에 대해서도 다양한 이해들이 존재합니다. 그러한 이해들 중 우리가 어떤 것을 포용하고 어떤 것을 배제해야 할지 생각해 보겠습니다.

사람들은 영광과 복락의 장래 상태에 대하여 생각하는데 있어서도 믿음이나 이성으로 충분히 이해될 만한 '합리적인 개념'들을 전혀 생각해 내지 못합니다. 위대하고 영광스런 어떤 것들에 대해 그저 막연한 상상을 할 뿐, 구체적으로 그것이 어떠한 것인지 알지 못하는 것입니다. 그러니 하늘을 생각하면서도 아무런 기쁨이나 유익도 얻지 못하는 것은 지극히 당연한 일입니다. 잠시나마 떠오르는 불확실한 상상 뒤에 남는 것이라고는 하나도 없는 것입니다. 그들도 어렴풋이는 하늘 영광이 가지는 바람직함을 알고 있습니다. 그러나 그것이 자기들이 처한 상태에 어떻게 적용되고 들어맞는지는 알지 못하는 것입니다. 하늘의 진정한 영광이나 하나님을 영원히 누리는 것이 그런 상태의 그들에게 어떠한 유익도 끼치지 못하는 것입니다.

그들이 육신적인 방식으로 만들어낸 상상은 하늘의 실상과 전혀 일치하지 않기 때문에 그들은 그러한 것들을 부단하게 생각하며 소원하는 일을 할 수 없습니다. 자기들을 기쁘게 하기 위하여 존재하는 것으로부터 어떠한 즐거움도 얻지 못하는 것입니다. 그들에게는 하늘에 관하여 생각하려는 진지하고 선한 열심을 가지고 있지 않습니다. 자신들이 가지고 있는 장래와 영원한 영광의 상태의 본질에 대한 무지함 때문에 그러한 것들을 즐거워하고 묵상하는 참된 신자들을 냉소적으로 보지 않는다면 그나마 다행일 것입니다. 그들의 마음은 흔들림 없는 확고한 무언가를 가지고 있지 않습니다. 생각은 있지만 그 생각들을 힘 있게 견인해 줄 무언가가 없는 것입니다. 그들도 장엄한 예배를 드립니다. 그러나 장래의 영광에 대한 바른 개념은 가지고 있지 않습니다.

이 땅에 살고 있는 사람 중 영원한 영광의 무한한 부요를 뚜렷하게 보고 이를 발견해 낼 수 있는 사람은 없습니다. 하지만 그럼에도 불구하고 그 영광의 본질과 친숙해지고 알려고 애를 쓰는 일은 우리 모두에게 주어진 의무입니다. 사모하는 마음으로 그 영광을 간절히 찾아 나서야 하는 것입니다.

인류의 대부분, 곧 모하멧 교도들과 같은 사람들이 자신들의 육감적인 정욕과 즐거움을 온전하게 만족시키는 복락으로 가득 찬 장래를 상상하는 모습을 보십시오. 그들이 고백한다는 종교 자체에 죄와 육체의 소욕에서 완전히 돌아서게 하는 효력이 없다는 것을 그들 스스로 말하고 있는 것이 아닙니까. 그들이 믿는 종교를 통해서는 영적인 것들 속에 있는 아름다움을 결코 분변해 낼 수 없습니다. 사람들을 변화시켜 영적인 것들을 사랑하게 할 수 있게 하는 효력을 전혀 가지고 있지 못하는 것입니다. 인간 본성의 체질에 맞는 행복을 상상하며 막연한 기대를 가지게 할 뿐, 어느 한 영혼에게도 진정한 자유를 주지 못합니다. 그렇다면 그들이 믿는 신이란 결국 사람들의 눈을 멀게 하여 그들이 당할 영원한 멸망을 보지 못하도록 궤술을 부리는 이상하기 짝이 없는 신이 아니고 무엇이겠습니까?

어떤 옛 철학자는 내세에서 사람들이 누리는 복락이란 신의 성품의 선함과 아름다움 속에서 혼(魂)이 온전하게 만족한 것으로 구성된다고 말하였습니다. 이것은 일리가 있는 개념입니다. 깊이 생각할 수 있는 사람이라면 그것이 어떤 의미를 가지는지 이해하고 동조하며 그 개념을 칭찬할 것입니다. 이전이나 지금이나 학식 있는 많은 비그리스도인들 중에 자신이 가진 수준 높은 이성을 통해 신(神)의 선함과 온후함과 완전함과 충족함과 무한함에 대한 것을 생각해 낼 수 있었습니다. 그들이 가진 높은 이성의 빛은 그들로 하여금 사람들의 영혼이 하나님의 면전에서 직접 누릴 만한 가능성이 있는지에 대한 관념까지도 가지게 한 것입니다. 그러한 이들은 또 영혼에 진정한 만족을 줄 수 있는 것이 무엇인지에 대해서도 생각했습니다. 그러한 복락을 "행복에 겨운 비전"으로 묘사한 이들도 있었습니다. 그들은 자신의 이성을 동원해 하나님께서 전달하시고자 하는 모든 방식들을 표현하고 사람들에게 알리고자 했던 것입니다. 그들은 사람들로 하여금 하나님께서 전달해 주시는 것들을 모두 이해할 수 있는 높은 지적인 수용력을 가지길 바랐을 것입니다. 자신들의 영혼이 가지고 있는 모든 지적인 능력을 발휘하여 신의 완전성과 말로 다 할 수 없는 사랑을 입증하고자 했던 것입니다. 경건하고 우아한 수많은 예증들을 통해서 말입니다.

그러나 하늘에 대해 높은 지성으로 가지는 그들의 이해는 일반적인 그리스도인들이 감당할 수준을 넘어서는 것입니다. 대부분의 그리스도인들은 하늘에 관한 여러 개념을 스스로 생각해 내거나, 그 개념들을 완전히 이해하고 정리하여 생각 가운데 정착시킬 수 있는 높은 수준의 지적 능력을 갖고 있지 않습니다. 자신에게 주어진 개념을 영혼에 어떻게 적용시키고 진행시켜야 할지를 스스로 생각해 내지는 못하는 것입니다. 따라서 높은 이성을 통해 스스로 하늘의 개념을 이해하거나 깨닫는 일은 그리스도인들 누구나가 보편적으로 쓸 방편이 되기 어려운 것입니다. 그러나 하나님께서는 모든 그리스도인들에게 성경을 주셨습니다. 성경은 하늘과 그 영광에 대한 정확한 개념을 그리스도인들 모두에게 제시해 주고 있습니다. 성경은 우리 신자들의 믿음과 체험에 반하거나 일치되지 않는 개념이 아닌, 누구나 이해할 수 있는 합당한 개념을 제시합니다. 성경만이 하늘에 대한 합당하고 바른 개념을 우리에게 정확하게 심어주는 것입니다.

성경이 하늘에 대하여 제시하는 개념은 믿음을 가진 신자라면 누구나 알 수 있는 것입니다. 오직 믿음을 통해 그 은혜의 영광을 알게 되는 것입니다.

"이는 우리가 믿음으로 행하고 보는 것으로 하지 아니함이라"(고후 5:7).

이것은 현재 우리가 처한 상태와 장래 우리가 처하게 될 상태의 차이를 믿음의 시각으로 보는 능력을 말하는 것입니다.

"사랑하는 자들아 우리가 지금은 하나님의 자녀라 장래에 어떻게 될지는 아직 나타나지 아니하였으나 그가 나타나시면 우리가 그와 같을 줄을 아는 것은 그의 참모습 그대로 볼 것이기 때문이니"(요일 3:2).

우리가 믿음의 시각을 가진다면 그 보는 것의 대상이 우리가 현재 믿음의 대상으로 삼는 것과 동일하다는 것을 알게 될 것입니다. 그래서 사도는 우리에게 다음과 같이 말하고 있는 것입니다.

"우리는 부분적으로 알고 부분적으로 예언하니 온전한 것이 올 때에는 부분적으로 하던 것이 폐하리라"(고전 13:9,10).

"우리가 지금은 거울로 보는 것 같이 희미하나 그때에는 얼굴과 얼굴을 대하여 볼 것이요 지금은 내가 부분적으로 아나 그때에는 주께서 나를 아신 것 같이 내가 온전히 알리라"(고전 13:12).

우리가 지금 거울로 보는 것 같이 희미하게 보는 것을 분명하게 보게 될 것이라는 말입니다. (오늘날 거울은 실제로 보는 것과 같은 형상으로 사물을 비추어 내는데 반해 당시 사도가 그 말씀을 기록할 당시의 거울은 표면이 매끄럽지 못하여 희미하게 비추어 내는 정도였다는 사실을 감안해야함 역자 주) 희미했던 우리의 이해는 온전해 질 것입니다. 부분적으로만 보였던 모든 것은 완전하게 보일 것입니다.

우리가 지금은 그저 희미하게 볼 수 있을 뿐입니다. 이것이 현재 우리가 믿음으로 다다를 수 있는 최대의 상태일지도 모릅니다. 그러나 우리가 지금 믿음으로 희미하게 바라보던 것은 장차 하늘에서 완전히 밝히 드러나 보일 것입니다.

믿음으로 하늘에 속한 것들의 생명과 능력의 달콤함을 조금이라도 체험한 사람이라면 그것을 누리는 영광이 어떠한지를 생각할 수 있을 것입니다. 하늘에 대하여 많이 생각하십시오. 그러면 여러분은 그리스도 안에 있는 하나님의 지혜와 사랑과 은혜에 대한 온전한 전망과 이해를 가지게 될 것입니다. 그리스도 안에 모든 탁월하심이 있습니다. 이 땅에서 우리가 삼아야 할 믿음의 대상이 바로 그것입니다. 하늘로부터 주어지는 그 사랑의 인도하심을 받아 말로 다할 수 없는 즐거움으로 그리스도 안에 있는 모든 탁월하심에 애착을 가지는 것입니다. 그리스도는 우리의 직접적인 영광의 대상이십니다. 우리가 다른 어떤 것을 바랄 수 있겠습니까? 그러나 이러한 일은 눈에 보이지 않는 것들을 볼 수 있게 하는 도구를 가지고 있지 않은 사람들에게는 불가능한 일입니다. 그들은 다만 육신적인 상상을 가질 뿐, 이러한 것들을 받아들이게 하는 합당한 빛의 원리와 마음과 영혼의 성향을 전혀 가지고 있지 않습니다. 이들은 하나님의 신적인 탁월하심에 대하여 이성이 생각해 낼 수 있는 한계 이상으로는 생각하지 못합니다. 영적으로 사고할 수 있는 능력이 없기 때문에 이성이 이해하는 수준 이상으로 더 이상 나아가지 못하는 것입니다. 그들은 자신들이 가지고 있는 영적으로 낮은 이성이 인도하는 범위를 벗어나지 못합니다.

우리가 바라보는 하늘은 복음의 특별한 빛의 인도하심으로 알게 하신 하늘입니다. 세상 사람들이 떠들어대는 그런 상상의 하늘이 아닌 것입니다. 그들이 가지고 있는 부패한 성향과 소욕을 두루 만족시키는 하늘이라면 그 하늘이 무슨 가치가 있겠습니까? 지상에서 은혜를 사모하지 않던 이들이 장래에 나타날 영광을 사모할리도 만무합니다. 자기들의 성향에 맞지도 않고 이해할 수도 없는 하늘을 기대할리 없기 때문입니다.

믿음은 복음이 우리를 하늘의 영광으로 인도하는 것을 영혼으로 사모하게 합니다. 그 영광은 그리스도를 통하여 나타난 하나님의 사랑과 지혜와 선하심이 완전하게 드러나는 그런 영광일 것입니다. 그것이 곧 우리 영혼의 온전한 안식과 만족이 되는 것입니다. 하나님의 뜻은 영광 가운데서 드러날 것이며, 그 영광의 모든 효력은 우리에게 전달될 것입니다. 그 영광이 무엇인지 알지 못하는 자들은 모하멧 사람들이 상상해낸 낙원과 철학자들의 사변이 그려낸 영광으로 위안을 삼을지도 모릅니다. 그들은 '복음이 말하는 하늘' 에는 관심이 없는 자들입니다. 그러나 우리는 믿음으로 하늘을 바라봅니다. 지금은 비록 거울로 보는 것같이 희미하게 보일지는 모르지만 말입니다. 하늘의 영광을 볼 수 있는 우리의 영혼은 날이 갈수록 하나님의 형상으로 변화되어 갈 것입니다. 하늘의 영광을 바라보는 우리의 심령이 그분을 본받으려는 마음으로 가득 차게 될 것이기 때문입니다.

성령을 통하여 우리에게 주어진 하늘의 실상과 선함에 대한 의식과 체험은 우리에게 큰 영적 위안과 기쁨이 될 것입니다. 우리가 가지는 그 위안과 기쁨은 하늘 영광으로 인해 처음 익은 열매와도 같은 것입니다. 그것은 우리로 하여금 빛 가운데 있는 성도의 기업에 합당한 사람이 되게 할 것입니다. 그리스도 안에 있는 영광으로 하나님께서 당신 자신의 성품을 우리에게 전달하시는 역사가 없다면, 그것을 알거나 누릴 수 있는 사람은 없습니다. 하나님의 은혜의 역사 없이는 싱경에 계시히고 믿음이 인도하는 하늘에 대하여 누구라도 외인들일 수밖에 없는 것입니다. 그 영광을 보지 못하고, 하늘의 어떠한 복락도 의식하지 못하는 사람은 성경이 계시하고 믿음이 인도하는 하늘에 대하여 외인일 것입니다.

그렇다면 여러분은 이제 이렇게 묻고 싶을지 모르겠습니다.

"우리가 누리게 될 영광은 정확히 무엇인가?"

여러분은 먼저 하늘 영광의 본질 속에는 우리가 이 세상에서 가지고 있던 은혜가 포함된다는 사실을 알아야 합니다. 지상에서 여러분이 누리던 모든 은혜가 하늘의 영광 가운데서 그 방식이 변화될지는 모르겠습니다만 그 은혜의 진수와 본질은 변하거나 사라지지 않을 것입니다. 성도가 영원한 안식으로 들어가게 될 때에 지상에서 가지고 있던 그들의 믿음과 은혜는 여전히 그들과 함께 할 것입니다. 지상에서 가지고 있던 믿음과 은혜는 영원한 안식 가운데 여전히 그들과 함께 할 것입니다. 이 땅에서 그들이 가지고 있던 작고 미약한 믿음과 은혜는 하늘에서 완전해질 것입니다. 그것이 하늘 영광이 가진 탁월함 중 가장 주도적인 요점인 것입니다. 그들이 이 세상에서 살면서 보이지 않는 것을 보게 했던 믿음의 방식은 더 이상 필요 없게 될 것입니다. 왜냐하면 이 세상에서 믿음으로 말미암아 희미하게 보았던 모든 것의 실체를 똑똑히 보게 될 것이기 때문입니다. 우리 구주께서 소경을 고치셨을 때 소경은 나무 같은 것들이 걸어 다니는 것처럼 보인다고 말했습니다(24절). 그러나 그는 곧 만물을 밝히 볼 수 있게 되었습니다(25절). 그것은 주님께서 두 차례에 걸쳐 각기 다른 성질의 시력을 주셨기 때문이 아닙니다. 그의 눈이 열린 직후 가졌던 시력의 희미함이 곧바로 완전하게 제거되었기 때문인 것입니다. 우리도 그러할 것입니다. 이 땅에서 희미하게 보았던 모든 것을 또렷하게 보게 될 것입니다. 그것은 우리가 전혀 다른 성질의 은혜를 받을 것이기 때문은 아닐 것입니다. 그것은 밝히 보게 된 소경처럼 우리가 믿음의 빛으로 보던 희미함이 완전히 제거된 결과일 것입니다. 모든 것을 누리기 위해 우리에게 필요한 모든 완전함이 그 영광 가운데서 우리에게 주어지는 것입니다.

'사랑'도 그러할 것입니다. 우리가 이 세상에서 가진 사랑의 본질 역시 완전해질 것입니다. 우리에게 있어 이 사실만큼이나 그리스도 안에서 하나님을 사랑하는 일에 힘을 북돋아주는 일은 없을 것입니다. '소망' 또한 완전해질 것입니다. 우리의 소망은 하늘의 영광 가운데서 비로소 완성될 것입니다. 그 영광의 복락엔 우리 '성품의 완전함'도 포함될 것입니다. 우리 영혼의 모든 기능들과 능력들과 모든 심정이 불완전한 상태에서 우리는 결코 복될 수 없습니다. 만일 하늘의 영광 가운데서 있으면서도 우리가 여전히 무질서하고 연약하다면, 우리가 어떻게 진정한 행복을 느낄 수 있겠습니까. 그러나 염려하지 마십시오. 우리의 성품은 하늘의 복락 가운데서 완전해 질 것입니다. 하늘의 완전한 복락은 이 땅에서 하나님의 성품에 참예했던 은혜에서 시작됩니다. 우리가 참예한 은혜는 완전해질 것입니다. 그리고 우리는 우리 성품이 감당할 수 있는 최대한의 형상을 전달 받게 될 것이며, 우리의 영혼 전체는 완전한 사랑과 즐거움으로 변함없이 하나님을 사모할 것입니다. 우리의 영혼은 완전하신 그의 성품에 이르게 될 것입니다.

이것이 영적으로 생각하는 사람들이 마땅히 가지고 있어야 할 하늘에 대한 바른 개념입니다. 믿음으로 이러한 개념을 이해하느냐에 대한 문제는 참된 신자들을 분별하는 확실한 방편이 될 것입니다. 믿음으로 보지 못하는 자들이 가지는 개념은 진정한 하늘의 개념이 될 수 없습니다. 이 세상을 살아가면서 하늘에 속한 것들의 말로 할 수 없는 탁월함과 우월함을 체험해보지도 못한 사람들이 어떻게 하늘의 영광과 복락에 대해 알 수 있겠습니까? 보석을 분별하지 못하는 일반인들은 '가공 하지 않은 거친 다이아몬드'의 가치를 알시 못합니다. 설사 안다고 헤도 어떻게 그것을 가치 있는 것으로 만들어야 할지를 모르는 것입니다. 경건의 신비를 알지 못하는 사람들도 마찬가지 입니다. 그들은 '작고 미약해 보이는 은혜' 속에 어떤 영광이 숨어있는지 알지 못합니다. 하늘의 손이 그 은혜를 어떻게 찬란한 광채로 빛나게 할지 상상조차 하지 못하는 것입니다. 사람들은 흔히 각기 다른 종교를 가진 사람들도 하늘에 대해서는 공통된 생각을 가지고 있다고 말합니다. 모두가 결국엔 같은 하늘에 갈 것이라고 생각하는 것입니다. 참으로 어처구니가 없는 생각이 아닐 수 없습니다. 결코 그렇지 않을 것입니다. 그들 모두가 다 같은 하늘에 가지는 않을 것입니다. 참된 하늘의 상태를 바로 아는 이들이 어찌나 적은지요! 우리는 그들이 말하는 그런 하늘이 아닌 우리가 말한 바로 이 하늘에 갈 것입니다!

이제 말씀에 비추어 여러분 자신을 돌아보십시오.

"그러므로 너희가 그리스도와 함께 다시 살리심을 받았으면 위의 것을 찾으라"
(골 3:1).

"우리가 다 수건을 벗은 얼굴로 거울을 보는 것같이 주의 영광을 보매 그와 같은 형상으로 변화하여 영광에서 영광에 이르니 곧 주의 영으로 말미암음이라"(고후 3:18).

"네 보물이 있는 그 곳에는 네 마음도 있느니라"(마 6:21).

여러분의 심령이 복된 마음의 상태로 한 단계 더 나아가고 있습니까? 이제 위엣 것들에 참예하여 분깃을 가지게 되었습니까? 그 분깃에 비추어 다른 모든 것들이 다 '분토'와 같이 여겨지십니까? 여러분이 위엣 것들에 가지기 시작한 생각이 진정한 것인지 살펴보십시오. 그리고 여러분의 영혼이 진정 은혜의 인도하심을 받아 완전함을 향해 나아가고자 하는 성향을 가지게 되었는지 판단해 보십시오.

만약 그렇다면 여러분은 위엣 것들을 생각하는 일에 대해 결코 소홀하지 않을 것입니다.

피할 수 없는 증거로 자신을 시험하고 검증해 보십시오. 만일 우리가 스스로를 시험해보지 않는다면 우리의 상태가 어떤지 알 수 없을 뿐 아니라 우리는 스스로에게 속게 될지도 모릅니다. 여러분이 만약 스스로를 시험해보려 하지 않는다면 그것은 여러분이 그것에 대한 관심이 없거나 그것으로부터 즐거움을 가지길 원하지 않기 때문일 것입니다. 위엣 것을 생각하며 교통하는 일 없이는 땅에 속한 일들에서 벗어나 생명과 평안을 누릴 수 없습니다. 우리가 하나님을 바라는 삶을 영위하고 하나님을 닮아가고 하나님을 즐거워하길 원한다면 말입니다.

모든 사람들이 하늘에 가길 원합니다. 그런데 하늘에 대한 바른 개념을 가지려고 애를 쓰는 사람은 왜 이토록 적은 것입니까? 왜 그저 자기들의 상상으로 생각해 낸 바를 따라 결론지어 버리고 마는 것입니까? 그들이 하늘에 대한 생각을 하지 않는 것은 이상한 일이 아닙니다. 그저 영적으로 생각하는 외양적인 모습만 보일 뿐입니다. 그들에게 해줄 수 있는 말은 한 가지 뿐입니다. 그들이 입으로 뭐라 고백하든지 간에 그들은 세상적이고 육적인 사람들이라고 말입니다.

악인이 영원히 고통당할 지옥에 대한 생각을 주의 깊게 하는 사람 역시 많지 않습니다. 지옥에 떨어질 위험이 가장 많은 이들은 오히려 그 위험을 가장 적게 생각합니다. 그들은 그날이 자기들로부터 멀리 있다고 생각합니다. 기회가 주어질 때마다 그들은 '지옥은 없다'고 떠들어대지만, 그것은 마음 깊이 지옥이 없기를 바라는 생각에서 나온 말일 뿐입니다. 어떤 이들은 하나님을 모독하며 지옥을 비웃기까지 합니다. 지옥이란 그저 사람이 꾸며낸 이야기에 불과하다며 말입니다. 왜 많은 사람들이 두려워할 대상을 두려워하지 않는 것입니까? 실로 많은 사람들이 지옥에 대한 문제를 심각하게 받아들이지 않습니다. 지옥에 대해 자신들이 만들어 낸 상상조차도 스스로의 마음에 담아둘 필요를 느끼지 않는 것 같습니다. 혹여 그런 생각들을 함으로 자신의 마음이 불편해질까 염려하는 사람들처럼 보입니다. 심지어 어떤 이들은 지옥을 이야기하며 그와 같은 장소에 사람들을 내버려두는 일은 그리스도의 복음과 어울리지 않는다는 논리를 펼치기도 합니다. 성경의 다른 어떤 부분이 기록한 것보다 지옥과 고통과 그 영원함에 대하여 자주 말씀하신 분이 그리스도이신데도 말입니다. 그런 생각과 논리들은 거의 대부분 죄로 인해 자신들이 고통당할 것이라는 사실을 외면하려는 발상에서 나옵니다. 하지만 그러한 시도가 무슨 유익이 되겠습니까. 영원히 피할 수 없는 사실을 생각하지 않고 외면함으로써 잠시라도 마음이 평온하길 바라는 그들의 수고만큼 어리석은 것은 없을 것입니다. 지옥을 피할 길이 무엇인지 알려면 오히려 더 많이 생각해야 할 텐데 말입니다.

신실한 신자들은 자기들이 처할 수밖에 없었던 영원한 비참을 깊이 숙고하며 앞으로 받을 영생에 대한 더 큰 감사와 확신을 가집니다. 더 큰 확신과 증거를 갖습니다. 우리 모두는 본래 '진노의 자식' 이었습니다. 우리는 '죄의 삯인 사망' 을 받아 마땅한 자들이었습니다. 그러나 무시무시한 그 진노로부터 우리를 구원하신 구원자 예수님으로 말미암아 우리는 구원 받게 되었습니다. 우리는 이 사실을 잊어서는 안 됩니다. 영원한 비참의 형벌을 받아 마땅한 우리에게 주신 은혜로운 구원의 역사를 잊지 말아야 합니다. 그 은혜에 대한 감사를 여러분의 마음속에 언제나 불일 듯 일으키십시오. 그래야만 우리가 죄를 미워하고 겸손히 하나님만을 높이며 살아갈 수 있는 것입니다.

아직도 여러 가지 이유를 대며 자신은 그러한 상태에 이를 수 없을 거라고 말하고 싶은 분이 있습니까? 설령 그런 마음이 든다고 해도 하늘에 속한 영적인 생각을 멈추지 마십시오. 영적인 생각들이 여러분의 마음에 정착할 때까지 부단하게 애를 쓰십시오. 매 시간 여러분의 마음이 영적인 생각들로 가득 차도록 하십시오. 마땅히 해야 할 의무를 감당하려는 의식을 가지고 매일 그 일을 해나가십시오. 그 일에 낙담과 좌절이 찾아온다면 인내하고 이겨내십시오. 그것이 바로 여러분이 가져야 할 합당한 의식입니다(롬 8:23-26). 절대로 뒤로 물러서지 마십시오. 만일 잠시라도 여러분이 마음을 놓는다면 그동안 여러분이 수고한 모든 것이 다시 여러분에게서 멀어질 것입니다. 그 모든 것을 잃어버리지 않도록 조심하십시오. 말씀을 끊임없이 묵상하십시오. 말씀이 여러분에게 힘을 줄 것입니다.

chapter. 7

하늘의 영광을 사모함

지난 장에서 우리는 '하늘의 복된 상태의 영광에 대한 바른 개념들'을 숙고해 보았습니다. 이제 저는 우리의 생각과 묵상의 특별한 대상인 하늘의 복된 상태가 가진 요점들에 관심을 집중시켜 볼 것입니다.

'우리의 생명 되시는 예수 그리스도께서'는 하늘의 모든 영광의 중심이십니다. 그러니 그 분을 많이 생각하십시오. 그 그리스도의 영광이야말로 이 땅을 살아가는 우리가 바라보아야 할 마땅한 대상입니다.

하늘의 영광은 한 마디로 요약하여 '주가 계신 곳에 거하면서 그분의 영광을 보는 것' 입니다. 우리가 장차 하늘에서 볼 그것은 하나님의 영원무궁한 영광과 그리스도를 통해 우리에게 주어지는 구원의 영광입니다. 하늘 영광의 찬란한 광채는 그리스도의 중보사역을 통해 비춰집니다. 그리스도께서 하나님과 교회 사이의 영원한 교통의 방편이 되시는 것입니다. 우리가 만일 영적인 사고방식을 가진 사람이라면 우리 생각을 그 영광의 중심이신 그리스도께 집중시켜야 합니다. 이에 대한 이해를 위해 다음의 몇 가지 요점을 숙고해 보도록 하겠습니다.

우리가 그리스도의 영광에 대해 가져야 할 믿음이란 그리스도께서 우리를 위하여 이 땅에서 '행하시고 고난당하신' 것을 생각하며 끊임없이 그를 의지하는 것을 말합니다. 그리스도께서 행하신 일에 우리가 죄 사함을 받고 의롭다 여김을 받아 하나님과 화평할 수 있는 모든 것이 달려 있기 때문입니다. 그러나 그분을 믿는 것 못지않게 우리에게 더욱 필요한 것은 그분을 '사랑하는 일'입니다. 우리는 그리스도께서 이 세상에서 하신 일과 그분으로 인해 우리가 받은 놀라운 은혜 때문에 그 분을 사랑해야 할 강한 동기를 가지지만, 사실 우리가 그를 온전히 의지하고 사랑하는 근본적 이유는 하늘에서 높아지신 '주님의 영광 그 자체'에 있어야 합니다. 만일 우리가 주님께서 누리고 계신 영광을 즐거워하지 않고, 그 영광을 우리 마음의 위로로 삼지 못한다면 우리 속에 그분에 대한 진정한 사랑이 거하다고 말할 수 없습니다. 우리는 머지않아 그분과 영원히 함께 거할 소망을 가지고 살아갑니다. 그러나 이 세상에서 어떻게든 그분과 함께 동행하려 애를 쓰지 않는다면 그 소망이 진실하다고 말할 수 없습니다. 그런 일에 게으르면서도 주님과 함께 하는 것을 가장 큰 행복으로 여긴다고 말할 수는 없는 것입니다.

이 땅에서 우리가 그분과 함께 거하는 오직 유일한 길은 우리의 영적인 정서가 믿음을 통한 사랑으로 그분을 온전히 바라보는 일 뿐입니다. 하루 중 그리스도를 생각하는 일이 거의 없으면서도 자신을 그리스도인이라 말하는 것은 참으로 무모한 일이 아닐 수 없습니다. 그분의 이름으로 맹세할 때 말고는 그리스도에 대하여 생각하거나 말하지 않는 사람들이 너무나 많습니다. 진지하게 그리스도를 사랑하는 이들이라면 그렇게 하지 않을 것입니다. 늘 그리스도를 생각할 것입니다. 할 수 있는 최대한으로 말입니다.

하지만 우리가 그리스도를 생각할 때에 조심해야 할 것이 있습니다. 그리스도를 생각하는 것은 말씀의 법칙을 따라 행해져야 하는 것입니다. 그래야만 자신의 영혼을 속여 헛된 상상에 마음을 빼앗기는 일이 없을 것입니다. 영적인 개념이 미신의 방식에 사로잡히게 되면 진정한 기독교의 힘은 사라지고 맙니다. 어떤 사람들은 그리스도 예수에 대하여 많은 생각을 하여야 한다는 것에는 동의하면서도 복음적인 믿음은 가지지 않습니다. 그들은 단지 자신의 안도감을 위해서 그리스도를 생각하는 것입니다. 그런 이들은 바른 방식으로 자신들의 정서에 작용하는 믿음을 가지고 있지 않습니다. 진정으로 그리스도를 닮는 것이 무엇인지 이해하지 못하는 것입니다. 그러한 이들은 스스로 그리스도를 본받고 있는 사람들로 자부하며 그리스도를 사랑한다고 말하지만, 그들이 진정 사랑하는 것은 어리석은 궁리와 상상으로 만들어 낸 그리스도에 대한 이미지일 뿐입니다. 그들은 자신들이 만들어낸 이미지에 감격하고 눈물을 흘리기도 합니다.

그들은 십자가를 목에 걸고 다닙니다. 마치 자기들의 가슴에 그리스도를 항상 모시기라도 하는 양 말입니다. 그들은 그리스도께서 계셨던 장소에 가려고 값을 들이고 그리스도께서 달리셨던 십자가 나무 조각이라 선전되는 것을 삽니다. 그들은 묵상하고 금식하는 일을 통해 자기들의 영혼을 환각의 상태에 들어가게 합니다. 그러한 환각 상태에서 그들은 자기들이 마치 그리스도 앞에 있는 것처럼 생각하는 것입니다. 옆구리와 손과 발에 상처를 내어 스스로 그리스도와 같이 되려고 하는 이들도 있습니다. 그들의 이러한 모든 행태는 미신적이고 부패한 생각에서 나온 것에 불과하면서도 그들은 자신을 믿음의 원리를 따라 행하는 사람이라고 생각합니다.

그리스도의 형상으로 변화되어 가는 사람들은 그리스도를 끊임없이 마음에 두며 살아가는 이들입니다(고후 3:18). 이것이 우리의 마땅히 행할 도리인 것입니다. 많은 사람들이 마땅한 방식으로 그리스도를 생각지 않고 미신에 의해 오도되고 있습니다. 성경의 빛과 법칙에서 벗어난 일들은 그것이 어떠한 일이라 할지라도 위험한 것입니다. 우리가 그리스도를 사랑할 뿐 아니라 그리스도를 본받고자 부단히 노력한다 할지라도, 그것이 성경의 빛을 따르지 않는 것이라면 그것은 단지 우리의 본성이 고상하고 고차원적인 자극을 받은 일시적인 현상에 불과한 것입니다. 기도하십시오. 여러분이 하는 모든 일 가운데 말씀 진리의 법칙에 따라 하나님의 권위에 여러분의 영혼을 복종시킬 수 있기를 기도하십시오. 어떠한 경우라도 진리의 빛에서 벗어나 그리스도를 사랑하려는 인위적인 아름다움에 우리 자신의 마음이 팔리지 말아야 합니다. 저는 세련되고 고상한 그리스인이라고 자처하면서도 정작 그리스도를 생각하거나 사모하는 일을 거의 하지 않는 사람들보다 차라리 세련되지도 못하고 때로는 지나치기도 하지만 진실하게 그리스도를 사모하는 사람들 중에 거하는 편을 택하겠습니다. 물론 지나친 극단은 피해야 합니다. 그것은 하나님께서도 경계하시는 일입니다. 하나님께서는 우리가 그리스도를 사랑하고 믿는 일을 부지런히 하길 원하시지만 성경의 말씀을 통해 그에 대한 방식과 마음의 자세에 대하여 분명한 제한을 두고 계십니다. 우리가 나름대로 만들어낸 생각이나 방식이 성경의 지시한 바와 조금이라도 어긋나 있는 것이라면 그것은 하나님의 성령을 따라 행하는 일이 될 수 없습니다. 그렇다면 우리의 모든 노력과 수고는 헛된 것이 될 것입니다. 따라서 우리가 그리스도를 생각하는 방식과 자세가 하나님께서 지정하시고 약속하신 그것과 일치하는지를 검증하고 확인하는 일이 필요합니다.

미신적인 마음은 하나님의 원하시는 바와 전혀 다른 형상과 모양을 만들어

낼 뿐 아니라 사람들로 하여금 만들어낸 그것을 부지런히 생각하도록 합니다. 그런 식의 헌신과 삶은 정말 혐오스러운 것이 아닐 수 없습니다. 여러분이 바른 방식과 목적을 가지고 모든 영적인 의무를 바르게 감당하고자 한다면, 무엇보다 성령께서 여러분과 함께 계시기를 기도하십시오. 성령께서 여러분을 도우실 것입니다. 이것이 성령께서 하시는 직무 중 하나이기 때문입니다. 그리고 성경 속에서 나타나는 그리스도를 묵상하십시오. 그리스도의 인격(人格)과 은혜를 생각할 때에는 반드시 이 원칙이 적용되어야 합니다. 그것이 예수 그리스도와 신자들 간의 교제와 교통을 복되게 하는 모든 것의 기초가 되기 때문입니다.

그리스도를 부단히 묵상하는 일을 가볍게 여기는 사람들이 너무나 많습니다. 그들은 기독교 자체를 인정하지 않는 사람들이나 마찬가지입니다. 어처구니 없게도 그들은 우리 주 예수 그리스도를 보지도 알지도 듣지도 못하는 우상으로 만들어 버리는 죄를 범하고 있는 것입니다. 신자라고 불리는 사람이라 할지라도 영적으로 예수 그리스도와 실질적인 교제를 하지 않는다면, 그들은 믿음으로부터 전혀 동떨어진 외인들이나 다름없는 것입니다.

구약의 아가(雅歌)에서 예증되어 있는 그리스도와의 교통이 무엇인지 살펴보십시오. 우리가 그리스도를 즐거워하는 믿음과 사랑의 마음을 가진다면 그리스도께서는 성령을 통해 우리 마음과 생각 속에 바른 교통에 대한 개념을 심어 주실 것입니다. 그리스도와 교회 사이에 오가는 교통의 방식은 다양하지만 그 교통을 가능하게 하는 사랑의 근본은 하나입니다. 그 사랑 가운데서 우리 마음의 안식과 만족의 복된 상태가 유지되는 것입니다. 한결같이 존재하는 사랑의 복된 마음의 상태에서 거룩한 교제의 본질을 이루게 되는 것입니다. 그리스도를 즐거움으로 믿고 사랑하는 모든 것이 하나도 버려지지 않을 것입니다. 이 씨앗을 뿌리는 자들은 기쁨으로 그 단을 가지고 돌아올 것입니다. 우리의 구주께서 그들을 기꺼이 받아주실 것입니다. 그리고 그들을 얼마나 기뻐하시고 사랑하시는지를 그들로 하여금 알게 해주실 것입니다. 어떠한 가련한 영혼도 그냥 모른 척하지 않으실 것입니다. 주님께서는 자기를 믿는 자들에게 '오셔서 함께 거하시고 그들과 더불어 먹고 마시겠다'(은혜롭게 임재하시며 친밀하게 교제하시겠다)고 약속하셨습니다. 은혜롭고 복된 약속은 우리가 그 도리를 얼마나 충실하고 바르게 감당하는가에 달려 있다는 사실을 잊지 마십시오.

그리스도의 약속은 '우리의 정중한 애정'에 대한 최고의 서약입니다. "바위틈 낭떠러지 은밀한 곳에 있는 나의 비둘기야 나로 네 얼굴을 보게 하라 네 소리를 듣게 하라 네 소리는 부드럽고 네 얼굴은 아름답구나"(아 2:14).

고초와 낙담으로 움츠러든 영혼의 얼굴을 보고자 부르시는 주님의 부르심을 향해 나아가십시오. 탄식하는 소리조차 내지 못하는 가련한 영혼의 상한 음성을 듣고자 부르시는 주님의 부르심에 응답하십시오. 그리스도를 생각하는 일은 우리가 그 은혜로운 부르심을 향해 나아간다는 것을 나타내는 오직 유일한 증거입니다. 그분을 생각하지도 않고 어찌 부르심의 소리를 들을 수 있겠습니까. 우리와 함께 거하시려고 우리의 마음 문을 애타게 두드리시는 그 소리를 말입니다. 우리와 더불어 먹고 함께 거하시려고 우리 마음 문을 두드리시는 그 소리를 그분을 생각하지 않은 상태에서 어떻게 들을 수가 있겠습니까? 주님과의 은혜로운 교제야말로 놀라운 일이 아닙니까?(아 4:12) 그러나 우리 영혼이 그리스도를 영접하여 누릴 수 있도록 마련된 방편들을 따르지 않는다면 그리스도와의 은혜로운 교제는 기대하지 마십시오. 그러한 일을 등한히 여김으로 우리는 얼마나 자주 이 거룩한 교통과 교제를 놓쳐왔습니까!

저는 자신의 믿음을 고백하던 사람들이 어느 순간 큰 어두움과 곤고함에 빠지는 일들을 너무나 많이 보았습니다. 그 이유는 간단합니다. 그들의 삶 가운데 신자들과 함께 하시는 그리스도의 사랑의 진정한 교제가 주는 기쁨과 능력을 체험하는 일이 없었기 때문입니다. 그들은 교리를 알고 이해하는 데 그쳤을 뿐, 그것의 능력은 실제로 체험해보지 못했던 것입니다. 그리스도에 대하여 부단하게 생각하고 묵상하는 일을 하지 않고서는 어떠한 영혼도 그 능력을 체험할 수 없습니다. 그리스도를 묵상하는 일을 게을리 함으로 우리는 얼마나 많이 그 복된 임재하심의 기회를 상실해왔는지 모릅니다(아 5:1-3). 우리는 너무 바쁘고 부주의하고 게으릅니다. 복된 주님의 찾아오심 자체를 맞이할 준비가 되어 있지 않을 뿐만 아니라 찾아오심을 구하지도 않습니다. 그러면서 어떻게 우리 마음에 기쁨이 넘칠 것이라 기대할 수 있다는 말입니까!

하나님과 사람이 영원히 연합되게 하신 놀라운 구원의 역사, 지금 하나님 우편에 앉아계시어 교회를 위해 기도하시는 사랑과 능력의 중보하심, 장차 세상을 심판하시기 위해 다시 오실 기록한 영광, 이것이 우리가 매일 묵상해야 할 것들입니다.

스스로 오류를 범하지 마십시오. 영적으로 생각한다는 것은 영적인 일에 대하여 그저 머리로 가지는 관념이나 지식이 아닙니다. 영적인 의무를 외적으로 행하는 것이 영적으로 생각한다는 것을 말해주는 것이 아닙니다. 그러한 일은 마음의 은혜 없이도 얼마든지 가능한 일입니다. 영적으로 생각한다는 것은 하늘에 속한 것, 그 중에서도 지금 하나님 우편에 계신 그리스도를 생각하면서 우리 마음이 즐거워하는 것입니다.

장차 큰 고난이 언제 우리에게 찾아올지 모릅니다. 옛 성도들이 그러하였던 것처럼 말입니다. 성경은 그리스도 안에 사는 자들에게 고난이 임할 것이라고 예고하고 있습니다. 우리에게도 분명 고난이 닥쳐올 것입니다. 우리에게 가할 핍박을 준비하느라 끊임없이 분주한 세상을 보십시오. 우리가 필연적으로 고난을 받아야 한다면, 우리는 그 고난을 반드시 하나님의 영광과 우리 구원에 유익이 되는 방편으로 삼을 준비를 해야 합니다. 하나님의 뜻을 따라 받는 고난이야말로 우리에게 말로 할 수 없는 은혜와 은사와 특권이라는 사실을 잊지 마십시오(빌 1:29).

그러나 우리는 스스로의 고난으로 주님의 영광을 훼손하는 어리석음을 범해서는 안됩니다. 넘치는 담대함과 확신을 가지고 자기들에게 닥친 고난에 당당히 맞서는 사람들이 자기들처럼 고난 앞에서 담대히 서지 못하는 사람들을 경멸하는 경우가 그러합니다. 이런 경우 고난을 대하는 자기의 담대함과 믿음의 확신은 다른 이들을 경멸하는 악한 동기로 삼아 버립니다. 선한 원리를 악한 동기로 바꿔버리는 것입니다. 그러한 경우라면 차라리 자기들이 극복해야 할 고난의 성질을 이해하면서 자신을 부인하고 자신의 연약을 인정함으로 보다 신중한 주의를 기울이는 것이 훨씬 더 좋은 자세일 것입니다.

장차 우리에게 나타날 영광을 마음속에 가득 채우십시오. 그것이 고난 가운데 있는 여러분을 바로 세워줄 것입니다. 고난의 고통을 잠시나마 잊기 위해 다른 것들에 생각의 방향을 돌리는 어리석음을 범하지 마십시오. 그러한 시도의 효과는 결코 오래가지 못할 것입니다. 그것은 심장에 순간적인 힘을 주기 위한 강심제와 같을 뿐입니다. 세상의 것들로부터 얻은 위로의 효력이 사라지고 나면 이전보다 더 좋지 않은 마음의 상태가 될 수도 있습니다. 물론 그들에게 찾아온 고난이 아주 심각한 것이 아닐 수도 있습니다. 실제로 어떤 고난은 며칠, 또는 몇 주면 끝나버리기도 합니다. 이런 경우라면 주변 사람들의 동정이나 위로를 통해 다소간의 위안을 얻을지 모르겠습니다. 그러나 문제는 사람들 대부분이 고난을 그 정도로만 생각할 뿐, 감당할 수 없는 고난이 찾아올 수 있다는 생각은 전혀 하지 않는다는 것입니다.

고난이 사람을 가장 괴롭게 할 때는 그것이 계속 지속될 때입니다. 고난이 찾아온 이유도, 고난에서 벗어날 방법도 모르는 상태에서 하염없이 지속되는 고난은 정말 고통스러운 일이 아닐 수 없습니다. 대단한 용기와 결심을 가지고 고난에 임하였던 사람들도 지루하게 계속되는 고난 앞에서는 지쳐버리고 마는 것입니다. 엘리야도 그러하였습니다. 그는 지속되는 고난을 견디지 못하고 하나님께서 자기 목숨을 취하시길 바랐습니다. 자기 사역과 자기가 당할 것 같은 참화가 주는 공포를 더 이상 감당하지 못하겠다는 생각이 들었던 것입니다. 이처럼 시대마다 고난의 지속으로 인해 마음이 상한 이들이 적지 않습니다. 지속되는 고통 가운데 그들의 신앙은 흔들렸고 진리를 부인하고 타협하려는 유혹이 그들을 괴롭혔습니다. 사람이 고통 가운데 지치도록 하는 것이 바로 사탄이 꾀하는 바입니다. 많은 이들이 고통에 지친 나머지 믿음의 용기를 잃고 좌절하여 결국 비열한 배도자(背道者)가 되기도 하였습니다. 사탄의 간계가 성공을 거둔 것입니다.

그러나 고난을 통해 깊은 자책감을 가지며 그 전보다 더 높고 확고한 신앙의 자세로 즉시 나아가는 이들이 적지 않습니다. 그들은 원수에 대하여 더욱 용기 있는 자세를 취하고 더 큰 고통도 마다하지 않습니다. 큰 핍박의 역사 속에서 이러한 일들이 일어났습니다.

현세에서 당하는 고통과 장차 우리에게 나타날 영광을 저울에 달아보십시오. 우리가 '장차 나타날 영광'을 바라본다면, 영광에 이르기까지 당하는 모든 고난을 넉넉히 감당할 수 있게 될 것입니다. 그리고 이 땅에서 누리는 우리의 명예와 평판과 재산과 자유와 생명에 대해 자유로운 마음과 여유를 가질 수 있을 것입니다. 그러한 것들과 비교할 수 없을 정도로 거대하고 영원한 영광이 무엇인지 알기만 한다면 말입니다. 그 찬란한 영광으로 우리가 이 세상에서 상실할 수 있는 모든 것을 대신해 주시겠다고 약속하신 분이 하나님이십니다. 그 놀라운 은혜의 약속을 바라보는 것 말고는 고난 중에서도 기쁨으로 하나님을 영화롭게 할 수 있는 다른 방식은 없는 것입니다. 장차 우리에게 주어질 상급과 영광을 부단하게 생각하는 것보다 더 우월하게 고난을 감당하게 할 방편은 없습니다. 사도는 히브리서 11장 35절에서 그 점을 묘사하였습니다. "여자들은 자기의 죽은 자들을 부활로 받아들이기도 하며 또 어떤 이들은 더 좋은 부활을 얻고자 하여 심한 고문을 받되 구차히 풀려나기를 원하지 아니하였으며." 눈에 보이지 않는 영원한 영광에 대하여 생각하십시오. 여러분에게 닥칠 고난을 그 찬란한 영광에 비추어 바라보십시오. 이 땅에서의 고난과 영원한 영광, 그 둘을 철저하게 비교해 보십시오. 고난이 '잠시뿐' 임을 알게 될 것입니다.

chapter.8

하나님을 묵상함(1)

저는 지금까지 우리이 생각을 집중시켜야 할 하늘에 속한 대상들 중에서 제일 특별한 경우를 간단히 말씀드렸습니다. 곧 그리스도의 인격이 바로 우리가 영적으로 생각을 집중시킬 첫 번째 대상입니다. 그 문제는 우리가 이 세상의 삶 속에서 영원한 그리스도의 영광을 어떻게 볼 수 있는지에 대한 문제일 것입니다.

그러나 영적인 생각을 가진 사람들이 마음을 써야 하는 대상 중 그동안 유보시켜 왔던 주제가 있습니다. 바로 '하나님' 이십니다.

하나님은 모든 것의 절대적인 샘 근원이십니다. 그분에게서 나온 모든 것이 결국 다시 그분의 대양(大洋)으로 들어갑니다. 그분은 모든 것들의 시작과 종말의 중심이 되시는 것입니다. 그래서 사도는 이렇게 말하고 있습니다.

"이는 만물이 주에게서 나오고 주로 말미암고 주에게로 돌아감이라 그에게 영광이 세세에 있으리로다 아멘"(롬 11:36).

모든 것은 하나님의 능력으로부터 나옵니다. 그 모든 것이 하나님의 지혜로 말미암아 나옴으로 하나님의 영광을 나타내는 것입니다.

따라서 하나님께서는 우리의 영적 묵상의 마땅한 대상이 되십니다. 우리는 모든 만물이 하나님에게서 나오고 다시 하나님께로 돌아간다는 것을 아는 바른 묵상을 해야 합니다. 모든 만물은 광대하시고 무한하신 그분 안에서 시작되고 그분 안에서 끝납니다. 하나님은 "만물 안에 충만"이십니다. 하나님께서 우리 생각과 소원의 절대적인 최상의 대상이 되어야 하는 이유가 바로 여기에 있는 것입니다. 우리의 생각들이 하나님을 향하여 나아가지 못한다면 우리의 생각들은 결코 영적일 수 없습니다(벧전 1:21).

"그 모든 사상에 하나님이 없다"(시 10:4)는 것은 주제넘고 건방진 악인이 가지는 가장 큰 특징입니다. 악인들의 사상 속에는 하나님이 전혀 고려되지 않습니다. 모든 면에서 하나님을 망각한 채로 살아가는 것입니다.

그들은 '무신론적인 사상'의 세력 아래 있는 자들입니다. 하나님의 존재 자체를 부인하는 것입니다. 그들은 아주 공개적으로 하나님의 존재를 인정하지 않습니다. 육체의 마음을 가지고 하나님을 정면으로 대적하는 것입니다. 그들은 때로 하나님이 계신 것은 인정한다고 말합니다. 그러나 하나님의 법이나 하나님의 뜻에는 결코 복종하지 않습니다. 이는 사실상 하나님의 존재 자체를 부인하는 것보다 더 악한 것입니다. 하나님의 존재 자체를 부인하는 것보다는 낫지 않느냐고 말하는 사람이 있을지 모르겠습니다만 결코 그렇지 않습니다. 피조물이 하나님의 법과 뜻에 복종하지 않는 것은 하나님의 권위에 도전하는 최상의 악이기 때문입니다. 그것은 모든 존재의 오직 유일한 근원이신 분을 인정하지 않는 것이기 때문입니다. 하나님의 존재를 진정으로 인정하는 사람이라면 그분이 유일한 샘 근원이시며 무한하게 의롭고 거룩하고 능력 있는 분이라는 것도 함께 인정해야 마땅한 것입니다. 그러나 그들은 거기까지 나아가지 않습니다. 시편의 말씀을 다시 살펴보십시오. 우리는 시편 10편 4절의 말씀인 "악인은…그 모든 사상에 하나님이 없다 하나이다"를 '악인은 그 마음에 하나님을 전혀 고려하지 않는다'로 해석할 수 있습니다. 문맥적으로 이것은 악인이 하나님의 존재는 인정하면서도 하나님의 섭리는 멸시한다는 것을 말해주고 있는 것입니다. 시편의 또 다른 부분에서는 이들을 '마치 나면서부터 지혜로워서 자기들이 결코 죽지 않을 것이라고 상상하는' 것같이 보이는 사람들로 묘사하고 있습니다(시 14:1 ; 53:1). 자신의 이성을 바르게 활용하고 발전시킬 줄 아는 사람인 양 뽐내는 자들이 어찌 이리도 많은지요!

노아의 홍수 이래 지금처럼 뻔뻔한 무신론이 흘러넘치는 시대는 없었을 것입니다(17세기를 살아가던 오웬이 그런 말을 했다면 우리가 사는 이 시대는 얼마나 더 그렇겠는가 - 역자 주). 오늘날 유럽의 모든 나라들의 도성이나 법정이나 군대가 하나님의 존재를 믿지 않는 이들로 가득 차 있습니다. 대체 이유가 무엇입니까? 이것이야말로 사람들이 기독교의 빛과 능력을 낭비하고 소진해 버린 데서 온 결과가 아니면 무엇이겠습니까! 기독교는 하나님에 대한 온전한 계시입니다. 기독교 이외에 하나님께서 다른 것을 주신 일이 없습니다. 그 유일한 빛을 거부한다면, 무엇으로 인간의 본성이 치닫고 있는 무신론에서 사람들을 지켜낼 수 있다는 말입니까! 지존하신 그분의 능력을 거부하고 있는 이 마당에 그보다 못한 방편으로 그것을 막아낼 수 있다는 기대를 하는 것은 허망하기 짝이 없는 일입니다. 사람들은 기독교의 원리 속에서 교육을 받았고, 그 교리를 인정하고 고백까지 합니다. 그럼에도 불구하고 하나님의 능력과 하나님의 통치에 대한 모든 것은 다 거절하다니요!

하나님께서는 말씀을 그 모든 이름보다 높게 하셨습니다(시 138:2). 하나님께서 높게 하신 그 말씀을 거부하고 멸시한다면 누가 자신의 마음을 악에서 보전하게 하는 은혜를 받을 수 있겠습니까? 설령 그런 자에게 은혜를 베푸신다고 해도 그는 자신의 이성을 최선의 안내자로 선택할 것입니다. 환난이 그들을 변화시킬 수 있을 거라고 생각하실지 모릅니다만 결코 그렇지 않습니다. 말씀을 거절하는 이들 대부분은 환난 가운데서도 결코 회심하지 않습니다. 물론 환난을 통해 자신을 돌이킨 이들이 있습니다. 하지만 그런 이들은 환난을 통해서 결국 하나님의 말씀을 받은 자들입니다.

양이 양떼를 떠나면 선한 목자는 목견(牧犬)을 보냅니다. 목견은 양이 더 이상 멀리 가지 못하도록 짖고 물기까지 합니다. 양은 그제야 주위를 환기하고 목자의 부르는 소리를 따라 무리로 돌아옵니다(욥 33:19-25). 이것이 하나님께서 환난을 쓰시는 방식입니다. 하나님께서 자신을 계시하는 가장 두드러진 방식을 통해 그 지혜와 선하심을 나타내시는 것입니다. 그러나 하나님께서 정하신 그 방편을 무시한다면 하나님께서는 그 방편을 거두실 뿐 아니라 그에 대한 보응으로 사람의 마음을 굳게 하시고 눈을 멀게 하시어 모든 방편으로부터 멀어지도록 내버려 두실 것입니다.

"여호와께서 가라사대 가서 이 백성에게 이르기를 너희가 듣기는 들어도 깨닫지 못할 것이요 보기는 보아도 알지 못하리라 이 백성이 마음으로 둔하게 하며 그들의 귀가 막히고 그들의 눈이 감기게 하라 염려하건대 그들이 눈으로 보고 귀로 듣고 마음으로 깨닫고 다시 돌아와 고침을 받을까 하노라"(사 6:9,10).

"그런즉 너희는 선지자들을 통하여 말씀하신 것이 너희에게 미칠까 삼가라 일렀으되 보라 멸시하는 사람들아 너희는 놀라고 멸망하라 내가 너희 때를 당하여 한 일을 행할 것이니 사람이 너희에게 일러줄지라도 도무지 믿지 못할 일이라 하였느니라 하니라"(행 13:40,41).

"하나님을 알되 하나님으로 영화롭게도 아니하며 감사하지도 아니하고 오히려 그 생각이 허망하여지며 미련한 마음이 어두워졌나니 스스로 지혜 있다 하나 어리석게 되어 썩어지지 아니하는 하나님의 영광을 썩어질 사람과 새와 짐승과 기어다니는 동물 모양의 우상으로 바꾸었느니라.…또한 그들이 마음에 하나님 두기를 싫어하매 하나님께서 그들을 그 상실한 마음대로 내어버려 두사 합당치 못한 일을 하게 하셨으니"(롬 1:21-23, 28).

"이러므로 하나님이 미혹의 역사를 그들에게 보내사 거짓 것을 믿게 하심은 진리를 믿지 않고 불의를 좋아하는 모든 자들로 심판을 받게 하려 하심이라"(살후 2:11,12).

복음의 빛을 무시하는 일은 마음에 하나님의 선하심과 지혜와 은혜를 미워하는 모든 '부패하고 썩어진 습관'을 남기게 됩니다. 복음의 빛을 경멸함으로 남게 된 그 부패하고 썩어진 습관이 우리 중에 있는 모든 무신론자들을 만들어낸 것입니다. 그들의 마음은 악한 것으로 기울어지는 성향을 가지지 않을 수 없습니다. 사람들의 마음에 하나님의 형상을 거절하고 상실하도록 하는 성향을 심어 넣는 것입니다. 가장 좋았던 것이 부패하면 가장 역한 냄새를 내기 마련입니다. 만나가 썩어 벌레가 생기는 것처럼 말입니다. 마음이 복음을 거절하면 복음이 있어야 할 자리를 냄새 나는 벌레가 차지하고 마는 것입니다. 그 벌레는 결국 전갈과 같이 자라나게 될 것입니다.

복음의 진리에 등을 돌리는 일은, 그 정도만큼이나 비례하여 사람들의 마음과 생각 속에 악을 향하는 성향을 만들어 버립니다.

"의(義)의 도를 안 후에 받은 거룩한 명령을 저버리는 것보다 알지 못하는 것이 도리어 저희에게 나으니라"(벧후 2:21).

그렇게 전적으로 더러워진 마음은 세상에 존재하는 모든 악으로 치달아갈 수밖에 없습니다. 때문에 허다한 사람들이 영혼과 양심을 복종시켜야 할 마땅한 일로부터 떨어져 나가 하나님을 경멸하는 교만함과 모든 어둠과 불신앙과 죄를 사랑하게 되는 것입니다. 그러한 자들은 계시의 빛이나 혜택을 처음부터 가지지 못했던 자들보다 더욱 빠른 속도로 무신론을 향해 곤두박질합니다. 부패의 진행을 주목해 보십시오. 복음이 우리 마음의 한 구석이라도 발붙일 곳을 얻지 못할 때면 반드시 그 자리를 죄가 차지하게 되어 있는 것입니다.

누구도 나는 그렇지 않을 거라고 말할 수 없습니다. 해가 갈수록 복음적인 예배의 도리에 대한 사람들의 마음이 더욱 냉담하고 게을러지고 있습니다. 그러한 일이야말로 복음의 빛을 거부하는 일이 아니고 무엇이겠습니까! 사람들로 하여금 자기들이 원하는 대로 행하도록 내버려 두어 보십시오. 자신의 삶이 아주 잘 진행되어 가고 있다고 말하도록 내버려 두어 보십시오. 죄는 모든 방법을 동원하여 반드시 그들을 부패시키고 말 것입니다.

돌이킬 수 없을 정도로 마음이 굳어진 사람이 아니라면 자신의 마음이나 자신의 삶 속에 그러한 무서운 일이 진행되어 가고 있는 것을 발견할 수 있습니다. 그것을 보지 않으려고 작정한 사람이 아니라면 말입니다. 빛을 보기를 원하지 않는 사람은 그 비춰지는 빛이 강하면 강할수록 더 빨리 눈을 감으려고 할 것입니다. 무신론자들을 보십시오. 그들은 눈에 보이지 않고 영원한 것을 아예 보지 않기로 결심한 자들처럼 보입니다. 그들에게 '하나님은 없다'라는 말은 매력적일 수밖에 없습니다. 훗날 자신들의 죄를 회계(會計)하실 분이 아예 없다고 단정지어 버리는 것이 차라리 그들의 마음을 편하게 하기 때문입니다. 그들에게 있어서 선과 악에 대하여 보응하실 재판장이 살아 계시다는 개념은, 마음속에서 제거하고 싶은 개념 중 가장 첫 번째일 것입니다.

피할 수 없는 빛의 증거가 성경으로부터 쉴 새 없이 비춰 나오고 있지만, 이들은 마음의 눈을 감아버립니다. 그렇지 않으면 그들은 괴로움으로 견딜 수가 없을 것입니다. 그래서 그들은 차라리 노골적인 무신론을 택하는 것으로 마음에 근거 없는 안도감을 가지려고 하는 것입니다. 그들은 이런저런 구실을 대며 자신이 그 정도까지 악화되지는 않았다고 스스로를 위로합니다. 이것이 두려움을 떨쳐내려는 그들만의 궁색하기 짝이 없는 방법인 것입니다.

공공연히 자신들을 무신론자라고 떠벌리는 자들 때문에 복음이 오히려 더욱 순전하고 영예로운 것이 되었습니다. 악한 그들이 받아들이지 않는, 받아들일 수 없는 복음이 상대적으로 더욱 순전하게 빛나 보이게 되었으니 말입니다.

여러 세대에 걸쳐 본성으로 논리화시킨 유신론(有神論, 신적 존재를 논증으로 규명해 내려한 시도)은 어리석음에 빠져서 자신들을 정당화시키려는 무신론자들의 어정쩡한 자세를 경멸하는 데에 좋은 도구로 활용되었습니다. 그러한 논증들이 얼마나 사람들의 마음을 변하게 하였는지 모르겠습니다만 저는 아주 회의적입니다. 사람이 죄 안에서 안주하고 간섭 없이 살고 싶은 욕망의 덫에 걸리지 않고서는 무신론의 사상의 세력에 잡혀 있을 수는 없습니다. 그것도 그렇게 오랫동안 말입니다. 그들은 하나님이 계시지 않아야 자기들에게 유익이 된다는 것을 알고 있습니다. 그래서 그들은 자기들의 마음을 스스로 굳게 하고 눈멀게 하여 자기들이 만들어낸 어리석은 사상을 피난처로 삼으려는 마음이 간절합니다. 하나님의 존재를 가장 합리적으로 논증하였다 해도, 죄 가운데서 살며 죄를 사랑하는 일이 아주 습관이 된 그들을 변화시키지 못하는 것입니다. 그들은 하나님의 계시 속에서 선언된 여러 가지의 방도와 동기들을 저항하고 물리쳐 버린 자들입니다. 죄를 사랑하는 것이 마음에서 제거되지 않은 상태라면 하나님을 인정하게 하는 훌륭한 논증과 사상이라 할지라도 그들의 마음에 정착시키지 못할 것입니다. 그들의 마음과 생각에 하나님이 없습니다. 그들이 설령 하나님의 존재 자체는 인정한다고 할지라도 말입니다. 그들이 하는 모든 일은 하나님에 대하여 가지는 개념의 영향을 받지 않습니다. 시편 10편은 그들을 확증적으로 말해주고 있습니다.

"악인은 그의 교만한 얼굴로 말하기를 여호와께서 이를 감찰치 아니하신다 하며 그의 모든 사상에 하나님이 없다 하나이다 그의 길은 언제든지 견고하고 주의 심판은 높아서 그에게 미치지 못하오니 그는 그의 모든 대적을 멸시하며…그가 그의 마음에 이르기를 하나님이 잊으셨고 그의 얼굴을 가리셨으니 영원히 보지 아니하시리라 하나이다"(시 10:4,5,11).

오늘날 세상은 이 말씀이 묘사하고 있는 자들로 가득 차 있습니다. 그들은 방탕한 죄 가운데 살면서 거만하게도 하나님을 전혀 고려하지 않는 자들입니다.

"그들이 하나님을 시인하나 행위로는 부인하니 가증한 자요 복종하지 아니하는 자요 모든 선한 일을 버리는 자니라"(딛 1:16).

그들이 생각하고 살아가는 방식과 행하는 모든 것을 보면 마치 하나님이 정말 계시지 않는 것같이 생각될 때가 있습니다. 하나님을 두려워하거나 경외하는 마음을 조금도 가지지 않는 그들의 뻔뻔함을 볼 때면 말입니다.

그들은 저급한 맹세의 말을 함부로 뱉어내길 좋아하는 자들입니다. 방종한 삶을 영위하며 선한 것은 무엇이든지 미워합니다. 그러면서도 말로는 하나님을 인정한다고 합니다. 위험이 닥쳐오면 하나님을 두려워하기도 합니다. 그리고 때로는 예배에 열심히 참여하는 모습을 보여주기도 합니다. 그러나 그들은 결코 자신들의 삶 가운데 하나님을 모시려고 하지 않습니다. 그런 이들 중에서 하나님을 무시하는 정도가 가장 약해 보이는 자가 있다고 해도, 마음이 세상에 대한 생각으로 가득 차 있어 삶의 여러 가지 기회들에만 온전히 자신의 마음을 쏟고 있다면, 그 사람은 '그 모든 사상에 하나님이 없는' 자입니다. 하나님을 사랑하고 세상을 사랑하는 것은 서로 공존할 수 없습니다. 세상을 사랑하면서 동시에 하나님에 대한 사랑을 가질 수는 없는 것입니다.

 영적으로 생각한다는 자들 가운데도 그러한 상태에 있는 자들이 많습니다. 그들은 늘 세상의 일만을 이야기 합니다. 그들에게 있어서 영적인 도리는 단지 의무일 뿐입니다. 어떤 특별한 기회가 주어질 때를 제외하고는 오직 세상의 일들만을 생각합니다. 세상에 속한 것들을 사랑하고 그것들을 가지고 누리고자 소원하는 욕심을 위해 모든 기력을 모두 소진합니다. 그러면서도 마치 언제 그랬냐는 듯 즉시 거룩한 의무들을 이행하는 데로 급선회하곤 합니다. 그리고는 자기가 하나님을 생각하기 위해 충분한 시간을 할애했다고 생각합니다. 그러나 의심의 여지없이 그들은 '그 모든 사상에 하나님이 없는' 자들입니다.

 우리 중에 그런 이들이 많지 않기를 하나님께 기도합니다. 저는 물론 여러분이 죄 가운데 살면서 죄를 드러내 놓고 사랑함으로 하나님을 모독하면서 삶을 온전히 방탕하게 살아가고 있지 않다는 것을 잘 알고 있습니다. 삶에 있어서 진지한 자세를 가지고 받은 소명에 대하여 성실한 분들이라는 것을 알고 있습니다. 여러분은 여러 종교의 의무를 부지런히 감당하고 있습니다. 모든 사람들이 칭찬할 만큼 말입니다. 그러나 세상에서의 여러분의 삶은 어떠합니까? 여러분이 하는 모든 대화의 주제는 모두 세상에 관한 것이 아닙니까? 혹 세상 가운데 살아갈 때만큼은 하나님을 생각하지 않지요? 안타깝게도 정말 많은 이들이 그러합니다. 그들이 가진 기력과 마음의 가장 깊은 생각들은 모두 세상을 위한 것들입니다. 말로는 자주 하나님의 이름을 거론할지 모르지만 사상 깊은 곳에는 하나님이 바른 방식으로 존재하지 않습니다. 가증스러운 정욕만이 그들 속에서 세력을 차지하고 있을 뿐입니다. 어떤 이는 술 주정뱅이입니다. 어떤 이는 음란합니다. 그리고 어떤 이는 다른 이들을 억압합니다. 복음을 고백한다는 사람들 속에 그러한 이들이 꼭 있습니다. 머지않아 하나님께서는 당신의 거룩한 섭리 속에서 그들의 불의가 아주 미운 것으로 드러나게 하실 것입니다.

가장 영적인 시대에도 그러하였습니다. 사도들 중에도 배도자, 곧 '마귀'가 있었습니다. 초기 기독교 시대의 신앙 고백자들 중에도 "그들의 신은 배요 그 마지막은 멸망이라"는 말을 들을 만한 자들이 있었습니다(빌 3:18,19). 어떤 이들은 믿음을 고백하는 자들 중에 그러한 악을 행하는 이들이 있다는 사실을 널리 떠벌리며 다니기도 하였습니다. 그들이 떠벌리는 그 말들이 세상에서 하나님의 이름이 모독을 당하도록 하는 염문이 되었던 것은 뻔한 일입니다. 그렇게 염문을 뿌리는 자들이나 그 염문의 당사자들에게는 큰 화가 임할 것입니다. 우리는 옛 사람들이 들었던 책망을 들어야 합니다. 하나님의 감찰하시는 눈앞에서 저지른 모든 악에 대한 책망을 우리도 들어야 합니다. "오직 오늘이라 일컫는 동안에 매일 피차 권면하여 너희 중에 누구든지 죄의 유혹으로 완고하게 되지 않도록 하라"(히 3:13)는 말에 귀를 기울여서 우리 자신에게 적용해야 하는 것입니다.

하나님께서는 당신의 영광과 거룩하고 복된 목적을 위해 우리에게 해당되는 모든 것들을 주장하실 수 있는 분이십니다. 때로 어떤 정욕이나 부패가 우리 마음에서 풀려 나오도록 내버려두시어 그것이 우리를 시험하고 그것이 주는 마음의 불안감으로 양심에 큰 가책을 느끼도록 하시기도 합니다. 격렬한 시험 가운데 실족하여 죄에 빠져버린 자신을 보고 놀람으로 영혼의 커다란 각성을 주시는 것입니다. 그러나 우리는 '하나님 때문에 시험을 당한다' 라고 말할 수 없습니다. 하나님은 악에게 시험을 받지도 아니하시고 친히 아무도 시험하지 아니하시기 때문입니다. 다만 사람의 인격을 교정하고 각성시키기 위하여 환난에 속하는 시험을 주장하시고 섭리하시는 것입니다. 하나님께서 만약 사람들의 부패의 세력을 바로 잡으시기 위해 그들을 고통 가운데 처하도록 섭리하신다면, 하나님께서는 다음과 같은 방편을 사용하십니다.

가장 먼저 하나님께서는 마음의 정욕을 제어하고 복종할 수 있게 하는 '은혜'의 공급을 중단하십니다. 하나님께서는 우리가 시험을 이기도록 '은혜'를 공급하시는 분이십니다. 우리가 선한 소원을 두고 당신의 기뻐하시는 대로 살아갈 수 있도록 우리를 도우시는 것입니다. 하나님께서 공급하시는 '은혜'는 우리 마음속의 정욕이 일어나 하나님을 대적하려고 할지라도 그러한 정욕과 악이 완전히 득세하기까지 더러워지지 않도록 작용합니다. 그러나 하나님께서 이러한 은혜를 우리에게 언제나 공급하셔야 한다는 의무 아래 계신 것은 아닙니다. 하나님의 거룩한 목적을 이루시기 위해서 필요하다면 언제든 그 은혜의 공급을 중단하실 수도 있는 것입니다. 그러한 방식을 통해, 거만해진 영혼이 겸손하게 되고 주의력 없던 영혼이 깨어나 잘못을 뉘우치도록 하는 양심의 가책이 일어나게 하십니다. 그래서 침륜에 빠졌던 자기중심적인 정욕을 깨뜨려 그 마음이 다시금 온유하게 되도록 역사하시는 것입니다. 사람들 속에 있던 정욕의 세력 속에 그들을 잠시 내버려두시는 것입니다.

바울이 가지고 있던 시험 거리를 보십시오.

"여러 계시를 받은 것이 지극히 크므로 너무 자만하지 않게 하시려고 내 육체에 가시 곧 사탄의 사자를 주셨으니 이는 나를 쳐서 너무 자만하지 않게 하려 하심이라 이것이 내게서 떠나가게 하기 위하여 내가 세 번 주께 간구하였더니 나에게 이르시기를 내 은혜가 네게 족하도다 이는 내 능력이 약한 데서 온전하여짐이라 하신지라 그러므로 도리어 크게 기뻐함으로 나의 여러 약한 것들에 대하여 자랑하리니 이는 그리스도의 능력이 내게 머물게 하려 함이라"(고후 12:7-9).

  몸을 혹사시키는 일은 알지 못하는 사이에 사람을 죽음으로 몰고 갈 수 있습니다. 과로로 인해 자신의 몸이 위험한 지경에 있다는 사실을 알아채지 못한 가운데 몸을 혹사시키는 일을 멈추지 않는다면 말입니다. 그런 경우라면 차라리 심한 열로 몸져 누워 더 이상 자신의 몸을 상하게 하는 일들을 할 수 없는 상태가 되는 것이 그에게 유익할 것입니다. 고열을 통해 자신의 건강을 돌아보고 비로소 자신의 생명이 아주 위태한 지경에 이를 수도 있다는 것을 깨닫게 될 것이기 때문입니다. 그러한 계기를 통해 그는 자신의 몸을 해칠 정도의 지나친 활동은 삼가야겠다는 마음을 가지게 되는 것입니다.

  안일하고 형식적인 신앙고백을 하는 사람 중 많은 이들은, 자신이 치명적인 영적 질병에 걸려있다는 사실을 모르고 있습니다. 충고의 말이 그들을 깨우쳐 하나님 앞에서 자신을 겸손하게 복종시키도록 하지 못한다면, 하나님의 허락하심 속에서 그들은 아주 큰 시험에 빠질 수 있습니다. 그들은 그 시험을 통해 죄에 대한 강력한 각성과 양심의 가책을 받게 될 것입니다. 그리고 자신이 얼마나 위험한 상황에 놓여 있었는가를 알게 될 뿐만 아니라, 스스로 분발하여 그 위험한 지경에서 벗어나려고 애를 쓰게 될 것입니다.

  하나님께서는 또 사람들 자신의 정욕과 정서의 성향에 잘 맞아 들어가는 대상을 접할 수 있는 상황과 환경 속에 처하도록 허용하시기도 합니다. 사람들의 정욕이 기회를 만나 그 소원을 이루도록 내버려 두시는 것입니다. 절호의 기회를 만난 정욕은 그 마음과 정서 속에서 신속하게 세력을 발휘하여 죄를 짓지 않으면 못 견디게 사람을 졸라댑니다. 정욕이 모든 정서를 죄에 향하도록 주장하고 그 죄에 대한 생각들이 마음속에서 자라나게 하는 것입니다.

어두움에 있던 마음은 결코 정욕을 죽이려 들지 않습니다.

하나님께서 시험과 함정을 허락하시는 목적은 사람들의 영혼을 안일한 상태에서 찔러 깨우는 가시를 주시기 위함입니다. 그 가시가 거만하고 나태한 영혼을 겸비케 할 수 있기 때문입니다. 만약 이런 하나님의 섭리를 이해한다면 하나님의 섭리는 더 큰 효과로 작용할 것입니다. 시험을 받는 영혼이 자신의 죄악적인 부패의 본질이 무엇인지를 빨리 깨닫는 것이 중요합니다. 그것을 깨닫고 나서야 비로소 자신을 점검하고 재빨리 자기 자신을 깊이 낮추게 될 것이기 때문입니다. 그렇게 된다면 하나님의 섭리의 목적은 이루어지는 것입니다.

하지만 시험의 특별한 때가 아닌 보통의 일상 속에서 정욕과 부패가 수도적으로 세력을 행사하고 있는 경우는 다릅니다. 그러한 자들은 시험이 닥쳐와도 죄에 대한 각성을 받지 않는 것은 물론이며, 시험 자체를 고통으로 느끼지 못하는 자들입니다. 그들의 가진 양심의 뿌리가 완전히 시들어 있기 때문입니다. 그들은 자신들의 죄에 대한 결과가 무엇인지 알지 못합니다. 그들은 죄에 순응할 뿐만 아니라 죄를 사랑하고 죄와 떨어지고 싶은 생각이 결코 없는 자들입니다. 여러분들 중에 혹 자신의 상태와 조건을 깨닫고 침통해 하고 있는 분들이 있다면, 그러한 자들의 상태가 위로가 될 수 있을지 모르겠습니다. 그들의 마음속에 존재하는 악은 영혼이 죄를 짓도록 쉴 새 없는 압력을 가합니다. 앞에서 말한 그러한 특별한 시험이 없는데도 말입니다. 그래서 그 본질과 작용들이 그렇게 묘사되고 있는 것입니다(롬 7장 ; 갈 5:17).

사람들이 가진 특정한 인격적 체질과 정욕이 만나 죄로 드러나는 경우도 있습니다. 이 경우 역시 정욕이 완전히 세력을 장악하고 있는 상태와는 구별

됩니다. 이러한 경우 마음은 일반적으로 정욕을 대적하는 방향으로 움직입니다. 마음의 생각들이 그 정욕과 맹렬히 투쟁하는 것입니다. 마음은 어떻게 하면 정욕과 부패를 물리치고 제어할까 궁리하게 됩니다. 그것을 위해서라면 죽음마저도 마다하지 않으려 합니다. 죽음만이 자신의 내면에 있는 그 정욕과 부패로부터 자신들을 건질 것이기 때문입니다. 로마서에서 사도 바울이 논의한 바가 바로 그러한 사람의 영혼입니다.

그러나 죄가 이미 완전히 세력을 장악하고 있는 경우는 다릅니다. 죄는 마음의 생각들을 제어하고 주장하여 정욕을 실행할 육체를 준비시킵니다. 사람의 마음속에 죄가 향하는 대상을 즐겁게 여기도록 하는 생각을 가득 채워 죄를 지음으로 얻게 될 만족을 생각하게 합니다. 그들에게 있어 죽음은 결코 달콤한 것이 아닙니다. 죽음은 정욕과 그 속에서 가질 수 있는 만족들에서 자기들을 영원히 떠나게 할 것이기 때문입니다. 세상적으로 생각하는 사람에게 죽음이란 생각조차 하기 싫은 것입니다. 세상에서 누리던 모든 부와 즐거움과 유익을 뒤로 한 채 떠날 수밖에 없기 때문입니다. 그들에게 있어서 죽음은 너무나 쓴 것입니다.

영혼의 부패는 사람의 정서를 더럽게 물들여 장악하고, 의지를 주장하여 죄 가운데서 은밀한 만족을 누리기를 원하게 만듭니다. 부패는 마음 전체를 완전히 장악할 수 있습니다. 부패로 완전히 장악된 마음의 생각은 허망하고 육감적이고 세상적일 수밖에 없는 것입니다. 그것이 부패의 주된 본질입니다. 그러나 하나님께서 막으시면 얘기는 달라집니다. 정욕으로 하여금 더 이상 격렬한 작용을 하지 못하도록 제한해 버리신다면 말입니다. 그렇게 된다면 정욕은 죄를 이룰 꿈을 꿀 뿐, 죄를 짓게 까지는 나아가지 못할 것입니다. 정욕은 끝내 마음으로 원하던 것을 이루지 못하게 될 것입니다. 하나님께서 이렇듯 친히 사람들 앞에 환난의 장애를 놓아주심으로 마음속에 자리 잡은 정욕의 성향을 막으시고 죄의 태를 닫으시는 것입니다. 때로는 두려움과 위험으로, 때로는 말씀으로 말입니다.

그러나 그렇게 베푸시는 하나님의 '은혜'를 무시하고 심령의 성향이 늘 죄를 향해 나아간다면 하나님께서는 그 제어하시던 손을 거두시고, 우리가 죄짓지 못하도록 놓으신 그 장애들을 모조리 치워버리실 것입니다. 정욕이 원하는 방식대로 그냥 내버려두실 것입니다. 그들이 가진 정욕의 모든 소원은 이루어질 것이며, 그들은 끝내 죽음의 회랑(回廊)으로 통하는 길에 들어서고 말 것입니다. 그 처참함이야말로 가증한 죄인인 그들을 향해 베푸신 은혜에 대한 하나님의 거대한 불쾌하심의 결과가 아닐 수 없습니다.

정욕의 세력이 활동하는 방식이 어떠하든지 간에, 바른 방식으로 하나님을 그 마음의 생각 속에 두는 사람의 영적인 상태는 그런 것들과는 거리가 멉니다. 정도의 차이는 있겠지만, 하나님을 마음에 두지 않는 이들의 생각들은 하나님을 정면으로 대치하는 것들을 토해내는 샘 근원에서 나오는 것이기 때문입니다. 그들이 가진 샘 근원은 죄에 대한 사랑의 물줄기를 쉬지 않고 뿜어냅니다. 잠시 동안 밀려오는 희미한 조수같이 하나님에 대한 생각들로 그 생각들의 흐름을 거슬러 보려고 해도, 결국 그 하나님에 대한 생각들은 본래 그 내면에 있는 정욕의 세력으로부터 나오는 도도한 생각들의 흐름에 휩싸이고 맙니다. 그런 이들도 외적으로는 거룩한 의무들에 얼마든지 참여할 수 있습니다. 자신들이 가지고 있는 은사들을 활용하며 즐거움으로 영적인 의무들을 감당할 수도 있습니다. 다른 이들이 가지고 있는 은사들보다 자기들의 은사가 나아 보이는 것에 은밀한 만족감을 느낄 수도 있습니다.

"백성이 모이는 것같이 네게 나아오며 내 백성처럼 네 앞에 앉아서 네 말을 들으나 그대로 행치 아니하니 이는 그 입으로는 사랑을 나타내어도 마음은 이익을 따름이라 그들은 네가 고운 음성으로 사랑의 노래를 하며 음악을 잘하는 자같이 여겼나니 네 말을 듣고도 행하지 아니하거니와"(겔 33:31,32).

이 말씀처럼 그들이 행하는 영적인 의무 속에 '하나님을 진정으로 생각하는 것들'이라고는 찾아볼 수가 없습니다. 그들은 하나님에 대한 생각들을 전혀 즐거워하지도, 그러한 생각들을 하려고 자기들의 마음을 부추기지도 않습니다. 뿐만 아니라 자기들의 마음에 그 하나님을 생각하는 것이 들어와 영향을 미치는 것 자체를 싫어합니다. 만약 그들이 하나님을 진지하게 생각한다면 그 즉시로 바람직한 것처럼 포장되었던 죄가 그 모습을 만천하에 드러낼 것이기 때문입니다. 그들에게 남는 것은 결국 자기들의 죄에 대한 두려움뿐일 것입니다. 그런 상황 속에서 그들이 느낄 수 있는 하나님의 성품의 속성은 '공포' 그 자체입니다. 아담을 보십시오. 죄를 짓기 전의 아담은 하나님의 음성을 즐거워하였습니다. 그러나 범죄하고나서 그는 하나님의 음성을 두려워하며 자신의 몸을 숨겼습니다.

죄책감을 가지고 죄를 떨쳐버리려고 발버둥치는 사람은 하나님을 생각할 수 있지만, 여전히 같은 죄를 계속 지으며 그에 대한 양심의 가책만을 느끼는 사람은 하나님을 생각할 수 없는 것입니다. 후자의 경우 저는 이렇게 말할 수밖에 없습니다. "그 모든 사상에 하나님이 없다"고 말입니다. 이들이 영적으로 생각하는 사람들이 된다는 것은 정말 불가능한 일입니다. 하나님을 생각하지 않는 사람이 어떻게 영적으로 생각하는 사람이 될 수 있겠습니까.

여러분은 범사에 하나님을 생각하고 있습니까? 그렇다면 그것이 혹 거짓된 것이 아닌지 면밀히 살펴보십시오. 하나님에 대한 여러분의 생각이 진실한 것이라면 하나님을 생각하면서 즐거움을 가져야 합니다.

"주의 성도들아 여호와를 찬송하며 그의 거룩함을 기억하며 감사하라"(시 30:4).

참된 성도들에게 있어서 하나님을 기억하는 일이야말로 기쁨이며 감사가 아닐 수 없습니다. 선하고 바람직한 모든 것이 다 하나님께 있습니다. 거룩하고 의롭고 능력 있는 일, 은혜롭고 지혜롭고 자비 어린 모든 것이 다 하나님 안에 함축되어 있습니다. '하나님께서 바로 그러하신 분'이라는 사실을 아는 것이 여러분이 가져야 하는 기쁨의 가장 주된 근거가 되어야 합니다. 그러한 근거로 우리가 이 세상에서 무슨 일을 만나 어떤 고통과 불안 가운데 있든지 하나님을 기억함으로 새 힘을 얻을 수 있는 것입니다. 하나님의 품성 안에 있는 모든 선함과 탁월함과 완전함을 우리가 보기 때문에 말입니다.

악한 자들은 하나님께서 그런 분이 아니시기를 바랄 것입니다. 하나님께서는 악인들이 즐거워하고 기뻐할만한 속성을 단 하나도 갖고 계시지 않습니다. 그래서 그들은 자기들의 마음에 맞는 거짓된 개념을 계속 만들어 낼 수밖에 없는 것입니다.

"네가 이 일을 행하여도 내가 잠잠하였더니 네가 나를 너와 같은 줄로 생각하였도다 그러나 내가 너를 책망하여 네 죄를 네 눈앞에 낱낱이 드러내리라 하시는도다"(시 50:21).

하나님의 불같은 진노는 두려워하면서도 결코 하나님을 마땅한 바대로 생각하거나 고려하지는 않습니다. 그들은 하나님으로부터 자기들이 어떤 유익을 얻을 수 있을 거라는 기대를 가집니다. 그러나 하나님의 성품 자체에는 관심도 기대도 없으며 즐거워하지도 않습니다. 만약 하나님의 능력이나 거룩함이나 의의 속성을 약화시키는 방법만 있다면 그렇게 하여 자기들의 마음의 부담을 덜어 보려고 할 것입니다.

여러분은 시편 기자가 말하는 바와 같이 하나님의 거룩하심을 기념하고 감사하십시오. 무한하시고 탁월하시고 완전하신 하나님의 성품을 생각하고 즐거워하십시오. 그렇다면 여러분은 영적으로 생각하는 사람이라고 할 수 있을 것입니다. 그것은 여러분이 하나님의 탁월하심과 완전하심에 대하여 은혜로운 '관심'을 가지고 있다는 확실한 증거가 되기 때문입니다. 우리는 그 은혜로운 '관심'을 가지고 하나님의 성품을 보면서 '아! 하나님께서 정말 이러하신 분이라니!' 하고 즐거워해야 합니다. "하나님은 거룩하고 능력있고 의롭고 선하고 은혜로우신 분이시다. 바로 그분이 나의 하나님이시다. 나의 죽는 날까지 나를 인도하실 하나님이시여!"

죽음을 앞 둔 시편 기자는 하나님의 영원성과 불변성에 대한 생각을 했습니다. 그는 무한하신 영원하심과 불변하심에 자기가 참예하게 될 것이라는 것을 상기하였습니다. 그렇게 자신을 위로하고 자신에게 용기를 주었던 것입니다.

"그가 내 힘을 중도에 쇠약하게 하시며 내 날을 짧게 하셨도다 나의 말이 나의 하나님이여 나의 중년에 나를 데려가지 마옵소서 주의 연대는 대대에 무궁하니이다 주께서 옛적에 땅의 기초를 놓으셨사오며 하늘도 주의 손으로 지으신 바니이다 천지는 없어지려니와 주는 영존하시겠고 그것들은 다 옷 같이 낡으리니 의복 같이 바꾸시면 바꾸려니와 주는 한결같으시고 주의 연대는 무궁하리이다 주의 종들의 자손은 항상 안전히 거주하고 그의 후손은 주 앞에 굳게 서리이다 하였도다"
(시 102:23-28).

우리 구원의 안전한 터는 하나님께서 친히 당신의 무한하신 불변성으로 약속하신 것입니다(말 3:6). 우리가 하나님의 그 약속을 즐겁게 생각하는 것이야말로, 하나님의 은혜 언약에 우리가 참예하고 있음을 증거하는 것입니다.

여러분이 하나님을 진실하게 생각하며 살아간다면 그것은 '하나님의 형상이 우리 속에서 이루어지기 시작 하였다' 는 증거가 될 것입니다. 우리가 다른 모든 것보다 하나님의 형상을 더 기뻐하고 즐거워하게 되었다는 것입니다. 사람들이 하나님의 선하심과 거룩하심과 의로우심과 정결하심에 대한 개념들을 가지고 있다고 할지라도, 자기들의 마음과 영혼 속에서 그 개념들과 일치하거나 닮아가는 일이 일어나지 않는다면, 그 개념들은 열매 없는 무익한 것이 되고 맙니다. 하나님의 탁월하심을 생각하거나 기념하면서 진정으로 즐거워하지 않고는 하나님의 형상을 닮아가는 열매를 얻을 수 없습니다. 그 열매는 우리가 이 세상에 있는 그 어떤 것보다 그 하나님의 완전하심을 즐거워한다는 것을 보여주는 증표가 될 것입니다.

'하나님의 하나님 되심과 하나님의 모든 신적인 탁월함을 누리는 것을 크나큰 복락으로 여기는 것' 역시, 우리가 하나님을 진정으로 생각하는 사람이라는 것을 증명할 것입니다. 많은 사람들이 하나님의 탁월하심만큼은 동의하지 않을 수 없는 모양입니다. 그러나 그 탁월하심이 어떻게 자신들에게 큰 복락이 될 수 있는지에 대해서는 전혀 알지 못합니다. 하나님의 탁월하심을 즐거워하며 깊이 감동하는 사람이라면, 그로 인한 복락이 무엇인지 이해할 것입니다. 그들은 하나님의 탁월하심을 나타내고 누리는 것이 무엇이며 그것이 자기들의 영혼에 영원한 안식과 만족함을 줄 큰 복락이라는 것을 아는 사람들인 것입니다. 악한 사람에게 있어서 하나님이 거룩하시다는 것과 하나님은 영원하시다는 사실은 오히려 고통스러운 저주가 아닐 수 없습니다.

"시온의 죄인들이 두려워하며 경건치 아니한 자들이 떨며 이르기를 우리 중에 누가 삼키는 불과 함께 거하겠으며 우리 중에 누가 영영히 타는 것과 함께 거하리요 하도다"(사 33:14).

물론 우리도 지금은 만물 안에 충만하실 하나님의 영광을 온전히 알 수는 없습니다. 그러나 우리는 하나님의 품성이 바로 하나님의 모든 완전하심의 중심이라는 것을 생각하고 즐거워함으로 그 장래의 영광을 내다보는 것입니다.

우리에게 있어 그러한 생각들과 묵상들을 통하여 마음을 연단하고 자신을 돌아보는 것보다 더 필요하고 더 시급하고 더 유익한 일은 없습니다. 우리가 그러한 생각과 묵상을 통하여 얻는 유익이 무엇인지 모두 열거할 수는 없겠지만 다음과 같이 요약할 수는 있을 것입니다.

첫째, '하나님을 묵상하는 일'은 우리의 정서로 하여금 하나님과 바른 관계를 수시로 점검하는 일을 하도록 합니다. 만일 우리가 하나님을 묵상하는 가운데 하나님의 영원하신 완전하심과 거룩하신 성품을 기뻐하거나 즐거워하지 않는다는 것을 발견한다면, 우리 속에 하나님을 사랑하는 마음이 과연 존재하는지에 대한 의문을 가지며 자신을 돌아보게 될 것입니다. 그러나 만일 우리가 하나님의 거룩하심을 기념하면서 즐거워하고 하나님의 됨됨이 때문에 진정으로 즐거워하고 있음을 발견한다면, 우리 마음이 하나님과 바른 관계에 있다는 것을 다시 한 번 확신할 수 있는 계기가 되는 것입니다.

둘째, '하나님을 묵상하는 일'은 이 세상에 속한 것들로부터 우리의 생각들과 정서의 애착을 효과적으로 떼어내는 방편이 됩니다. 하나님의 선하심과 하나님의 아름다우심과 거룩하심에 대한 영적인 관점에 집중할수록 세상에 속한 것들이 모두 지나가고 사라질 가치 없는 것으로 보일 것이기 때문입니다.

셋째, '하나님을 묵상함으로' 우리가 더욱 하늘에 속한 것을 생각하는 은혜를 얻을 것입니다. 하나님을 묵상하는 일은 하늘에 속한 모든 것을 묵상하는 것과 다르지 않을 것이기 때문입니다.

넷째, '하나님을 묵상하는 일'은 우리로 하여금 장차 누리게 될 하나님의 영광을 더욱 바라며 소원하게 할 것입니다. 썩어질 육신의 죽음에 대한 우리의 모든 두려움은 사라질 것이며 영원한 안식을 추구하려는 우리의 갈망은 더욱 증가하게 될 것입니다. 그러니 하나님을 묵상하는 일을 멈추지 마십시오. 영적으로 더욱 민감하게 즐거워하고 기뻐하는 지각을 가질 수 있을 때까지 노력을 기울이십시오.

마지막으로, '하나님을 묵상하는 일을 통해' 우리는 장차 하나님께서 우리에게 하실 일에 대한 언약을 언제나 새롭게 상기할 수 있습니다. 장차 하나님께서 우리에게 하실 일을 생각하며 즐거워할 수 있게 합니다. 참된 성도들은 하나님께서 그리스도 예수 안에서 이루신 언약을 생각하며 위로와 기쁨을 얻습니다.

"내 집이 하나님 앞에 이 같지 아니하냐 하나님이 나와 더불어 영원한 언약을 세우사 만사에 구비하고 견고하게 하셨으니 나의 모든 구원과 나의 모든 소원을 어찌 이루지 아니하시랴"(삼하 23:5).

그는 자기 가족에게 임하던 모든 곤고함 가운데서도 하나님께서 자기와 맺으신 영원한 언약을 생각하며 즐거워하였습니다.

성도들에게 있어서 하나님을 생각하는 것은 달콤하고 새 힘이 되기에 충분한 것입니다.

"나의 기도를 기쁘게 여기시기를 바라나니 나는 여호와로 말미암아 즐거워하리로다"(시 104:34).

이것이 진정한 '영의 생각'을 가진 사람들이 가지는 모습입니다. 그들은 하나님을 많이 생각할 뿐 아니라 하나님의 모든 것을 즐거워하는 것입니다.

아주 특이하고 표증적인 긍휼을 받은 사람들의 마음은 대부분 자기가 받은 긍휼 자체에 사로잡히는 것을 볼 수 있습니다. 그러나 영적인 사람이라면 그릴 때 즉시 그 긍휼을 베푸신 하나님을 향해 자신의 생각을 집중시킵니다. 모든 은혜가 하나님으로부터 나온 것을 알고 그 하나님께 감사와 영광을 돌리는 것입니다. 세상에서 당하는 곤고함과 슬픔에 대해서도 마찬가지 입니다. 대부분의 세상 사람들은 자신들이 처한 상황만을 마음에 가득 채우지만, 영적으로 생각하는 이들은 곧바로 생각을 하나님께로 몰아갑니다. 하나님을 생각하면서 자기들이 느끼는 슬픔과 두려움을 이기게 할 새로운 힘과 용기를 얻게 되는 것입니다. 그들에게 있어서 가장 큰 기쁨은 '하나님의 거룩하심을 기념하는 것'에 있는 것입니다.

우리는 모든 것을 영적으로 생각해야만 합니다. 그러나 우리가 참으로 영적으로 생각하는 사람이 되기 위해서는 하나님에 대한 '경건한 두려움과 경외심'이 있어야 합니다. 하나님을 향한 '경건한 두려움과 경외심'은 하나님과 관계된 모든 일에서 요구되는 것입니다.

"그러므로 우리가 흔들리지 않는 나라를 받았은즉 은혜를 받자 이로 말미암아 경건함과 두려움으로 하나님을 기쁘시게 섬길지니 우리 하나님은 소멸하는 불이심이니라"(히 12:28,29).

성경은 다른 어떤 것보다 이 교훈을 강조하고 있습니다.

하나님의 성품과 우리의 본성 사이에는 무한한 거리가 있습니다. 그 무한하신 위대함과 거룩하심과 능력에 대해 우리는 할 수 있는 한 최대한의 경외심을 하나님께 드려야 마땅한 것입니다. 모든 악은 하나님께 대한 경외심 부족으로 시작됩니다. 모든 악의 근원에서 그 점을 발견할 수 있습니다. 하나님의 거룩한 이름으로 함부로 맹세하고 하나님의 이름을 이용해 헛되게 큰소리 치는 곳에 하나님을 경외하는 것이란 찾아 볼 수가 없습니다.

우리가 하나님께 드려야 할 마땅한 일들이 서로 바르게 조화되길 원한다면, 경건한 두려움과 경외심으로 하나님을 생각하십시오. 그리고 기쁨과 즐거움을 겸비한 담대한 확신을 가지고 하나님께 더욱 가까이 나아가십시오. "그러므로 우리가 진동치 못할 나라를 받았은즉 은혜를 받자 이로 말미암아 경건함과 두려움으로 하나님을 기쁘게 섬길찌니 우리 하나님은 소멸하는 불이심이니라"(히 12:28,29). 본성적인 이성만으로는 이러한 것들을 받아들일 수가 없습니다. 육신적인 이성이 무서워하는 것을 즐거워할 리가 없습니다. 그들은 이러한 일이 가능하다는 것을 이해하지 못합니다. 그러나 하나님께서 어떠한 분이시며 우리에게 앞으로 어떻게 하실 분인지를 생각하는 믿음이 우리에게 있다면 경건한 두려움과 즐거움은 서로 완벽한 조화를 이루게 될 것입니다.

우리가 하나님을 생각하는 모든 것들에는 하나님을 향한 거룩한 경외심이 수반되어야 합니다. 그 생각은 하나님의 위대하심과 하나님의 거룩하심과 능력을 아는 바른 지각에서 우러나오는 것이어야 합니다. 만약 그렇지 않다면 그것은 '헛된 호기심과 무모함'에서 나오는 쓸모없는 상상에 불과할 수도 있기 때문입니다.

'허망한 호기심'으로 가득 찬 이들은 인간의 본성이 가진 이해의 수준에 맞추어 하나님의 성품과 속성을 논의하고 숙고하려고 합니다. '모든 사상에 하나님이 계시지 않는' 사람들이 하나님에 대해 가지는 형이상학적인 호기심은, 하나님께 대한 거룩한 두려움과 경외심이 제거된 전혀 엉뚱한 논리를 만들어 낼 뿐입니다.

자신을 낮추지 않는 '육신적인 무모함'에 빠져 하나님을 바라보는 이들도 마찬가지입니다. 근거없는 무모함에 빠진 그들의 마음이나 영혼에 하나님을 향한 거룩한 외경심이 있을 리가 없습니다. 그런 무모함을 가진 이들이 영적으로 생각한다는 것은 불가능한 일입니다.

우리가 거룩한 경외심을 가지고 하나님께 나아가는 것은 하나님을 거룩하게 높이는 일입니다. 하나님께서 그런 우리의 마음을 더욱 정결하게 하실 것입니다. 경외 어린 두려움 없이 하나님을 생각하는 무모함에 빠지지 마십시오. 그런 마음의 상태로 하나님을 생각할 때마다 알지도 못하는 사이에 우리 영혼은 무모하고 하잘 것 없는 심령의 상태에 습관적으로 빠져들어 갈 것입니다.

여전히 남아있는 우리 마음속의 부패한 잔재들은 죄에 대한 생각들을 끊임없이 만들어내려고 합니다. 사탄의 시험과 암시 역시 그러합니다. 그러나 우리가 우리의 마음속에서 떠오르는 죄에 대한 생각들을 즉각 거부하여 우리로부터 그러한 악한 생각들이 사라지게 된다면 영혼은 큰 유익과 만족을 느끼게 됩니다. 하지만 떨쳐버렸던 악한 생각이 다시 돌아와 잠시라도 마음속에 거하도록 내버려둔다면 마음과 양심은 크게 더럽혀질 것은 물론이고, 또 다른 악한 생각들이 들어올 수 있도록 이전보다 문을 더 넓게 열어버리는 꼴이 됨을 잊지 마십시오.

하나님을 생각하는 문제도 마찬가지입니다. 하나님에 대한 생각들이 우리 마음에 영향을 미치기도 전에 금방 사라져 버린다면 그러한 생각들을 통해 우리가 얻을 수 있는 유익은 아주 적을 수밖에 없을 것입니다. 그러나 만일 하나님께 대한 생각들이 우리에게 한 동안 머물러 있으면, 우리의 영혼은 하나님을 경외하는 복된 상태를 유지할 수 있게 될 것입니다. 그것은 우리 영혼의 성장을 고무시키는 가장 복된 방편입니다. 하나님에 대한 생각이 우리 마음에 머무는 시간을 지속시키십시오. 하나님에 대한 거룩한 경외심과 두려움을 가지면서 말입니다.

인간의 본성에는 하나님의 존재에 대한 어렴풋한 의식(意識)이 심겨 있습니다(롬 1:19). 그러한 본성적 의식은 어떤 갑작스러운 일을 통해 표출되곤 합니다. 이겨낼 수 없는 갑작스런 시련 앞에서 들리는 본성의 소리로 인해 하나님을 바라보게 되는 경우가 그러합니다. 하나님을 모독하던 악한 자들이 어느 날 갑자기 하나님을 진지하게 생각하는 경우가 있는 것입니다. 그들의 본성에도 하나님의 존재에 대한 의식이 심겨 있었기 때문입니다. 하지만 그 이상은 아닙니다. 그들의 본성은 하나님을 경외하거나 거룩하고 두려워하는 마음을 가지는 데까지는 나아가지 못하는 것입니다. 의심할 여지없이 그들이 잠시 가졌던 하나님에 대한 생각은 아무런 가치가 없습니다. 그런 생각만으로는 하나님께 영광을 돌리지도 못하고 자기들에게도 유익이 되지 못하는 것입니다. 거룩한 두려움과 경외심을 수반하지 않는 하나님에 대한 생각들은 다 그러합니다.

오늘날 많은 사람들이 사적이든 공적이든 하나님을 경외하는 모임을 지속적으로 가져야 한다고 강조합니다. 누군가가 따로 더 강조할 필요가 없을 정도로 말입니다. 그러나 그들이 가져야 한다고 주장하는 모임에 하나님을 경외하는 것이 없다면 그것 모두는 외적인 형식에 불과합니다. 하나님을 예배히면서 하나님을 경외하지 않는다는 일이 있을 수 있습니까? 내용 없이 형식만 존재하는 예배들이야 말로 기독교를 가장 크게 침몰시키는 행위가 아닐 수 없습니다. 그런 예배는 많이 행해지면 행해질수록 그 사상 속에 하나님 경외하는 마음이 없는 사람들을 더 많이 생산해 낼 뿐입니다. 오랜 세월 동안 하나님에 대한 거룩한 경외심을 꾸준히 파괴시켜왔던 자들이 지금도 계속 그런 일을 하고 있습니다.

우리의 영혼이 하나님을 경외하고 두려워한다는 것은 '하나님에 대한 우리 영혼의 존중심'의 증거입니다. 그것이 없다면 하나님께서는 아무것도 받지 않으실 것입니다. 성경은 우리의 지혜 전부가 다 하나님을 경외하는데 사용해야 하는 것이라고 말하고 있습니다. 우리의 마음과 우리가 감당하는 모든 영적인 의무들에 하나님을 경외함이 충만하여, 모든 것이 하나님의 영광이 되도록 해야 하는 것입니다. 기독교의 생명은 바로 여기에 있는 것입니다.

chapter.9

하나님을 묵상함(2)

지금까지 언급하였던 것들은 하나님에 대한 생각들의 성질과 자세와 실행방식에서 일반적으로 전제된 것들입니다. 이제는 영적으로 생각을 하는 이들이 되려면 무엇을 어떤 특별한 방식으로 생각하여야 하는지, 우리 생각들 속에서 무엇을 항상 친밀하게 여겨야하는지를 구체적으로 지적하는 일이 남았습니다. 다시 말하면, 하나님의 성품 자체와 그 거룩한 속성(屬性)과 직접 연관되는 것들을 다루어야 합니다. 예수 그리스도 안에 있는 하나님의 은혜와 사랑과 관련된 것들은 나중에 별도의 제목 아래서 다루겠습니다.

무엇 보다 먼저, '하나님이 실제로 살아계심'을 많이 생각하십시오. '우리와 하나님과의 관계, 우리가 하나님께 나아감'의 모든 기초가 바로 그 요점에 있습니다. 히브리서 기자는 말합니다.

"믿음이 없이는 하나님을 기쁘시게 하지 못하나니 하나님께 나아가는 자는 반드시 그가 계신 것과 또한 그가 자기를 찾는 자들에게 상주시는 이심을 믿어야 할지니라"(히 11:6).

이 점이 '믿음의 제일 대상' 입니다. 또한 이성(理性, reason)이 취할 '첫 동작'(first act)이요, 기독교의 오직 유일한 초석입니다.

우리가 이 사실에 대해 많은 생각을 해야 함은 너무나도 당연한 일입니다. 이것이야말로 수도 없이 반복하고 새롭게 생각해야 할 사실입니다. 이따금씩 하나님의 존재를 인정한다고 말하는 사람들을 보게 됩니다. 하지만 그들 중 삶 자체에 하나님의 존재를 받아들이는 사람은 단 한 사람도 보지 못했습니다. 하나님의 존재는 인정하지만 자신의 영혼에 영향을 줄 수 있는 존재로는 믿지 않는 것입니다. 그들의 영혼에 아주 작은 빛이라도 있다면 모든 피조물이 하나님의 존재로부터 만족을 얻는다는 사실을 알 수 있을 텐데 말입니다. 우리의 전통과 교육은 사람들로 하여금 하나님의 존재를 인정하지 않으면 안 되게 하였지만, 사람들로 하여금 그 이상 나가게 하지는 못했습니다. 사람들은 하나님의 존재에 별다른 의문을 가지지 않습니다. 의문을 가질 만큼의 관심을 둘 하등의 이유조차 없어 보입니다. 물론 그들도 어떤 긴박한 상황에서는 하나님의 존재에 대해 진지하게 생각하곤 합니다. 그러나 그 때 뿐입니다.

이런 모습을 보면서 발견하는 사실이 있습니다. 하나님의 존재를 아는 지식이 본성의 빛 속에 잠재하여 있다는 것입니다. 양심의 작용, 무한한 권능과 지혜의 역사(役事)들과 효력들에 대해 이성이 제대로 작용하게 한 것이 바로 그 하나님의 존재를 아는 지식입니다. 그러니 하나님의 계시들을 믿으면 그런 신지식(神知識)이 증가되고 쓸모 있게 되어야 마땅하지요. 또 그 하나님의 계시를 통하여 하나님의 권능에 대한 체험도 그렇게 증가되어야 마땅합니다. 이 믿음으로 말미암아 하나님의 살아계심에 대하여 자주 생각하여야 합니다. 그 두 가지 이유, 곧 우리 본성의 빛 속에 있는 신의식과 하나님의 계시를 믿음으로 말미암은 신지식 때문에, 우리가 사는 이 시대 속에서 하나님의 살아 계심을 탁월한 방식으로 생각하는 의무가 필연적이 된 것입니다.

지금은 '개념적인 면에서나 실천적인 면에서나' 무신론이 범람하고 있는 시대입니다. 그 이유들에 대하여는 이미 알아보았습니다. 정말 자세히 관찰해 보지 않더라도 그 사실은 분명하게 나타납니다. 이러한 시대에 우리가 하나님의 살아계심을 믿는 믿음의 생각들을 더욱 풍성하게 해야 할 이유를 두 가지 측면에서 생각해 봅니다.

첫째, 저주 받을 지옥의 효력을 대적하여 특별한 증거가 요구됩니다. 그러므로 영적으로 생각하는 이들은 하나님의 살아계심에 대한 생각들을 많이 가짐으로 하나님께 영광을 돌리지 않을 수 없습니다.

"눈이 있어도 보지 못하고 귀가 있어도 듣지 못하는 백성을 이끌어 내라 열방은 모였으며 민족들이 회집하였는데 그들 중에 누가 이 일을 알려 주며 이전 일들을 우리에게 들려주겠느냐 그들이 그들의 증인을 세워서 자기들의 옳음을 나타내고 듣는 자들이 옳다고 말하게 하여 보라 나 여호와가 말하노라 너희는 나의 증인, 나의 종으로 택함을 입었나니 이는 너희가 나를 알고 믿으며 내가 그인 줄 깨닫게 하려 함이라 나의 전에 지음을 받은 신이 없었느니라 나의 후에도 없으리라 나 곧 나는 여호와라 나 외에 구원자가 없느니라 내가 알려 주었으며 구원하였으며 보였고 너희 중에 다른 신이 없었나니 그러므로 너희는 나의 증인이요 나는 하나님이니라 여호와의 말씀이니라"(사 43:9-12).

"너희는 두려워하지 말며 겁내지 말라 내가 예로부터 너희에게 듣게 하지 아니하였느냐 알리지 아니하였느냐 너희는 나의 증인이라 나 외에 신이 있겠느냐 과연 반석은 없나니 다른 신이 있음을 내가 알지 못하노라"(사 44:8).

둘째로, 우리는 하나님의 존재를 더욱 깊이 생각하지 않으면 안 될 상황들을 끊임없이 만나게 될 것입니다. 세상에 넘쳐 있는 무신론적인 불경건의 원리들이 모든 경건한 이들의 영혼을 격동시킬 것입니다. 이러한 때일수록 우리가 하나님의 존재에 대한 생각들을 자주 하지 않는다면 그러한 무신론적인 사상들 속에서 힘을 내거나 새로운 용기를 얻을 수가 없는 것입니다. 노아가 그러하였습니다. 소돔에서의 롯이 그러하였습니다. 그러한 격동의 시기 가운데 그들 마음에 있던 은혜가 그들을 거룩하게 구분되도록 하였던 것입니다.

오늘날 이 시대의 모든 것은 '헤아리기 힘든 혼란'에 빠져 있습니다. 세상은 사람들로부터 오는 시험들로 넘쳐납니다. 이전 시대에 하나님의 사람들에게 인간사(人間事) 중에서 어떤 종류의 시험이 닥쳐왔어도 이 시대는 그 보다 더 넘쳐납니다. 사람들이 이렇게 신성모독적이고 방종하는 모습을 보이며 무신론(無神論)을 강화시키던 시대는 없었습니다. 세상에서 눈에 보이는 일들의 상태가 경건한 자들에게 이 세대 보다 더 큰 시험을 주던 때가 없었습니다. 옛 시편 기자는 불신앙적인 시험에 빠질 뻔한 자신을 보고 매우 놀랐습니다. "나는 거의 넘어질 뻔하였고 나의 걸음이 미끄러질 뻔하였으니 이는 내가 악인의 형통함을 보고 오만한 자를 질투하였음이로다 그들은 죽을 때에도 고통이 없고 그힘이 강건하며 사람들이 당하는 고난이 그들에게는 없고 사람들이 당하는 재앙이 그들에게는 없나니"(시 73:2-5).

우리에게도 그 시편 기자가 당했던 시험이 찾아올 수 있습니다. 우리도 그와 같이 생각하고 싶은 마음이 들지 모릅니다. "내가 내 마음을 정하게 하며 내 손을 씻어 무죄하다 한 것이 실로 헛되도다 나는 종일 재앙을 당하며 아침마다 징책을 보았도다."

하박국은 오늘날과 같은 당시의 상황을 보면서 이렇게 표현하였습니다. "보라 내가 사납고 성급한 백성 곧 땅이 넓은 곳으로 다니며 자기의 소유가 아닌 거처들을 점령하는 갈대아 사람을 일으켰나니 그들은 두렵고 무서우며 당당함과 위엄이 자기들에게서 나오며 그들의 군마는 표범보다 빠르고 저녁 이리보다 사나우며 그들의 마병은 먼 곳에서부터 빨리 달려오는 마병이라 마치 먹이를 움키려 하는 독수리의 날음과 같으니라 그들은 다 강포를 행하러 오는데 앞을 향하여 나아가며 사람을 사로잡아 모으기를 모래 같이 많이 할 것이요, 왕들을 멸시하며 방백을 조소하며 모든 견고한 성들을 비웃고 흉벽을 쌓아 그것을 점령할 것이라"(합 1:6-10).

그는 하나님의 존재와 속성들에 대한 믿음을 새롭게 하여 자기 생각의 터를 굳건히 하였습니다.

"선지가 이르되 여호와 나의 하나님, 나의 거룩한 자시여 주께서는 만세 전부터 계시지 아니 하시니이까 우리가 사망에 이르지 아니 하리이다 여호와여 주께서 심판하기 위하여 그를 두셨나이다 반석이시여, 주께서 경계하기 위하여 그를 세우셨나이다 주께서는 눈이 정결하시므로 악을 참아 보지 못하시며 패역을 참아 보지 못하시거늘 어찌하여 궤휼한 자들을 방관하시며 악인이 자기보다 의로운 사람을 삼키는데도 잠잠하시나이까"(합 1:12,13).

다윗도 그러하였습니다.

"터가 무너지면 의인이 무엇을 하랴 여호와께서는 그의 성전에 계시고 여호와의 보좌는 하늘에 있음이여 그의 눈이 인생을 통촉하시고 그의 안목이 그들을 감찰하시도다 여호와는 의인을 감찰하시고 악인과 폭력을 좋아하는 자를 마음에 미워하시도다"(시 11:3-5).

이 두 사실에 비추어 영적인 사고방식을 가진 이들은 하나님의 존재에 대한 생각을 많이 해야 할 시절입니다. 그들은 자신들 속에서 말해야 할 것입니다. "진실로 의인에게 갚음이 있고 진실로 땅에서 심판하시는 하나님이 계시다 하리로다."(시 58:11). 그래서 당연히 하나님의 성품과 하나님의 영원한 능력과 하나님의 무한하신 지혜와 절대적인 주권에 대해 끊임없이 생각하게 됩니다. 그들은 그 사실을 상기함으로 시험의 폭풍 속에서 자신의 영혼을 확고히 지켜나가는 것입니다.

그러나 연약한 신자들이 하나님의 살아계심을 생각할 때 괴로움을 겪을 수 있는 두 가지 사항이 있습니다.

먼저 감안해야 할 일은, 사탄이 우리 마음이 온전히 이해할 수 없는 것들에 대하여 생각하고 묵상하는 일에 매우 연약함을 압니다. 우리가 자신의 마음을 고정시켜 새 힘을 얻게 하려 할 바로 그 때, 사탄은 그것을 기회로 오히려 '하나님을 모독하는 상상' 들을 주입하려고 시도합니다. 우리들로 하여금 함정에 빠질 수 있는 여러 가지 의문들을 가지도록 하는 것입니다. 우리가 어느 때 보다 하나님의 존재와 그 탁월하심에 대한 생각을 하면서 우리 영혼이 새 힘을 가져야 할 바로 그때에 말입니다. 사탄은 '하나님이 정말 계실까? 하나님이 계시다는 것을 어떻게 아는가? 이를 증명할 수 있는가?' 라는 식으로 우리 영혼에 시험의 말을 넣습니다. 사탄이 처음 우리 조상을 시험할 때에도 그러하였습니다. "동산에 있는 모든 나무의 실과를 다 먹지 말라 하시더냐?" 심지어는 우리 주님께도 "만일 네가 하나님의 아들이어든"이라는 말로 시험하였습니다.

사도가 에베소서 6:16에서 언급한 '악한 자의 불화살'이 바로 그것입니다. 그럴 때에 믿음으로 대처할 방식을 사도가 말합니다.

"모든 것 위에 믿음의 방패를 가지고 이로써 능히 악한 자의 모든 불화살을 소멸하고"(엡 6:16).

믿음은 가장 먼저 '그러한 사탄의 혐오스러운 제안들을 신속하게 거부하도록' 작용합니다. 우리 구주께서 그렇게 하셨습니다. "사탄아 내 뒤로 물러가라." 사탄이 여러분의 눈앞에 똑바로 서서 하나님에 대한 악한 질문을 던지고 있다고 생각해보십시오. 여러분 속에서 일어나는 악한 생각들이 마귀가 직접 던지는 시험이라는 사실을 깨닫는다면 여러분은 그것이 즉시로 거부해야할 혐오스러운 것으로 느끼게 될 것입니다.

마귀가 던지는 불화살의 효력이 아주 잠깐이라도 여러분 속에 머무르게 해서는 안 됩니다. 그 불화살을 바라보면서 한가롭게 논박하고 따져볼 겨를이 없습니다. 여러분의 옷에 불똥이 튄다면 여러분은 주저하지 않고 재빨리 털어버리지 않습니까? 누가 옷에 튄 불똥을 여유 있게 바라보면서 과연 '이 불똥으로 인해 내 옷이 탈까' 라고 생각하고 있겠습니까? 마귀가 던지는 불화살도 마찬가지입니다. 만일 그러한 불화살이 잠깐이라도 있도록 내버려 둔다면 여러분의 상상은 시험의 화염으로 큰 소동을 겪게 될 것입니다. 성경의 분명한 증거를 가지고 그러한 것들을 즉시 물리치십시오. 우리 구주께서 하신 것 같이 말입니다.

악한 암시들의 원리와 논박하려 하지 마십시오. 믿음의 방패로 그 악한 불화살을 재빨리 쳐내야 합니다. 만일 우리가 사탄과 함께 하나님의 존재에 대해 길게 논의하는 자리로 나아간다면, 우리도 모르는 사이 우리는 본래 의도한 묵상의 자리에서 떠나 있는 자신을 발견하게 될 것입니다. 결국 하나님의 존재에 대하여 경건하게 묵상해야 할 시간이 하나님의 존재 여부에 대해 논박하는 기회로 허비되고 변질되어 버리는 것입니다. 그것이 마귀가 원하는 바입니다.

어떤 사람은 교만하고 아는 체 하길 좋아하는 사람이 삼단 논법으로 하나님이 없음을 증거 할 때, 한 마디도 대꾸하지 않고 일어나 걸어 나갔다고 합니다. 물론 그가 그 말에 대해 대꾸하였다면 이렇게 했을 것입니다. "나는 기도를 통하여 하나님의 능력과 임재하심을 얼마나 자주 체험하였는지 모른다. 마치 나의 두 귀로 직접 듣고 두 눈으로 그분을 직접 본 것처럼 말이다. 그분은 성령과 말씀을 통해 능력과 은혜와 존재와 선하심과 사랑으로 내 안에 계시다. 하나님께서 나를 용서하셨고 '내 양심'은 자유하다. 나는 온 세상이 결코 줄 수 없는 그 평안함을 누리고 있다. 그 많은 환난과 위험과 고통 중에서 얼마나 많이 나를 도우시고 건져내셨는지 아는가?"라고 말입니다.

사탄의 시험을 이기는 또 하나의 방식이 있습니다. 믿는 자들에게는 하나님의 영원한 능력과 하나님의 신격에 대한 증거와 체험이 있습니다. 그 체험으로 즉시 대적하십시오. 하나님이 없다는 암시를 던지는 사탄에게 "하나님은 지금도 나를 보고 계시며 언제나 나와 함께 하신다. 하나님이 살아계시지 않다고 하는 너의 암시와는 정반대의 체험과 영적인 지각이 내게 있다는 것을 모르는가?"라고 말하십시오.

예수 그리스도의 고치심으로 보게 된 사람을 시험의 올무에 걸리게 하려고 했던 바리새인들의 질문에 소경이었던 그는 "한 가지 아는 것은 내가 소경으로 있다가 지금 보는 그것 이니이다"라고 답하였습니다. 사탄에게 확실한 사실을 말하십시오. 여러분의 영혼이 죽어 있었으나 지금은 살았다는 사실과 영적으로 눈멀어 있었으나 지금은 본다는 사실을 말하십시오. 모든 것이 하나님의 능력의 은혜로 말미암은 것이라는 그 사실과 체험을 말하십시오. 그것이 믿음의 방패입니다. 사탄의 불화살은 완전히 소멸될 것입니다. 사탄은 결국 그 시도를 단념하고 여러분을 괴롭게 하던 일을 멈출 것입니다. 그리고 혼비백산 달아날 것입니다. 그럴 때마다 우리는 은혜의 행사 속으로 더욱 깊이 들어가게 될 것입니다. 사탄은 이중적인 패퇴를 당하게 되는 것입니다. 그렇게 되는 것이야말로 우리 대적 원수가 가장 크게 낙담할 일입니다.

우리의 연약함 때문에 하나님의 존재를 생각하면서 스스로 '갈피'를 잃어버리는 경우도 있습니다. 우리의 마음이 무엇인가에 압도당해 버리는 경우가 그것입니다. 우리가 생각하는 대상은 너무나 위대하고 영광스러우신 분입니다. 그 사실에 압도당하고 결국 자신이 하고 있는 생각을 중단해 버리는 경우가 종종 있습니다. 그런 가운데 생각 속에 어리석고 허망한 사상들이 일어나 하나님을 생각하는 일을 지속적으로 하지 못하는 것입니다. 그럴 때 우리는 '이해할 수 없는 것들이 어떻게 존재할 수 있는가?'라는 의문을 가질 수 있습니다. 마치 태양빛을 감당하지 못하고 얼굴을 돌리는 것처럼 하나님의 광대하심과 무한하심을 생각하다가 마음을 돌려 버리는 것입니다. 이러한 경우에 있는 자들에게는 두 가지의 충고가 필요합니다.

먼저, 지성이 온전히 이해할 수 없는 것들을 거룩하게 여기고 감탄하는 쪽으로 자신을 몰아가야 합니다. 우리의 지성으로 하나님을 완전히 이해하는 것은 불가능한 일입니다. 우리가 영원한 생명 가운데 속해 있다고 해도 하나님의 완진하심과 탁월하심을 절대적으로 이해할 수는 없습니다. 무한하신 그분만이 무한(無限)을 온전히 이해하실 수 있습니다.

하나님의 완전하심과 탁월하심은 지상에서의 우리의 믿음과 예배의 대상입니다. 우리 영혼이 하나님의 찬란한 위대하심과 감히 헤아릴 수 없는 완전하심에 머리를 숙이면서 하나님만이 모든 것 되심을 발견하게 되는 것입니다. 그것이 우리의 만족이며 우리의 안식과 평안이 되는 것입니다(롬 11:33-36).

세상의 거대함과 모든 열방과 거민에 대한 생각은 불안정할 수밖에 없습니다. 세상의 모든 것들은 하나님에게 있어 우주에 떠다니는 작은 먼지처럼 아무것도 아닌 것입니다. 우리가 어떻게 하나님의 위대하심에 대해 거룩한 감탄을 발하지 않을 수 있겠습니까? 우리의 이지는 하나님의 무한하신 여러 속성들 중에 단 한 가지만을 측량하려고 시도하는 것만으로도 갈피를 잃어버리고 당황할 수 있습니다. 우리는 우리의 생각과 관심을 하나님이 가지신 그 전능하심이 발휘하는 효력에게로 돌려야 합니다. 우리는 분명 그 효력을 체험해보았고 앞으로 그 체험은 계속 될 것입니다. 그 자체로서는 우리가 지성으로 이해하기에 너무나 높고 위대한 것이지만 그것이 우리에게 주는 효력을 생각하면서 하나님의 속성을 느낄 수가 있는 것입니다. 하나님의 성품에 속한 속성들로부터 우리가 체험하지 못할 효력은 없습니다. 시냇물 줄기에서 우리가 접근하지 못하는 샘 근원의 맛을 볼 수 있는 것처럼 그 효력을 체험하는 것으로 이해할 수 없는 무한하고 광대한 것을 느끼고 감탄할 수 있게 되는 것입니다.

우리는 하나님의 성품의 광대하심을 감히 이해하거나 측량할 수 없습니다. 우리의 지성으로는 광대함의 본질을 온전히 이해하지 못합니다. 그러나 하나님의 성품의 광대하심을 체험하고 그에 대한 믿음으로 만족할 수는 있는 것입니다. 따라서 우리가 하나님을 생각하는 것에는 하나님의 임재하심과 전능하심에 대한 생각들이 늘 존재해야 합니다. 언제 어디서나 우리가 있는 곳에 하나님께서 함께 계시면서 외적인 우리의 행실 뿐 아니라 우리 마음과 내면의 상태를 보신다는 것을 기억하기 전에는 한 걸음도 나아가지 마십시오. 우리 마음을 기울여 정말 그러한 생각들과 개념들만 가져야 할 때가 올 것입니다. 우리가 그렇지 못하다면 그러한 때에 우리가 행할 마땅한 도리를 다 하지 못하게 될 것입니다.

사람들은 어떤 모임에서 자신이 시험을 받아 죄를 짓게 되었다는 것을 알면서도 다시 그 모임을 찾아 나섭니다. 그 모임은 그런 이들이 실제적으로 죄를 짓는 기회가 됩니다. 그 모임에 참여하는 순간 사람들은 하나님에 관한 모든 것을 잊어버립니다. 모든 허망함에 자신을 방임할 뿐 아니라 여러 종류의 과도함에 스스로를 내맡겨 버립니다. 다윗은 그러한 경우가 가져오는 악과 위험이 어떤 것인지를 알고 있었습니다. 그래서 그러한 경우 자신이 어떻게 처신하였는지를 말하고 있습니다.

"내가 말하기를 나의 행위를 조심하여 내 혀로 범죄치 아니하리니 악인이 내 앞에 있을 때에 내가 내 입에 재갈을 먹이리라 하였도다 내가 잠잠하여 선한 말도 하지 아니하니 나의 근심이 더 심하도다 내 마음이 내 속에서 뜨거워서 작은 소리로 읊조릴 때에 불이 붙으니 나의 혀로 말하기를 여호와여 나의 종말과 연한이 언제까지인지 알게 하사 나로 나의 연약함을 알게 하소서"(시 39:1-3).

그는 악한 말들과 생각들과는 상종하지 않았습니다. 마치 '돼지 앞에 진주를 던지는 것'처럼 합당하지 않다고 판단하였습니다. 그래서 그는 침묵을 지켰습니다. 그것이 자기에게 고통스럽고 슬픈 일이라 할지라도 말입니다. 하지만 그는 곧 탁월한 묵상을 하게 됩니다. 하나님께서 나와 함께 계시며 하나님의 눈이 나를 살피고 있다는 것을 생각하고 심령이 하나님에 대한 외경심으로 가득 차게 되면, 시험과 죄로 인하여 오는 허망한 즐거움이 주는 달콤함이 쓰게 느껴진다는 사실을 말입니다. 하나님을 모독하는 악한 모임에 자신들을 내맡기는 자들은 결단코 하나님 앞에서 겸손하거나 신중하게 행동할 수가 없습니다. 어떤 모양의 것이든지 자신을 부패한 교제나 과도함에 빠지게 하기 때문입니다. 그런 모임에 참석하는 순간 '하나님이 함께 계시다'는 것과 '하나님이 모든 것을 감찰하신다'는 생각은 사라집니다. 그가 그 모임을 떠나면서 자신이 과연 하나님의 임재와 하나님의 감찰하심을 아는 자로서 합당하게 행동했는지를 돌아볼 리가 없습니다.

정말 안타까운 일입니다! '바쁘다,' '사업상의 일이다,' '어쩔 수 없었다'라는 핑계를 대면서 많은 사람들이 마음속에서 하나님을 몰아내고 있습니다. 하나님을 마음으로 기억하지 않으면 죄를 짓지 않을 수가 없다는 명백한 사실을 망각한 채 말입니다. 이런 허망한 모임들은 사람들로 하여금 복음적인 대화를 어리석은 것으로 여기도록 만듭니다. 그런 가운데 사람들이 영적으로 생각한다는 것은 거의 불가능합니다.

자기들의 마음으로 자원하였든지, 어쩔 수 없는 경우였든지 간에 이런 저런 모임에 난잡하게 참석하는 이들에게 분명하게 말해주고 싶습니다. 하나님이 언제나 모든 것을 지켜보고 계신다는 생각들로 자신의 심령을 부단하게 깨우치지 않는다면, 결코 죄악적인 함정들과 비행에서 자신들을 지키지 못할 것이라고 말입니다. 그렇습니다. 그러한 생각은 우리 중에서 가장 선한 자로 여겨지는 이들에게도 필요합니다. 가장 선하게 여겨지는 모임들에서도 그런 생각들이 필요한 것입니다. 우리가 어느 때에든지 추하게 행동하지 않기 위해서 말입니다.

어떤 이는 공적으로 모이는 곳이든 혼자이든 기회가 주어질 때마다 죄를 짓습니다. 이런 자들은 마음의 죄책감으로 괴로워하면서도 하나님께 전적으로 돌아서지 않는 사람들입니다. 매번 큰 결심을 하면서도 죄의 기회가 찾아오면 너무나 쉽게 나뒹굴어집니다. 그들은 그런 기회를 통해서 매일 저주받을 악한 열매를 만들어 냅니다. 우리는 사람들로 하여금 죄를 짓도록 시험하는 세력과 효력을 가지고 있는 특별한 기회들이 있다는 사실을 깨달아야 합니다. 우리가 주도면밀하게 경계하지 않는다면 그 악한 기회는 누구에게나 찾아 올 수 있습니다. 그러한 때가 하나님께서 어디나 계시고 모든 것을 아신다는 것을 생각할 때입니다. 이것이 은밀함의 기회를 따라서 나오는 시험을 상쇄시킬 가장 좋은 방편입니다. 거룩한 하나님이 나와 함께 계시며 감찰하시는 눈으로 나를 바라보고 계시다는 생각이 정욕을 격동시키는 정서들을 잠재울 것입니다. 그 생각은 시험으로 공략당한 영혼이 어쩔 줄을 모르고 당황하고 있을 때에 견고한 망대요 안전한 피난처가 될 것입니다.

'혼자 외로이 칩거하는 때'는 영적 사고방식을 가진 사람이나 그렇지 않은 사람들에게나 정말 어려운 시험의 때입니다. 그때야말로 우리의 됨됨이가 정확하게 드러나는 때입니다. 우리는 걷거나 여행을 하거나 홀로 있을 때 허망한 생각들과 어리석은 상상들이 찾아오면서 문득 자신이 외로운 사람이라고 느낄 때가 있습니다. 그래서 우리는 우리 마음의 정서와 기억 속에 쌓여 있던 것으로 자신을 위로하려고 노력할 것입니다. 그러나 인간 본래의 정서와 생각들은 정욕과 부패의 근원이라는 사실을 잊지 마십시오. 그러한 정서와 생각들은 자신을 더욱 악한 상태로 들어가게 유도하는 일 밖에는 해내지 못합니다. "내가 여호와를 항상 내 앞에 모심이여"라고 시편 기자가 말한 것처럼 하나님께서 언제나 자기와 함께 계신다는 사실을 상기하십시오. 그것을 생각하는 것만이 영혼을 하나님께 대한 외경심 가운데서 지켜내고 그 마음의 정서들로 하여금 해야 할 마땅한 도리가 무엇인지 알도록 할 것입니다.

  큰 어려움과 위험이 닥쳐와 갈피를 잡기가 힘들어질 때도 마찬가지입니다. 모든 사람이 떠나가고 아무도 그 곁에 있지 않았을 때가 사도 바울에게 있었습니다. 분노를 발하며 그를 죽이고자 했던 여러 임금들과 주관자들과 재판관들 앞에 그가 서있던 장면을 상상하여 보십시다. 모든 두려움과 공포가 그를 에워싸고 있는 상황이 아닐 수 없습니다. 그러나 사도는 자기의 눈으로 보고 있는 모든 것들로부터 생각을 떼어 하나님의 임재하심과 전능하심에 마음을 고정시켰을 것입니다. 하나님의 존재를 인정하지 않는 재판관들이 있는 바로 그 현장에 '하나님께서 나와 함께 계시다' 는 사실에 말입니다. 하나님께서는 억압당하는 이의 억울한 사정을 아시는 분이십니다. 그리고 당신이 원하시는 때에 그들을 거기서 구원하여 내실 수 있으신 분이십니다. 오직 그분만이 세상이 정죄한 자들을 의롭다 선언하실 수 있는 분이십니다. 피에 굶주린 군주와 맹수 앞에 섰던 수많은 믿음의 선조들을 보십시오. 맹렬히 타오르는 풀무불 앞에 섰던 다니엘의 세 친구들을 보십시오.

"왕이여 우리가 섬기는 하나님이 우리를 맹렬히 타는 풀무불 가운데에서 능히 건져내시겠고 왕의 손에서도 건져 내시리이다 그렇게 하지 아니할지라도 왕이여 우리가 왕의 신들을 섬기지도 아니하고 왕의 세우신 금 신상에게 절하지도 아니할 줄을 아옵소서"(단 3:17,18).

잔인한 권세자들 앞에서 사도는 말하였습니다. "주께서 내 곁에 서서 나를 강건케 하신다"고 말입니다.

"주께서 내 곁에 서서 나에게 힘을 주심은 나로 말미암아 선포된 말씀이 온전히 전파되어 모든 이방인이 듣게 하려 하심이니 내가 사자의 입에서 건짐을 받았느니라"(딤후 4:17).

큰 어려움과 위험으로 걱정과 두려움에 휩싸일 때야말로 '하나님께서 나와 함께 계신다'는 것을 생각해야 할 때입니다. 극한 공포 속에서 작은 희망조차 사라져 버린 것 같은 그 때에 하나님의 임재하심을 생각해야 합니다. 이것은 세상을 바라보는 관점을 완전히 바꾸는 것입니다. 자기들을 대적하는 모든 것들을 허망하고 어리석고 하찮은 것쯤으로 바라보게 되는 것입니다. 엘리사의 종은 자신들을 에워싼 어마어마한 수의 마병과 병거를 보고 두려움에 떨며 소리쳤습니다. "아, 내 주여 우리가 어찌하리이까?" 그러나 잠시 후 하나님께서 그의 눈을 열어 주시어 산 가득히 둘러싼 하늘의 불 병거들을 보여주셨을 때, 그의 두려움과 마음의 고통은 순식간에 사라져 버렸습니다(왕하 6:15-17). 하나님께서 우리의 눈을 여시어 그 영광스러운 임재를 볼 수 있게만 해주신다면 우리는 더 이상 세상을 두려워하지 않게 될 것입니다.

"보라 너희가 다 각각 제 곳으로 흩어지고 나를 혼자 둘 때가 오나니 벌써 왔도다 그러나 내가 혼자 있는 것이 아니라 아버지께서 나와 함께 계시느니라"(요 16:32).

하나님께서 여러분과 함께 계시다는 사실을 잊지 마십시오. 여러분은 낙담하지 않고 넉넉히 이길 것입니다.

우리는 하나님께서 '특별한 섭리를 통해 우리에게 말씀하시고자 할 때'를 주목해야 합니다. 그때 역시 우리가 하나님의 함께 하심과 하나님의 능력을 생각해야 할 때입니다. 야곱은 밤에 나타난 환상을 보고 즉시 깨달았습니다. "여호와께서 과연 여기 계시거늘 내가 알지 못하였도다." 그러한 일들이 자주 나타납니다. 때론 우리가 우연이라고 여기는 일들을 통하여, 때론 뇌성벽력이나 폭풍을 통하여 말씀하십니다. 하나님께서 주관하시는 모든 만물에는 우리에게 말씀하시고자 하시는 하나님의 음성이 있습니다. 때로는 기이하고 이상한 현상을 통해서 우리에게 말씀하시기도 합니다. 영적인 사람이라면 바로 깨달을 것입니다. 하갈 역시 그러하였습니다.

"어떻게 여기서 나를 살피시는 하나님을 뵈었는고"(창 16:13).

우리는 하나님의 존재와 더불어 하나님의 영원한 능력에 대해서도 생각해야 합니다. 사도는 그 둘을 하나로 연합시켜 말하고 있습니다.

"그의 영원하신 능력과 신성이…"(롬 1:20).

경외하는 심령으로 하나님의 전능하심을 생각하는 것은 우리 믿음이 가질 수 있는 가장 고상하고 고차원적인 작용 중 하나입니다. 그 믿음의 행위는 다른 모든 것들을 포함하고 있습니다. 우리가 하나님과 언약을 맺을 때에 하나님께서 가장 먼저 제시하신 우리 믿음의 대상이 그것입니다.

"나는 전능한 하나님이라"(창 17:1).

오랜 연단과 시련을 거친 욥은 이런 결론을 내렸습니다.

"주께서는 못 하실 일이 없사오며 무슨 계획이든지 못 이루실 것이 없는 줄 아오니"(욥 42:2).

시편 기자 역시 "하나님이 한두 번 하신 말씀을 내가 들었나니 권능은 하나님께 속하였다 하셨도다."라고 말하였습니다(시 62:11).

우리가 하나님의 전능하심을 부단하게 생각하지 않는다면 우리가 행하는 일들을 통해 하나님의 영광을 나타낼 수 없을 뿐만 아니라 우리 자신의 영혼도 만족을 얻지 못합니다. 우리가 하나님의 전능하심에 대한 믿음 안에 견고히 서있지 않으면 우리의 마음은 숲의 나뭇잎처럼 흔들릴 것입니다. 성경에는 기록되어 있으나 아직 이루어지지 않은 하나님의 약속들을 살펴보십시오. 그리고 세상에 있는 교회의 현재 상태와 그들이 대적해야할 모든 악함을 생각해 보십시오. 만약 우리가 견고히 서있지 못한다면, 우리는 불확실성으로 인한 고통 가운데 가장 격렬한 시험에 직면하게 될 것입니다(계 19:6). 그러나 하나님께서는 이런 교회의 낙담 어린 좌절을 보시고 친히 말씀하고 계십니다.

"너는 알지 못하였느냐 듣지 못하였느냐 영원하신 하나님 여호와, 땅 끝까지 창조하신 이는 피곤하지 않으시며 곤비하지 않으시며 명철이 한이 없으시며 피곤한 자에게는 능력을 주시며 무능한 자에게는 힘을 더하시나니 소년이라도 피곤하며 곤비하며 장정이라도 넘어지며 쓰러지되, 오직 여호와를 앙망하는 자는 새 힘을 얻으리니 독수리가 날개치며 올라감 같을 것이요 달음박질하여도 곤비하지 아니하겠고 걸어가도 피곤하지 아니하리로다"(사 40:28-31).

우리 자신을 보십시오. 우리는 매 순간 죽음에 노출되어 있습니다. 그 사실을 당연한 것으로 받아들이지 않으려 한다 해도 죽음은 결코 우리와 멀리 있지 않습니다. 우리의 몸은 흙으로 돌아갈 것입니다. 우리 중 어느 누가 흙으로 흩어진 자신의 몸을 일으켜 다시 살릴 만한 능력을 가지고 있습니까? 오직 하나님의 '전능하신 능력'이 아니고서는 불가능한 일입니다. 원하시는 그 때에 하나님께서는 우리를 부르실 것입니다. 그리고 우리는 흙 속에서 다시 일어나 그 부르심에 응답하게 될 것입니다.

죽음이 오면 영혼은 눈에 보이지 않는 세계로 들어갑니다. 이 지상에서 누리던 모든 것들과 이별하지 않을 수 없습니다. 그렇게 잠깐 스쳐가는 세상의 일들만을 생각하고 살아가는 우리는 대체 어디에서 위안과 만족을 얻어야 한다는 말입니까? 우리의 영혼을 받으시고, 흙 속에서 우리 몸을 일으키실 하나님의 전능하심을 생각하지 않고 살아간다면 우리가 무엇으로 위로를 받을 수 있겠냐는 말입니다.

깊이 숙고해보지 않는다 할지라도 영적으로 생각하는 이들은 분명 하나님의 전능하심을 생각하는 사람들입니다. 그 생각이 여러분의 마음속에 있어야만 여러분이 영적인 사람으로 평가 받을 수 있는 것입니다. 영적으로 생각하는 이들의 성품은 악한 사람들과는 정반대입니다. 악인은 '그 모든 사상에 하나님이' 없기 때문입니다. 저는 우리 중 많은 이들이 영적인 저울에 달려 너무 가볍다는 판성을 받지 않을까 염려됩니다.

우리는 저마다 충실히 외적인 의무들을 이행합니다. 기쁨으로 말씀을 받고 많은 일들을 합니다. 세상 사람들같이 과도하고 과격한 일에 빠지는 일도 없습니다. 하지만 우리의 마음이 하나님에 대한 내면적인 생각들로 만족하고 즐거워하지 않는다면, 우리는 세상에서의 직업적인 소명과 합법적으로 누릴 만한 것들로 만족과 즐거움을 얻는 일에 마음을 고정시켜 살아가고 있는지 모릅니다. 누구도 그렇지 않을 것이라고 단정지어 말할 수 없습니다. 하나님과 동행하며 하나님의 영광을 위하는 삶이란 그저 어떤 죄악을 멀리하고 외적으로 여러 의무들을 이행하는 것으로 얻어지는 것이 아닙니다. 외적인 의무들을 어느 누구보다도 더 많이 행한다고 해도 말입니다. 외적으로만 행해지는 영적인 의무는 그것이 어떤 것이라 할지라도 하나님께서 결코 받지 아니하실 것입니다. 하나님께서 요구하시는 것은 우리의 마음입니다. 우리의 마음에 거룩한 정서와 생각으로 하나님을 즐거워하고 사모하는 것이 없다면 우리는 하나님 앞에서 어떠한 일도 한 것이 아닙니다. 여러분의 마음이 하나님을 온전히 기뻐하고 있습니까? 만약 그렇다면 그것이 영적인 생각입니다. 그것이 하나님과 동행하는 것입니다. 이 문제에 있어서 누구도 자신을 속이지 말아야 합니다. 우리가 당할 시련의 날에 그런 체 하면서 해왔던 모든 일들이 낭패가 될지 모릅니다.

우리가 하나님을 부단히 생각하고 있다면 그것은 우리가 '영의 생각' 의 영역 속에 있다는 확고한 첫 번째 증거입니다. 우리가 이것을 숙고해야 할 이유는, 우리 속에서 생각들을 쉴 새 없이 뿜어내는 샘 근원이 과연 무엇인지 우리가 바르게 지각하고 있어야 하기 때문입니다.

저는 이제 정서(情緒, affections)에 관한 문제로 나아가려 합니다. 정서는 모든 생각을 분출하는 오직 유일한 출구이기 때문입니다. 이 문제를 다루는 일로 인해 낙심하지 마십시오. "꺼져가는 심지도 끄지 않으시고 상한 갈대도 꺾지 않으시는" 분 안에서 여러분은 커다란 위로를 얻게 될 것입니다.

chapter.10

'영의 생각'의 실천 방안

 사람들은 이따금씩 이렇게 말하곤 합니다. 하나님을 향한 모든 의무들 중에서 '하늘에 속한 것이나 영적인 것들을 생각하고 묵상하는 일' 만큼 낭패를 보는 적이 없다고 말입니다.
 이렇게 말하는 이들은 적어도 하늘에 속한 영적인 것을 생각하고 묵상하는 것이 매우 중요한 의무라는 것을 알고 있는 사람들입니다. 그곳에 말 할 수 없는 탁월한 유익함이 있다는 것도 알고 있습니다. 하지만 그런 실천으로 나가고 나서 머지않아 그들은 영적인 생각의 중요성과 유익함에 비추어 자신이 턱없이 부족하다는 사실을 깨닫게 됩니다. 마음이 견고하지 못하여, 처음에 묵상하기로 한 대상에 시선을 고정시키지 못하는 자신의 연약을 발견하는 것입니다. 이런 일을 바르게 하기에 자신의 능력은 너무나 작다고 생각합니다. 선한 마음으로 끝까지 열매 맺지 못하는 자신의 연약을 탄식합니다. 그런 사람들 대부분은 이러한 문제에 있어서 어찌 해야 할지를 알지 못합니다. 영적인 것들을 생각하려고 시도할 때면, 언제나 세상에 대한 생각들이 끼어듭니다. 영적인 묵상은 더 이상 지속되지 못하고 무산되고 마는 것입니다. 그러한 경우 영적인 묵상은 결국 육체에 속한 허망한 것으로 끝이 납니다. 이러한 일들이 반복되면 사람들은 영적인 생각을 하는 일 자체를 두려워하고 쉽게 포기하기에 이릅니다. 다른 의무들에 대하여는 그렇지 않습니다. 그러나 영적으로 생각하는 일에는 부족하고 모자라서 그 일을 하면서도 탄식하고 아예 그 일 자체를 벗고 싶어 합니다. 그 일로 괴롭게 투쟁하느니 차라리 아예 시작을 하지 않는 편이 나을 것 같습니다.

저는 이 문제에 대하여 몇 가지 사항을 지적해 드리려 합니다.

먼저, '이 주제를 신중하게 숙고하는 중에 우리 자신의 본래 마음이 허망하다는 의식이 생겨서 영혼을 겸비하게 하고 낮추는데' 크게 기여를 할 것입니다. 영적이고 하늘에 속한 일들을 생각하고 묵상하는 일을 지속할 수 없는 이유가 무엇일까요? 그 영적이고 하늘에 속한 것들에 대한 큰 관심이 우리에게 없기 때문이 아닐까요? 그러한 것들이 무가치하고 무익하다 여기는데 무엇 때문에 시간을 들여 생각할 이유가 있는가? 사실은 그것들만이 가치있고 유용(有用)하고 바람직한 것들입니다. 다른 모든 것들은 그것들의 가치에 비하여 '분토(糞土)'에 불과한 것인데도 말입니다. 아니면 우리 영혼의 기능들과 능력들이 본래 그런 영적인 것들을 생각하고 기뻐하기에 부적합한 상태의 것이 아니겠습니까? 본래 하나님께서는 모든 피조물들에게 하나님과 함께 거하는 것을 자연스럽고 즐겁게 여기는 성향을 주셨습니다. 우리 영혼의 모든 기능은 바로 그 목적을 위해 주어진 것입니다. 하나님과 아주 적합하게 맞는 성향으로 말입니다. 그런 성향을 그대로 지니고 있는 상태라면 하나님과 그 하신 일들을 생각하는 것은 분명 매우 쉽고 자연스러운 일이어야 합니다. 하지만 우리는 왜 그렇지 못한 것입니까? 솔로몬이 이것을 이야기 하고 있습니다.

"내가 깨달은 것은 오직 이것이라 곧 하나님이 사람을 정직하게 지으셨으나 사람은 많은 꾀들을 낸 것이니라"(전 7:29).

하나님을 사모하도록 복되게 지음 받은 우리 마음에 들어온 죄로 인해 우리의 성향은 하나님을 대적하는 적대감으로 충만한 지경에까지 이르게 된 것입니다. 이러한 성향을 가지게 된 영혼의 편만함과 허망함은 더욱 큰 죄와 심판을 불러올 뿐입니다. 헛되고 어리석은 것을 추구하는 마음의 성향이 쉬지 않고 죄의 열매를 만들어 낼 것이기 때문입니다.

그래서 사도는 이렇게 묘사하였습니다.

"그러므로 내가 이것을 말하며 주 안에서 증언하노니 이제부터 이방인이 그 마음의 허망한 것으로 행함 같이 행하지 말라 그들의 총명이 어두워지고 그들 가운데 있는 무지함과 그들의 마음이 굳어짐으로 말미암아 하나님의 생명에서 떠나 있도다 저희가 감각 없는 자 되어 자신을 방탕에 방임하여 모든 더러운 것을 욕심으로 행하되"(엡 4:17-19).

"우리도 전에는 어리석은 자요 순종하지 아니한 자요 속은 자요 여러 가지 정욕과 행락에 종노릇 한 자요 악독과 투기를 일삼은 자요 가증스러운 자요 피차 미워한 자였으나"(딛 3:3).

그들이 하나님의 심판을 받게 되는 일은 가장 선한 것에 등을 돌렸기 때문입니다. 그 한 가지 사실로부터 모든 결과를 낳은 것입니다. 그렇게 영혼은 어둠과 혼란과 불안으로 가득한 '쉼 없이 요동하여 모든 더러운 것을 솟구쳐 내는 바다'와 같이 되는 것입니다.

하지만 우리 마음은 은혜로 말미암아 새로워질 수 있습니다. 우리 마음에 은혜가 작용한다면 변화될 수 있는 것입니다. 은혜는 우리 마음속에서 허영의 원리가 더 이상 우리를 주장하지 못하게 할 것입니다. 우리 본성 속에 있는 허영의 원리는 우리로 하나님의 생명에서 떠나게 하고 하나님을 대적하게 주장하였습니다. 그러나 은혜로 새로워진 이들은 다른 이들처럼 "마음의 허망함대로 행하지" 않을 것입니다(엡 4:17). 그러나 그렇지 못한 이들은 그 마음이 허망한 생각들의 줄기를 따라 오락가락 합니다. 마음에 작용하는 허영의 원리가 하나님을 향하는 모든 행동을 훼방하여 마음을 견고히 하지 못하도록 하는 것입니다.

은혜 안에서 어느 정도라도 진보한 사람이라면 마음의 허망함이 영혼에 끼치는 위험이 무엇인지 알 수 있습니다. 그들에게는 마음의 허망함이란 영혼에 있어서 가장 큰 부담입니다. 그래서 그들이 영혼의 허망함으로부터 완전하게 자유함을 얻고 온전히 새로워지기를 그토록 바라면서 이렇게 탄식하는 것입니다. "오호라 나는 곤고한 사람이로다 누가 이 사망의 몸에서 건져내랴."

그렇습니다. 그들은 자기 속에 여전히 마음의 '헛됨'이 남아 있다는 사실을 느끼며 살아갑니다. 그 사실은 그들에게 큰 고통이 아닐 수 없습니다. 왜냐하면 그 남아있는 '허망의 원리'가 영적인 것들을 묵상하려는 자신들의 의도를 매번 얼마나 무참히 파괴해 버리는지 잘 알고 있기 때문입니다. 그들은 왜 그토록 자주 믿음과 사랑의 신령한 작용으로 말미암은 선한 결심이 무산되는지 알고 있습니다. 그들 안에 남아있는 '허망의 원리'가 혐오스러운 생각들로 영적인 생각들을 몰아내기 때문입니다. 그들에게 있어서 그처럼 무서운 것은 없습니다. 그토록 무거운 고통의 짐은 없습니다. 그들은 탄식하며 그 허망함에서 완전히 건짐 받기를 원합니다.

그러나 여러분, 여러분은 그저 탄식만 하고 있지는 않습니까? 나라 간의 전쟁을 보십시오. 전쟁에 참여한 자들은 누구나 자신들의 적을 살피고 경계하고 그들을 대적하여 물리치려고 애를 씁니다. 그것은 당연한 일입니다. 그런데 눈에 보이지 않는 원수에 대해서 우리는 어떠합니까? 전쟁터에서 눈에 보이는 적과 싸울 때처럼 살피고 경계하고 그것들을 대적하고 물리치기 위해 애를 쓰고 있습니까? 만약 모든 선한 뜻을 대적하고 모든 힘을 약하게 하는 원수를 경계하고 물리치려는 일을 등한히 여긴다면 승리는 기대하지 말아야 할 것입니다. 그렇다면 우리는 반드시 패하고 말 것입니다.

지혜로운 사람들은 자기 안에 적이 존재한다는 사실을 유념합니다. 그 내부의 적으로부터 배반을 당하는 사람이 외부로부터 오는 원수들과 어찌 대적할 수 있겠습니까. 우리 속에서 우리를 약하게 만들려는 마음의 내면적인 허망함을 경계하십시오. 그 내면의 허영이 은혜의 작용을 방해하고, 저주받은 원수들이 들이닥치도록 우리의 마음을 활짝 열 것입니다. 만일 우리가 그 배반자를 발견하여 억세하고 파괴하는 일에 힘쓰지 않는다면, 우리는 영적 전투에서 패배할 수밖에 없습니다.

그러나 이렇게 우리의 삶을 고통스럽게 하는 마음의 무거운 짐에서마저도 우리는 얼마든지 유익한 열매를 따낼 수 있습니다. 하나님과의 관계를 지속하시 못하는 원인이 여러분에게 있다는 사실을 인정하십니까? 여러분이 그것을 깨닫고 있다면 여러분은 하나님 앞에서 자신을 낮추고 더욱 겸비해질 것입니다. 그리고 여러분은 이렇게 말할 것입니다.

"나는 하나님과 그리스도 안에 있는 그의 사랑과 은혜와 그를 향한 나의 바른 도리가 무엇인지를 생각하기 시작하였다. 그런데 불과 몇 분이 지난 지금 내가 어디에 있는가? 나의 생각은 무익한 세상을 향해 달려가고 있지 않은가! 이것은 내가 의도한 바가 아니었는데… '오호라 나는 곤고한 사람이로다!' 나는 얼마나 저주 받을 자인가! 내 자신이 부끄럽고 역겹기 짝이 없구나!

누가 이 사망의 몸에서 나를 건져낼 것인가?"라고 말입니다. 이것이 쓴 뿌리를 통해 얻을 수 있는 유익한 열매입니다. 여러분이 만약 이러한 마음을 가질 수만 있다면 여러분이 가졌던 선한 계획과 의도는 손상되지 않을 것입니다.

　세상에 있는 한 우리의 마음은 그 허망함과 요동함으로부터 완전히 자유로울 수 없습니다. 정말 그러합니다. 우리가 모든 정서의 힘을 동원하여 늘 하나님만을 온전히 애착하는 일은 하늘에서나 가능할 것입니다. 하지만 우리가 그러한 일을 위해 싸워 승리하여 우리의 영적인 지경을 넓혀간다면, 우리의 영혼은 지금보다 더욱 진보할 수 있습니다. 우리가 이 땅에서 그 허망함으로부터 완전한 자유를 얻지는 못한다고 해도 말입니다. 이러한 진보를 체험하는 이가 우리 중 소수에 지나지 않는다는 사실이 마음에 걸립니다만 그래도 우리는 모두 그것을 위해 노력을 다해야 합니다. 만일 우리가 즐거움으로 영적인 생각들을 지속하고, 부지런히 깨어서 마음의 허망함을 부추기는 생각들이 들어오지 못하도록 늘 단속한다면, 우리는 하늘에 속한 생각을 더욱 복되게 할 수 있는 정도에 까지 이르게 될 것입니다. 물론 절대적인 완전함에 이르지는 못할 것입니다. 하지만 그렇게 함으로써 우리가 할 수 있는 한도 내에서 최대한 그 영광에 가까이 나아갈 수는 있는 것입니다. 비록 삼손처럼 건장하고 힘 있는 체질을 가지지는 못한다고 해도 자신의 건강을 유익하게 하는 노력을 게을리 하지 않는 것처럼 말입니다.

　그러나 만약 여러분이 여전히 다른 일들 속에서 마음의 허망함을 키워 마음이 어리석고 육신적이고 세상적인 것들을 추구하게 방임한 채 허망의 원리가 노리는 대상을 향해 달려 나가게 한다면, 하늘에 속한 영적인 생각들을 일관성 있게 가질 수 있다고 기대하지 말아야 합니다. 만일 그러하다면 예수님의 말씀을 마음에 두십시오. "나무를 좋게 하라. 그리하면 열매도 좋으리라."

좋지 않은 나무에서 좋은 열매가 맺을 수는 없습니다. 거룩하게 하는 은혜의 능력이 마음을 주장해야만 그 마음에서 나오는 생각들이 영적인 것이 되는 것입니다. 하나님의 은혜가 우리의 심령 전체를 거룩하게 하는 일 없이는 우리가 영적인 생각들을 즐거워하는 일은 일어나지 않습니다. 하나님의 은혜만이 예수 그리스도께서 오실 때까지 우리를 흠 없이 보전할 수 있는 것입니다.

하늘에 속한 영적인 생각들을 지속하지 못하는 우리의 연약에 대한 문제와 함께 우리가 생각해야할 또 하나의 문제가 있습니다. 그것은 우리에게는 하늘에 속한 것들을 바른 방식으로 이해할 수 있는 충분한 능력이 없다는 것입니다. 사람들은 자신이 원하기만 한다면 언제든 바른 방식으로 영적인 생각을 할 수 있다고 생각합니다. 자신의 생각을 자유롭게 통제할 수 있다고 상상하는 것입니다. 하지만 그렇지 않습니다. 사도는 분명히 충고하고 있습니다. "우리가 무슨 일이든지 우리에게서 난 것같이 스스로 만족할 것이 아니니 우리의 만족은 오직 하나님으로부터 나느니라"(고후 3:5).

그는 또 영적인 은사들과 은혜들을 탁월하게 가진 복음의 사역자들에게도 말합니다.

"그가 또 우리를 새 언약의 일꾼 되기에 만족하게 하셨으니 율법 조문으로 하지 아니하고 오직 영으로 함이니 율법 조문은 죽이는 것이요 영은 살리는 것이니라"(고후 3:6).

복음의 일꾼들도 그러하다면 그러한 은혜와 직무를 전혀 가지지 않은 이들은 얼마나 더욱 그러하겠습니까.

사람들은 자기들이 가진 본성적인 능력을 통해 하나님과 하늘에 속한 것들에 대한 지식을 우아한 예술로 형상화하곤 합니다. 하지만 그 안에 은혜는 없을 수 있습니다. 그들의 생각과 행위 속에 하나님에 대한 믿음과 사랑과 기쁨이 전혀 없을 수 있다는 것입니다. 성령의 충만한 은혜 없이는 그럴 수밖에 없습니다. 우리에게는 스스로 바르게 영적인 생각들을 할 수 있는 능력이 없기 때문입니다. 우리를 만족하게 할 것은 모두 하나님께 있습니다. 우리가 스스로 아무 것도 할 수 없다는 것과 우리가 혼자 버려진다면 영적으로 나태해질 수밖에 없다는 사실은 총명을 가진 자들이 발견한 진리입니다.

저는 아직 '엄숙하게 정착된 묵상'의 문제를 다루고 있지는 않습니다. 엄숙하게 정착된 묵상이란 흔들리지 않고 힘 있게 우리의 생각을 그 영적인 주제들에 귀착시키는 것을 말합니다. 우리 자신의 마음과 영혼을 그 주제로, 또는 거기에 내포된 것들로 감동시키기를 바라면서 생각과 시간을 고정하는 것을 의미합니다. 이러한 의도를 가지고 말씀을 연구하는 것과 진리를 배워서 다른 이들에게 선포하려는 목적을 가지고 말씀을 연구하는 것과는 구별이 됩니다만, 두 경우 모두 사랑과 기쁨과 겸비함으로 우리 마음과 지성을 감동시킵니다. 지금까지는 영적인 생각으로 말미암아 이루어지는 것이 무엇인지, 그리고 모든 하나님께 속한 삶이 가지는 합당하고 일관성 있는 생각들이 어떤 것들인지를 보여드린 것입니다. 아직은 여러분이 이러한 정착된 묵상을 이해할 준비가 되어 있지 않을 수도 있기 때문입니다.

여러분 스스로 자신을 판단해 보십시오. 여러분의 마음과 정서가 하나님과 영적인 것들을 생각하도록 여러분을 이끌고 있습니까? 마치 생수의 샘에서 물이 솟아나는 것같이 여러분 심령 깊은 곳에서 그러한 생각들이 솟아나고 있습니까? 그러한 생각들을 즐거워하고 기회만 있으면 그러한 것들과 교제하고 싶어집니까? 여러 가지 시험을 만나거나 여러 가지의 의무들을 이행할 때에 여러분이 유익하도록 하기 위해 할 수 있는 모든 노력을 다하고 싶습니까? 여러분의 모든 일상적인 행위 속에 하나님이 계십니까?

큰 무역(貿易)을 하기 위해서는 그 무역과 관련된 수많은 지식이 있어야 합니다. 만약 그러한 지식이 없는 사람이 다른 나라를 상대로 크고 모험적인 무역을 벌인다면 그는 머지않아 실패하고 말 것입니다. 하지만 그가 여러 소소한 수완을 가지고 자그마한 개인 소매점(小賣店)을 운영하는 일은 가능할 것입니다. 그가 만약 그 소매점 운영을 통해 번창한다면 큰 무역을 하는 이들만큼이나 재산을 축적할 수도 있는 것입니다. 그처럼 보편적인 차원에서 우리 지성이 가진 기본적인 기능만으로는 앞서 말한 '정착된 묵상'에 이르기 어렵습니다. 그런 기능들만으로는 모든 영적 개념을 질서 있게 배분하거나 바른 방식으로 체계화하여 개념들을 의미 있고 분명한 말로 표현하고 전달할 수 있는 상태로 발전하는 것은 어려운 일입니다. 하지만 하나님을 묵상하는 것은 얼마든지, 언제든지 가능한 일입니다. 하나님과 하늘에 속한 것들에 지속적으로 마음을 돌리는 것으로 본성적인 지성의 능력을 보다 많이 가진 이들보다 더 큰 영적 번성을 이룰 수도 있을 것입니다.

건강한 사람과 병든 사람이 가진 생명의 원리가 다르듯이 사람마다 가지는 은혜의 분량도 차이가 있습니다. 그러나 우리의 마음이 어떤 은혜의 원리를 얼마만큼 가지고 있든지 간에 우리는 크게 열심을 내지 않으면 안 됩니다. 우리가 받은 새 성품은 그리스도 예수 안에서 우리가 선한 일을 하도록 하기 위해 주신 것입니다. 우리는 근면과 근신함으로 거룩한 모든 일에 영적인 노력을 기울여 반드시 우리 안에 있는 은혜를 계속 성장시켜야 합니다. 비옥한 땅이라도 부지런히 갈지 않고서는 유익한 곡식을 얻을 수 없습니다. 사람이 '영적인 마음을 가졌다' 하는 것은 기회만 있으면 부지런히 하나님과, 그리스도와, 영적이고 하늘에 속한 것들에 대한 거룩한 생각들을 할 수 있는 만반의 신실한 준비를 갖춘 상태를 말합니다. 영적인 마음의 상태는 자동적으로 유지되는 것이 아닙니다. 가난한 사람이 부지런하게 일하지도 않으면서 부자가 되리라고 기대하거나, 몸이 연약한 사람이 음식을 먹지 않고, 또 운동을 하지 않으면서 건강해지는 것을 바라는 것이 합당치 않습니다. 그와 같이 간절하게 애쓰지 않더라도 저절로 영적인 마음의 자리에 오를 수 있을 거라고 기대하는 것 역시 합당하지 않은 것입니다. 따라서 저는 거룩한 마음의 상태를 지속적으로 유지하기 위해 필요한 몇 가지를 말씀 드리려고 합니다.

가장 먼저 허망한 생각과 상상이 영혼의 내면에 침범하지 못하도록 경계하십시오. 특별히 그러한 허망한 생각들과 상상들이 들어와 유리한 고지를 점령하기에 좋은 때를 조심해야 합니다. 만일 그런 생각들이 들어오게 길을 내어 주고 그것을 즐기는 데까지 나가도록 자신을 방임하여 그 생각들이 한동안 침거하도록 내버려둔다면, 영적으로 생각하는 상태에 결코 이를 수 없습니다. 이것이 우리 구주께서 그토록 강조하시면서 말씀하신 것입니다.

"깨어 있으라"(막 13:37).

우리가 늘 깨어 있지 않는다면 우리의 영혼은 영적 원수의 손에 팔릴 것입니다. 그 허망한 생각들은 육체를 위해 길을 마련해 주고 육체의 소원을 정욕으로 이루고자 꿈틀댈 것입니다. 우리에게 주어진 충고의 본질이 바로 그것입니다.

"모든 지킬 만한 것 중에 더욱 네 마음을 지키라 생명의 근원이 이에서 남이니라"(잠 4:23).

또 여러 가지의 구실을 대며 마음을 세상적인 성향으로 만들게 하는 세상에서의 모임이나 사업을 주도면밀하게 경계해야 합니다. 만일 어떤 모임이나 사업이 하늘에 합당치 못한 마음의 상태로 나아가게 하는 성향을 가지고 있음을 발견하고도 이를 피하지 않는 사람이 있다면, 그의 길은 악한 열매로 채워질 수밖에 없습니다. 신앙을 고백한 사람의 대화나 행동이 세상에 속한 사람들과 다르지 않다면, 그는 안으로 자신이 가지고 있던 은혜를 상실한 자이며 밖으로는 신앙고백의 영광을 더럽힌 자인 것입니다. 다윗의 결심은 우리가 이 점에 있어서 얼마나 주의해야 하는지를 명백하게 보여 주고 있습니다.

"내가 말하기를 나의 행위를 조심하여 내 혀로 범죄치 아니하리니 악인이 내 앞에 있을 때에 내가 내 입에 재갈을 먹이리라 하였도다 내가 잠잠하여 선한 말도 하지 아니하니 나의 근심이 더 심하도다 내 마음이 내 속에서 뜨거워서 작은 소리로 읊조릴 때에 불이 붙으니 나의 혀로 말하기를…"(시 39:1-3).

우리는 마음에 '거룩한 제어'를 해야 합니다. 우리 속에 거하는 육신적인 정서는 우리가 시작한 영적인 의무들이 본궤도를 이탈하게 만들려는 성향을 기지고 있습니다. 눈에 보이는 유익이 없다면 거기서 벗어나려는 마음을 가지게 하는 것입니다. 특히 '공적인 기도회'에서 보다 '사적인 기도'에서, 또 '기도할 때' 보다는 '묵상 할 때'가 그러합니다. 세상의 일들에 영적인 시각을 빼앗기도록 정서를 요동시키는 것입니다. 이것이 마음에 '거룩한 제어'가 필요한 이유입니다. 생각의 방향을 바꾸거나 마음을 어지럽히는 것을 단호하게 거부하고 그리스도의 사랑을 생각하지 않으면 안 되게 만드는 모든 동기들을 동원해 그 거룩한 의무를 일관성 있게 바라보도록 마음을 붙잡아야 하는 것입니다(고후 5:14).

이를 위해 하늘에 속한 것에 관한 지식을 갖추는 일이 큰 도움을 줄 것입니다. 그 하늘에 관한 지식은 우리로 하여금 거룩한 생각들과 묵상의 올바른 대상에 우리의 정서가 계속 집중할 수 있도록 주장할 것입니다. 어떠한 사람이 탁월한 수완(手腕)을 가지고 있다 해도 그 수완을 발휘할 대상이 무엇인지 모른다면 그가 가진 수완이 의미가 없는 것처럼 거룩한 묵상 역시 마찬가지입니다. 우리의 묵상의 바른 주제와 대상에 대한 지적(知的)인 이해의 부족이 지속적인 묵상의 동기를 약화시킬 수도 있기 때문입니다. 사도가 골로새 성도들을 위하여 "그리스도의 말씀이 너희 속에 풍성히 거하기를 위하여" 기도한 이유가 바로 그것 입니다.

또 여러분은 사탄과의 투쟁에 있어서 지치지 말아야 합니다. 사탄은 여러 가지의 간계와 불화살을 동원해 이러한 의무들로부터 우리를 격리시키고자 끊임없이 애를 쓸 것입니다. 영적인 지혜와 총명을 조금이라도 갖추고 있는 사람이라면 사탄이 그 어떤 일보다 영적인 일 가운데서 더욱 간계를 부리려 한다는 사실을 알 것입니다. 우리가 주님 앞에 서 있는 그 순간에도 사탄은 바로 옆에서 서서 우리를 넘어뜨리려고 할 것입니다. 거룩한 삶을 살고자 진실한 자세를 취했던 사람들의 결심이 얼마나 자주 그 강력한 힘으로 인해 허망한 상상으로 끝나버리고 마는지요. 세상에 대한 허망한 상상에 사로잡힌 마음은 결코 바른 영적 의무 속에 거할 수 없습니다. 우리의 영적인 싸움이란 이러한 경우들 속에서 사탄의 간계에 계속적으로 저항하는 것을 의미합니다. 사탄이 펼치는 간계의 방식을 자세히 살펴보십시오. 사탄의 간교함은 우리 마음에 허망하고 어리석고 부패한 상상들을 주입하는 것으로 시작됩니다. 우리가 영적인 묵상을 할 때 우리 마음에 그러한 허망하고 부패한 생각이 일어나기 시작한다면, 그 생각은 사탄의 간계에서부터 비롯된 것이라는 사실을 잊지 마십시오.

우리는 어떠한 경우라도 정욕이나 부패한 원리가 우리 속에서 득세하도록 내버려 두지 말아야 합니다. 만약 조금이라도 그러한 부패의 원리에 자리를 내어준다면, 여러분이 가진 영적인 의무들에 대한 열심과 담대함은 오래 지속되지 못할 것입니다. 우리는 마음에 있는 세상을 사모하는 정서와 소원을 죽이고 세상을 향하여 가지는 열심을 절제해야 합니다. 그렇게 하지 않는다면 어느 누구도 영적인 사고방식을 가진 사람이라는 평가는 얻지 못할 것입니다. 그래서는 영적인 것을 은혜의 능력 아래 보전시킬 수 없습니다.

영적으로 생각하는 사람이 되기 위해서 그렇게까지 많은 시간과 노력을 들여야 할 필요가 있느냐고 말하는 사람들이 있을지 모릅니다. 그렇게 말하는 사람들이 있다면 그들은 세상의 유익과 달콤함은 버리지 않은 채 손쉽게 영적인 생각을 할 수 있을 거라고 착각하는 사람들입니다. 저는 분명히 대답하겠습니다. 영적으로 생각하는 일을 엄격하게 실행하려 한다면 세상에서의 모든 인생의 달콤함과 이익들은 온전히 포기해야 한다고 말입니다. 저의 분명한 대답을 참아내기가 매우 힘든 사람들이 있을 줄 압니다. 그러나 저는 그렇게 말하지 않을 수 없습니다. 우리에게 주어진 시간의 가장 주요한 부분을 이러한 일들에 드리지 않는다면, 우리가 어떤 기대를 가진다 할지라도 '생명과 평안'은 누릴 수 없습니다.

구약 시대에는 모든 것들 중에서 첫 열매를 하나님께 드려야 했습니다. 하지만 그것이 최고의 것이 아니었다면 하나님께서는 결코 받지 않으셨을 것입니다. 우리의 시간도 그렇습니다. 여러분의 삶 가운데 주어진 시간 중 가장 **좋은 부분을** 하나님께 드려야 합니다. 여러분이 만일 그렇게 하고 있다면 계속 그렇게 하십시오. 여러분의 영혼은 번영하게 될 것입니다.

여러분은 혹 다른 사람들이 안다면 부끄러울 정도의 악한 일들로 대부분의 시간을 보내고 있지는 않습니까? 여러분이 이 세상에 온 이유가 여러분에게 주어진 시간을 즐기기 위한 것이라고 생각하시지는 않습니까? '육체와 마음의 원하는 것들'로부터 만족을 얻기 위하여 필요하지도 않은 각종 모임에 부지런히 참여하여 무익하게 먹고 마시지는 않습니까?

"한 번 죽는 것은 사람에게 정해진 것이요 그 후에는 심판이 있으리니"(히 9:27).

세상에 살고 있는 모든 사람들 중 이 불변의 법칙에 해당되지 않는 사람은 한 명도 없습니다. 여러분에게 허락된 삶을 다가올 심판을 준비하기 위한 기회로 삼아야 합니다. 이 기회를 무시하는 자들은 반드시 그에 합당한 영원한 대가를 치르게 될 것입니다.

많은 사람들이 이 문제에 대해 쉽게 실수를 범하고 있습니다. 이 세상에서 합당하고 합법적인 방법으로 얻은 것들을 누리거나 즐기지 못하게 하는 것은 지나치다고 생각하는 것입니다. 그들은 그렇게 되는 것을 싫어하고 두려워합니다. 할 수만 있다면 어떤 대가를 지불해서라도 그러한 일을 위한 마음의 자세를 가지지 않으려고 합니다. 그들은 저를 보며 오해할지도 모릅니다. 자기들을 영적으로 생각하게 만들기 위해 일부러 의기소침하게 만들고 인생에서 누리는 모든 합법적인 기회들을 무시하라 종용하는 사람으로 말입니다. 자신들의 직업적 소명으로부터 얻은 것들에 대한 정당성을 내세우면서 말입니다. 그러나 여러분, 세상에서 누리는 모든 것들을 분명하게 버려야 할 때가 올 것입니다. 그리스도를 따르기 위해 전적으로 모든 일에 우리 자신을 포기해야 할 때가 올 것입니다.

"예수께서 이르시되 네가 온전하고자 할진대 가서 네 소유를 팔아 가난한 자들에게 주라 그리하면 하늘에서 보화가 네게 있으리라 그리고 와서 나를 따르라 하시니"(마 19:21).

부디 여러분이 그리스도의 부르심을 무시하면서 거절하는 일이 없길 바랍니다.

저는 세상에서 감당해야 할 직업적인 소명과, 세상에 주어진 합법적인 기회들을 무책임하게 내팽겨치라 말하는 것은 아닙니다. 저는 오히려 그 모든 기회들을 잘 활용하여 영적인 것들을 더 생각하고 더 사모하는 데로 나아가라 말하고 싶습니다. 자기의 가족과 직업과 재물과 소유 모두를 버리고 순례의 길에 나서는 사람들이 있습니다. 이러한 극단은 헛된 미신의 요구에 영합하는 일에 불과하다는 것을 명심하십시오. 저는 여러분의 시간을 조금도 빼앗아가고 싶지 않습니다. 다만 여러분이 가지고 있는 그 귀한 시간들을 온전히 거룩하게 사용하길 바랄 뿐입니다.

그리스도인들 역시 합법적인 직업의 소명을 가지고 있습니다. 직업의 소명을 감당하는 것은 당연히 권장해야 할 일입니다. 하지만 그러한 소명 안에 세상적 사고방식을 가지도록 지나치게 작용할 수 있는 소지가 있는지 경계해야 합니다. 직업적인 소명이 정욕과 방종의 방편이 되어서는 안 됩니다. 거룩한 의무를 감당해야 할 시간과 힘을 다 소진해 버리고 마음이 악으로 향하게 하는 방편이 되게 해서는 안 되는 것입니다. 사람들이 이 세상에서 감당하는 직업적인 소명 중에 영적 사고방식을 배제시켜야 하는 경우는 없습니다. 일을 하면서 하나님의 은혜를 생각하는 일을 완전하게 배제시켜야 할 직업은 존재하지 않습니다. 그 일이 아주 작은 일이라 해도 말입니다. 오히려 가장 선하고 가장 높은 일을 하면서도 하나님의 은혜가 없을 수도 있습니다. 목회 사역의 소명에 대하여 생각해 보십시오. 그 소명의 일과 의무는 그 일에 종사하는 이들에게 마음과 생각을 늘 영적이고 하늘에 속한 것들에 집중하게 합니다. 그들은 그러한 것들을 쉬지 않고 연구해야 합니다. 그리고 그것을 기억에 담아 다른 이들에게 말해 주어야 합니다. 누가 보더라도 그런 사람들이야말로 가장 영적으로 생각해야 할 사람들일 것입니다. 그러나 영적인 것들을 묵상하면서 그 생각들을 다른 이들에게 표현해야 한다는 의도에 집중하면서 정작 자기는 그 생각의 힘과 효력을 맛보지 못할 수도 있습니다. 다른 이들에게 가르치는 진리를 목회자 자신이 체험하는 일을 힘쓰지 않는다면 그는 자신의 사역을 통해서 아주 적은 유익 밖에는 얻지 못하게 될 것입니다. 이처럼 어떤 직업적 소명이든지 정직하게 열심을 내는 것이 합당한 일이라 할지라도, 사람들이 그 일을 열심 있게 하면서 영적으로 생각하는 일에 힘쓰지 않으면 결코 평안을 얻지 못할 것입니다.

우리는 우리 시간의 어느 부분을 특별하게 영적으로 생각하는 일에 드려야 합니다. 기도나 말씀을 읽는 것과 같은 거룩한 의무들을 위하여 매일 시간을 따로 떼어 놓으십시오. 그렇게 하는 것이 매우 유익하다는 것을 발견할 것입니다. 만약 그런 시간들을 놓쳐버린다면 당연히 그만큼 영적인 의무들을 행하지 않은 것이 됩니다. 여러분은 사업에 관한 일들 때문에 그러한 거룩한 의무들을 위하여 따로 시간을 떼어 놓지 못하는 것을 안타깝게 생각하십니까? 영적인 일들에 대한 생각을 위해 우리에게 주어진 시간의 일부를 따로 놓는 일은 반드시 필요합니다. 이를 위해 몇 가지 방안을 말씀 드리면서 이 장(章)의 강론을 마치려 합니다.

휴식이나 기분 전환을 하기 위해 잠시 내는 시간과는 구별되는 따로 떼어진 알맞은 시간을 정하십시오. 여러분이 거룩한 의무들을 위한 시간을 드리는 만큼 유익이 될 것입니다. 어떤 일을 하든지 아무런 대가도 지불하지 않고 하나님을 섬길 마음을 갖지 마십시오. 조금의 시간도 들이지 않고 하나님을 섬긴다고 말 할 수는 없습니다. 사람들은 종일 일을 하다 지쳐 멍하니 앉아 있는 때에 자신들이 하나님의 영광과 자기 영혼의 문제로 하나님과 대면하고 있다고 상상합니다. 하나님께서 선지자를 통해 말씀하셨습니다. "만군의 여호와가 이르노라 너희가 눈먼 희생을 드리는 것이 어찌 악하지 아니하며 저는 것, 병든 것으로 드리는 것이 어찌 악하지 아니하냐 이제 그것을 너희 총독에게 드려 보라 그가 너를 기뻐하겠느냐"(말 1:8).

세상에서의 이치도 이러한데 하물며 우리가 하늘에 계신 하나님을 섬기면서 우리가 가진 '가장 좋은 것으로' 섬기는 것이 마땅하지 않겠습니까? 희생제사를 드릴 때에 가장 좋은 안심의 기름으로 드린 것같이 말입니다. 땅의 주관자들마저도 좋게 여기지 않을 것을 하나님께서 기뻐하시리라고 생각하지 마십시오.

여러분이 이 문제를 진지하게 생각하고 있다면, 여러분에게 있어 가장 좋은 시간을 드리십시오. 여러분의 육체의 힘이 가장 왕성하고 가장 활동적인 최상의 때를 택하여 드리십시오. 하나님께 온전히 자원하는 심정으로 그 시간을 드리십시오. 세상의 기회들을 위해 가장 열심히 일할 그 시간을 거룩한 의무를 위한 시간으로 온전히 드리길 원하십니까? 만일 여러분이 하나님을 위하여 그 시간을 드린다면 여러분은 풍성한 열매를 맺을 것입니다. 물론 시간만 할애하는 것으로는 부족합니다. 자원하는 심정으로 드려야합니다. 여러분에게 주어진 시간의 무더기 중 가장 최상위에 있는 시간을 자원하는 심정으로 하나님께 드리십시오.

하지만 그 전에 여러분의 마음을 준비해야 합니다. 우리가 경외 어린 마음을 준비하지 않은 채 하늘에 속한 것들을 생각하는 데로 곧장 나아간다면 어느 순산 당황할 수 있습니다.

"너는 하나님의 전에 들어갈 때에 네 발을 삼갈지어다 가까이 하며 말을 듣는 것이 우매한 자들이 제물 드리는 것보다 나으니 그들은 악을 행하면서도 깨닫지 못함이니라 너는 하나님 앞에서 함부로 입을 열지 말며 급한 마음으로 말을 내지 말라 하나님은 하늘에 계시고 너는 땅에 있음이니라 그런즉 말을 적게 할 것이라"(전 5:1, 2).

'거룩한 두려움과 경외심으로 하나님을 섬기는 은혜'는 하나님과 관계하는 모든 직접적인 일들에 반드시 필요한 것입니다. 여러분은 먼저 '하나님을 경외하는 상태로 깊이 감동받은' 마음의 상태를 가지려고 애를 써야합니다. 여러분이 묵상할 하늘의 본질을 거룩하게 존중하는 마음을 가지십시오. 그러면 여러분의 마음에 있던 악한 생각의 뿌리는 사라지게 될 것입니다. 그 뿌리는 제거 되어야만 합니다. 그 뿌리를 온전히 제거하지 않는다면 거룩한 의무를 향한 여러분의 시선을 다른 곳으로 돌이키도록 할 것이기 때문입니다.

서로 반대되는 원리들은 야곱과 에서처럼 같은 곳에서 존재하며 서로 대립합니다. 그들은 같은 태(胎) 안에서 싸웠습니다. 우리의 마음속에서 서로 대립되는 생각들이 싸우면서, 다시 말해 이 세상에 속한 생각과 하늘에 속한 생각 사이에서 갈등하면서 잠시 이 세상을 위한 생각들이 마음을 사로잡을지도 모릅니다. 그러나 하나님께 대한 마땅한 경외심으로 세상을 향한 마음을 몰아내면 허망하고 헛된 상상들 속에서 작용하는 육체의 상념들은 제거될 것입니다. 그렇게 되면 영혼은 영적인 것들을 향해 나가는데 있어서 어떠한 방해도 없이 자유로워지는 것입니다.

우리는 영적인 것들에 대한 새로운 지각과 미각을 가지려고 소원해야합니다. 만일 우리가 이러한 의무를 단순한 필요성에 대한 마음의 책임감이나 의무감으로 마지못해 한다면 그 일은 성공하지 못할 것입니다. 영혼이 하나님의 은혜로우심을 맛보고 그 달콤함과 향기가 무엇인지 알기만 한다면 '간절한 소원'을 가지고 영적인 의무에 돌입하려고 할 것입니다. 그것이 바로 소망어린 진보의 방식입니다. 그것이 우리로 하여금 감당하는 일에 열심을 내도록 우리 자신을 항상 북돋을 것입니다. 생각해 보십시오. 그것은 모든 대가를 지불할 만한 가치가 있는 일입니다. 그런데도 땅바닥에 조용히 누워 바라만 보시겠습니까? 아무 열매도 맺지 못했던 그 숱한 경우들을 기억해 보십시오. 아무 열매도 없었을 뿐만 아니라 오히려 나쁜 결과를 가져 온 적이 얼마나 많았습니까?

모든 마음의 준비를 했는데도 당황하고 갈피를 잃어 영혼에 신선함을 안정적으로 지속하지 못한다면 하나님께 애타게 부르짖으십시오. 자신의 연약함과 마음의 요동함을 탄식하고 애통하십시오. 여러분의 부르짖음은 반드시 영적인 회계의 차원에서 손해가 나지 않을 것입니다. 히스기야의 묵상을 보십시오.

"나는 제비같이, 학같이 지저귀며 비둘기같이 슬피 울며 내 눈이 쇠하도록 앙망하나이다 여호와여 내가 압제를 받사오니 나의 중보가 되옵소서"(사 38:14).

히스기야는 자신의 연약을 생각하며 상한 마음으로 하나님께 부르짖었습니다. 여러분의 부르짖음은 열납될 것입니다. "오 주여, 내가 압제를 당하오니 나를 신원하여 주시옵소서."

바른 묵상을 통해 하나님과 영적인 신령한 것들을 '이해하는 것'과 '우리의 간절한 간구'는 함께 어우러집니다. 바른 묵상은 분명하고 특별한 주제를 가지는 것이 좋습니다. 그리고 그 묵상의 주제로부터 특별한 대상을 설정하십시오. 특별한 대상이란 최근 느꼈던 신령한 체험이 될 수도 있고 우리가 하나님께로부터 받은 섭리적인 경고도 될 수 있으며, 말씀을 읽거나 설교할 때에 받은 특별한 감동이 될 수도 있습니다. 우리 마음과 영혼의 상태 역시 묵상의 대상이 될 수 있습니다. 물론 그러한 모든 대상의 근원이신 우리 주 예수 그리스도의 인격과 은혜가 최상의 대상이겠지만 말입니다. 우리가 이처럼 묵상하기 전에 그 묵상의 대상을 먼저 고려해보고 계획한다면 마음이 가진 묵상의 주제는 흐트러지지 않고 고정 될 것입니다. 너무 많은 묵상의 주제를 따라 가다가 갈피를 잃고 방황하여 어느 것도 온전함에 이르지 못하는 일이 일어나지 않도록 주의 하십시오.

끝으로, 용기를 잃지 마시기 바랍니다. 묵상하는 일을 오래 지속하지 못한다고 할지라도 낙심하지 마십시오. 묵상을 통해 만나게 되는 여러 가지 어려움들 때문에 지치지 마십시오. "상한 갈대도 꺾지 아니하고 꺼져가는 심지도 끄지 아니하시는" 하나님을 바라보십시오. 그분은 작은 것이라도 무시하지 않으십니다. 자원하는 여러분의 심령 이외에 여러분이 가지고 있지 않은 것까지 요구하실 분이 아니십니다. 여러분의 좌절된 소원의 부스러기와 애통하며 부르짖었던 기도들도 다른 이들이 맺은 영적인 풍성한 열매만큼이나 귀한 것입니다. 만일 여러분이 묵상을 지속하지 못한데 대한 자괴감과 자신에 대한 비열함과 무가치함에 대해 애통해 한다면, 여러분은 결코 헛되지 않은 열매를 얻은 셈입니다. 이것은 거룩한 묵상으로 나아가는 특별한 연단입니다.

힘을 내십시오. 언제까지나 그렇지는 않을 것입니다. 묵상을 그치지 마십시오. 여러분은 더 큰 묵상의 능력을 갖추게 될 것입니다. 여러분은 결국 큰 영적 성공을 거두게 될 것입니다.

II
part

'영의 생각'으로 누리는 마음의 복락

"내 아들아 네 마음을 내게 주며"
_ 잠 23:26

chapter.11

'영의 생각'과 정서

'신령한 영적 성서'(spiritual affections)가 있어야 영혼이 영적인 것들을 붙잡습니다. 그래야 사람이 안식과 만족을 주는 영적인 것들 속에서 풍미와 향취를 맛볼 수 있습니다. '영적인 정서'가 우리에 '영적으로 생각하는 것의 특별한 샘과 실질(peculiar spring and substance)' 입니다.

실로 하늘과 세상이 가련한 벌레 같은 사람의 정서를 서로 차지하려고 치열하게 싸우고 있습니다. 세상이 그 정서를 차지하려고 기를 쓰고 있음은 전혀 놀랄 일이 아닙니다. 세상은 있는 힘을 다하여 사람의 정서를 자기 것으로 만들려 합니다. 지상에 있는 만물이 사람들의 정서를 장악하는 것을 최상의 야심으로 삼고 있습니다. 이러한 계획이 성공하여 사람들의 정서를 사로잡게 되면 그 보다 더 해로울 수는 없습니다. 거룩하신 하나님께서 사람의 정서를 차지하려고 다투고 싸워야 하시다니요! 이것이야 말로 실로 우리를 위하여 하나님께서 자신을 무한하게 낮추신 것입니다.

하나님께서 자신의 뜻을 분명하게 밝히셨습니다.

"아들아 네 마음을 내게 주며"(잠 23:26).

하나님께서 진정으로 원하시는 것은 우리 마음의 정서입니다. 살진 고기와 값진 제물을 드린다고 해도 거기에 우리 마음이 없다면 받지 않으실 것입니다. 하나님께서는 사람의 정서가 당신 자신을 향하게 회복시키려는 목적을 갖고 계십니다. 이 목적을 이루시려고 여러 모든 방식들과 방도들을 세우시고, 당신의 효력있는 은혜의 모든 방안들을 예비하신 것입니다. 하나님께서는 말씀을 통해 우리에게 원하시는 것을 분명하게 선포하고 계십니다.

"이스라엘아 네 하나님 여호와께서 네게 요구하시는 것이 무엇이냐 곧 네 하나님 여호와를 경외하여 그의 모든 도를 행하고 그를 사랑하며 마음을 다하고 성품을 다하여 네 하나님 여호와를 섬기고"(신 10:12).

은혜의 말씀으로 목적을 선포하십니다.

"네 하나님 여호와께서 네 마음과 네 자손의 마음에 할례를 베푸사 너로 마음을 다하며 성품을 다하여 네 하나님 여호와를 사랑하게 하사 너로 생명을 얻게 하실 것이며"(신 30:6).

반면에 세상도 사탄의 도움을 받아 있는 힘을 다해 모든 간교함을 부리며, 화려하게 보이려고 온갖 채색을 다합니다. 속임수로 겉을 꾸미고 치장합니다. 그렇게 하여 사람들로 매력을 느끼게 하여 세상에 늘 애착을 갖게 만들려 합니다. 우리의 정서를 사로잡으려는 이 세상의 요청에 빠져 하나님 보다 세상을 더 선호한다면, 우리는 세상과 함께 영원히 망해야 마땅합니다. 우리가 저버린 바로 그 하나님께 영원히 버림을 받는 것이 지당한 일이지요(잠 1:24-31).

사실상 우리의 정서가 우리 전부를 대변한다 할 수 있습니다. 우리가 자신을 드리려 할 때 바로 그 정서를 드리는 것입니다. 정서야말로 우리에게서 자신을 떼어 내어 남의 것이 되게 줄 수 있게 하는 영혼의 유일한 능력입니다. 아무리 고상한 기능들이라 하여도 다른 것들은 다 우리 자신에게 유리한 것은 모조리 받아들이게 하는 수용적(受容的) 기능들입니다. 정서를 통해서만 '우리 존재 자체와 우리가 가진 것'(what we are and have)을 남에게 줄 수 있습니다. 그 정서를 통해서 하나님의 요구대로 우리 마음을 하나님께 드리게 됩니다. 그러니 우리의 정서를 드린 바로 그 분께 우리 자신과 우리가 가진 전부를 드리는 셈입니다. 반면에 우리가 다른 모든 것을 주었다 할지라도 정서를 드리지 않았으면 사실상 아무 것도 드린 것이 아닙니다.

다른 사람들을 위해서 선하고 가치 있고 칭찬받을 만한 일을 하였다 함은 마음의 정서에서 우러나서 그 일을 하였다 함입니다. 마음의 정서가 전혀 움직이지 않고 다른 이들을 위하여 어떤 일을 하였더라도 그것은 도리어 그들을 경멸한 것 밖에 되지 않습니다. 세상에서 사람을 섬기는 일도 그러한데 하물며 하나님을 섬기는 일은 어떠하겠습니까? 하나님의 명을 따르고, 모든 영적인 의무를 부지런히 감당하고, 하나님의 이름을 위하여 어떠한 고난을 감수한다 합시다. 그런데도 그 모든 일에 하나님을 사랑하는 마음이 없다면 우리가 한 모든 일은 하나님으로부터 멸시를 당할 수밖에 없습니다. 하나님께서는 그런 우리를 결코 인정하지 않으실 것입니다.

"사람이 그의 온 가산을 다 주고 사랑과 바꾸려 할지라도 오히려 멸시를 받으리라"(아 8:7).

정말 사랑은 물질의 풍부로 살 수 있는 것이 아닙니다. 하나님께 자기 가산 전부를 드리면서도 하나님을 향한 사랑이 없으면, 그것은 같은 방식으로 멸시받을 일입니다. 마치 세상에서 주어진 직업적인 소명을 부지런히 감당하면서도 세상에 애착을 가지지 않는 사람을 세상에 속한 자가 아니라고 말할 수 있는 것처럼 말입니다. 진심과 행습의 보석(寶石)이요 선하고 칭찬받을 만한 모든 것의 생명과 혼이라 할 수 있는 '모든 진심이 앉을 자리'(the seat off all sincerity)가 바로 우리의 정서입니다. 사람이 자기를 다른 사람으로 보이려고 아무리 꾸민다 하여도, 그 마음의 정서가 어떠냐가 그 사람의 됨됨이를 드러냅니다. '겉으로 꾸미는 외식'(hypocrisy)은 그 사람의 '마음의 정서'와 그 사람의 '외적인 신앙고백' 사이에 이지(理智)가 여러 이유나 구실들을 빙자하여 속임수를 끼워 넣는 것을 의미하는 것입니다. 그래서 그 외식을 통하여 사람이 '자기의 됨됨이의 실상'과 다르게 행세합니다. '진심'(sincerity)은 마음의 정서의 실상을 그대로 드러냅니다. '진심'이 사람의 마음의 정서를 선하고 쓸모 있게 만듭니다.

사람이 가진 정서는 영혼의 조타기(操舵機)와도 같습니다. 그 조타기의 향방대로 영혼의 방향이 결정됩니다. 영혼이라는 배 전체가 정서라는 조타기의 조정대로 움직여 나갑니다. 이를 위해 하나님께 기도하십시오. 하나님께서 우리의 정서를 당신의 은혜의 강력한 손길로 잡아 주신다면 우리 영혼은 하나님께로 계속 나아갈 수 있을 것입니다. 환난이나 시련의 모진 폭풍에서 우리 영혼을 붙잡아 주실 것입니다. 그러나 우리가 그 키를 세상에게 빼앗긴다면, 우리 영혼 전체는 세상적인 이해와 관심으로 나아갈 수 밖에 없습니다. 그렇게 된다면 세상의 것들과 다투는 모든 일이 허사가 될 것입니다. 여러분 마음의 정서는 어느 쪽으로 기울어져 나아가고 있습니까? 영적인 것이든 세상적인 것이든 간에 우리의 정서를 더욱 우세하게 장악하고 있는 쪽이 분명 있을 것입니다. 제 3의 다른 경우는 없습니다. 하나님께서 장악하든지 세상이 장악하든지 둘 중 하나입니다.

하나님께서는 이 세상에 속한 것들을 모질게 경멸하시는 분입니다. 하나님께서 처음 창조하신 세상은 아름다웠고 질서가 있었습니다. 하나님께서 모든 것을 좋게 여기셨습니다. 그 자체의 존재와 본질과 용도 등의 모든 것을 만족해하셨습니다. 그 당시의 세상은 사람에게 있어서도 아주 좋은 조건이었음에 틀림없었을 것입니다. 어떠한 위험이나 시험의 요소도 없었습니다. 세상에 있는 모든 것들은 본래 하나님을 알고 하나님을 사랑하도록 우리를 이끌어 줄 목적으로 주어진 것들입니다. 그러나 죄가 들어오면서 세상은 저주 아래 떨어졌고, 모든 것은 사탄의 세력 안으로 들어가게 되었습니다. 그때부터 세상에 있는 것들은 사람들의 마음과 정서를 하나님에게서 분리시켜 내는 효과적인 도구로 전락해 버리고 말았습니다. 사도가 요한일서 2장 15,16절에서 말한 바와 같습니다. 세상에 있는 모든 것들은 우리의 마음의 정서를 빼앗아 독점하여 항상 자기를 사모하게 하려고 기를 쓰고 있습니다. 죄와 사탄이 세상을 통해 하나님으로부터 우리 마음의 정서를 떼어내는 일을 하는 것입니다. 세상이라는 신(神)은 믿지 않는 자들의 눈을 완전히 가려 아무것도 보지 못하게 하고 있습니다. 마음의 모든 소원을 다 만족시켜줄 것처럼 약속하면서 말입니다.

그러나 하나님께서는 그러한 사탄의 교활함과 사람들의 어리석음으로 가득 찬 세상의 것들이 하늘의 영원한 것들과 비교하여 얼마나 보잘 것 없고 허무한 것인지 보여 주셨습니다. 바로 '그리스도의 생애와 십자가에서 죽으심'을 통해서 말입니다. 이 세상에 오시어 머리 둘 곳조차 없으셨던 예수님께서 십자가에 달려 죽으실 때까지 이 세상에서 얻고 발견하신 것이 무엇입니까? 만약 주님께서 이 세상에서 조금이라도 가치 있는 어떤 것을 발견하셨다면 그것을 즐거워하시고 귀히 여기셨을 것입니다. 세상의 권력과 지혜와 재물 중 어느 한 가지라도 진정한 가치가 있었다면 주님께서는 그것을 누리셨을 것입니다. 그러나 그리스도께서는 단지 하나님을 섬기는 일을 수행하기 위해 필요한 일용할 양식만을 취하셨습니다. 그리고 우리에게도 일용할 양식만을 위해 기도하라고 가르치셨습니다(마 6:11). 세상은 예수님의 십자가를 통해 결국 자기들이 좋게 여기던 것들의 진상을 스스로 드러내고 말았습니다. 예수님의 십자가가 믿는 자들에게 세상의 진면목이 무엇인지 확실히 보여 준 사건이 된 것입니다.

"그러나 내게는 우리 주 예수 그리스도의 십자가 외에 결코 자랑 할 것이 없으니 그리스도로 말미암아 세상이 나를 대하여 십자가에 못 박히고 내가 또한 세상을 대하여 그러하니라"(갈 6:14).

여러분, 무엇 때문에 그렇게 바쁜 것입니까? 무엇 때문에 그토록 부지런하게 뛰어다니는 것입니까? 여러분은 이렇게 말할지도 모르겠습니다. '그러한 일들을 좋아하고 높이 평가하는 것은 이 세상에서 나와 내 자녀들을 위해서이다. 그 자체는 위대한 것이 아니겠지만 상당히 힘이 되는 것은 사실이 아닌가?' 물론 틀린 말은 아닙니다. 저는 그러한 합법적인 방편과 목적을 가진 일들에 근면하게 하는 동기를 나무랄 생각은 없습니다. 그러나 저는 알고 있습니다. 그러한 동기가 많은 이들에게 있어서 이 세상에 애착을 가지는 부끄러움을 가리는 구실로 사용되고 있음을 말입니다. 복음서에 나오는 예수님을 보십시오. 그분은 멸시와 질책과 핍박 가운데 십자가에 못 박히셨습니다. 그것이 세상이 예수님께 했던 짓입니다.

여러분이 세상을 살아가는 방편과 목적이 무엇이든지 간에, 예수님의 십자가로 여러분의 정서와 이 세상 사이를 갈라놓으십시오. 만일 여러분이 신자라면, 여러분의 소망은 하루라도 빨리 영원히 예수님과 함께 거하고 싶은 것이어야 합니다. 그분에게 자신의 삶이 낱낱이 적힌 결산서(決算書)를 제출할 날이 올 것입니다. 그날에 여러분이 이 세상에서 행한 모든 일을 하나하나 보고하게 될 것입니다. 여러분이 이 세상에서 쌓았던 것들과 누렸던 것들과 이 세상에서 그토록 사랑했던 모든 것들이 그분께서 받으실 만한 것들입니까? 그분이 삶을 통하여 우리에게 남기신 본을 보십시오. 그리스도의 본을 존귀하게 여기는 사람은 세상에 있는 것들을 사모할 수 없습니다. 십자가의 은혜와 능력을 조금이라도 아는 사람은 그럴 수 없습니다. 옛 거룩한 순교자는 '나의 사랑하던 것을 십자가에 못 박았다.'고 말한 바 있습니다. 그는 그분 안에서 자기 자신이 가지고 있던 세상을 향한 애착을 십자가에 못 박은 것입니다.

여러분이 가진 정서는 어떠합니까? 이 세상에 속한 것들에 너무 강력히 얽혀 있는 나머지 지나치게 연연하고 있지 않습니까? 이 세상의 것들을 더 많이 가지고 싶은 소원, 그러한 것들을 지키고 싶은 소망, 그것들을 상실할까봐 어쩔 줄 몰라 하는 여러분의 두려움이 여러분의 삶을 장악하고 있지는 않습니까? 믿음으로 하나님의 아들의 생애와 죽으심을 보십시오. 그분의 생애와 죽으심이 복된 거울이 되어 여러분의 사랑하는 세상의 것들이 얼마나 보잘 것 없는 것들인지 보게 할 것입니다. 오, 그리스도의 십자가 속에서 진정한 영적인 관점을 가졌다는 우리가 이 세상의 권세와 부와 재산을 사랑하고 자랑할 수는 없는 것입니다. 구주께서 그러하셨으니 우리도 가난해야한다는 논리를 내세우는 사람들이 있습니다. 하지만 저는 그렇지는 않다고 고백합니다. 우리가 받은 직업적인 소명에 정직하고 부지런하게 일하는 것은 합당한 일입니다. 다만 그러한 일을 하는 가운데 그리스도께서 삼가시고 무시하신 세상의 것들을 우리가 사모하는 대상으로 삼아서는 안 된다는 것입니다.

그리스도께서는 사도들을 통해 하실 큰일을 계획하고 계셨습니다. 당신의 영광과 그 나라를 위하여 그들을 사용하실 뜻을 가지고 계셨던 것입니다. 이 세상에서 그리스도의 영광스런 나라의 기초 돌을 놓는 일을 그들에게 맡기셨습니다. 그들에게 교회의 대주교들이나 감독들이나 권세 자들이나 주관자들과 같이 교회의 고위직을 주지는 않으셨습니다. 그러나 그들에게 능력을 공급하셨으며, 그 무한하신 지혜로 그들의 정서의 방향이 온전히 영원한 것들에 향하게 만드셨습니다. 하나님께서는 여러 가지의 환난과 고통을 통해 그들을 단련하셨습니다. 세상에서 현재 누릴 수 있는 것들의 단 맛을 느끼지 못하도록 역사하신 것입니다. 그렇게 그들은 가난과 고통과 핍박과 수욕 가운데서 살다가 죽었습니다. 하나님께서는 그들을 영적인 목적을 가지고 사는 자들의 삶의 본으로 제시하셨습니다. 그래서 빛과 은혜와 열심과 거룩을 자기들의 삶의 목적으로 삼으려는 자들은 그들을 본받게 하셨습니다. 그리하여 이 지상 세계에서 누릴 수 있는 풍성함과 하나님의 사랑과 전혀 관계가 없음을 보여주신 것입니다.

"내가 생각하건대 하나님이 사도인 우리를 죽이기로 작정된 자 같이 끄트머리에 두셨으매 우리는 세계 곧 천사와 사람에게 구경거리가 되었노라…바로 이 시각까지 우리가 주리고 목마르며 헐벗고 매맞으며 정처가 없고 또 수고하여 친히 손으로 일을 하며 모욕을 당한즉 축복하고 박해를 받은즉 참고 비방을 받은즉 권면하니 우리가 지금까지 세상의 더러운 것과 만물의 찌꺼기 같이 되었도다"(고후 4:9-13).

이 본문의 말씀을 생각하는 것이 다른 이들에게는 별 큰 의미가 없어 보일지라도, 복음을 전하도록 소명 받은 자들이나 사도들이 한 일을 계승 받은 이들에게 있어서는 정말 중요하기 짝이 없는 말씀입니다.

차라리 태어나지 않았으면 좋았을 '네로' 같은 자들을 생각해 보십시오. 그들은 어느 누구보다 세상의 속한 것들을 가지고 지배하는 권세를 얻으려고 애를 쓴 자들입니다. 그들은 사람들이 일반적으로 소유하고 누릴 수 있는 정도

보다 지나치게 많은 수준의 것들을 갖게 되었습니다. 그 악한 자들이 손에 쥐고 남용했던 그 재물과 권력을 보십시오. 그리고 하나님께서 그들이 손에 쥐고 있던 세상의 모든 부귀영화를 어떻게 여기셨을지 생각해보십시오. 그것들이 정말 존귀하고 가치 있는 것이라면, 거룩하고 의로우신 하나님께서 그것을 그 짐승 같은 자들에게 나누어 주셨을 리가 없습니다. 이것을 깨닫고도 그들의 품속에 부어졌던 세상의 부귀영화에 마음을 쓰고 애착을 가질 자가 누구입니까? 그들에게 쏟아 부어졌던 세상의 것들은 무서운 올무가 되어 그들을 더 큰 정죄로 몰아넣었습니다. "온 천하를 얻고 자기 목숨을 잃으면 무슨 유익이 있으리요?" 하나님께 대한 모든 소망과 기대를 견지하며 신령하고 영원한 것들을 사모하는 사람이라면 그것들을 어떻게 여겨야 하겠습니까? 하늘의 영원한 탁월함과 비교하여 그것들 속에 어떤 가치를 발견할 수 있겠습니까?

　이 세상의 부한 사들 중 많은 이들은 자기의 창고가 가득 찬 것을 보고 편히 쉬고 먹고 마시자고 했던 복음서에 나오는 어리석은 부자 같이 미련한 안도감을 힘입고 살아가고 있습니다. 그들은 자기들이 누리고 있는 것이 사라지고 금방 지나가 버릴까봐 안달하고 두려워합니다. 그러나 전도서 기자인 지혜자는 2장에서 그 어떤 논리로도 막아낼 수 없는 진술을 하고 있습니다. 그는 하나님께서 세상의 모든 일들을 경멸하신다는 사실을 알게 되었고, 우리의 생각을 유인하기 위해 부추기는 세상의 헛된 약속들의 어리석음과 거짓됨을 발견하였습니다. 이 사실을 기억하십시오. 하나님께서는 이러한 것들이 우리가 추구하는 행복이나 안식을 주기에는 불충분하다는 것을 선언하셨을 뿐 아니라, 당신의 거룩하고 지혜로운 의사로 그러한 것들을 주장하시어 경멸을 퍼부으신다는 것을 말입니다.

　우리의 인생은 세상에서 누리는 것들로부터 견고한 만족을 얻기에는 너무나 짧습니다. 그것이 하나님의 섭리입니다.

시편 기자는 그 점을 이렇게 표현하고 있습니다.

"주께서 나의 날을 한 뼘 길이만큼 되게 하시매 나의 일생이 주 앞에는 없는 것 같사오니 사람은 그가 든든히 서 있는 때에도 진실로 모두가 허사 뿐이니이다"(시 39:5).

그러면서 시편 기자는 두 가지의 결론을 내립니다(시 39:6).
1. "각 사람은 그림자같이 다니고 헛된 일에 소란하며."
2. "재물을 쌓으나 누가 거둘는지 알지 못하나이다."

사람들의 삶이 짧고 불확실하다는 사실은 땅에 속한 일들에 대한 그들의 모든 노력과 궁리들을 헛되고 미련하게 만드는 것입니다. 사람들이 팔, 구백 년을 살 때가 있었습니다. 그때에 그들은 피조물의 안위가 될 수 있는 달콤함을 섭취할 기회가 있었습니다. 자신들을 위해 필요한 여러 가지의 일들을 도모할 수 있었습니다. 자기들의 삶을 유지할 방법들을 궁리하여 보유할 기회가 있었습니다. 그러나 그들이 그 긴 삶을 통해 만들어내고 드러낸 것은 고작 포학과 압제와 악함이었습니다. 하나님께서는 홍수로 그들을 지면에서 쓸어 버리셨습니다. 죄악은 사람들에게 주어진 삶의 시간만큼 비례하여 깊어졌던 것입니다.

그래서 하나님께서는 칠십 년이라는 짧은 기간으로 인생의 길이를 단축시키셨습니다. 오래 삶으로 말미암아 처할 수 있는 죄와 수고와 슬픔을 미연에 방지하시기 위해서 말입니다. 칠십 년이란 시간 가운데 과연 우리가 이생에 속한 것들의 달콤함을 얼마나 많이 맛볼 수 있을 것 같습니까? 그 기간 속에서 달콤함을 맛보기는커녕 곤고함으로 신음하는 때가 얼마나 많은지요! 그 칠십 년이라는 삶을 온전히 누리며 사는 자가 우리 중 몇이나 되겠습니까?

천 명 중 한 사람도 찾기 힘듭니다(이 책이 저작된 17세기 당시의 평균 수명은 51세 였음-역자 주).

거룩하시고 지혜로우신 하나님께서는 우리가 세상의 것들에 가치를 두고 온전히 누릴 만한 시간을 허락하지 않으셨습니다. 오로지 그 짧은 인생의 시간 동안 영원한 복락과 영원한 비참이 결정됩니다. 우리에게 주어진 인생의 시간은 하나님께서 주신 영원한 복락을 위한 은혜로운 기회입니다. 여러분이 그것을 위하여 지은 바 되었음을 기억하시기 바랍니다. 영원한 복락을 누리는 일은 전적으로 주어진 그 시간 안에 위에 있는 것들에 얼마나 큰 관심을 두고 사모하며 살아가느냐에 달려 있습니다. 그렇게 살지 않은 자들은 하나님께서 주신 은혜의 기회를 완전히 무시한 자들임에 틀림없습니다.

어떻게 해서는지 죄와 의와 심판을 지각하는 삶을 영위하려는 사람들은 능동적인 죄에 빠지기보다는 여러 가지 시험을 받아서 수동적으로 죄를 짓습니다. 그들의 영혼을 파멸에 이르게 하려는 시험거리들의 거의 대부분은 이 세상과 이 세상에 속한 것들에게서 나옵니다. 거기에서 죄와 정욕을 태우는 모든 연료(燃料)가 나오는 것입니다. 세상의 모든 것이 이 악과 더불어 자기의 정체를 드러내는 것입니다.

"세상에 있는 모든 것이 육신의 정욕과 안목의 정욕과 이생의 자랑이라"(요일 2:16).

세상에 있는 모든 것들은 그 목적에 있어서 잘못 사용되기 십상입니다. 세상의 것들과 마음의 정욕과 욕심은 아주 잘 부합되기 때문입니다. 사람들의 마음의 정서가 세상에 속한 것들에 애착을 가지고 있으면, 어떤 목적을 가지고 그것들을 사용하든 모두 시험과 함정과 올무가 될 수 있습니다. 우리는 많은 영혼들을 파멸에 빠지게 한 요인과 방편에 집착하지 않도록 조심해야 합니다. 또 그 방편이나 요인을 과소평가하여 적당하게 취급하지 않도록 해야 합니다.

세상의 방편들을 바르게 활용하는 것과 남용하는 것, 또는 그것들을 합당하게 관리하는 것과 무절제한 애착심을 가지는 것 사이를 구분해야 합니다. 거기에는 거룩하시고 지혜로우신 하나님의 섭리의 경륜을 따르는 신령한 지혜가 요구됩니다. 이것을 구분하는 일은 쉽지 않습니다. 많은 이들이 마지막 날에 이러한 일들을 생각하며 후회하게 될지도 모릅니다.

마태복음 25장을 살펴보십시오. 자기들이 세상에서 누린 것들과 자기들에게 맡겨진 것들을 활용하는 문제와 관련하여 큰 절망에 빠져있음을 볼 수 있을 것입니다. 그러한 일 모두 합당한 일입니다. 하지만 그릇된 판단으로 그러한 것들에 대한 무절제한 사랑과 애착심의 발로로 악하게 남용될 수 있는 것입니다. 사람들은 자기 나름대로 정한 불확실한 원칙으로 판단의 기준을 삼습니다. 자신들이 가진 성향을 기준으로 그것을 판단하려고 하는 것입니다. 그래서 자신들의 기준으로 필요하다 여기는 것에 그럴 듯한 구실을 만들어 그것을 판단의 척도로 사용하는 것입니다. 그들도 무절제한 애착과 남용할 소지가 있음을 인정합니다. 성경이 그 점을 분명하게 확언하고 있을 뿐만 아니라, 체험적으로 경험한 분명한 증거도 인정합니다. 그럼에도 불구하고 그들은 그 모든 것을 허용합니다. 자기 사랑과 거짓된 논리들을 동원하여 그 모든 것을 허용하는 자신만의 법칙을 만들어내는 것입니다.

거만하고 육감적이며 쾌락적인 삶을 살아가는 사람들은 스스로를 부적절하다고 생각하지 않습니다. 자신들은 합당한 자들이라고 자부합니다(눅 16:12-14). 대체 무엇이 그러한 판단의 근거가 되는 것입니까? 바다에 있는 배들이 바다에서 만나는 일진광풍을 힘입어 거침없는 항해를 하는 줄로 알고 있는 것입니까? 그 광풍이 암초를 향해 빠른 속도로 배를 밀어내고 있는 것이라면 어떻게 하겠습니까? 우리의 판단과 기준으로 합당하다 여겨 사랑하고 애착을 가지고 경영하던 일이 무절제로 인해 훗날 우리 속에서 주도하던 세상 사랑의 열매로 판정난다면 어찌할 것입니까? 우리 자신이 옳다고 여겼던 것이 하나님께 인정받지 못하는 것이라면 어떻게 할 것입니까? 그렇다면 우리는 영원히 버림받을 수밖에 없습니다. 세상에 속했던 우리는 세상과 함께 망하고 말 것입니다.

이를 구별하는 일이 너무 어렵다고 불평하는 사람들이 있을지 모릅니다. 그러나 이 장(章)에서는 세상을 사모하는 것이 얼마나 위험천만한지를 보여주는 일만 하겠습니다. 지혜로운 사람이라면 아무 생각 없이 벼랑 근처를 맴도는 모험을 하지는 않을 것입니다. 지혜로운 사람이라면 자신의 척도에 세심한 주의를 기울일 것입니다. 말씀이 제시하는 바른 법칙을 고수하지 못할까 고민하면서 말입니다. 세상으로 기울어진 정시의 위험함이 얼마나 큰지를 아는 지각이야 말로 영혼이 이 세상에 있는 것들을 무절제하게 집착하지 못하게 지켜주는 가장 좋은 방편이 될 것입니다. 하나님께서는 때로 환난을 통해 믿는 자들에게 자신들의 허물이 무엇인지, 자신들이 무엇을 놓쳤는지를 보여주십니다(욥 36:8,9). 지혜로운 자라면 환난 가운데에서도 내세를 위한 아주 세심한 주의를 기울이게 될 것입니다. 지금이야 말로 최선을 다할 때라는 것을 알아차리는 것입니다(요일 2:15).

자기 사랑으로 마음이 기울어져 이 세상에 있는 것들에 대하여 강한 소욕을 가지고 있는 사람은 결코 평안을 누릴 수 없습니다. 그들은 분명 양심의 가책으로 고통 받을 것이기 때문입니다. 그들은 자기들이 하지 못한 의무와 자기들의 비참한 상태를 생각하는 고통에서 벗어나지 못합니다. 결국 자신들을 위로해줄 그 어떤 것도 찾지 못할 것입니다. 여러분은 세상의 것들을 언제까지나 소유할 수 있는 절대적인 소유자가 아닙니다. 그것들을 잠시 맡아서 관리하는 청지기에 불과한 것입니다. 이 사실을 잊지 마십시오. 세상의 관점에서 여러분이 지금 누리고 있는 것의 정당한 소유주가 될 수 있지만, 하늘과 땅과 온 우주의 유일한 소유자가 계시는 한 여러분은 청지기에 불과합니다. 예수님의 비유처럼 우리는 이 땅에서의 청지기직에 대한 회계(會計) 보고를 하나님께 드리게 될 것입니다(눅 16:1,2). 자기가 원했든 원치 않았든 하나님께로부터 받아 맡은 모든 것을 회계할 날이 반드시 올 것입니다. 만약 그것을 자신의 소유로 착각하고 자신의 소욕대로 그것을 사용했다면 하나님 앞에서 유구무언(有口無言)이 될 것입니다. 이러한 것들을 얻고 누리고 사용했던 것이 정말 바른 도리의 한계 내에서 이루어진 일인지에 대한 증거를 제시해야 할 것입니다.

양심의 소리에 귀를 기울이십시오. 그렇지 않으면 크게 속을지도 모릅니다. 자신이 왜, 어떻게, 언제 속았는지 알지 못하는 사람은 남에게 그 책임을 전가할 수 없고 그 허물의 책임을 자신이 져야 합니다.

하나님의 면전에서 자신을 바르게 잘 점검하고 그러한 것들에 대한 우리 마음의 상태와 행동들을 유념하여 보십시오. 만약 부패한 본성이 발견된다면 그것을 제거하려고 애를 쓰십시오. 여러분은 이 세상에 있는 것들에 애착심을 가지도록 자신을 기만하는 논리가 얼마나 어리석은지 발견하게 될 것입니다. 바르지 못한 논리를 만들어내면서 스스로를 기만하지 마십시오. 자기 사랑으로 마음속의 은밀한 원리를 부추기지 마십시오. 자기 사랑은 모든 악의 뿌리입니다. 바르게 판단하셔서 여러분이 애착할 대상을 새롭게 설정하십시오. 그 대상이 여러분 마음의 가장 주도적인 관심거리가 되게 하시고 범사에 그 증거를 나타내게 하십시오.

그리고 우리 마음의 정서란 땅에 속하든지, 하늘에 속하든지 둘 중 하나라는 사실을 명심하십시오. 이 외의 다른 경우는 없습니다.

chapter.12

정서의 본질

우리의 정서가 생각을 영적으로 하는 마음의 구조 속에서 어떤 역할을 하는지 알아 보려면 세 가지의 사항을 유념하여야 합니다.

첫째, '우리의 정서가 영적이 되기 위하여 무엇이 요청되는가?' 모든 도리를 영적으로 이행하여 나갈 때 그 기반에 영적인 정서가 수반되기 때문에 이것을 알아야 합니다.

둘째, 정서가 영적으로 되면 그것이 '어떤 작용'을 하는가?

셋째, 영적으로 생각하는 구조 속에서 그 정서를 계속 유지하고 보전하는 '방편'은 무엇인가? 이와 수반하여 같은 성질에 속한 것들 몇 가지를 함께 고려해야 합니다.

정서가 영적으로 새롭게 되면 '영적으로 생각' 하는 구조 속에서 어떤 역할을 하며, 또 영적인 생각 속에 정서가 빠져 있을 수 없는지를 알아야 합니다. 실로 영적인 정서가 없이 생각이 영적으로 돌아갈 수 없습니다. 정서가 영적이 되려면 원리에 있어서 변화가 일어나야 합니다. 그리하여 우리 정서가 지향하는 대상에 있어서 새로운 변화가 일어나야 합니다. 또 그 정서가 새로운 원리를 힘입어 그 정당한 대상을 향하여 적응하기 위한 방식이 있습니다.

우리의 정서가 영적이 되어 영적으로 생각하는데 샘과 같은 역할을 하려면 우리 정서를 움직이는 원리가 '영적이고 초자연적인 은혜로 변화되고 새로워져야' 합니다. 이 요점을 명확하게 이해하기 위하여 본질상 우리의 상태가 어떠한지를 알아야 합니다.

우리의 정서는 본질상 부패하고 뒤틀려 있습니다. 그것은 죄 때문입니다. 죄가 들어오자 사람의 성품 전체에, 아니 영혼의 그 능력이나 기능 중에서 우리 정서의 여러 국면들처럼 무질서와 부패의 나락으로 떨어진 것이 없을 정도입니다. 무질서하고 부패한 정서로 말미암아 마음이 하나님께 등을 돌려 돌아서 버렸습니다(딛 3:3). 부패한 정서의 진상을 모두 밝히기 위해선 아주 오랜 시간이 소요될 것입니다. 저는 다만 여기서는 간단하게 몇 가지 사항만 말씀드리겠습니다.

타락으로 말미암아 우리 본성(nature)이 부패했다는 사실은 우리의 이성이나 본성의 지각에서 단적으로 드러납니다. 이교도들 중에서도 지혜로운 이들은 그것을 알기도 하고 또 탄식하기도 하였습니다. 그들은 이지(理智)의 연약을 발견하였습니다. 그러나 이지가 부패하고 빛을 잃어 영적인 것들에 대하여는 아무 힘도 쓰지 못한다는 것을 그들은 알지 못하였습니다. 그런데도 그들도 도덕적인 일들에 있어서 정서가 무질서하고 뒤틀려 있어 사람들의 마음을 '각종 더러운 것을 솟구쳐 내는 요동하는 바다'와 같게 하였음을 충분히 인식하였습니다. 이 정서가 뒤틀려 있는 이 사실을 스스로 알지 못하는 이들은 깊은 방종에 빠집니다.

부패한 우리의 정서는 육체와 영의 모든 욕심들이 거하는 처소가 되었습니다. 인간의 모든 악한 탐욕은 부패하고 더러워진 우리 정서 활동을 통하여 나타나는 것입니다(롬 7:8). 그러니 어떤 죄도 정서의 변화 없이는 결코 제압할 수 없습니다.

타락한 정서는 세상에 있는 모든 죄행의 샘이며 뿌리입니다(마 15:19). 성경에서 말하는 '악한 마음'이란 결국 헛된 상상들과 함께 나타나는 마음의 부패한 정서입니다. 온갖 더러운 상상이 정서를 흥분시키고 활동하도록 부추기는 것입니다(창 6:5). 부패한 정서는 온 세상을 악과 어둠과 혼돈과 공포로 가득 채우고 있습니다. 이것이 타락한 정서의 힘과 효력인 것입니다. 마치 매주일 수천의 사람들이 죽어가는 것을 보면 사람을 죽이는 병의 위력이 어떠함을 알 수 있듯이 말입니다.

이렇게 인간의 정서는 영혼이 죄악적인 대상들에 자신을 적응시키는 악한 방편이 되어 버렸습니다. 그래서 우리가 우리의 '지체'를 '땅에 있는 지체'라 부르는 것입니다. 왜냐하면 몸이 움직이고자 할 때 그 지체들을 활용하는 것과 같이 세상에 속한 영혼은 그 정서의 활동을 통해 자신을 드러내기 때문입니다(롬 6:13 ; 골 3:5).

부패한 정서는 이지(mind, 지성)의 통제를 받지 않습니다. 이지의 빛에 반항하여 거스르려고 하는 것이 부패한 정서의 전형적인 기질이기 때문입니다(욥 24:13). 설령 지성으로 선과 악에 대한 바른 개념을 가지고 있다고 해도, 타락한 정서는 그러한 지성의 개념들을 거부하고 무시하며 자신의 성향에 따라 영혼을 이끌어 갑니다. 이것이 사람이 가진 지성의 한계인 것입니다. 그래서 선한 것이 무엇인지 알면서도 행하지는 못하는 것입니다. 자신이 가진 악한 정서대로 하게 내버려지는 것보다 더 큰 영적인 심판은 없습니다(롬 1:26).

죄로 인한 우리 정서의 부패가 얼마나 대단한지를 보여주는 경우들을 더 지적할 수 있습니다. 그러나 이상에서 언급한 경우들만으로도 이 장에서 다루려는 목적을 위하여 충분할 수 있습니다

일반적으로 본질상 우리 정서의 부패를 두 가지의 항목으로 나누어 볼 수 있습니다.

첫째로, 부패한 정서는 '하나님과 영적인 모든 것들'을 전적으로 거부합니다. 사람들의 마음에 하나님과 그 하나님의 모든 방식들을 다 싫어하는 혐오감이 가득한데, 그 모든 것을 솟구쳐내는 샘이 바로 그 부패한 정서 속에 있습니다. 그 샘 근원은 하나님에 대한 반감을 훨씬 뛰어넘어 하나님을 대적하는 마음까지도 먹게 만듭니다.

"그러할지라도 그들은 하나님께 말하기를 우리를 떠나소서 우리가 주의 도리 알기를 바라지 아니 하나이다"(욥 21:14, 15).

둘째로, 타락한 정서는 영혼으로 하여금 '헛되고 세상적이고 육감적인 것들을 무절제하게 집착하게' 한다는 것입니다. 그래서 그 정서가 영혼을 마치 적진(敵陣)으로 돌진하는 말(馬)같이 그것들을 추구하게 합니다.

타락한 정서도 때로는 '잠시 어떠한 인상'을 받기도 합니다. 말씀 설교를 통해 받은 인상으로 기뻐하며 여러 가지 일들을 하고 싶은 마음을 가지게도 합니다. 위험과 질병과 죽음을 생각하며 순간적인 각성을 받기도 합니다(시 78:35-37). 그런 인상을 받게 되면 세상에 속한 일들을 즐거워하는 것을 덧없는 것으로 여깁니다. 육체와 욕심을 따라서 행하는 것이 허무하다는 생각을 하게 되는 것입니다. 이렇듯 여러 가지 외부적인 요인으로 인해 정서가 순간적인 변화를 보이는 때가 있습니다. 그러나 그 변화는 정서가 잠시 순간적으로 흐름을 바꿨을 뿐, 결국은 다시 그전의 상태로 돌아가 버리는 일이 허다합

니다. 전적으로 하나님을 위하여 살고자 했던 마음의 결심은 찾아 볼 수가 없는 예전 상태로 돌아가 버리고 마는 것입니다.

일시적으로 받은 정서의 인상이 잠시만 영혼으로 진정한 원리들에 따라 행동하도록 작용할 수 있습니다. 선과 악, 영원한 것과 순간적인 것, 하나님에 대한 자신들의 마땅한 도리들을 진지하게 생각하도록 작용하는 것입니다. 그러한 경우 사람들은 그런 진지한 생각을 하는 자신의 마음과 정서가 바르게 변화되어 가고 있는 것 같은 느낌을 가집니다. 사실 본질적인 변화가 전혀 없는데도 말입니다. 그들은 잠시 열이 내린 것을 보면서 자신이 말라리아에서 완전히 치료되었다고 믿는 사람들과 같습니다. 시험이 오면 그들은 언제라도 다시 세상과 죄에 빠지게 됩니다.

물론, 정서를 순식간에 완전히 신령하게 만드는 인상들도 있습니다. 그러한 인상은 영혼으로 하여금 하나님과 마땅한 도리에 새롭게 다가가게 하는 큰 유익을 주기 마련입니다. 야곱에게 그러한 일이 있었습니다(창 28:16-20). 그러나 이런 일은 말씀을 듣는 거듭난 신자들에게나 나타날 수 있는 일입니다.

거듭나지 못한 정서에는 이러한 인상이 영적인 효과를 거두지 못합니다. 왜냐하면 그러한 자들에게 있어서 자신들이 받은 인상이란 하나님의 주권적인 섭리 속에서 주어신 일방적인 제어의 은혜로 나타나는 일시적인 반응에 불과하기 때문입니다(시 9:20).

그런 경우 그들이 받은 인상들은 '하나의 습관적인 변화'로 이어지기 쉽습니다. 마음의 정욕과 정서 속에서 그저 심심치 않게 찾아오는 습관적 현상쯤으로 말입니다. '정서의 일시적인 변화'가 지나치게 열정적이고 과격한 이들이 신중하고 온화해지며, 육감적인 자들이 절제하게 되고, 믿음을 미워하던 자들이 믿음을 고백하는 효과를 가져 올 수 있습니다. 그러나 이러한 변화만을 가지고는 그 어느 사람에 대하여도 '영적으로 생각하는 이가 되었다'고 말할 수는 없는 것입니다.

　부패한 정서는 우리의 영혼으로 하여금 하나님으로부터 등을 돌리도록 합니다. 그리고 다른 것들에 비상한 집착을 보이도록 만듭니다. 그들이 말하는 변화란 바로 자신들이 비상하게 집착하고 있는 것에 대해 약간 절제하는 것일 뿐, 요동하여 더러운 것을 솟구쳐 내는 바다의 물결은 사라지지 않습니다. 약간의 절제만으로는 육감적인 방향으로 나아가려는 영혼의 발걸음을 완전히 되돌릴 수 없는 것입니다. 그런 정서 가운데 여러 가지 도덕적인 덕행이 행해지는 것을 보면 놀라지 않을 수 없습니다. 이교도들마저도 그러한 일에 성공을 거두는 경우가 있습니다. 하지만 그들의 덕행이 하나님과 영적인 것들에 대한 반감에서 완전히 치료받은 결과로 볼 수 없습니다. 다시 말하면, 영적인 것들에 대한 참된 개념을 가진 증거로 볼 수는 없습니다. 외부의 자극으로부터 찾아온 순간적인 변화일 뿐, 하나님을 향한 근본적인 자세는 여전할 것이기 때문입니다.

　호랑이나 사자 새끼도 사람과 가축에게 해를 끼치게 못하도록 길들일 수 있을지 모릅니다. 그렇게 길들여진 맹수들은 마치 원래 온순한 동물처럼 보이기도 할 것입니다. 그러나 맹수의 본성은 여전히 남아있습니다. 기회가 주어진다면 언제든 그 성향을 드러낼 것입니다. 다른 짐승의 피 맛을 보는 순간부터 그 맹수들은 다시 길들여지지 않을 것입니다. 사람의 정서의 변화도 마찬가지입니다. 그 정서의 흐름을 바꾸어 놓거나 새로운 경로로 나아가는 습관을 가지게 길들일 수는 있습니다. 그러나 그 본질이 문제입니다. 그 본질이 하늘에 속한 성질로 바뀌지 않으면 소용없습니다.

　인간이 가진 정서의 본질은 본래 아름다웠고 바람직한 것이었습니다. 정말 그렇게만 된다면 그보다 영광스러운 일은 없을 것입니다. 우리의 정서는 내면적인 갱신이 필요합니다. 그래야만 본질이 변화될 수 있습니다.

"그때에 이리가 어린 양과 함께 거하며 표범이 어린 염소와 함께 누우며, 송아지와 어린 사자와 살진 짐승이 함께 있어 어린아이에게 끌리며 암소와 곰이 함께 먹으며 그것들의 새끼가 함께 엎드리며 사자가 소처럼 풀을 먹을 것이며, 젖 먹는 아이가 독사의 구멍에서 장난하며 젖 뗀 어린 아이가 독사의 굴에 손을 넣을 것이라 나의 거룩한 산 모든 곳에서 해 됨도 없고 상함도 없을 것이니 이는 물이 바다를 덮음 같이 여호와를 아는 지식이 세상에 충만할 것임이니라"(사 11:6-9).

이것이 정서가 본질적으로 변화될 모습입니다.

"오식 심령으로 새롭게 되어"(엡 4:23).

우리의 '심령'은 영적인 구원의 빛과 총명으로 새로움을 입어야 합니다. '심령'은 본래 "유혹의 욕심을 따라 썩어져 가는 구습을 쫓는 옛 사람"이었습니다(엡 4:22). 여기서 '심령'은 곧 부패한 정서를 의미하는 것입니다. 바로 그것이 새로워져야 한다는 것입니다.

성령의 구원하시는 은혜만이 정서의 본질을 새롭게 할 수 있습니다. 그냥 본래대로 내버려 두면 그저 본성적인 정서에 불과할 것들이 은혜로 말미암아 믿는 자들 속에서 성령의 열매가 되는 것입니다.

"오직 성령의 열매는 사랑과 희락과 화평과 오래 참음과 자비와 양선과 충성과 온유와 절제니 이 같은 것을 금지할 법이 없느니라"(갈 5:22,23).

그 본래의 정서들은 본질에 있어서 같은 것입니다. 그러나 새로운 본성(本

性, nature)이 주어짐으로 말미암아 정서의 품격과 성향이 변화되는 것입니다.

'마라'의 물은 본래 썼습니다. 그래서 백성들이 마실 수가 없었습니다. 그러나 나무 가지를 던진 후에 그 물은 달게 되어 마실 수 있는 물이 되었습니다(출 15:25). 소금을 넣은 '여리고의 물'도 그랬습니다(왕하 2:19-22). 우리의 정서는 본질상 보잘 것 없는 것입니다. 그러나 그 정서에 은혜가 임하면 그 품격과 성향 모두가 정결해지고 새로워지는 것입니다. 쓴 물에 집어넣어 마실 수 있는 물이 되게 했던 나무와 소금은 다름아닌 예수 그리스도를 통해 우리에게 주시는 하나님의 놀라운 사랑입니다.

chapter.13

새롭게 된 정서(1)

여기서 우리의 관심은 죄로 인하여 부패하게 된 우리의 성서가 새롭게 되는 일의 본질이 무엇인가? 그것들이 일시적으로 정서에 끼친 인상으로 말미암아 일어난 변화와 어떻게 다른가? 정서가 새롭게 된 것을 보여주는 증거는 무엇인가? 하는 문제입니다.

정말 우리는 최선을 다하여 그 문제를 알아야 합니다. 허다한 사람들이 이 문제에 대한 잘못된 판단으로 자기들의 영혼을 속입니다. 정서에 나타난 변화를 보고는 자기들 속에 복음의 진정한 은혜의 작용이 있다고 설득당하기도 합니다. 영적으로 새로워지지 않고도 정서에 변화가 있을 수 있는데도 말입니다.

정서상에 나타나는 '일시적인 인상'은 말씀이나 환난이나 자비를 통한 신적인 경고를 통하여 올 수 있습니다. 그런 일들은 거듭나든 거듭나지 않든 모든 종류의 사람들에게 일어날 수 있는 일입니다. 어떤 이들은 "그 양심이 화인(火印) 맞았습니다"(딤전 4:2). 이들은 더 이상 양심의 감각이 없어 하나님의 부르심과 모든 경고와 질책에 아무런 반응을 보이지 않고 자신을 방탕에 방임하여 모든 더러운 것을 욕심으로 행합니다(엡 4:19). 이들은 너무 긴 시간 죄에 빠져 있던 나머지 마음이 돌이킬 수 없을 정도로 완악하게 되어 패역한 마음에 자신을 내맡기는 비열한 정서에 빠져 있는 자들입니다. 그들은 어떤 경우에도 신령하고 영원한 일에 인상을 받지 않습니다. 위험하고 갑작스러운 하나님의 무서운 진노의 표증은 두려워할지 몰라도 그것이 그들을 영적으로 생각하는 자들로 만들지는 못합니다. 지옥 외에는 그 어느 것도 그들로 하여금 자신들과 영원한 것들에 대해 생각하게 만들지 못할 것입니다.

그러나 그들과는 달리 그 정도로 방탕하거나 뻔뻔스러울 정도로 죄를 짓지는 않는 이들이 있습니다. 물론 그들 역시 거듭나지 않은 상태에 있는 자들로 여전히 죄 가운데 있으며, 해야 할 마땅한 의무들을 행하지 않고 있지만, 말씀을 통해 하늘에 속한 것들을 생각하게 하는 정서의 자극에 때때로 반응을 보입니다. 그들은 때로는 두려워하고, 때로는 소망을 갖기도 합니다. 그들은 그런 정서의 자극을 통해 자기들의 삶을 바꾸고 죄를 삼가며 거룩한 의무들을 이행하고자 하는 마음의 결심을 하기도 합니다.

그러나 선지자는 그들의 선함을 '아침 구름과 같고, 아침 이슬같이 쉬 사라져' 버리는 것으로 말합니다. 그들은 '평화'를 외칩니다. 자신이 온전히 감동을 받았다고 떠들어대며 '왜 이제껏 그리도 중요한 것들을 모르고 살았는지 모르겠다' 며 자신을 책하기도 합니다. 그리고 다른 이들도 자기들처럼 그런 영적인 것들에 대한 선한 소망을 누리길 바랍니다. 그러나 그들에게 시험이 찾아오면 그 모든 것들은 아침의 이슬처럼 사라지고 맙니다.

'정서가 잠시 동안 인상을 받는 것'과 '정서의 본질이 영적으로 변하는 것'

을 구분하는 일은 전혀 어렵지 않습니다. '정서가 잠시 받는 인상'은 지속적인 효력을 발휘하지 못한다는 사실을 알면 되는 것입니다. 우리 구주께서 말씀하신 대로 정말 그러한 것들은 아주 잠시 동안 있다가 효력을 잃고 사라져 버립니다. 사라졌던 인상이 다시 찾아올 수 있을지도 모르지만, 역시 오래 지속되지는 못할 것입니다. 그런 인상들 중 어떤 것들은 매우 빨리 사라집니다. 말씀을 듣고 집에 돌아가는 사이에 다 잊어버릴 정도로 빨리 사라져버리는 것입니다. 한 동안 지속되는 인상도 있습니다. 그래서 얼마간 외적인 효과들을 산출하기도 합니다. 그러나 시험이나 사건 앞에서 그 인상은 온데간데없이 사라져버립니다.

하지만 여기서 저는 이처럼 일시적인 인상들을 '자주 혹은 때때로' 받는 이들에게 드리고 싶은 말씀이 있습니다. 설령 잠시 있다 사라지는 인상들이라 할지라도 그것을 경멸하지는 마십시오. 그 인상 속에 하나님이 계십니다. 물론 그것이 온전한 구원을 이루시는 은혜의 방식은 아니지만 이를 위한 예비적인 단계로서 거기에 하나님은 분명 존재하시는 것입니다. 그러한 인상이 찾아오는 것을 우연한 사건으로 보지 말고 하나님의 섭리로 주어진 것으로 받아들이십시오. 그와 더불어 그러한 인상들이나 의식을 마음이나 양심에 남겨 보전하려고 애를 쓰십시오. 그것이 사라진다면 유익도 같이 사라질 것입니다. 안일하게 생각하고 있다면 분명 오래 가지 못해 사라져 버리고 말 것입니다. 그리고 그러한 거룩한 인상들에 다른 생각들을 첨가 하지 마십시오. 말씀을 들음으로 감화를 받거나 질병에 걸려서나 각성을 받았다고 해서 영혼의 상태가 완전히 회복되었다는 결론을 내리는 일은 하지 말아야 합니다.

그러나 그런 상황 가운데 모든 것이 잘되어 가고 있다고 생각하며 이전의 안일한 자리에 다시 들어가 버리기까지 스스로 자만할 수 있습니다. 앞에서 말씀드렸듯이 '정서의 습관적인 변화'와 '은혜로 말미암은 정서 본질의 영적 변화'를 구분해야 합니다. 이를 위해 부지런히 살피는 것은 모든 이들에게 있어서 매우 중요한 일입니다. 많은 사람들이 그 점에서 스스로에게 기만을 당하고 있습니다. 그리고 결국 멸망에까지 이르게 되는 것입니다. 그들은 자기들이 느끼는 일시적인 현재의 평안을 온전한 정서의 변화로 착각합니다. 자기들의 영원한 생명에 대한 소망을 그 위태로운 착각 위에 쌓아 올리는 것입니다. 그들이 쌓았던 불확실한 소망은 여러 가지 시험의 시련 앞에서 무너져 내리고 말 것입니다.

우리의 정서가 영적인 차원에서 완전히 새로워진다는 것은 우리가 가진 모든 정서가 영적인 거룩함을 입는 것을 의미합니다. 성화(聖化)는 인간을 이루는 모든 부분(全人), 즉 영과 혼과 몸(살전 5:23)이 모두 거룩하게 되는 것을 의미합니다. 우리가 '부분적으로만 거룩하게 되었다'고 하는 말은 인간의 모든 부분 중 어느 한 부분은 여전히 거룩하지 못하다는 말과 같습니다. 거룩해지는 일이 영혼의 어떤 부분에서는 전혀 일어나지 않았음을 의미하는 것입니다. 그렇기 때문에 온전한 성화가 일어나지 않은 상태에서 죄는 인간이 가지는 분노나 두려움이나 애착 같은 여러 정서 중 어떤 특정한 정서에 여전히 큰 힘을 발휘할 수가 있습니다. 그래서 실제적인 행동으로 그것이 분출되도록 작용하는 것입니다. 어떤 이들은 다른 정욕들이나 부패한 욕심들을 제어하는 데 있어서는 별 어려움을 느끼지 못하면서도 어떤 비정상적인 정서나 부패한 부분에 대하여는 아주 약하여 넘어지곤 합니다. 다윗이 그러하였습니다(시 18:23). 모든 은혜의 삶 속에서는 아주 모범적이던 사람들이 갑자기 어떤 추문에 빠지는 경우를 자주 보지 않습니까?

하지만 어떤 특정한 정서가 죄와 사탄을 섬기도록 전적으로 따로 떼어져 있는 경우는 없습니다. 사탄이 어떤 정서를 이용하여 특별한 방식으로 죄행을 일으켜 내는 것은 사실이지만, 때가 되면 그 정서가 은혜의 행동들을 위한 합당한 도구로서의 이점을 드러낼 수 있습니다. 정서는 죄와 은혜가 싸우는 전장(戰場)입니다. 은혜가 승리하여 그 정서를 장악하고 새로워지면 그 정서는 영적인 용도로 사용 되는 것입니다. 쉽게 분노하고 과도한 열정에 자주 빠져서 마치 절대적으로 그 지배 아래 있는 것같이 여겨지는 자들이 있습니다. 하지만 그런 정서에도 불구하고 죄를 짓지 않고 오히려 그 정서의 성향을 이용해 자신과 다른 이에게 있는 죄를 향해 그 분노의 정서를 사용한다면 그 정서는 영적인 용도로 사용된 것이 분명할 것입니다(고후 7:11).

하나님께서는 때로 한 특정한 정서 속에 부패의 세력이 있도록 그냥 내버려두시기도 합니다. 그것을 통해 다른 정서가 은혜 속에서 계속적으로 역사하도록 부추기는 촉매 작용을 하게 하시는 것입니다.

믿는 자들 속에 여전히 남아 있는 '옛 사람'을 이기고 거룩해져야 합니다. 그 옛 사람이 모든 세력들과 그 모든 기능들을 가지고 절대적인 영향력을 행사하기 때문입니다. 우리의 옛 사람이 사라지고 모든 정서가 거룩해지기 위해서는 은혜가 필요합니다. 그 하나님의 은혜가 심겨진 정서를 '새 사람'이라고 부르는 것입니다. 본래 우리 속에 있던 정서는 '새 사람'과 어울릴만한 것이 하나도 없었습니다. 은혜로 말미암아 그 본래의 정서가 완전한 새로움을 입게 되는 것입니다. 은혜가 영향을 미치지 못할 정서란 없습니다.

여러분이 어떤 부패한 정서에 특별히 자신이 몰입하여 들어가는지 주목해 보십시오. 그것을 발견한다면 여러분은 하나님 앞에서 결심하지 않을 수 없을 것입니다. 나아만과 같이 말하지 못하더라도 말입니다. "하나님께서 이 일에 제게 은혜를 베푸시옵소서. 다른 모든 일에 제가 그를 위하겠나이다." 하나님께서는 온 마음을 요구하십니다. 온 마음을 주든지 아니면 아예 주지 않든지 둘 중 하나를 택하라고 하시는 것입니다. 모든 정서를 다 드리고 다 동원하여 하나님의 생명에 복종시키십시오. 이것이 그리스도인에게 있어서 제일 되는 일입니다(롬 6:17,18). 여러분이 가지고 있는 정서들 속에서 하나님을 위한 일을 가장 꺼려하는 정서가 무엇인지 지켜보십시오. 모든 정서가 거룩하고 순종하는 삶을 위해 쓰려고 할 때, 그 정서가 거룩함을 입게 되는 것입니다.

하나님을 위하여 전적으로 자신을 드리십시오. 그리고 온전히 하나님을 따르십시오. 선한 마음의 목적을 가지고 하나님께 나아가시고 마음의 할례를 받아 하나님을 사랑하십시오. 이것이 바로 우리의 모든 정서들을 새롭게 하고 거룩하게 하는 일입니다. 그렇지 않고서는 우리의 정서는 새로워지거나 거룩하게 될 수 없습니다. 그것은 우리가 '두 마음을 품는 것' 입니다. 두 마음을 품는 것은 하나님께서 미워하시는 것입니다.

"그들이 두 마음을 품었으니 이제 벌을 받을 것이라"(호 10:2).

정서가 영적으로 새로워졌다는 것은 '우리의 정서 모두가 거룩하게 변화되어 새로워졌다' 는 것을 의미합니다. 정서의 변화가 부분적이라면 그것은 일시적으로 정서의 인상을 받은 결과로 보아야 합니다. 생명 있는 주도적인 은혜의 원리에 속한 것이 영혼에 심기우기 전에는 그 변화가 온 마음의 세력과 정서들 전체에 영향을 미치지 못합니다. 죄는 근본적으로 우리가 가진 모든 정서의 기능들에 기생합니다. 그래서 어떤 부분적이고 일시적인 변화가 온다 할지라도 여전히 사라지지 않고 계속 지배적인 역할을 수행하는 것입니다. 영생을 얻기 위하여 무엇을 해야 하는지 알기 위하여 우리 주 예수 그리스도께 온 젊은이의 경우가 그러하였습니다(막 10:17-22).

이처럼 다른 일들에 있어서는 절제를 하고 자신들을 조절하고 신중하면서도, 사도가 말한 바와 같이 아직도 그 속에 '모든 악의 뿌리' 를 가지고 있는 사람들이 많습니다. 어떤 이들은 매우 경건하고 신실해 보이지만 그들은 "혀를 재갈 먹이지" 않습니다. 분노와 시기와 미움 등을 통해 기독교를 허망한 것으로 만들어 버리는 것입니다. 그들은 신실하려 애를 쓰며 영적인 일에 매우 큰 열심을 가지는 동시에 세상에 대한 무한한 애착을 가집니다. 다른 일들에 있어서는 자기들의 정욕들과 정서들을 잘 제어하였던 옛 사람들 중에서 많은 이들이 복음의 가장 큰 박해자가 되기도 하였습니다.

미신적인 헌신을 가졌던 많은 이들은 그리스도의 모든 자녀들 앞에서 마치 가인처럼 행하였습니다. 로마 교회의 가장 주도적인 헌신자들의 경우에서와 같이 말입니다. 그러면서 그들은 자신들이 그리스도인들의 핍박과 멸망에 관하여 아주 진지하게 생각하는 것처럼 말하기도 합니다. 어떤 이들은 마음속에 은밀한 정욕을 기릅니다. 또 어떤 이들은 다른 사람들로부터 칭찬 듣는 것을 좋아합니다. 이는 우리 주님께서도 지적하신 것입니다. 고대의 철학자들도 세상이 악하다는 사실을 알고 있었습니다. 그래서 그들은 혹독한 지성의 연마를 통해 자신들의 정서를 제어하려고 애를 썼지만 곧 사람들의 칭찬을 쫓는 허영의 노예로 전락해버리는 경우가 허다했습니다. 그들은 자신의 정서 중 어떤 것들이 여전히 변화되지 못했는지 알지 못합니다. 그런 변화되지 않은 정서 때문에 자신이 어떤 죄에 대하여 그토록 자주 습관적인 자리에 있게 된다는 사실을 모르는 것입니다.

새로워진 정서는 영적인 것들에 대한 객관적이며 보편적인 시각을 가집니다. 다시 말해 새로워진 정서는 모든 영적인 것들을 애착하며 사모하는 분명한 이유와 근거를 가진다는 것입니다. 그 이유와 근거는 물론 그리스도를 통한 하나님과의 관계입니다. 새로워진 정서는 영적인 것이라면 가리지 않고 받아 드리게 됩니다. 어떤 것들은 받아드리고 어떤 것들은 거부하거나 하지 않습니다. 모든 영적인 것들을 가지고자 하는 소원을 가지는 것입니다.

영적인 것들에는 여러 가지의 구분이 있습니다. 모든 사람은 다 같지만 사랑과 존중함의 차원에 있어서 어떤 다른 이를 더 귀하게 여기는 것처럼 말입니다. 영적인 것들 가운데 우리의 정서로 가장 우선적이고 제일 좋은 자리에 놓아야 할 대상은 그리스도로 말미암아 계시되신 하나님이십니다. 그분이 우리 마음의 가장 중심적이고 제일 되는 대상이십니다. 그리스도 안에서 우리에게 그분이 어떠한 분이신지를 생각하여 마음의 가장 주된 대상으로서 하나님을 사랑하지 않는다면 어느 누구도 영적인 애착을 가질 수 없습니다. 많은 사람들이 스스로를 속이는 부분이 이것입니다.

사람들은 자신이 하늘에 속한 것들을 사랑한다고 생각합니다. 하나님께 대한 예배의 의무를 다하고 있는 자신을 바라보면서 말입니다. 그러나 그들은 하나님 자체를 진정으로 사랑하지 않습니다. 하나님께서 가지신 성품의 영광스러운 탁월함은 전혀 고려하지 않습니다. 그리스도 안에 나타난 하나님의 은혜로운 역사하심을 깊이 사모하는 마음이 없는 것입니다. 그러면서 그들은 영적인 것들에 대하여 무지해 보이는 사람들을 경멸합니다. 자신들이야말로 하나님을 적대시하고 미워하는 삶을 살아가면서 말입니다.

우리는 과연 어떤 근거를 가지고 하나님을 사랑한다고 하는 것입니까? 우리가 가지고 있다는 하나님에 대한 사랑의 근거가 하나님의 성품이 가지신 말로 할 수 없는 탁월함과 아름다움과 바람직함과 영광스러운 속성들 그 자체입니까? 우리의 복됨이 바로 하나님의 그러한 성품들과 거룩하심을 기억하는 것에 있습니까?

만약 여러분이 하나님을 사랑하는 이유와 근거가 그리스도 안에서 하나님이 가지신 모든 거룩하신 탁월하심과, 하나님께서 그리스도로 말미암아 우리로 하여금 당신 자신과 교통 하도록 허락하신 일에 있다면, 우리의 사랑은 정서가 새롭게 됨으로써 나온 것이라고 말할 수 있을 것입니다. 하나님은 우리 정서의 제일 되는 대상이십니다. 만약 여러분이 하나님을 사랑한다고 말하면서 하나님을 사랑해야하는 이유와 근거를 모른다면, 시험의 날에 크게 당황하게 될 것입니다.

하나님을 배제한 영적인 것이란 존재할 수 없습니다. 모든 영적인 것들 전부가 그 속에 임재하시는 하나님을 위해 존재하는 것이기 때문입니다. 그러한 영적인 것들 속에 하나님의 임재하심이 어느 정도냐에 따라 그 성질과 용도는 날라질 수 있을지 몰라도, 하나님의 임재하신 자체의 차원에서 볼 때에 그 모든 것은 동등한 가치를 지닌 것입니다. 그 중 하나가 시험의 때에 특별한 방식으로 우리를 세워주고 위로해 줄 것입니다. 우리는 그 위로를 통해 전해지는 하나님의 은혜를 발견할 것입니다. 그것이 우리 사랑의 제일의 대상이신 하나님과의 생생한 교제인 것입니다. 이렇듯 영적으로 새로워진 정서는 모든 영적인 것들에 애착을 가집니다. 그렇게 할 만한 분명한 이유는 모든 영적인 것들 속에 우리의 최고의 대상이신 하나님이 계시기 때문입니다.

새로워진 정서는 지성으로 이해되지 않는 것을 이해하려는 간절함을 가집니다. 그래서 사도는 로마서 11장 33-36절에서 이렇게 말하고 있습니다.

"깊도다 하나님의 지혜와 지식의 부요함이여, 그의 판단은 측량치 못할 것이며 그의 길은 찾지 못할 것이로다 누가 주의 마음을 알았느뇨 누가 그의 모사가 되었느뇨 누가 주께 먼저 드려서 갚으심을 받겠느뇨 이는 만물이 주에게서 나오고 주로 말미암고 주에게로 돌아감이라 영광이 그에게 세세에 있으리로다 아멘."

이지로는 이해하지 못하는 것을 마음으로는 감격해 하고 찬탄해 하며 하나님 안에 기뻐하며 모든 일에 대하여 하나님께 영광을 돌리는 것입니다.

신자들이 이 땅에서 누릴 수 있는 하나님의 은혜는 너무나 달콤한 것입니다. 이것 역시 새로워진 정서가 가지는 애착의 대상이 될 것입니다. 새로워진 정서는 그 어떤 영적인 것에도 반감을 가지지 않습니다. 하나님의 모든 교훈을 존중하며 하나님의 모든 뜻을 즐거워합니다. 이러한 일은 잠시 일어난 정서의 부분적인 변화로는 불가능합니다. 마음 깊이 하나님 자체를 사랑하지 않으면서 다른 영적인 것들을 사모한다는 일은 있을 수가 없습니다. 하나님이 임재하시지 않는 영적인 일이란 애초에 존재하지도 않는 것이기 때문입니다. 새로워지지 않은 정서 안에서 조용히 잠재하고 있던 하나님을 향한 반감과 적대감은 특별한 시험의 때에 그 진상을 완전히 드러내 보일 것입니다. 우리 구주의 말씀을 듣던 자들이 그러하였습니다. 예수께서 하늘로부터 내려오는 생명의 양식에 대해 가르치셨을 때 그들은 "이런 떡을 항상 우리에게 주소서"라고 부르짖었습니다(요 6:34). 그러나 구주께서 그 생명의 양식에 대한 신비에 대해 더 열어 보여 주셨을 때에 "이 말씀은 어렵도다 누가 들을 수 있느냐?"라고 소리쳤습니다(60절). 그들은 결국 주님을 떠나갔습니다(66절).

모든 면에서 완전히 새로워진 정서는 영적인 모든 일들을 그 본질 자체로 즐거워합니다. 이것이 정서가 영적으로 완전히 새롭게 되는 것과 부분적이며 일시적으로 받은 인상으로 자극받은 정서의 차이인 것입니다.

"만군의 여호와여 주의 장막이 어찌 그리 사랑스러운지요"(시 84:1).

chapter.14

새롭게 된 정서(2)

새로워진 정서는 그리스도로 말미암아 하나님을 즐거워합니다. 그러한 온전한 변화는 하나님을 예배하는 일에 더욱 열심을 내도록 할 것입니다. 모든 예배의 의무들을 즐겁게 감당하는 일은 정서가 온전히 새로워지는 경우에만 가능한 것입니다.

 복음의 진리가 알려져 신앙을 가지는 것이 공적으로 허락된 곳에서 사람들은 저마다 다른 생각과 방식으로 하나님께 예배하는 여러 가지의 의무들을 감당하고 있습니다. 그러나 그 중 많은 사람들은 하나님을 모독하는 생각과 방식으로 그러한 의무들을 이행합니다. 이러한 이들은 마음이 굳어 있는 자들이며 의(義)와는 거리가 먼 자들입니다(딛 1:16). 이들은 단지 교육적인 개념에서 '형식적인 호기심'만으로 그러한 의무들에 참여하거나, 어떠한 필요성에 대한 확신 때문에 그런 일들을 감당하는 자들입니다. 그들은 '자기들의 정한 나름대로의 방식대로' 그러한 의무들을 부지런히 행하면서 스스로 만족해합니다. 그러나 그들의 마음이 영적으로 새롭게 되었음을 보여주는 증거는 전혀 없습니다. 어떤 이들은 자기들의 헌신의 열심을 표현하는 방식이 미신적이고 우상을 섬기는 것이라서 구원하는 어떤 은혜와는 부합하지 않습니다. 그러므로 우리는 마음으로 새롭게 된 것은 전혀 아니면서도 자기들 나름의 확신으로 '하나님을 예배하는 일에 열심을 내는 이유와 근거들을' 자세히 살펴야 합니다.

사람들은 '하나님께 드리는 예배의 외적인 부분'이나 예배를 수행하는 외적인 방식에 크게 감명을 받을 수 있습니다. 그러면서도 그 예배의 내면적이고 실질적이고 영적인 핵심을 즐거워하는 것은 전혀 없을 수 있습니다. "요한은 켜서 **비추이는 등불이라 너희가** 한때 그 빛에 즐거이 있기를 원하였거니와"(요 5:35).

그와 같이 에스겔의 웅변과 비유의 우아함 때문에 에스겔의 설교를 기뻐하던 이들이 많았습니다(겔 33:31,32). 그래서 그들이 그의 설교를 듣는 일에 열심을 내며 기뻐하고 있었습니다. 그러면서도 정작 죄를 떠나지는 않고 계속 그 가운데서 거하였습니다. 그들의 마음은 탐심으로 가득하였습니다. 하나님의 말씀을 증거하는 영적인 은사들을 가진 이 시대의 많은 이들의 경우에도 여전히 같은 일들이 벌어지고 있습니다. 물론 어떤 사람의 설교나 은사들에 사람들이 더 큰 기쁨을 맛보고 더 만족할 수 있음을 부인하지는 않습니다. 그리고 그런 이들의 말씀 전파를 즐거워하는 그들의 마음에 진지함이 있을 수 있음도 부인하지 않습니다. 왜냐하면 다른 이들의 은사를 통하여 보다는 그런 이들의 은사를 통하여 더 많은 영적인 유익을 얻을 수 있기 때문입니다. 또 그런 설교자들이 다른 이들의 경우 보다 듣는 자들을 영적으로 세워주는 일에 더 잘 준비되어 있을 수도 있습니다. 그러나 이 장(章)에서는 사람들의 마음을 즐겁게 하는 외적인 어떤 환경들에만 국한시켜 생각하려 합니다(딤후 3:5).

구약 시대에 백성들이 육체에 관한 규례들이나 세상에 눈에 보이는 성소의 규례들을 지키고 있을 때에 그런 일들이 분명하게 드러났습니다. 그런 경륜의 때에 백성들이 모든 종류의 우상숭배와 미신에 빠지는 경우가 종종 있었습니다. 그런 정도는 아니라 하더라도 육적이고 거룩하지 않은 집단을 이루고 있었습니다. 선지자들이나 하나님의 섭리 속에서 그들을 다루시는 하나님의 전체 행사에 비추어 볼 때 그 점이 분명하게 드러나 있습니다. 그런데도 그들은 예배를 드리는 외적인 엄숙함의 규례들을 크게 기뻐하였고, 그런 규례들을 시행할 때 하나님께서는 기쁘게 예배를 받으시리라는 믿음을 가지고 있었습니다. 그 모든 규례들은 그리스도를 예표하고 있었습니다. 만일 그 점을 인식하지 않았었다면 부과된 여러 일들은 그들에게 멍에와 같아 거의 무거워 못하였을 것입니다(행 15:10). 그러나 그 일들 자체 속에서 육적인 기쁨을 누리던 이들은 그 일들 자체를 위하여 그 모든 것들의 생명이요 실질이 되셨던 하나님을 배척하였습니다.

그리스도의 교회가 배도(背道, apostasy)할 때에도 이와 같은 전철을 밟았습니다. 영적 정서의 외적인 모양을 유지시키기 위해서 사람들은 복음적인 예배 속에도 음악과 화려한 의식(儀式)을 곁들여 노래하는 것과 같은 것을 도입하였습니다. 하나님께 예배하는 것이 사람들의 마음이나 정서에 와 닿게 하려면 그런 것들이 필요함을 발견하였기 때문입니다. 그런 것들을 통해서 그들은 하나님께 예배하면서 큰 기쁨을 가지고 있는 모습을 보입니다. 만일 어떤 이들이 자기들로 감명을 받게 하는 그런 외적인 순서나 다양한 방식들과 모양이나 멜로디들을, 하나님을 진실로 예배하는 것과 분리하여 생각할 수만 있다면, 그런 것들 속에서 아무런 기쁨을 누리지 못할 것입니다. 도리어 마지못해 참아내야 하는 것으로 볼 것입니다. 그러나 교황주의자들 속에서야 그런 식으로 달리 생각하는 것이 어떻게 가능하겠습니까? 그들은 대단한 열심과 헌신의 많은 증거들을 보이고 있습니다. 어떤 경우에는 그 증거들을 보이느라 힘들어 하거나 위험에 처하기도 합니다. 그렇게 하여서라도 자기들이 정해 놓은 엄숙한 예배의 모자란 부분을 보충하려 합니다. 그런 것들로 예배를 보충하기 때문에, 그들의 예배에는 마음을 자극하여 하나님을 믿고 사랑하고 기뻐하는 진정한 행동을 하게 하는 이해하는 말 한 마디도 없습니다! 오직 예배의 질서, 의식(儀式), 음악, 육신에 속한 정서를 자극하는 여러 동기들을 부여하는 것들을 통해서 정서에 큰 인상을 남깁니다.

영적으로 새롭게 된 정서를 가진 이들은 그런 것들을 사용하는 것에 관심이 없습니다. 아니 그런 것들을 사용하는 자리에 그들이 있다고 하면, 그들은 그것들 속에서 유익을 얻지 못합니다. 도리어 그런 것들이 하나님을 바르게 예배하지 못하게 마음을 방해한다고 여길 것입니다. 믿음과 사랑으로 모습을 드러내는 신령한 정서에 손해가 되게 내버려 두지 않을 것입니다. 믿음과 사랑이 서 있어야 할 자리에 상상으로 만들어낸 육적인 헌신이 들어와 있는 것이 그들의 눈에 보일 것입니다. 자, 하나님께 예배하는 의식에 다 같이 즐겁게 참석한 두 사람이 있다고 상정해 봅시다. 그런데 그 두 사람이 각 각 매우 독특한 원리들을 가지고 있습니다. 각종 약용식물(herb)과 꽃들이 가득한 한 정원(庭園)에 두 사람이 갔습니다. 한 사람은 거기 있는 것들의 성질을 전혀 모릅니다. 다른 한 사람은 그런 약초들에 대해서 전문적인 사람입니다. 둘 다 그 정원에서 동일하게 즐거움은 느낍니다. 한 사람은 꽃들의 색깔과 냄새가 좋았습니다. 다른 한 사람은 거기 있는 식물들의 여러 다양한 성질을 생각하면서 즐거워합니다. 그는 그 식물들의 약리(藥理) 작용에 대해서 생각하니 즐겁습니다. 그와 같은 경우입니다. 한 사람은 예배의 외양을 보고 기뻐합니다. 다른 한 사람은 예배의 영적 효력을 보고 기뻐할 수 있습니다. 같은 예배에 참석하여서도 두 사람의 기쁨의 종류는 그렇게 다른 것입니다. 그래서 어스

틴(Austin)의 말에 의하면, 아다나시우스(Athanasius, AD 296-374. 32세에 알렉산드리아 교회 감독이 되어 죽기까지 46년간 섬김 - 역자 주)는 교회에서 노래하는 것을 금하였다고 합니다. 시편을 노래하는 것은 놓아두었습니다. 다만 성경 읽다가 중간에 노래하는 것이나, 당시 교회에 막 도입하였던 예배의 어떤 직무들을 수행하다가 노래하는 것은 금하였다는 말입니다. 그가 그렇게 한 이유는 이러합니다. 목소리를 교묘하게 꾸미거나 음악의 선율이 자칫 거룩한 예배의 의무들을 진행하는 이들에게 긴요한 신령한 정서를 갖지 못하게 방해할 수 있다는 것입니다. 하나님을 예배할 때 진정 있어야 할 질서는 하나님의 지혜의 효력을 나타내는 질서여야 한다는 것입니다. 그것이 바로 신령한 정서들에 걸맞고 쓸모가 있다는 것입니다. 왜냐하면 그것이 정서를 내면적으로 새롭게 하신 같은 성령님으로 말미암아 나온 것이기 때문입니다. "너희가 질서있게 행함과 그리스도를 믿는 너희 믿음이 굳건한 것을 기쁘게 봄이라"(골 2:5). 하나님께서 지명하신 모든 것은 다 영적인 정서를 가진 이들을 돕고 기쁨을 줍니다. 정서가 새롭게 된 이들만큼 환희에 찬 감격으로 말할 자가 누구이겠습니까! "만군의 여호와여 주의 장막이 어찌 그리 사랑스러운지요"(시 84:1). 그럼에도 그들의 기쁨은 그걸로 끝나는 것이 아닙니다. 바로 그 점을 알아봅시다.

'사람들이 양심의 가책을 무마시키거나 만족하게 해 주는 무엇이 있음을 알고 하나님을 예배하는 외적인 의무를 수행하는 것을 즐거워 할 수 있습니다.' 그들의 양심이 깨어나 하나님을 예배하는 여러 의무들을 수행할 필요가 있음을 알게 되었습니다. 그래서 그 의무들을 게을리 하면 마음이 불안하고 평안도 없습니다. 그들이 받은 빛과 양심의 가책과 습관의 요청으로 한 동안 예배에 참석합니다. 그럼으로써 마음이 잠시 쉼을 얻고 유쾌함도 얻을 정도의 만족함을 누리게 될 것입니다. 영혼이 그런 식의 위안(慰安)에 익숙하게 되면 그런 의무들을 수행하는 것이 즐겁습니다. 그 의무들을 생략하는 일은 하지 않을뿐더러 그런 의무들을 수행하는 일을 크게 돕는 것들을 좋아할 것입니다.

많은 경우에 사실상 하루 종일 죄 가운데 살기로 작정한 사람이 매일 아침 기도의 의무를 거르지 않습니다. 자기들의 기도한 것과 부합한 마음의 구조와 방식으로 살며 행하려고 진지하게 노력하는 이들은 정말 희귀합니다. 우리가 기도는 해 놓고 마음과 삶 속에서 그 기도한 대로 살려는 노력은 전혀 하지 않는다 합시다. 그러면 그런 식의 기도는 죄책감(conviction)을 무마시키기 위해서 은사들을 활용한 것뿐입니다. 사람들은 저마다 자신의 양심의 가책이 주는 고통을 무마시키기 위한 묘안을 발견하려고 애를 씁니다. 자신의 양심을 쏘는 죄의 독소를 중화시킬 방편들을 모색하는 것입니다. 하지만 병든 사람이 찬물을 들이켜서 열을 내리려고 하는 것과 무엇이 다르겠습니까? 잠시 열은 내릴지 모르지만 질병의 근원은 사라지지 않습니다.

그들에게 있어서 그러한 의무들을 이행하는 일이란 '율법 아래서의 속죄제'(贖罪祭)와도 같습니다. 그것이 잠시간 그들의 마음에 평안을 줄 수 있을지 모릅니다. 그러나 사도가 말한 바와 같이 그러한 의무들 자체가 사람들을 온전하게 하는 것은 아닙니다. 자신의 양심을 정죄하는데서 오는 고통으로부터 온전히 벗어날 수가 없는 것입니다. 만약 그들이 어떠한 의무를 생략하는 순간에 죄의식이 다시 돌아옵니다. 그 사실 자체뿐 아니라 그 사람 자신이 율법의 정죄를 받았습니다. 구약 시대에는 하나님과 새롭게 화목하기 위하여 제사를 반복하여 드렸습니다. 이로 인하여 육적인 백성들은 그 제사들을 기뻐하고 만족해하였습니다. 심지어 의(義)와 생명과 구원을 위해서 그 제사들을 의지하였을 정도입니다. 지금 양심의 가책을 무마하기 위해 영적인 의무들을 이행하는 사람들의 경우가 그들과 같습니다. 그들에게 있어서 모든 영적 의무들은 자신을 안심시켜 평안을 주고 마음의 고통을 감소시켜 현재 느끼는 두려움에서 벗어나기 위한 방편에 불과합니다. 그들은 더욱 열심을 낼 것입니다. 그리고 그 일에 대해 즐거움을 가질 것입니다. 왜냐하면 그렇게 할수록 자신의 마음이 더 큰 평안을 느낄 것이기 때문입니다.

이렇게 말하는 사람이 있을 것입니다. '우리가 알고 있는 많은 사람들, 그 중에서도 가장 선하다 일컬음 받은 이들도 양심의 가책을 시작으로 영적인 의무들을 이행하지 않는가? 영적 의무를 행하지 않는 것은 죄가 아닌가? 그런 의무들을 행함으로 만족을 얻는 것은 당연한 일이 아닌가?'라고 말입니다. 물론 그러합니다. 그러나 저는 이렇게 말하겠습니다. 하나님이 세우신 제도라서 필요하다는 확신에서 어떤 의무를 감당하는 경우는 오직 의무를 존중하는 마음이 있습니다. 그러나 다른 죄들에 대한 가책을 무마시키느라 의무를 행하거나, 그 죄들이 생각나서 양심의 가책을 잠잠케 하느라 의무를 감당하는 경우가 있습니다. 이 두 경우는 본질이 전혀 다른 개념입니다. 후자(後者)에 대해 말하라면, 그것은 자신에게서 시작하여 자신으로 끝나는 것입니다. 자기만족을 얻는 것이 그 의무이행의 목적입니다. 자기 생각에 달리는 도달할 수 없는 마음의 안식과 고요함을 그 방식을 통해서 누리려고 말입니다.

그러나 은혜로 새로워진 마음의 정서를 가진 이들은 모든 영적 의무들과 하나님이 세우신 거룩한 제도야 말로 마땅히 존중해야 할 가치와 목적을 가진다고 여깁니다. 하나님의 모든 은혜의 방식 속에서 그 의무들을 활용합니다. 이것이 새로워진 마음의 정서를 가진 사람들이 영적인 의무를 감당할 때 가지는 필연성과 목적입니다. 그들의 영혼은 '그 의무들 자체 속에서 아니고 하나님 안에서 시작하고 하나님 안에서 종결을' 봅니다. 그 영혼은 '그 의무들' 안에서 만족을 얻으려 하지 않습니다. 오직 '그 의무들' 로 말미암아 오직 하나님 안에서, 하나님으로부터 오는 만족을 발견합니다.

정서가 영적으로 새롭게 되지는 않고 표면적으로만 바뀐 모습을 보이는 이들이 하나님을 예배하는 거룩한 의무들을 기뻐하는 제일의 이유가 있습니다. 그것은 '그 의무들을 수행함으로 자기들의 의(義)를 하나님 앞에 보이고 있다고 여기며, 하나님께서 그들의 의를 받으실 것이라는 희망을 가지고' 있기 때문입니다. 그들은 자기들이 이룩한 것 외에 다른 어떤 의(義)도 알지도 못하고 구하지도 않습니다. 그들이 믿음의 의, 곧 '그리스도의 의' 에 대하여 어떤 개념을 가지고 있다 하더라도, 실질적으로 그들이 의뢰하는 것은 '자기들의 의' 입니다. 그렇습니다. 겉으로 주님을 부르짖고 그리스도를 믿는 것 같지만, 그들이 정작 믿는 것은 자기 자신입니다. 그들은 하나님께서 자신들이 자랑하는 그 의를 바라신다고 생각합니다. 그들에게 있어서 최선을 다해 하나님을 기쁘시게 할 수 있는 것이란 바로 그것입니다. 그러나 그들은 자신이 가졌다고 생각하는 그 의(義) 밖에 다른 어떤 것도 가지고 있지 않습니다. 그러면서도 그들은 은밀하게 자신들이 그에 대한 보상을 받아야 한다고 생각합니다. 그리고 그 의가 자신들의 죄까지도 어느 정도 무마시킬 수 있다고 상상합니다. 이것이 그들이 그토록 영적인 일들에 열심을 내는 이유이며 목적입니다. 의무 수행으로 양심의 가책을 피하기 위한 목적을 가진 사람들과 크게 다를 것이 없습니다.

그들은 자기들의 의를 높일 수 있는 일이라면 무슨 일이든 가리지 않습니다. 거룩한 일들을 자신의 부패한 본성을 충족시키는 도구로 이용하고 있는 것입니다. 옛날 유대인들이 율법의 여러 의식들과 제사들을 그토록 끈질기게 고집했던 이유가 바로 그것입니다. 그들은 복음보다 그러한 것들을 더 우위에 놓고 하나님의 나라와 하나님의 의보다 자신들의 의를 더 내세웠습니다(롬

10:3). 그들은 제사의 의식을 통하여 자신의 의를 높이고자 했던 것입니다. 그들이 가진 의의 소망이 아무런 가치가 없다는 가르침에도 불구하고 그들은 끝까지 그것을 놓지 않으려고 했습니다(롬 9:31-33).

아무리 인색하고 욕심과 탐심에 가득 찬 사람이라도, 자신들의 의가 높아지는 일이라면 기꺼이 주머니를 엽니다. 순전히 자신의 의를 위해서 말입니다. 의를 얻고자 하는 소원이 사람들의 이지에 얼마나 강력한 영향을 미치는지 모릅니다. 그러한 짓들이야 말로 영혼이 그리스도와 복음을 받아드리지 못하도록 방해하는 가장 강력한 장애물인데도 말입니다.

종교적인 예배의 의무들을 통해 자기들의 의를 세우려고 하는 이들은 아주 부지런하게 움직입니다. 자신들이 지킬 새로운 의무들을 고안해내기도 합니다. 외양적인 겸손과 경건의 모습은 자신을 높이기 위해 그들이 대표적으로 즐겨 사용하는 방식과 자세입니다. 그 안에 하나님에 대한 신실한 사랑은 하나도 없습니다. 선지자는 바로 이것에 관해 선포한 것입니다(사 1:11-17 ; 미 6:6-8).

'신앙적인 의무들에 헌신적이라는 평판'은 사람들의 생각에 영향을 주어 아주 부지런하고 즐거움으로 그러한 일들을 감당하는 사람들로 보이도록 합니다. 사람들마다 하나님께 드리는 예배에 대한 방시과 이해와 실천은 다르지만, 예배의 의무를 성실히 감당함으로 인해 사람들로부터 헌신적인 기독교인이라는 평판을 듣고 싶어 하는 마음은 거의 동일합니다.

그런 생각은 마음에 큰 교만함을 불어넣습니다. 그 교만함은 마음의 가장 주도적인 위치를 차지하게 됩니다. 그들은 하나님의 칭찬보다 사람들의 평판을 더 사랑하게 됩니다. 이러한 생각이 더욱 특별하게 그들에게 영향을 미치는 경우가 있습니다. 경건의 의무를 이행하는데 대한 사람들의 평판을 두고 다른 사람들과 경쟁할 때가 그 경우입니다. 왜냐하면 자기들에 대한 사람들의 평판이 경건한 의무를 얼마나 부지런히 감당하고 있는지에 따라 엄격히 달라질 수 있다고 생각하기 때문입니다. 그들은 그 일을 위해 자기들 뿐 아니라 다른 이들도 끌어 들입니다. 오직 자신의 평판을 높이 올리려는 목적으로 영적인 의무들을 사랑하고 있는 것입니다. 그들은 모든 공적인 의무들을 그러한 차원으로 감당합니다. 정말 비열하고 외식적인 자들이 아닐 수 없습니다. 바리새인들을 보십시오. 그들은 사람들의 칭찬과 평판을 얻고 싶은 부패한 목적에 자신을 방임했던 자들입니다. 그러한 마음이 영혼의 주도적인 자리를 차지하게 되면 정서 전반에 강력한 영향력을 행사하여 결국 그렇게 하지 않고는 마음에 만족을 얻지 못할 정도로 습관화가 되어 버리는 것입니다.

이렇듯 많은 사람들이 하나님의 성품이나 뜻이나 하나님의 역사하심에 대하여 그릇된 개념들과 오해를 가지고 있습니다. 사람들은 하나님이 원하시지도 않는 미신적인 방식을 만들어냅니다. 하나님께서 전혀 인정하시지 않는 의무들을 만들어내고 수행하고 있는 것입니다. 인간 본성의 분량을 넘어서는 무모하고 비상한 시도를 부리기까지 하면서 말입니다. 이들의 이러한 행위 덕분에 기독교는 아주 부패한 종교로 치부되고 있습니다.

지금 그들의 방식 모두를 살펴보지는 못할 것입니다. 이 장(章)에서는 정서가 영적인 새로움을 입지 못한 이들이 신앙적 외적 의무들을 부지런하게 감당하는 이유들과 원인들 가운데 그런 것들이 있음을 지적하는 정도로 만족해야 할 것입니다. 저는 이미 우리의 정서는 영적이고 초자연적인 온전한 변화가 필요하다는 것을 말씀드렸습니다. 그러나 정서에 큰 변화가 일어난 것처럼 보임에도 불구하고 영적으로 정서가 온전히 새로워진 것이 아닌 경우가 너무나 많기 때문에 우리 스스로 '정서상 일부에 변화가 있는 것과 영적으로 온전히 새로워진 것 사이에 어떤 차이들이 있는가?'라는 질문을 던진 것입니다.

마음의 정서가 온전히 새로워짐으로 나오는 경건이 아니라면 하나님께서는 결코 받지 않으신다는 사실을 잊지 마십시오. 이것은 명백한 사실입니다.

이제 다음 장에서는 마음과 정서가 영적으로 새로워져 하나님께 예배하는 여러 의무와 제도들을 마음 깊이 즐거워하는 근거와 이유를 살펴볼 것입니다. 영적으로 생각하는 것의 마땅함과 그 은혜의 참된 본질을 발견하는데 초점을 유지하면서 말입니다.

chapter.15

예배를 통해 누리는 기쁨

하나님께 예배하는 모든 제도들과 규례들을 진심으로 즐거워하는 것이야말로 마음이 영적으로 새로워진 모든 '참 신자들'의 온전한 증거입니다. 참 신자들은 그 규례들을 무시한다거나 앞서 나가는 일을 하지 않습니다. 이는 지난 세대에서 참 신자들이 고난과 핍박을 받았던 최대의 원인이었습니다. 그들에게 있어서 이것은 순교의 원인이 되기도 하였습니다. 만약 그들이 이교도 황제들의 세력 밑에서나, 적그리스도적인 배도(背道)의 도도한 흐름을 따라서 그런 모든 규례들을 피해 나갔거나 생략하였다면 그들은 그 원수들의 핍박을 피할 수 있었을지도 모릅니다. 그러나 그들은 예배의 의무들을 지키는 기쁨을 위해 목숨마저도 아끼지 않았습니다.

다윗 역시 그러하였음을 말하고 있습니다.

"하나님이여 사슴이 시냇물을 찾기에 갈급함 같이 내 영혼이 주를 찾기에 갈급하니이다 내 영혼이 하나님 곧 살아 계시는 하나님을 갈망하나니 내가 어느 때에 나아가서 하나님의 얼굴을 뵈올까 사람들이 종일 내게 하는 말이 네 하나님이 어디 있느뇨 하오니 내 눈물이 주야로 내 음식이 되었도다 내가 전에 성일을 지키는 무리와 동행하여 기쁨과 감사의 소리를 내며 그들을 하나님의 집으로 인도하였더니 이제 이 일을 기억하고 내 마음이 상하는도다"(시 42:1-4).

"하나님이여, 주는 나의 하나님이시라 내가 간절히 주를 찾되 물이 없어 마르고 황폐한 땅에서 내 영혼이 주를 갈망하며 내 육체가 주를 앙모하나이다 내가 주의 권능과 영광을 보기 위하여 이와 같이 성소에서 주를 바라보았나이다 주의 인자하심이 생명보다 나으므로 내 입술이 주를 찬양할 것이라 이러므로 나의 평생에 주를 송축하며 주의 이름으로 말미암아 나의 손을 들리이다 골수와 기름진 것을 먹음과 같이 나의 영혼이 만족할 것이라 나의 입이 기쁜 입술로 주를 찬송하되"(시 63:1-5).

"만군의 여호와여 주의 장막이 어찌 그리 사랑스러운지요 내 영혼이 여호와의 궁정을 사모하여 쇠약함이여 내 마음과 육체가 살아 계시는 하나님께 부르짖나이다 나의 왕, 나의 하나님, 만군의 여호와여 주의 제단에서 참새도 제 집을 얻고 제비도 새끼 둘 보금자리를 얻었나이다 주의 집에 사는 자들은 복이 있나니 그들이 항상 주를 찬송하리이다"(시 84:1-4).

그러나 "다윗 보다 큰 이가 여기에 있도다." 우리 주 예수 그리스도께서는 기회 있을 때마다 하나님의 정하심과 명령을 힘입어 하나님께 예배하기 위하여 당시 실행되던 모든 규례들을 친히 기뻐하시며 열심내고 계심을 천명하셨습니다. 사람들이 외적인 질서를 엄격하게 지킨다는 구실로 그 규례에 다른 어떤 것을 첨가하였으면 혹독하게 책망하시고 거부하셨습니다. "심은 것마다 내 하늘 아버지께서 심으시지 않은 것은 뽑힐 것이며"(마 15:13), 불살라지게 던져질 것이라고 하셨습니다. 그러나 하나님의 지정하신 것에 대하여는 유별나게 기뻐하셨고, 모든 제자들에게도 본을 보여주셨습니다. 그 규례에 대한 존중심을 보이시는 모습에 대하여 "제자들이 성경 말씀에 주의 전을 사모하는 열심이 나를 삼키리라 한 것을 기억하더라."(눅 20:47)라고 기록되어 있습니다. 사람들이 하나님을 예배하는 일을 태만히 여기고 그 예배가 오염되고 경멸을 당하는 것을 보신 주님께서 심령에 괴로워하셨습니다. 그래서 예수님께서 성전을 정화(淨化)하시고, 하나님을 예배하는 일을 더럽힌 자들과 더럽게 된 흔적들을 씻어내셨습니다. 이제 얼마 안 있으면 고난을 받고 원수들의 얼굴을 정면으로 대응하고 그들의 격노를 직면하셔야 할 때 그리하셨습니다. 마지막으로 보내실 유월절을 기리기 위하여 얼마나 간절한 마음으로 고대하셨는지를 보여주는 대목이 있습니다.

"이르시되 내가 고난을 받기 전에 너희와 함께 이 유월절 먹기를 원하고 원하였노라"(눅 22:15).

히브리서 기자인 사도는 주님께서 정하여 주신 복음적인 예배의 의무들을 게을리 하는 사람이 보이면 경고하였습니다. 그것은 건전치 못한 상태를 보여주는 분명한 표증이며 결국 저주받을 배도로 기울어질 경향을 나타내는 것이라고 지적하였습니다. 그 점은 주님께서 지정하신 복음적인 예배와 관련하여 주님의 제자들의 심령과 실천의 성향이 어떠함을 분명하게 보여주고 있습니다.

"모이기를 폐하는 어떤 사람들의 습관과 같이 하지 말고 오직 권하여 그 날이 가까움을 볼수록 더욱 그리하자. 우리가 진리를 아는 지식을 받은 후 짐짓 죄를 범한즉 다시 속죄하는 제사가 없고 오직 무서운 마음으로 심판을 기다리는 것과 대적하는 자를 태울 맹렬한 불만 있으리라"(히 10:25-27).

이런 일들은 분명하여 일말의 의구심도 가질 수 없습니다. 그러나 우리가 이 장에서 알고자 하는 것은 이것입니다. 곧 하나님의 복음에 합당한 예배의 여러 규례들과 제도들을 신자들이 그렇게 기뻐하는 것이 무엇인가 하는 것입니다. 그들이 기쁨으로 마음과 생각을 온전하게 기울여 그 규례들을 지키는데, 어떤 방식으로 그리하며 그들이 그렇게 사랑하고 기뻐하는 요점이 무엇인지 알아봅시다.

앞에서 인용한 성경의 여러 간증들을 통하여 분명하게 드러나듯이, 신자들이 하나님께 드리는 예배의 모든 규례들 안에서 진정 기뻐하는 대상은 바로 '그리스도 자신, 또는 그리스도 안에 계신 하나님 자신'이십니다. 바로 이들이 추구하고 집착하고 만족을 얻으려는 대상은 바로 그분입니다. 물론 그들이 여러 시냇물줄기를 활용하나 '샘 근원'과 교통하기 위한 방편으로 그리하는 것뿐입니다. 사람들이 진정 심령으로 새롭게 되면 그런 일이 일어납니다. 하나님께서 지정하여 주신 예배하는 여러 규례들과 의무들을 존중하는 것은, 그것들이 그리스도 안에서 하나님과 그 영혼들이 교통하는 복된 방편들이기 때문입니다. 그 방편들 안에서, 그 방편들로 말미암아 하나님을 향한 믿음과 사랑을 행사합니다. 사람이 밭에 감취인 보화(寶貨)를 보고 그 밭 전체를 산 것과 같습니다. 거기 감취인 보배를 누리기 위하여 그 밭 전체를 산 것이지요(마 13:44). 이 밭은 복음과 복음의 모든 규례들입니다. 이런 이들은 때로는 매우 비싸게 밭을 사기도 합니다. 심지어 자기가 누리는 모든 것을 팔기도 합니다. 그러나 만일 그 밭 자체만 얻는다면 그런 거래를 기뻐할 이유가 없습니다. 극히 값진 진주 하나이신 그리스도께서는 영혼을 영원히 부요케 할 것입니다. 밭은 거기 숨겨놓은 보화를 파내기까지만 활용의 의미를 가집니다. 복음을 설교할 때 새롭게 된 정서는 바로 보화이신 그리스도만을 애착합니다. 다른 모든 것들에 대하여는 바로 그리스도와 가진 관계의 분량에 따라서만 애착을 가지게 됩니다. 이러므로 신앙의 모든 의무들과 예배의 모든 규례들 속에서 그들 참 신자들의 영혼은 사랑하시는 그리스도만을 추구합니다.

그러나 우리는 이 문제를 보다 구체적으로 구별하여 다루어야 합니다.

신령하게 새롭게 된 정서를 가진 이들은 다음과 같은 근거와 이유에서 하나님을 예배하는 여러 규례들과 의무들을 사랑하고 집착하고 즐거워합니다.

1. 보편적으로 그들은 '그 방편들을 통하여 자극을 받아 그리스도 안에서 하나님을 믿고 사랑하고 기뻐하게 되기에' 그러합니다. 이것이 그 제도들의 제1의 즉각적인 목적입니다. 말씀을 듣고 기도하고 성례를 시행하는 예배의 외적인 의무들이 그 자체를 위하여 지정되었다고 상정하거나, 그런 의무들을 이행하는 것 자체를 하나님이 기뻐하실 것이라고 상정하는 것은 치명적인 실수입니다. 옛적 유다 백성들이 제사를 드리면서 바로 그런 그릇된 생각을 가졌던 것입니다. 그들은 제사 자체가 의미가 있다고 여겼으니, 제사를 드리기만 하면 하나님께서 받으실 만한 섬김을 드린 것이라고 간주하였습니다. 그래서 하나님께서는 그 치명적인 오류에서 벗어나게 하시려고 그런 식으로 명하신 적이 없음을 자주 확증하십니다.

"사실은 내가 너희 조상들을 애굽 땅에서 인도하여 낸 날에 번제나 희생에 대하여 말하지 아니하며 명령하지 아니하고 오직 내가 이것을 그들에게 명령하여 이르기를 너희는 내 목소리를 들으라 그리하면 나는 너희 하나님이 되겠고 너희는 내 백성이 되리라 너희는 내가 명령한 모든 길로 걸어가라 그리하면 복을 받으리라 하였으나"(렘 7:22, 23).

"너희가 내 앞에 보이러 오니 이것을 누가 너희에게 요구하였느냐 내 마당만 밟을 뿐이니라 헛된 제물을 다시 가져오지 말라 분향은 내가 가증히 여기는 바요 월삭과 안식일과 대회로 모이는 것도 그러하니 성회와 아울러 악을 행하는 것을 내가 견디지 못하겠노라 내 마음이 너희 월삭과 정한 절기를 싫어하나니 그것이 내게 무거운 짐이라 내가 지기에 곤비하였느니라"(사 1:12-14).

자, 복음적인 예배를 드린다면서도 이런 잘못된 억측으로 사람들의 영혼을 파멸시키는 여러 가지 것들을 부과하고 있습니다. 그런 것들을 외적으로 지키면 그것들을 통하여 하나님과 거룩한 교통을 갈망하는 것이 없어도 만족해하고 스스로 기뻐하는 이들이 있습니다. 요한계시록 3:1에서 주님께서 그 상태와 조건을 가리켜 말씀하신 것입니다. "사데 교회의 사자에게 편지하라 하나님의 일곱 영과 일곱 별을 가지신 이가 이르시되 내가 네 행위를 아노니 네가 살았다 하는 이름은 가졌으나 죽은 자로다." 이런 노선을 따라감으로 대부분의 그리스도인들이 길을 벗어나 헤매고 있습니다. 그들은 그런 잘못된 생각들을 버리지 못하고 있습니다. 그 방편들을 자기들의 영혼의 유익을 위하여 활용할 방식을 모릅니다. 그래서 결국 그 무서운 상태로 떨어져 버립니다. "주께서 이르시되 이 백성이 입으로는 나를 가까이하며 입술로는 나를 공경하나 그들의 마음은 내게서 멀리 떠났나니 그들이 나를 경외함은 사람의 계명으로 가르침을 받았을 뿐이라"(사 29:13).

어떤 이들은 이 속임수를 견고하게 하려고 하나님께서 부과하신 것 보다 더 많은 외적인 의무들이 있다고 가르쳤습니다. 그러면서 그 의무들을 이행한 것만으로 거룩하게 되었다고 자랑하였습니다.

제 2계명이 가리키는 모든 의무들은 예배를 위하여 제정된 모든 규례들을 통하여 실증되었습니다. 제 2계명이 지시하는 모든 의무들은 오직 하나님을 사랑하고 두려워하며 즐거워하라는 제 1계명의 의도를 나타내기 위한 방편들입니다. 그 목적 아래 그리스도 안에서 하나님을 의뢰함으로 모든 은혜를 행동으로 옮기는 것입니다. 만약 사람들이 행하는 경건의 의무 속에 이 목적이 빠진다면, 겉으로 엄숙해 보이는 모든 행위들은 아무런 의미가 없습니다. 아무리 부지런히 열심을 다한다고 해도 하나님께서는 받지 않으실 뿐만 아니라 그들 자신에게도 전혀 유익이 되지 못합니다(사 1:11). 이러므로 이는 정서가 새롭게 된 신자들이 하나님께 드리는 예배의 규례들을 사랑하는 참 신자들은 그러한 규례들을 사랑하고 즐거워합니다. 그 사랑과 기쁨의 제일되고 보편적인 샘 근원이 바로 거기에 있는 것입니다. 그 규례들 속에서, 그것들을 통하여 그들은 그리스도 안에서 하나님을 믿고 사랑하는 은혜의 실천적 행사가 힘을 얻고 유발된다는 것을 체험하는 것입니다. 그렇지 않다면 그들은 영혼 안에서 참된 안식을 전혀 얻지 못합니다. 그 목적을 위하여 예배의 여러 규례들을 하나님께서 세우시고 거룩하게 하시고 복되게 하셨습니다. 그래서 그것들이 은혜의 효력 있는 방편이 되는 것입니다. 그 방편을 통하여 주시는 은혜의 효력이 불신앙으로 말미암아 방해를 받지 않을 경우에 말입니다.

어떤 이들은 예배의 여러 규례들에 참여하고도 그런 은혜의 체험이 없어 앞장에서 말한 바와 같은 '해로운 극단'으로 빠져 들어갑니다. 어떤 이들은 하나님께 합당한 경외심이 없이 그런 규례들에 계속 참여하여 '저주 받을 형식주의'(cursed formality)에 빠지게 되는 것입니다. 그러면서도 그들은 스스로 안전한 자리에 있다고 생각합니다. 자신들이 행하고 있는 그 형식이 자신들을 망하게 하는 방편이라는 사실을 전혀 알지 못합니다.

또 어떤 이들은 예배를 위하여 지정하신 규례들을 완전하게 거부합니다. 그 규례들의 엄숙성에 대하여 일말의 경외심도 없습니다. 그런 규례들을 정하여 주신 하나님의 지혜와 은혜와 권위를 전혀 인정하지 않습니다. 그들의 불신앙의 힘에 밀려 그 규례들 속에서 아무 것도 발견하지 못하는 것입니다.

하나님께서 정하신 모든 제도들이 가진 제일 목적은 그것들을 지킴으로써 하나님께 영광을 돌릴 수 있게 하려는 것입니다. 참 신자들이 이 세상에서 가지는 궁극적인 목적은 바로 하나님을 영화롭게 하는 것입니다. 하나님의 지정하신 제도들과 규례들을 지키는 것을 즐거워함으로 주님 그리스도께 복종하는 것이 그들 참 신자들의 보편적인 계획입니다.

이제 정서가 영적으로 새롭게 하심을 입은 이들이 마음과 영혼을 드려 그 규례들을 수행하는 방식과 방편을 알아 볼 수 있습니다. 그 문제를 알아보기 위하여 가장 먼저 착안할 사항은 그들이 '무엇을 계획하느냐?' 입니다. 그 다음으로, 그것들을 활용하고 누리는 '실제적인 행사' 속에서 어떤 자로 발견되기를 힘써야 할지를 알아보는 것입니다.

그들이 어떤 목적과 계획과 기대감을 가지고 이 방편들에 나올까요? 그것들을 통하여 '하나님을 믿고 사랑하는 일'에 능하고 인도함을 받고 도전을 받으려는 복석을 가지고 나오겠지요. 그런 목적이 없이 어느 규례에 참여하여도 하나님의 이름을 헛되게 부르는 셈입니다. 성경 어디에서고 그 규례들을 '하나님께 가까이 나아가는 길' 로 부릅니다. 그러나 어떤 규례가 아무리 엄숙한 것이라 하더라도 그것을 외적으로 수행하기만 하면 하나님께 가까이 나간 것이라고 상상하면 하나님께 드릴 마땅한 모든 경외심을 거부하는 것이 됩니다.

"이 백성이 입으로는 나를 존경하나 그 마음은 내게서 멀리 떠났나니 그들이 나를 경외함은 사람의 계명으로 가르침을 받았을 뿐이라 그러므로 내가 이 백성 중에 기이한 일을 다시 행하리니 그들 중의 지혜자의 지혜가 없어지고 명철자의 총명이 가리워지리라"(사 29:13,14).

여기서 '입과 입술' 은 예배와 경배의 외적 방편들 모두를 일반화하는 제유법(提喩法, synecdoche)적 표현입니다. 예배하는 외적인 의무는 부지런히 감당하면서도 마음이 하나님께로부터 멀어져 있는 것은 결코 하나님께 가까이 나아가는 것이 아닙니다. 하나님께서는 이러한 예배를 가증스럽고 불쾌한 것으로 여기십니다.

우리의 영혼이 '믿음'이 아니고는 예배의 의무들을 통하여 하나님께 가까이 나아가 하나님 안에 거하는 길을 얻지 못하며, '사랑'으로 아니하고는 하나님께 집착하는 길이 전혀 없습니다. '두려움과 경외어린 마음과 기쁨'이 아니고는 하나님 안에 거할 방도가 없습니다. 이러한 마음 없이 행해지는 모든 외적인 의무들은 자신들을 하나님으로부터 전보다 더욱 멀어지게 할 것입니다. 어떠한 유익이나 열매도 없습니다. 이러한 자들은 자신들이 왜 그런 의무들을 감당해야 하는지 이유를 알지 못합니다. 또 그러한 의무들을 감당하면서 어떠한 마음의 상태를 가져야 하는지에 대해서도 고민하지 않습니다. 이것은 하나님을 만홀히 여기는 일입니다. 이보다 더 하나님의 책망 아래 놓일 악은 없습니다. 저는 이러한 자들에게 믿음과 소망의 은혜 가운데 기쁨을 누리는 일이 있을 것이라고 믿지 않습니다.

다음과 같은 구실로 공적인 예배의 골짜기들을 버린 이들이 있습니다. '우리는 더 이상 필요한 정도로만 예배의 제도들을 지키는 것으로는 만족하지 못할 정도의 믿음과 빛과 사랑의 경지에 이르렀다.' '우리는 예배의 제도들을 유용하고 유효하게 활용하도록 주신 성령의 은혜를 의지하는 것을 중단하였다.' '어떤 자들이 가진 격노함을 보라. 우리도 참지 못하겠다. 공적인 예배를 집행하는 이들의 게으름으로 인해 그 참을 수 없는 일을 우리는 복수할 수도 있다.' 또 성도들이 함께 모이는 일들을 버린 어떤 이들의 자세와 같이 어려운 때에 노예근성적인 안일과 방종에 빠져서 공적 예배를 포기한 이들이 있다 합시다(히 10:25). 그런 이들의 믿음과 사랑의 모든 행사가 완전하게 없어지는 것은 아니라 할지라도, 그 모든 국면에 큰 부패를 만나지 않는 경우를 못 보았습니다. 때로 그런 이들은 공개적으로 신성모독적인 자세로 빠져 들고 맙니다. 왜냐하면 그런 이들은 하나님께서 무한하신 지혜와 선하심으로 예배의 실행과 증진을 위하여 지정하신 방편들과 방식들을 경멸하기 때문입니다. 그런 소행은 성공하지 못할 것입니다. 하나님께 예배하는 모든 의무들 속에서 하나님의 이름을 거룩하게 하고 우리 영혼에 은택을 얻을 수 있는 주도적인 방식은 무엇입니까? 그리스도 안에서 하나님을 향한 믿음과 사랑을 실천하려는 간절한 열망을 가지고 성실한 마음으로 예배의 의무들에 임하는 것입니다. 그것들을 통하여 도움을 입고 인도함을 받으려는 열망을 함께 가지고서 말입니다.

이러한 목직을 가진 가운데서 유효한 영향력 아래 있다는 것은 예배의 어떤 의무를 위해서도 최상의 준비를 하고 있는 셈입니다. 다윗이 하나님을 예배하는 기쁨을 이렇게 표현하고 있습니다.

"만군의 여호와여 주의 장막이 어찌 그리 사랑스러운지요 내 영혼이 여호와의 궁정을 사모하여 쇠약함이여 내 마음과 육체가 생존 하시는 하나님께 부르짖나이다"(시 84:1, 2).

그는 하나님의 장막과 그 궁정에 서기를 간절히 사모하였습니다. 그가 부르짖으며 구했던 것은 살아계신 하나님을 즐거워하는 것이었습니다. 시편 63편 2절에서는 이렇게 표현하고 있습니다. "내가 주의 권능과 영광을 보려 하여 이와 같이 성소에서 주를 바라보았나이다." 다윗은 하나님을 즐거워하며 하나님과 큰 교제를 누린 사람이었습니다. 하나님께 예배하는 엄숙한 의무들을 믿음과 사랑으로 수행하면서 말입니다. 그는 이를 위한 기회가 언제나 새롭게 오기를 간절히 바랐습니다.

영적으로 새로워진 사람들은 결코 수동적이거나 나태하지 않습니다. 그들은 바른 소원과 목적을 가지고 부지런히 열심을 냅니다. 그들은 언제나 그러한 은혜의 역사 속에 들어 있기를 소원합니다. 외적으로 행해지는 규례 자체만으로는 절대 만족하지 않습니다. 그것 자체만으로는 부족하다는 사실을 알기 때문입니다. 믿음으로 내면이 살아 움직이지 않는 삶 속에서 행해지는 모든 외적인 예배의 행위는 죽은 것에 지나지 않습니다. 아무리 부지런히 영적인 의무에 참여한다 해도 그것을 통해 진정한 만족이나 신선함을 맛볼 수가 없는 것입니다. 지혜로운 자들은 이 점을 잊지 않을 것입니다. 깨어있는 그리스도인이라면 이 점을 유의하지 않은 채 어떤 의무도 감당하려 하지 않을 것입니다.

우리의 정서는 부분적으로만 새로워지기 쉽습니다. 여전히 남아있는 부패로 말미암아 영적인 의무를 감당하면서도 세상적이고 육신적인 것들로 인해 신령한 상태에서 쉽사리 벗어날 수 있는 것입니다. 우리의 정서 속에는 외적인 것을 통해 즐거움을 누리려는 성향이 여전히 남아 있습니다. 그래서 은혜로 새로움을 입지 못한 많은 이들이 거룩한 의무에 형식적으로 참여하는 것으로 만족을 얻으려고 하는 것입니다. 그들은 그리스도를 믿고 그리스도를 사랑하도록 하나님께서 지정하신 방편들로 나아가지 않습니다. 하나님께서 그러한 방편들을 지정하여 주신 이유를 알지 못하는 것입니다. 그리스도에 대한 믿음과 사랑을 가지지 않은 채 행하는 모든 의무는 무익한 것임에도 그들은 마음속에 '믿음과 사랑'을 일으키려는 노력을 하지 않습니다. 결국 그들은 모든 은혜에서 자기들의 마음이 떨어져나가는 고통을 당하게 될 것입니다.

교황주의 교회 안에는 하나님으로부터 종교의 의무로 명령되지 않은 것들이 너무나 많습니다. 그들의 예배 전체가 그렇다고 할 수는 없다 하더라도 그들 예배의 주요한 부분들이 하나님께서 명하지 않으신 것들로 가득합니다. 교황의 가르침대로라면 믿음은 결코 바른 방식으로 역사할 수 없습니다. 지혜로운 사역자라면 거룩한 의무들을 감당하는데 있어서 오직 한 가지만을 생각하고 전념할 것입니다. 어떻게 하면 신자들의 믿음과 사랑과 기쁨을 도와줄 것인지에 대해서만 말입니다. 그것만이 신자들로 하여금 하나님의 규례들이 가진 목적에 부합하게 참여토록 하여 진정한 즐거움과 만족을 느끼게 하기 때문입니다. 하나님께서 지정하신 모든 규례들은 믿는 자들에게 사랑과 은혜를 공급하고 전달해 주는 방편이기도 합니다. 이 점이야말로 우리가 모든 규례들에 기쁨과 만족을 느끼며 참여할만한 주도적인 매력입니다.

앞에서 지적한 바와 같이 모든 예배의 규례들은 우리가 하나님께 가까이 나아가는 방식입니다. 우리는 '메마른 광야와도 같은 마음'으로 나아가서는 안 됩니다. 하나님께 나아간다고 하면서 하나님의 선하고 위대하심을 사모하고 누리고자 하는 간절한 기대가 없다면 그것은 하나님을 멸시하는 일입니다. 하나님을 향한 모든 영적인 의무들의 본질을 왜곡하고 있으면서 자신의 영혼이 유익할 것이라고 기대할 수는 없는 것입니다.

우리가 하나님께 나아가면 그 영원한 샘에서 나오는 선함과 은혜와 자비하심을 누리게 됩니다. 그것은 정말 우리 영혼이 필요로 하는 것입니다. 그것을 누리며 우리 모두는 영원한 복락을 소망하는 것입니다. 참 신자들은 예수 그리스도 안에 있는 하나님의 사랑으로 말미암아 평강과 기쁨, 용기와 위로를 얻습니다. 이 속에서 우리 영혼이 사는 것입니다. 성령께서 이 일을 하십니다. 그는 "우리 마음에 하나님의 사랑을 부어"주십니다(롬 5:5). 그는 우리가 하나님의 자녀인 것을 증거하십니다(롬 8:15,16). 말씀과 복음 설교, 기도와 그 밖의 거룩한 일들을 통해서 말입니다.

그리스도께서는 당신의 말씀을 통하여 우리 마음의 문을 두드리십니다. 우리에게 당신의 사랑과 아버지의 사랑을 확증하여 주심으로 우리 영혼을 은혜로 충만하게 채우시려고 말입니다(계 3:20 ; 요 14:23). 영적으로 새로워진 신자들은 이를 아주 세밀히 주시합니다. 그래서 그들은 예배의 여러 규례들을 통하여 그것을 받습니다. 때로 두려움과 시험 때문에 그것을 느끼지 못하는 경우가 있을지라도, 그들은 은밀하게 공급되는 그 복된 은혜를 받게 되는 것입니다. 겸비하고 신실한 신자들은 자기들의 영혼이 그러한 것들 속에서만 새 힘을 얻을 수 있다는 사실을 알고 있습니다. 그 은혜와 사랑이 자기들의 영혼에 얼마나 말로 할 수 없을 정도로 큰 위로가 되는지 알고 있는 것입니다. 그리고 그들이 그런 신적인 은혜와 사랑에 대하여 받은 인상들이 오랫동안 머물수록 큰 위로가 된다는 사실도 압니다. 그들은 하나님께서 하신 지극히 크고 보배로운 약속들이 무엇인지를 잊지 않습니다. 그렇게 점점 더 '신의 성품'에 참여하게 되는 것입니다.

그들은 자신들이 그 복된 은혜로 얼마나 자주 어둠 속에서 건짐을 받았는지를 알고 있습니다. 그 새 힘을 통해 자신들이 얼마나 많이 그 위험과 시험의 갈등에서 건짐을 받았는지도 잘 압니다. 이것이 바로 영적으로 새로워진 정서가 놓치지 않으려는 규례에 대한 바른 방편인 것입니다. 말로 할 수 없이 귀한 자비하심과 은택을 얻는 길과 방편이 바로 이것임을 안다면 누가 그 방편을 사랑하지 않고 기뻐하지 않겠습니까? 감춰진 보화를 발견한 이가 그 밭을 귀하게 여긴 것처럼 말입니다. 하나님께 예배를 드리는 여러 정한 규례들 속에 있는 은혜와 하나님의 사랑의 보화가 바로 그것입니다.

이러한 사실을 전혀 모르거나 알려고도 하지 않는 자들이 그러한 의무들을 진정으로 사랑하거나 즐거워할 수 없는 것은 당연한 일입니다. 만약 여러분이 그렇다면, 여러분은 무엇 때문에 하나님의 말씀을 들으러 나오십니까? 무엇을 위하여 기도하는 것입니까? 무엇을 받고자 기대하는 것입니까? 하나님께서 영원한 생명수의 샘이신 것을 알고 나오신 것입니까? 모든 은혜와 평안과 위로가 하나님께 있다는 것을 알고 나오신 것입니까? 왜 메마르고 텅 빈 마음을 가지고 하나님께 예배하러 나오는 것입니까? 혹시 하나님께 무언가 대단한 것을 드리고 있다고 생각하십니까? 왜 여러분 스스로를 점검하지 않으십니까? 그런 방식으로 행한다면 어느 누구도 하나님께 드리는 예배의 여러 규례들 속에서 참된 기쁨을 맛볼 수 없습니다.

참된 신자들을 보십시오. 그들은 그리스도 안에 있는 하나님의 사랑을 새롭게 하며 위로해 주는 보증들에 참여하는 자가 되려는 의도를 가지고 있습니다. 그로 인해 자기들이 하나님의 자녀인 사실을 확인하고 싶고, 자기들의 죄가 용서받았다는 것을 알고, 하나님께서 자기들을 받아 주시기를 간절하게 바라는 것이 있습니다. 그들은 모든 거룩한 예배를 통해서 그 모든 은혜를 바라고, 귀히 여기며, 깊은 애착을 느끼는 것입니다.

그러나 많은 사람들이 전혀 다른 것을 바라봅니다. 그래서 그러한 것을 자기들의 주도적인 계획과 소원으로 삼지 못하는 것입니다. 그들은 자기들이 바라보고 상상했던 것들이 어느 정도 성취되면 만족해합니다. 자기들 영혼이 진정 필요로 하는 것이 무엇인지 전혀 알지 못합니다. 그들은 자신의 영혼이 새로운 은혜를 필요로 한다는 사실을 모릅니다. 하나님의 사랑의 은혜를 전혀 모르고도 별 문제가 되지 않는다고 생각합니다. 복음적인 예배를 감당함에 있어서 자기들이 마땅하게 무엇을 의도하고 무엇을 구해야 하는지를 알지 못하는 것입니다.

이러한 문제에 대한 나태함은 훌륭하다고 생각되는 신앙 고백자들 가운데서도 발견됩니다. 그들 역시 하나님의 사랑의 새로워진 증거를 구하려하거나 목말라 하지 않습니다. 자신들에게 있어 그것이 얼마나 필요한지를 생각하지 않습니다. 그들은 힘과 노력을 정작 중요한 곳에 쏟아 붓지 않을 뿐만 아니라 그러한 것들을 받아들일 마음의 준비도 되어 있지 않습니다. 그들이 그러한 은혜가 오기를 기대하지도 않는 것은 당연한 일일 것입니다. 그들은 이러한 거룩한 행사와 의무들이 하나님의 사랑을 우리에게 전달하고 하나님 사랑의 의식을 우리 영혼에 전달하여 주시기 위하여 하나님께서 제정하신 방편들이라는 진리에 자기들의 믿음을 고정시키지 못합니다. 그렇기 때문에 그들이 참여한다는 거룩한 예배는 미지근하고 냉담하고 무관심한 것이 될 수밖에 없는 것입니다.

우리가 만약 그러한 의무들의 주도적인 목적과 의도를 상실한 상태에서 그러한 것들을 통하여 얻어지는 은택을 무시한다면, 우리 영혼은 대체 어디서 만족을 얻는다는 말입니까? 다른 어느 것도 우리를 만족하게 할 것이 없다는 사실을 알아야 합니다.

그들의 내면적인 마음의 상태가 그러합니다. 그들은 공적인 예배의 의무들에 대해 갈수록 냉담해지고 부주의해져서 결국 완전히 무시하는 상태로까지 나아가게 될 것입니다. 그들에겐 그러한 일들로 자신들을 괴롭게 하고 싶은 마음이 없습니다. 그들은 마지못해 예배에 참석하면서 행해지는 모든 규례에 대해 무관심 할 것입니다. 그러면서도 자기들은 어느 누구 보다 더 기독교를 존중하고 있다고 생각합니다. 그들이 아무리 가지고 있는 내면의 진상과 정반대의 모습을 보인다고 할지라도, 그들은 이미 영적인 것들과 영원한 것들에 대한 바른 마음의 자세에서 떠나 부패의 세력 안에 들어 있는 것입니다.

참된 신자들은 자신들의 영혼을 거룩하게 하고 새 힘을 주는 은혜가 항상 부족하다고 생각합니다. 그래서 그들은 하나님께 드리는 예배를 통해 간절한 소망을 가집니다. 자신들의 영혼을 거룩하게 하고 새 힘을 주는 은혜가 언제나 충만하길 바라는 것입니다. 이 문제는 여전히 세상 가운데 살아가고 있는 신자들의 영혼에 큰 짐이 됩니다. 세상 가운데 살아가는 우리 모두가 '순종의 모든 의무들을 지키는 것'과 '시험을 이기는 것'에 대한 문제들과 끝없이 씨름하고 있기 때문입니다. 우리가 은혜를 간절히 소원하는 이유가 여기에 있습니다. 세상 가운데 살아가고 있는 우리에게는 모든 거룩한 영적인 의무를 바르게 감당하고, 세상에서 겪는 모든 시험을 이길 수 있는 영적인 힘과 능력이 반드시 필요하기 때문입니다. 모든 참 신자들이 탄식하며 바라는 것이 바로 이것입니다. 그들은 이것을 가장 우월한 것으로 봅니다. 세상의 그 어느 것보다 이 하나님의 은혜를 더욱 귀하게 여기는 것입니다.

그리스도 안에서 하나님은 모든 은혜의 오직 유일한 샘 근원이십니다. 하나님을 떠나서는 그 은혜에 속한 것 중 단 한 드라크마만큼도 얻을 수 없습니다. 하나님께서 당신의 주권적인 선하심으로 은혜를 우리에게 전하여 주시는 보편적인 방편이 바로 하나님께 드리는 예배의 의무들입니다.

"너는 알지 못하였느냐 듣지 못하였느냐? 영원하신 하나님 여호와, 땅 끝까지 창조하신 자는 피곤치 아니하시며 곤비치 아니하시며 명철이 한이 없으시며, 피곤한 자에게는 능력을 주시며 무능한 자에게는 힘을 더하시나니 소년이라도 피곤하며 곤비하며 장정이라도 넘어지며 쓰러지되, 오직 여호와를 앙망하는 자는 새 힘을 얻으리니 독수리의 날개 치며 올라갈 것이요 달음박질 하여도 곤비하지 아니하겠고 걸어가도 피곤하지 아니하리로다"(사 40:28-31).

모든 은혜와 모든 영적인 힘은 본래 하나님의 성품 속에 자리하고 있는 것입니다(28절). 그러나 우리가 연약하고 곤비하기에 우리가 당신의 성품에 합당하게 행동할 수 있도록 은혜와 능력을 전달해 주시는 것입니다(29절).

우리는 하나님께 드리는 예배의 규례들 속에서 하나님을 기다려야 합니다(31절). 설교되는 말씀은 우리 영혼의 양식입니다. 하나님께서는 말씀을 통하여 우리 영혼들을 자라게 하시고 새 힘을 주십니다(요 17:17). 우리 주님께서는 "저희를 진리로 거룩하게 하옵소서"라고 기도하셨습니다.

"너희가 주의 인자하심을 맛보았으면 그리하라"(벧전 2:2,3).

여러분이 만약 말씀 전파를 통하여 여러분 영혼을 향하신 하나님의 은혜와 그 선하심과 자비하심을 체험했다면 여러분은 말씀을 기다리고 즐거워하지 않을 수 없을 것입니다. 말씀은 우리 영혼이 필요한 모든 은혜에 참여할 수 있도록 우리 영혼을 주께 적응시키기 위하여 하나님께서 정하여 주신 방식입니다. 그 방식으로 우리가 무엇을 구해야하는지, 어떻게 구해야하는지 알게 되는 것입니다.

성례(聖禮)를 통하여도 은혜가 유효하게 나타납니다. '묵상' 역시 그러합니다. 묵상은 은혜에 대한 우리의 믿음의 행사입니다. 묵상을 통해 우리 영혼의 문을 하나님을 향해 열어 놓는 것입니다. 하나님께서는 이러한 여러 방편들을 통해 우리를 새롭게 하시고, 새 힘을 주시고, 거룩하게 하는 은혜를 주시어, 모든 거룩한 순종으로 하나님을 위하여 살도록 하시는 것입니다. 모든 시험을 능히 이기면서 말입니다.

신자들은 이러한 이해를 가지고 하나님께 드리는 예배의 여러 의무들을 통해 하나님께 나아갑니다. 그들은 즐거움으로 하나님께서 정하신 모든 방편들을 사모합니다. 마치 신부가 신랑을 바라보며 즐거워하는 것처럼 말입니다.

"내가 그 그늘에 앉아서 심히 기뻐하였고"(아 2:3).

이 규례들을 통하여 하나님의 보호하심과 임재하심을 언제나 새롭게 인식하게 되는 것입니다.

이처럼 신자들은 그러한 의도와 기대감을 가지고 하나님께 나아감으로 모든 거룩한 규례들을 감당하며 받는 영적 은택들과 유익들을 체험하게 됩니다. 마음의 정서는 그러한 것들에 더욱 더 참여하고 싶어 하는 기쁨을 가집니다. 이러한 은택들이야 말로 실로 위대한 것입니다. 설교되는 말씀을 통하여 마음이 뜨거워지고 영혼이 은혜로 자극 받아 새 힘을 얻음으로 여러 가지 시련과 시험으로 인하여 좌절하고 있는 우리 심령이 그 질고에서 벗어나게 되는 일을 체험하게 될 때 마다 우리는 그 은택의 위대함이 얼마나 큰 것인지 느끼게 될 것입니다. 그리고 그 은택으로 말미암아 거룩함과 안식에 이른 우리 자신의 모습을 발견할 것입니다. 이러한데도 어찌 우리가 하나님의 말씀을 즐거워하지 않을 수 있겠습니까?

증거되는 말씀을 통하여 받는 은택을 묵상하십시오. 또 말씀을 통하여 받는 유익들이 무엇인지 잘 생각하십시오. 그렇지 않으면 우리의 영적 생활은 성장하지 못할 것입니다. 그러한 상태에서는 하나님께서 주신 말로 다 할 수 없는 은혜를 귀하게 여길 수가 없습니다. 또 그 은혜에 속한 어떠한 의무도 바르게 이행할 수가 없습니다. 우리는 하나님의 말씀 설교를 듣는 것을 영적으로 새로워지기 위한 정서의 특별한 방편으로 삼아야 합니다. 하나님의 정하여 주신 규례들의 증거를 은밀하게 사랑하고 기뻐하는 것은 영적인 은택들과 유익에서 우러나는 것입니다. 다윗도 그 점을 부단하게 선언하였습니다(시 119편).

사람들이 갈수록 게을러져 말씀이 설교 되는 곳에 가는 것을 등한히 여기는데, 그 이유는 그 일을 통해서 영적인 은택이나 유익을 전혀 체험해 보지 못했기 때문입니다. 그들은 이런 저런 기회를 통하여 말씀이 전파되는 곳에 이끌림을 받기도 하고(그런 경우 대부분은 자신의 마음의 가책 때문에) 말씀을 통해 어떤 감화를 받기도 합니다. 또 그것을 계기로 말씀을 사모하고 여러 가지의 순종의 의무를 기꺼이 감당하기도 합니다. 그러나 그러한 의식은 얼마 후 사라지고, 진정한 영적 은택을 받기까지 지속되지 못합니다. 더 이상 그 일에 즐거움을 느끼지 않게 되는 것입니다. 결국 그러한 사람들은 말라기 1장 13절과 3장 14절에서 묘사되는 마음의 상태에 이르러 말씀 설교에 대해 아주 냉담한 사람이 되어 버리고 맙니다. 이들 속에 있던 모든 은혜가 부패한 것이 되어 버리는 것입니다. 이것을 생각해 본다면 이들이 말씀 설교를 듣는 일을 등한히 여기는 것은 전혀 이상한 일이 아닙니다. 겉으로 애써 그렇게 보이지 않으려 해도 그 마음에 있는 모든 은혜가 부패해 있으면 그렇게 될 수밖에 없기 때문입니다. 세상을 향해 습관적으로 가지고 있는 허망하고 어리석은 상상들은 이러한 마음의 상태를 더욱 악화시킬 것입니다.

   신령한 기쁨과 사랑을 가지고 하나님의 말씀이 전파되는 것에 착념하고자 하는 이들은, 오직 자기들의 영혼과 양심에 전해지는 말씀의 효력을 지각할 수 있는 이들입니다. 그들은 말씀이 자기들의 영혼에 끼친 거룩한 인상이 무엇이며, 그 인상이 자기들의 영혼에 어떤 것을 주었는지를 기억하는 사람들입니다. 그 기억이 그들로 하여금 하나님의 말씀을 사모하도록 하는 강력한 이유가 되는 것입니다. 따라서 우리가 복음의 말씀 앞에서 아무런 영적인 기쁨도 느끼지 못한다면, 우리의 정서가 새로워졌다는 증거는 전혀 없다고 보아야 합니다.

   '기도와 묵상'의 의무 역시 마찬가지입니다. 기도와 묵상을 통해 하나님과 교제하고, 영적인 새 힘을 얻어 시험의 함정과 절망 가운데서 죄와 사탄을 넉넉히 이겨냄으로 자신의 영혼이 거룩함으로 충만 상태가 되는 놀라운 역사를 체험하였습니까? 그러한 사람이라면, 그 일에 애착과 즐거움을 가지지 않을 수 없습니다. 건강을 위해 열심 내어 한 일로 말미암아 질병 이전의 상태로 회복한 사람이 그 일을 귀하게 여기지 않을 수 있겠습니까?

많은 사람들이 가장 악한 시험 가운데서도 기도와 묵상을 통해 건짐 받았습니다. 그들은 기도와 묵상을 통해 이전에 체험했던 하나님의 놀라운 은택을 기억하고 하나님께 곧바로 나아감으로 죄의 강력하고 간사한 유혹을 무너뜨렸습니다. 이전에 기도와 묵상의 의무들로 드러나고 체험할 수 있었던 그리스도의 사랑과 자비를 기억함으로 깨우침을 얻었던 것입니다. 두려움과 곤고함에 빠진 허다한 사람들이 이전의 그와 같은 곤고함 속에서 간구하였던 것을 기억하고서 심령에 새 힘을 얻고 믿음에 용기를 얻었습니다. 죄에 대한 깨달음과 여러 은사들의 열매에 대한 체험이 없다면, 기도는 생명 없는 죽은 시체와도 같습니다. 영적으로 살아있지 않은 영혼에게 그러한 기도는 고문이 될 것입니다.

때때로 하나님께서 당신의 얼굴을 감추시고 기도에 전혀 응답하지 않으시는 것 같이 보이실 때가 있습니다. 그러한 때에는 하나님께로부터 오는 어떤 은혜로운 교통도 감지할 수 없을지 모릅니다. 그러나 그러한 일은 잠시 뿐입니다. 하나님께서는 우리가 생명의 때를 기억하며 그 상태로 회복하고자 열심 있고 꾸준히 기도하도록 하시려는 의도를 가지고 계실 때가 있는 것입니다. 그런 연단을 받은 우리는 이전에 도달하였던 상태보다 더 좋은 상태에 이르게 될 것입니다.

정서가 영적으로 새롭게 된 자들이 하나님께 드리는 예배의 의무들을 크게 즐거워하는 것은 그것이 '하나님께 영광을 돌리기 위하여 제정된 방식' 이라는 사실을 알기 때문입니다. 하나님께 영광을 돌리는 것이야 말로 하나님께서 지정하신 모든 의무의 가장 주된 목적입니다. 우리는 예배를 통해 하나님께 마땅히 합당한 영광을 돌려야 합니다. 하나님의 성품 안에 모든 탁월하심이 있기 때문입니다. 우리 복되신 구주께서 제자들에게 가르쳐 주신 기도에서 보여준 본은 우리에게 그 점을 지시하여 주고 있습니다. 우리가 하나님께 드리는 모든 의무의 목적이 그러해야 합니다. 우리가 행해야할 모든 의무들이 하나님의 영광을 위해 존재하는 것이기 때문입니다. 그 의무들 속에 교회의 모든 복락과 안위가 함축되어 있습니다. 이 목적을 상실하는 순간 우리는 모든 것에서 오류를 범하게 되어 있습니다. 기독교가 가진 모든 의무들이 지향하는 바른 방향으로 결코 나아가지 못하게 되는 것입니다. 모든 믿는 자들은 이러한 의도를 가지고 경건한 의무들을 감당해야 합니다. 그래야만 비로소 영혼의 생기를 얻게 되는 것입니다.

경건한 의무를 바르게 이행함으로써 형성되는 하나님과의 사랑의 관계는 신자들에게 있어서 정말 가치 있고 즐거운 일이 아닐 수 없습니다. 이것이 영적으로 새롭게 된 정서와 그렇지 못한 정서가 각기 생각에 미치는 차이인 것입니다.

chapter.16

하늘에 속한 것에 동화되어 가는 정서

우리의 정서가 온전히 영적인 것들을 향함으로 영적으로 새로워지면 우리의 영혼 전체에 하늘에 속한 것들에 대한 '동화'(同化)가 일어납니다.

영적으로 새롭게 된 정서는 모든 활동이나 작용에 있어서 믿음의 안내와 지시를 받습니다. 믿음의 빛이 하나님의 생명 안에서 영혼을 인도하여 나아가는 것입니다. 만일 우리의 정서가 믿음이 인도하는 길에서 조금이라도 벗어나면 우리의 정서는 낮은 상태의 영성에 빠지게 됩니다. 그런 상태의 정서가 교활하고 이기적인 소욕으로 세상을 향해 부패한 관심을 가지는 모든 거짓된 미신을 세상에 들여왔습니다. 믿음의 빛을 가지고 있지 못한 '눈이 멀어 버린 정서'는 사람들의 생각을 온갖 미신적인 상상으로 유인해왔으며 오늘날까지도 그러한 일을 계속 하고 있습니다. 정서가 어디로 향하든지 간에 믿음의 빛으로 인도되지 못하는 정서는 다 그와 같은 함정이나 올무에 빠지기 마련입니다. 그러나 영적으로 새롭게 된 정서들은 믿음이 지시하고 인도하는 길이 아니면 나아가지 않습니다. 하나님께서 우리에게 주신 구원받을 만한 믿음 외에 하나님을 진지하게 사랑하게 할 수 있는 것은 없다는 것을 알기 때문입니다. 우리는 믿음으로 인도되지 않는 길로 우리의 정서가 나아가도록 내버려 두지 말아야 합니다. 믿음의 길을 벗어난 정서는 우리 영혼의 영성에 어떠한 유익도 가져다주지 못할 뿐 아니라 하나님께서 받지도 아니하십니다 (히 11:6 ; 마 6:22,23).

대단히 영적인 것처럼 보이던 정서가 얼마 가지 못하여 그 모습을 상실하는 경우가 얼마나 허다한지 모릅니다. 그것은 내적이든 외적이든 어떤 요인으로 잠시 각성을 받았을 뿐, 그 정서를 바른 목적으로 견고히 인도하는 믿음의 빛을 가지고 있지 않았기 때문입니다. 그러한 정서는 영적으로 매우 불안정할 수 밖에 없습니다. 어리석은 사람이 길을 잃고 이리저리 배회하며 스스로를 곤비케 하는 것처럼 말입니다. 그리스도를 따르며 스스로를 그리스도의 제자라고 여겼던 자들이 그러하였습니다(요 6장). 그들은 사람들에게 주시는 생명의 떡에 대한 말씀을 듣고 크게 감동을 받았습니다. 그들은 "주여, 이런 떡을 항상 우리에게 주소서."(34절)라고 부르짖었습니다. 그러나 그들은 그 떡의 비밀을 분변하고 이해할 믿음을 가지고 있지 못했습니다. 그들의 정서는 이내 사그라졌고 다시 그리스도를 따르지 않았습니다(66절).

영적으로 새로워진 정서를 가지지 않는 사람들도 양심의 가책을 통해서 자신의 죄에 대한 문제에 대해 심각히 생각하곤 합니다. 언젠가는 자신의 죄에 합당한 보응을 받을 것이라고 생각하며 두려움에 휩싸입니다. 그러면서 어떻게 해서든지 그러한 자신의 처지에서 벗어나야겠다는 생각을 합니다. 그러나 그들은 어두운 밤에 길을 잃고 헤매는 사람들과 같습니다. 이러한 상태와 조건에서 그들이 건짐 받을 길은 '그리스도' 밖에 없습니다. 그리스도 안에 있는 하나님의 은혜만이 그들을 건져낼 수 있습니다. 그러나 그들은 그 사실을 알지 못합니다. 그리스도 안에 어떤 아름다움이 있는지 전혀 알지 못하는 것입니다. 그렇게 얼마의 시간이 흐르면 양심의 가책으로 잠시 얻었던 인상들은 사라지고 맙니다. 자기가 했던 생각들을 '음울한 공상' 쯤으로 여기고, 그런 생각을 한 자신을 어리석게 여깁니다. 결국 세상에 속한 사람들과 다를 바 없는 이전의 상태로 돌아가고 마는 것입니다. 그들도 이런 저런 방식으로 신앙을 고백합니다. 그러나 마음이 영적으로 새로워지는 일은 일어나지 않습니다. 영적인 것들을 바라본다 할지라도 믿음의 빛으로 인도함을 받지 못한다면 고작 그런 정도 밖에는 나아가지 못하는 것입니다.

믿음은 영적인 것들에 대한 이해를 갖도록 합니다. 믿음이 우리 정서로 하여금 영적인 것의 본질 자체가 가지는 가치를 알도록 인도하는 것입니다. 우리 정서의 마땅한 대상의 본질이 가지고 있는 측량할 수 없는 무한한 것을 속속들이 이해하게 하지는 못한다고 해도, 믿음은 우리가 가져야 할 마땅한 대상을 바른 방식으로 분변할 수 있도록 인도하는 것입니다. 사도가 말한 바와 같이 그것은 오직 '영적으로만 분변' 됩니다(고전 2:14). 거듭나지 않은 이들은 자신들이 향해야 할 마땅한 대상이 무엇인지 알지 못합니다. 그들은 그것을 영적으로 분변할 수 있는 능력을 가지고 있지 않기 때문입니다. 우리 마음이 새롭게 되어야 하는 이유가 바로 여기 있습니다. 영적으로 새로워진 정서가 믿음의 주도적인 인도를 통해 영적인 일들을 분변할 수 있게 되기 때문입니다. 그래야만 우리는 비로소 영적인 것들의 본질과 가치를 바르게 분변할 수 있습니다.

"우리 주 예수 그리스도의 하나님, 영광의 아버지께서 지혜와 계시의 정신을 너희에게 주사 하나님을 알게 하시고 너희 마음눈을 밝히사 그의 부르심의 소망이 무엇이며 성도 안에서 그 기업의 영광의 풍성이 무엇이며 그의 힘의 강력으로 역사하심을 따라 믿는 우리에게 베푸신 능력의 지극히 크심이 어떠한 것을 너희로 알게 하시기를 구하노라"(엡 1:17-19).

"어두운 데에 빛이 비치라 말씀하셨던 그 하나님께서 예수 그리스도의 얼굴에 있는 하나님의 영광을 아는 빛을 우리 마음에 비추셨느니라"(고후 4:6).

이것이 우리의 마음과 정서를 자신께로 인도하여 들이시려는 하나님의 의도하시는 목적입니다. 믿음의 빛으로 말미암아 사랑과 기쁨으로 사모해야 할 것들의 진정한 본질을 분변할 수 있게 하시는 것입니다. 우리에게 이러한 빛이 없다면 영적인 것들에 대해 거짓된 상상을 할 수 밖에 없습니다. 그 빛 없이는 우리가 나아가야할 바른 진리와 교리에 정서를 고정시킬 수가 없는 것입니다. 우리의 마음이 새로워져야 하는 이유는 영혼이 하늘에 속한 것들의 본질과 아름다움과 진정한 탁월함을 발견하고 마음의 정서를 언제나 그리로 향하게 하기 위함입니다. 영적인 사고방식을 가진 사람들에게 있어서 이 점은 매력적인 것이 아닐 수 없습니다.

그리스도께서 가지신 인격의 탁월함과 그리스도의 중보의 영광을 분변할 수 있는 사람이라면 그리스도를 사랑하지 않을 수 없습니다. 말로 할 수 없는 기쁨과 충만한 영광으로 그리스도를 즐거워하게 되는 것입니다. 다른 모든 경우에서도 마찬가지입니다. 믿음으로 말미암아 영적인 것들에 대한 관점이 견고해지면 정서는 영적인 것들에 강한 애착을 가지게 되는 것입니다. 그러한 확고한 애착은 우리의 정서를 더욱 새롭게 하여 이전보다 더 영적이고 천상적인 성격을 띄도록 합니다. 왜냐하면 정서가 영적인 것들에 애착을 가지고 즐거워하는 가운데 영적인 것들에 동화되어 가기 때문입니다. 이러한 변화야말로 믿음이 가지는 가장 탁월한 작용 중 하나입니다.

"우리가 다 수건을 벗은 얼굴로 거울을 보는 것같이 주의 영광을 보매 그와 같은 형상으로 변화하여 영광에서 영광에 이르니 곧 주의 영으로 말미암음이니라"(고후 3:18).

우리가 육에 속하여 있으면 우리의 정서가 세상의 모습을 따라가게 되어 있는 것처럼, 우리가 영적인 것에 애착을 가질 때 우리 마음이 영적인 변화를 받게 되는 것입니다(롬 12:2). 왁스에 도장을 찍으면 거기에 도장의 자국이 생기는 것같이 말입니다.

사도는 감각적이고 부정한 자들이 '음심이 가득한 눈'을 가진다고 말합니다(벧후 2:14). 정서가 정욕의 대상에 사로잡혀 있는 자들은 그 대상과 닮아가기 마련입니다. 그들은 자기들이 바라보고 있는 대상에 정신이 팔려 다른 모든 것은 안중에도 없게 됩니다. 다른 모든 것은 생각 밖에 있습니다. 이렇듯 세상에 속한 사람들은 세상에 대한 강한 애착을 가지며 세상에 동화되어 갑니다. 영혼이 죄악과 자기 사랑과 탐욕의 부패한 원리의 형상으로 변화되어 가는 것입니다. 마치 처음부터 그런 모습을 가지고 있던 것처럼 말입니다.

하늘에 속한 것들에 애착을 느끼는 사람들이 날마다 더욱 하늘에 속한 사람들로 변화되는 원리도 그와 같습니다. 하늘에 속한 것에 대한 미각은 맛볼수록 새로워집니다.

"또한 그로 말미암아 우리가 믿음으로 서있는 이 은혜에 들어감을 얻었으며 하나님의 영광을 바라고 즐거워하느니라 다만 이뿐 아니라 우리가 환난 중에도 즐거워하나니 이는 환난은 인내를, 인내는 연단을, 연단은 소망을 이루는 줄 앎이로다 소망이 우리를 부끄럽게 하지 아니함은 우리에게 주신 성령으로 말미암아 하나님의 사랑이 우리 마음에 부은 바 됨이니"(롬 5:2-5).

이것은 은혜에 은혜를 더하는 방식입니다(벧후 1:5-7). 새롭게 된 정서와 그들의 영적인 대상들 사이의 동화는 대단한 것입니다. 그로인해 마음은 하나님의 성전이 됩니다. 그 성전 안에 하나님의 성령이 거하시는 것입니다. 그리스도께서 신자들 안에 거하십니다. 그리고 신자들은 그리스도 안에 거합니다.

"하나님은 사랑이시니라 사랑 안에 거하는 자는 하나님 안에 거하고 하나님도 그 안에 거하시느니라"(요일 4:16).

그 사랑으로 인해 하나님과 신자가 서로 상대방을 거처로 삼고 거하는 것입니다.

하늘에 속한 것들에 그 정서가 바르게 향하고 있는 사람에게 일어나는 변화는 영적인 것 자체나 그 대상들의 변화가 아닙니다. 그것은 변하지 않습니다. 우리 마음에 제시되는 방식 역시 변하지 않습니다. 변화는 우리의 정서 속에서 일어나는 것입니다. 정서가 변화하여 그 신령한 대상을 닮아가는 것입니다.

그러나 여기서 우리가 숙고해보아야 할 문제가 있습니다. 그것은 우리의 정서가 하늘에 속한 것들에 대하여 동화되어 가는 것이 눈치 채지 못할 정도로 더딜 수 있다는 사실입니다. 다시 말해 우리의 정서가 영성(靈性)과 천상적인 성격으로 변화되어 가는 속도가 느린 나머지 이를 전혀 의식하지 못하는 경우가 있다는 것입니다. 이런 경우, 대부분의 사람들은 그 성장을 만족스러운 것으로 생각하지 않게 됩니다.

그러나 그 이유는 전적으로 '우리의 어리석음과 우리의 죄'에 있다는 사실을 알아야 합니다. 대부분의 그리스도인들은 현재의 자기들의 상태에 만족합니다. 자기들이 가지고 있는 터전을 상실하지 않을 정도의 의도만을 가집니다. 이러한 생각이 영적 성장의 속도를 더디게 하는 어리석음이 아니고 무엇이겠습니까? 그 어리석음이 기독교의 영광을 망가뜨리고 사람들에게서 평안과 위안을 빼앗아 가는 것입니다. 사람들은 자신들이 하나님께 자녀로 받아들여지는 은혜를 받아 '사망에서 생명으로'는 옮겨졌다는 확신을 가집니다. 그들이 여러 가지 의무들을 감당하는 이유는 단지 그 확신을 유지하기 위함입니다. 영원한 죽음의 비참함에서 벗어날 정도의 의도만을 가지고 있는 것입니다.

영적으로 풍성하고, 은혜 가운데서 자라고 영광에서 영광으로 변하여 그리스도의 형상으로 변화하여, 높은 데서 부르신 부르심의 푯대를 향하여 쫓아 나가 완전에 이르고, 더 거룩해지고, 더 겸손해지고, 더 의로워지고, 더 영적으로 생각하는 사람이 되어가길 소원하며, 위에 있는 것들을 더욱 닮아가려고 애를 쓰는 사람들이 왜 이처럼 적은 것입니까? 단지 여러 가지의 의무들을 통해 교회에 기여하고 세상 사람들에게서 훌륭한 신자라는 평판을 받는 것에 만족하는 것입니까? 그러면서 자신의 영혼이 평안하다고 말하지 말아야 합니다. 이런 식으로는 기독교가 가진 영광과 탁월함은 결코 드러나지 않습니다. 그런 정도로는 이 세상에서 사람들의 영혼이 가질 수 있는 최상의 은혜는 절대로 가질 수 없습니다.

가난하고 억압받는 나라에 사는 어떤 사람이 풍족하고 자유로운 다른 나라에 대한 이야기를 들었습니다. 그는 자신이 그 나라로 갈 수만 있다면 현재의 모든 억압의 고통과 두려움에서 완전히 해방되는 것은 물론이며 풍성한 부요를 누릴 수 있다는 사실을 알게 되었습니다. 그는 즉시 그 나라를 향해 길을 떠났습니다. 그리고 국경을 넘어 그 나라로 들어갔습니다. 그는 이제 억압으로 인한 형벌과 죽음의 두려움에서 완전히 벗어나게 되었습니다. 그런데 그는 더 나아가지는 않습니다. 그 나라의 중심으로 나아가지 않습니다. 그는 국경을 갓 넘은 자리에 그대로 서 있을 뿐입니다. 그 나라에서 누리고 소유할 수 있는 풍요로운 기업을 얻기 위해 나라의 중심으로 더 나아가지 않습니다. 그는 국경을 넘음으로써 억압의 고통과 위협의 두려움에서 벗어나기는 하였지만, 그 나라의 풍요로움은 누리지 못한 채 여전히 가난한 삶을 살 수 밖에 없는 것입니다.

영적으로도 그러합니다. 사람들이 죄를 깨닫고 마음에 가책을 받습니다. 그리고 두려움에 싸입니다. 그들은 즉시 자기들이 '임박한 진노에서 벗어나려면' 어떻게 해야 하는지, 어떻게 하면 '영원한 비참'으로부터 벗어날 수 있을지 고민하기 시작합니다. 그러다가 믿음으로 죄 용서를 받는 복음을 듣습니다. 그들은 이를 즉시 받아들이고, 진노의 잔으로부터 벗어날 수 있게 되었습니다. 그러나 더 나아가야 합니다. 이들이 평안과 기쁨과 영적인 힘으로 충만해지기 위해서는 더 나아가야 하는 것입니다. 믿음과 순종으로 그러한 일에 진보를 이루기 위해서 말입니다.

끔찍한 저주에서 벗어난 것으로 만족하며 그 상태만을 보전하려고 애를 쓰는 사람들이라해도 그들은 물론 하나님 나라에 들어간 사람들입니다. 아직 하나님 나라에 들어가지도 못한 자들과 비교할 때 말입니다. 그러나 그들의 영적 상태는 단지 그 정도입니다. 영성의 성장 없이는 하나님 나라의 모든 특권과 기업을 향해 다가갈 수 없습니다. 이것이 사람들의 정서가 매일 영성 안에서 자라며 하늘에 속한 것들과 동화되어 가는 속도가 더디거나 아예 정체되어 있는 이유가 아니고 무엇이겠습니까?

그러한 어리석음은 수많은 악을 수반할 수 있습니다. 왜냐하면 그런 어리석음은 '복음적 은혜의 순전하고 주도적인 고유성'을 거스르고 훼손하는 것이기 때문입니다. 우리 주님께서는 그 어리석음의 씨가 계속 자라고 커질 것이라고 말씀하셨습니다. 마치 겨자씨나 누룩처럼 말입니다. 자라지 않고 번성하지 않는 은혜는 의심해 볼만한 것입니다. 우리는 그 점을 주의 깊게 생각하고 점검해 보아야 합니다. 그런 어리석음은 구약성경과 신약성경에 기록된 '복음의 약속들'에 위배되는 것입니다. 그 은혜의 약속들은 우리 신자들의 믿음과 소망과 위로를 받쳐주는 가장 주도적인 것으로서 우리가 사는 날 동안 내내 우리에게 공급될 은혜에 대한 약속입니다. 그것은 우리로 하여금 모든 대적을 대항하여 번성하고 자라게 할 것입니다. 하나님의 은혜의 약속이 얼마나 많은지 그것을 낱낱이 열거하기 어려울 정도입니다. 은혜의 약속들을 통하여 하나님께서는 그 은혜가 얼마나 크고 가치 있는지를 확실히 증거하신 것입니다(시편 92:13-15 ; 사 40:28-31 참조).

이러한 사실을 생각해 보면 현재의 상태 그대로 만족하고 머물러 있으려는 어리석음이 얼마나 크다는 것을 알 수 있습니다. 그것은 은혜에 대한 약속을 주신 하나님의 사랑과 은혜와 신실하심과 지혜를 '현저히 경멸하는' 악을 수반하는 것입니다. 약속된 하나님의 은혜를 무시하면서 은혜 안에서 자라고 번성하는 일이 어찌 가능하겠습니까. 이는 하나님이 주시려는 거룩한 은혜를 무시한다는 증거가 아닐 수 없습니다. 그들은 그리스도로 말미암은 은혜나 특권은 소원하지 않습니다. 자신 스스로의 판단 아래 하나님께서 주시는 거룩한 은혜에서 필요한 만큼만을 자기 사랑을 위해 이용하려는 것입니다. 그들은 오직 자기 자신의 구원에만 관심을 가질 뿐, 하나님께 더욱 가까이 나아가는 은혜에 대해서는 관심을 두지 않습니다. 이것은 분명 '복음의 은혜의 능력'과 반대되는 모순입니다. 마치 그 은혜가 자기들을 더 이상의 영광의 길로 인도할 능력이 없는 것처럼 치부하여 버리는 것입니다. 이들은 진정한 은혜를 가질 수 없습니다. 만약 가진다고 해도 너무나 미세하여 의식하지 못할 정도일 것입니다.

우리는 바로 이 점을 알아야 합니다. 하늘에 속한 것들을 생각하는 사람이라면 영적으로 힘 있게 더욱 자라고 진보하려는 강한 의도를 가지지 않을 수 없습니다. 사도가 자기의 본을 통하여 이 사실을 보여주고 있습니다.

"내가 이미 얻었다 함도 아니요 온전히 이루었다 함도 아니라 오직 내가 그리스도 예수께 잡힌 바 된 그것을 잡으려고 달려가노라 형제들아 나는 아직 내가 잡은 줄로 여기지 아니하고 오직 한 일 즉 뒤에 있는 것은 잊어버리고 앞에 있는 것을 잡으려고 푯대를 향하여 그리스도 예수 안에서 하나님이 위에서 부르신 부름의 상을 위하여 달려가노라"(빌 3:12-14).

많은 사람들이 이미 받은 것으로 여기던 영광과 능력과 복음의 은혜에 대하여 이들이 어떤 마음과 의도를 가지고 있는지 보십시오! 영혼 속에서 발휘하는 영적 효력과 위로의 차원에서 볼 때, 게으르고 어리석은 자들은 자신이 어떤 은혜도 소유하지 못하고 있다는 사실을 알아야 합니다. 그것은 세상 가운데서 기독교의 영광과 가치를 파괴하는 일입니다. 그 속에서 드러나야 할 복음의 영광이 빛을 완전히 소멸하는 것입니다.

신앙을 고백한다는 수많은 이들이 자신을 판단하기 위해 사용하는 척도가 대체 무엇입니까? 복음의 영광은 도무지 찾아 볼 수가 없습니다. 그들이 사용하는 척도에 비추어 본다면 자신을 정죄할 일은 아무것도 없습니다. 그들은 세상을 향해 나아가는 자신을 결코 제어하지 않습니다. 무슨 근거로 그들이 세상과 구별된 자들이라고 말할 수 있는 것입니까? 그들이 사용하는 모든 방편들이란 세상적인 것들과 결코 구분되지 않는 것들입니다. 이런 모습이야말로 기독교의 영광과 영예를 크게 훼손시키는 일이 아니면 무엇이겠습니까? 그들이 어떤 모습으로 자신을 가장할 수 있을런지는 모르지만, 양심은 그들을 결코 평안하게 내버려 두지 않을 것입니다. 하나님의 약속을 경멸하면서 살아가고 있는 사람들에게 약속된 은혜란 없기 때문입니다.

시험과 환난의 때가 아니라면 아주 작은 소망과 확신도 마음의 평안으로 작용할 수 있습니다. 그러나 두려움과 시련의 때는 그렇지 않을 것입니다. 그제서야 자기들이 가지고 있는 줄만 알았던 평안이 아무런 효력도 발휘하지 못한다는 사실을 깨닫게 될 것입니다. 영적인 성장과 영혼의 열매와 같은 문제 중에서 단 한 가지도 자신들이 의도하거나 추구했던 것이 없었음을 알게 될 것입니다.

영성이나 하늘에 있는 것을 생각하는 면에서 날마다 진보가 있어야 한다는 필요를 느끼지 않습니다. 속사람이 날마다 새로워질 필요성을 전혀 느끼지 않는 것입니다. 그들은 그리스도를 아는 지식도 늘려가지 않습니다. 이것은 분명한 나태함입니다. 그들은 오히려 이런 일은 한가한 사람들이나 하는 것이라고 생각합니다. 자기들이 종사하는 일과는 어울리지 않는다고 생각합니다. 그런 일들에 대한 필요성을 전혀 인식하지 못하는 것입니다. 또 그러한 일들을 시작한다 해도 결코 이루어지지 않을 것이라고 생각합니다. 이런 식의 이해와 상상은 기독교의 침체와 부패의 시작을 알리는 것이 아닐 수 없습니다. 사람들은 그런 고루한 생각은 세상을 완전히 등진 사람들에게나 해당되는 것이라고 생각합니다.

그러나 정서에 있어서 영적인 큰 진보를 이룩한 자들은 그 일이 얼마나 바람직한지, 얼마나 필요한 일인지를 잘 알고 있습니다. 그런 일들이 가진 가치는 정서의 영적인 진보 없이는 알 수 없는 것들입니다. 그들은 더 나아가길 원합니다. 전보다 더 큰 영적인 소원을 가집니다. 자기들이 아직 도달해야 할 무엇이 있다는 사실을 알고 있기 때문입니다. 마치 뒤에 있는 것들은 잊어버리고 자기 앞에 있는 상을 위하여 달리는 경주자와 같이 말입니다(빌 3:13,14).
이들의 모습이 더욱 사랑스러워 보이는 이유는, 세상에서 마음을 떼고 하늘에 속한 것들을 생각함으로 영적인 정서가 날로 성장하는 진정한 그리스도인들이 그토록 드물기 때문일지도 모릅니다. 너무나 많은 그리스도인들이 하나님께 영광이 되지도 못하고 자기들의 영혼에도 진정한 평안을 가져오지 못하는 헛된 방편들에 매달려 있습니다. 사람들은 거룩한 진보를 위한 일이 어렵다고 말합니다. 은혜 안에서 더욱 자라기 위하여 앞으로 나아가는 일이 자기들에게는 너무나 어렵다는 것입니다. 그러나 그러한 불평은 정당한 것이 되지 못합니다. 그것은 자신들의 나태함을 합리화하는 일에 지나지 않습니다. 우리 주님께서 분명히 "내 멍에는 쉽고 내 짐은 가벼움이라"고 하셨습니다. 그리고 "그의 계명은 무거운 것이 아니로다."라고 말씀하셨습니다. 그러한 자세는 함께 하시고 인도해 주시겠다는 하나님의 약속을 불신하는 것에 불과합니다. 모든 난제와 장애는 변명을 늘어놓고 있는 그들 자신에게 있는 것입니다.

그들을 가만히 살펴보십시오. 그들은 복음의 진보와 역행하는 세상에 대한 소원을 놓치려 하지 않습니다. 모든 것을 '그리스도를 얻기 위하여 분토'와 같이 여길 마음의 준비가 전혀 되어 있지 않습니다. 그들이 이러한 일을 어려워하는 이유가 그것입니다. 그리스도를 따르기 위하여 모든 것을 버려야 한다는 사실을 받아들일 수가 없는 것입니다. 그 일 자체가 어려움을 가지고 있는 것이 아닙니다. 그 일을 하기 위해 버려야 할 것들을 버리지 못하는 허망한 미련이 자신을 힘들게 할 뿐입니다. 같은 거리의 길이라도 건강한 사람은 쉽고 즐겁게 걸어가지만, 병을 앓고 있거나 연약한 사람은 그 길을 멀고 힘들게 느끼는 것과도 같은 이치입니다. 세상에 대한 애착을 버리지 못하고, 세상이 주는 쾌락과 이익에 심취한 자들에게 영적인 진보를 위하여 일한다는 것은, 마치 불 가운데 있는 것 같이 불편하고 고통스러울 수밖에 없는 것입니다.

그들은 늘 기독교의 초보적인 상태에 머물러서 가장 낮은 은혜의 행사 속에서만 안착하길 바랍니다. 그런 이들은 하나님의 온전하신 뜻을 이루는 것에는 관심이 없습니다. 자기들이 감당하는 일들이 온전하게 되기 위하여 필요한 은혜를 구하고 싶은 생각도 없습니다. 더 깊은 은혜로 들어가려는 의지가 없는 것입니다. 사도는 이들을 '어린 아이와 육신에 속한' 사람이라고 하였습니다. 그들에게는 그러한 기독교의 모든 의무들을 바르게 감당할 마음이 전혀 없습니다. 그저 자기들의 판단 하에 현재의 영적인 조건을 유지할 정도로 필요한 것들만을 할 뿐입니다. 그들은 죄를 죽이는 일에도 철저하지 않습니다. 그저 자기들이 느끼는 양심의 가책이 주는 긴박한 마음을 무마시킬 만큼만 죄를 잘라내는 것입니다. 겉으로 드러난 몸의 상처만 급하게 치료하는 일만 하는 셈입니다. 그저 항상 대충 처리하여 넘겨버리는 식입니다. 그런 일들이 어렵다는 핑계로 자신을 속이면서 말입니다.

사람들은 영적이고 은혜로 새로워진 정서를 소유하고 있음에도 불구하고 하늘에 속한 것과 정서가 동화되는 데까지는 나아가지 않습니다. 그저 자기들의 현재의 분량에 만족하고 있습니다. 그것은 자기들에게 너무나 어려운 일이라고 생각합니다. 여러분의 정서가 하늘에 속한 성질을 가지고 있지 못하고, 영적으로 더디게 성장하는 것으로 낙심하는 일에 너무 많은 시간을 끌지 마십시오. 이런 문제를 단번에 해결할 수 있는 방도를 다른 곳에서 찾으려 두리번거리는 일로 시간을 사용하지 말기로 하십시다. 여러분의 영혼이 불에 달군 인두로 살을 지지지 않고서는 깨어나지 않을 정도로 의식이 혼미한 상태라면 여러분에게 신선한 각성을 주는 방도는 모두 허사일 것입니다. 문제의 원인은 다 우리의 죄악적인 부주의함과 게으름과 어리석음에 있습니다. 이러한 부주의함과 게으름과 어리석음은 여러 가지 많은 죄의 귀추가 됩니다. 그렇게 영적인 정서의 번성을 방해하고야 마는 그 죄들을 모두 열거하는 일은 어려운 일이겠지만, 지금 확실히 말씀드릴 수 있는 것은 사람들이 어리석음 가운데 마음이 깨어 있지 못할 정도로 부주의할 때 우리가 그러한 상태에 들어갈 수밖에 없다는 사실입니다.

사도는 모든 무거운 것과 얽매이기 쉬운 죄를 벗어버려야 한다고 말합니다. 우리 앞에 당한 경주를 다하기 위해서 말입니다(히 12:1). 마땅히 제거되어야 할 것을 가차 없이 제거하십시오. 그러면 하나님을 향해 걸어가는 길이 즐겁고 편하다는 것을 알게 될 것입니다.

chapter.17

영적 정서의 후패에 대하여

영적으로 새롭게 된 사람들은 하늘에 속한 것에 정서가 더욱 친화적으로 자라가야 마땅한 것입니다. 그런데 그것을 방해하는 것이 있습니다. 그것은 정서가 영적으로 쇠미하게 되는 경우입니다. 정서가 그렇게 쇠미하게 되면 그 효과가 눈에 띠게 나타납니다.

하나님께 회개하고 새롭게 믿음의 생활을 시작할 때는 대부분의 사람들의 정서는 매우 활발하고 능동적인 모습을 보입니다. 진정으로 회심하는 모든 이들이 그러할 수 있습니다. '하나님께서 당신의 백성들의 심령 속에 신랑 되신 그리스도께 대한 사랑을 주입하십니다.'

어떤 사람들의 경우에, 신령한 정서의 활력이 그들의 마음과 이지에 효능을 발하는 은혜의 진정한 능력으로부터 온 것입니다. 그러나 다른 이유들로 인하여 그러한 정서의 활력을 보이는 이들도 있습니다. 예를 들어 영적인 조명을 통하여 죄에 대한 각성으로 인해 그러한 효과가 나타나기도 합니다. 사람들에게 있어서 이것은 큰 유익이 아닐 수 없습니다. 일반적으로 그들의 젊은 날에 하나의 변화를 겪게 됩니다. 그런 경우 그들의 정서가 본성이 가진 여러 기능들에 작용하여 능동적이고 영혼 전체를 크게 쥐고 흔들어 댑니다. 그러므로 그런 변화가 그 정서 속에서 매우 두드러지게 됩니다. 그러나 시간이 흘러 나이가 들고 육신적 지혜가 증가하고, 세상 것들의 큰 가치를 알아 가고 그것들에 관심을 가지며 그리로 눈을 돌리게 되면, 날마다 그들의 신령한 정서가 쇠미해지게 됩니다. 신앙고백은 유지 합니다. 그러나 '처음 사랑'은 잃어버리는 지경에까지 이르게 됩니다.

갈수록 더 사랑스러워 더 알아보기를 바라야 마땅한 종교를 믿는다고 고백하던 사람 어느 누구에게도 그런 일이 일어난다는 것은 말로 다 할 수없이 부끄럽고 미련한 일입니다. 그러나 우리가 허다한 사람들이 자신들에 대하여 광포하여 대낮 같이 밝은 데서 드러난 실제적인 체험을 숨길 이유가 무엇입니까? 나이가 들어가면서 현세에 속한 일들의 가치가 적다는 것을 더 알아가고, 세상을 경멸하고 사랑과 자비의 의무를 더하여 가 그 점에 있어서 쇠미해지지 않은 이들이 있다 합시다. 그런 이들의 모습이 은혜의 진실성을 보여주는 절대적인 증거가 아니라면 은혜가 생명력을 가지고 그 사람 속에서 자라고 있음을 보여주는 큰 증거는 된다고 봅니다.

그러나 사람들이 하나님께 회심하고 믿음을 가지기 시작하는 초기에 영적인 것들을 향하여 활발하고 능동적인 정서를 보이는 것이 통상적입니다. 그 믿음이 진실하고 참된 자들에 대하여 성경은 "믿고 말할 수 없는 영광스러운 즐거움으로 기뻐하는 자들"로 묘사합니다(벧전 1:8). 그러나 죄의 각성을 받고 잠시 믿는 모습으로 진전하는 자들에 대하여는 "말씀을 들을 때에 기쁨으로 받으나"라고 말합니다(눅 8:13).

　　바로 앞에서 말한 상태에서 많은 이들이 위에 있는 것들에 정서가 동화되는 변화를 겪기까지 믿음을 견지하여 번성케 합니다. 그러나 그런 상태에 있던 자들이 다 그런 것이 아닙니다. 그들은 영적인 것들에 대한 정서의 심각한 쇠약을 보이며, 결국 신앙고백과 행실 전체에 마치 여름가뭄 같이 말라버리는 일을 겪습니다. 그들은 자신들 속에서 영적인 것들에 대한 정서의 생명력과 활동을 전혀 체험하지 못하였습니다. 거기서 오는 위안이나 유쾌함도 맛보지 못하였습니다. 그들은 사랑이나 열심, 또는 기쁨의 어떤 열매로든 복음을 영예롭게 한 적이 없습니다. 자기들의 본을 통하여 다른 이들에게 어떤 방도로도 유익을 끼친 일이 없습니다. 어떤 경우 잠시 회복의 기미를 보이는 것 같기도 하지만 이내 다시 생기 없는 마음의 상태로 돌아가 버리고 맙니다. 환난과 질병을 통한 경고와 말씀의 깨우침에도 불구하고 그들은 다시 깊은 잠에 빠지고 맙니다. 그리하여 그들은 "뿌리까지 뽑힌 열매없는 가을 나무 같이" 되어 버립니다(유 1:12).

　　이러한 무서운 조건에 대하여 보편적으로 몇 가지 지적하고 넘어가야 합니다. 이는 하나님의 은혜나 '영의 생각'과 정면으로 대치되는 것입니다. 하늘에 속한 것들을 향하여 정서가 영적으로 동화되어 가는 것과도 정면으로 배치된 상태입니다. 물론 이런 상태 전부가 다 같이 위험하고 해로운 것은 아닙니다. 그럴지라도 이런 영적 정서의 후패(朽敗)의 모든 정도에 적용될 수 있는 몇 가지 사항을 말씀드리려 합니다.

　　먼저 그런 영적 정서의 쇠약을 보이는 것 같으나 실상은 그렇지 않은 경우를 살펴봅시다.

자기의 모든 영적인 정서의 후패(朽敗)를 느끼며, 자신의 영혼이 전혀 쓸모 없는 것이라고 생각하는 '시험의 때'를 사람마다 겪기 마련입니다. 그런 때에는 주님께서 자기를 버리셨다는 생각이 들 수 있습니다. 사실은 그렇지 않은데도 말입니다.

"오직 시온이 이르기를 여호와께서 나를 버리시며 주께서 나를 잊으셨다 하였거니와 여인이 어찌 그 젖 먹는 자식을 잊겠으며 자기 태에서 난 아들을 긍휼히 여기지 않겠느냐 그들은 혹시 잊을지라도 나는 너를 잊지 아니할 것이라"(사 49:14,15).

그런 시험 가운데 있는 사람들은 자기가 먼저 하나님을 버렸기 때문에 하나님께서 자기들을 버리신 것이라고 생각합니다. 마치 어두운 밤길을 걸어가고 있는 사람이 바른 길을 가고 있으면서도 길을 잃었다고 생각하는 것과 같습니다. 시험은 사람으로 하여금 총명이 어두워지게 하고 놀라게 하여 모든 것들에 대한 거짓된 판단을 내리게 합니다. 은혜와 사랑과 기쁨과 즐거움의 작용을 전처럼 느끼지 못하도록 하는 것입니다. 한 때는 영적인 정서들이 자기들에게 거룩한 의무들을 감당하도록 마음의 생기와 활력을 주었지만 지금은 아니라고 여기도록 하는 것입니다.

하지만 그러한 슬픔 가운데서도 이전과 동일한 은혜가 작용할 수 있다는 사실을 잊지 마십시오. 애통하는 가운데 겸손함으로 자기를 낮추는 일은 은혜가 전과 동일한 효력을 발휘하고 있다는 증거입니다. 그러한 경우라면 그 마음은 하나님께서 받으실 만한 경우입니다.

정서의 어떤 대상에 대하여도 '활발하던 활동력 자체가 쇠미하게' 될 수도 있습니다. 적어도 정서활동의 외적인 징후나 효력에 있어서 그런 일이 일어날 수 있다는 것입니다. 이러한 이유로 영적인 것들을 향한 정서의 활기가 보다 더 둔감해 질 수 있습니다. 젊은 시절 자기의 슬픈 감정을 눈물로 표현하고 환호를 지르면서 심령의 활동을 활발히 표출하곤 하던 모습이 나이가 들어가면서 잦아들지요. 그렇습니다. 새로움을 입은 정서 속에 있는 은혜는 전혀 쇠미해지지 않았음에도 불구하고 그런 일이 있을 수 있다는 말입니다.

그런 경우 이것이 '하나의 부담'이 됩니다. 이것을 느끼는 사람들은 애통하고 자신을 향한 경건한 혐오감을 가지게 됩니다. 자기들이 알게 된 그 쇠미함이 겉으로 드러나지 않게 하려고 애를 씁니다. 거듭나지 않은 이들은 이런 것을 느끼지 못하고 오직 거듭난 이들에게서만 발견되는 일입니다. 그런 이들은 모든 의무들을 감당하려고 항상 애를 씁니다. 노인의 시기에 접어든 이들에게 그런 일이 있을 수 있습니다. 비록 그들이 자기들 속에서 그 힘을 발휘하지 못하고, 심령의 활기와 생명과 기쁨과 평안의 경지에 도달하지 못하여도 그리합니다. 많은 이들이 이러한 경지의 영적 정서의 쇠미함을 체험하였습니다.

그런 사람들의 경우에는 '삶의 거룩'이나 모든 신앙적 의무들에 대한 부지런함에서 '후패'가 일어난 것이 아닙니다. 정서 속에 있는 은혜의 후패가 정말 일어나면, 거기에는 하나님의 생명과 연관된 모든 일들에서 그에 상응하는 후패가 일어나게 될 것입니다. 그러나 본성적인 정서의 예민한 활동에서만 그런 쇠미가 일어난 경우에는 은혜의 후패가 일어난 것은 아닙니다.

이런 경우 영혼의 다른 기능들과 세력들 속에서 은혜가 더욱 활발하게 작용할 것입니다. 예를 들어 영적인 것들을 이전 보다 더 확고하게 붙드는 면에서 '판단과 의지'가 더 강해진 것을 보이지요.

그러나 다음과 같은 경우에 자신을 달래며 안심시키는 것은 허망한 일입니다. 정서가 방향을 바꾸어 영적이 아닌 것들을 향하여 활동을 시작하여 기민하고 능동적인 활동을 보이는 경우입니다. 그 대상들이 이 세상에서의 삶을 위해 합법적으로 누리게 되어 있고 위안으로 하나님께서 허락하신 것들이라 할지라도 문제가 되는 것입니다. 그런 경우, 자기들이 발견하는 그 후패가 정서에서 자연스럽게 일어나는 것이지 은혜의 영역에서 일어나는 것은 아니라고 달래는 것은 허망한 일입니다. 어느 사람이 노인이 되어가면서 이 세상의 것들에 대하여 더 애착을 느끼고 하나님께 속한 것들을 사랑하는 것은 더 적어진다면, 그것은 체질이 약해졌기 때문이 아니라 죄의 세력 때문에 생긴 일입니다.

이와 유사한 경우에 영적인 후패가 보여도 적어도 염려할 '정도' 까지 나아가지 않을 수도 있습니다. 그러나 많은 이들의 경우에서 분명하게 목격되듯이, 영적 정서의 후패가 '정말로' 사실이라면, 그것은 비참한 마음의 상태입니다. 그 상태를 보고 아무리 애통하여도 충분하지 않습니다. 그 경우는 생명과 평안을 가져오는 '영의 생각' 과 정면으로 충돌하고 있습니다. 그 경우는 매일 영혼을 죽음으로 위협하는 영혼의 소모열병(消耗熱病, consumption)입니다.

저는 이 장에서 그 문제를 섬세하게 다루지는 않겠습니다. 그러나 지나가면서 몇 가지 지적하고 넘어가려 합니다. 그것은 신앙고백자들 사이에서 유행하는 전염병입니다. 어떤 이들은 이 병에 감염되어 영적 생명의 모든 힘이 완전하게 소진된 것 같은 모습을 보이는 정도까지 나아가 있습니다.

자, 다른 것은 고사하고라도, 우리는 이미 하늘에 속한 것을 사모하는 정서의 성장을 막는 요인이 되는 '어리석음과 죄' 에 대하여 숙고한 바가 있습니다. 만약 우리에게 일어날 수 있는 영적 정서의 후패가 그러한 '어리석음과 죄' 로 인한 것이라면 그것은 정말이지 혐오스러운 것입니다. 이런 마음의 상태가 동반하는 악들은 수도 없습니다. 그 이유를 말씀드리지요.

이 경우는 그리스도께서 모든 것들 중에서 가장 불쾌하게 여기시는 경우입니다. 그리스도께서는 시험에 빠진 교회나 신앙고백자들을 불쌍히 여기십니다. 환난으로 핍박받는 그들을 보시며 마음 아파하십니다. 그리고 그들을 위해 중보의 간구를 하십니다. 그러나 죄와 어리석음으로 인한 영적 정서의 후패에 대해서는 매우 단호한 책망을 보이십니다(계 2:4,5 ; 3:1-3). 그리스도께서는 그것을 참아내지 못하십니다. 그것은 당신의 이름을 더럽히는 일이기 때문입니다. 오히려 영적으로 처음부터 죽어있는 자들을 더 오래 참아내실 것입니다(계 3:15,16).

당신을 믿는다고 고백하는 교회를 내치겠다고 경고하신 유일한 경우가 바로 이것입니다. 주께서 옛 교회들에게 촛대를 옮겨 버리시겠다고 경고하신 그 말씀을 지금 우리에게도 하시고 계십니다. 그는 지금도 살아계시는 동일한 분이십니다. 그분의 말씀은 변하지 않습니다. 그러한 마음의 상태에 처하여 있으면서도 그리스도의 불쾌하심을 사지 않을 수 있는 사람은 하나도 없습니다. 만약 그리스도께서 우리에게 등을 돌리신다면 누가 하나님 앞에서 우리를 위해 대변하여 줄 것입니까? 불쾌해하시는 주님의 면전에 감히 설 자가 누구입니까?(계 2:5 ; 3:3). 무서운 환난의 때에 우리의 유일한 피난처 되실 구주께서 여러분을 대적하는 가장 큰 원수가 되지 않기를 바랍니다.

죄로 인한 영적 정서의 후패는 또한 '성령을 근심케' 하는 일입니다. 성령께서는 우리 영혼이 성장하고 진보하도록 은혜를 주시는 분이십니다. 성령께서 그 일을 시작하시고 진행하여 나가십니다. 하나님께서 성령을 통하여 사람들로 하여금 열매 맺고 치료하도록 모든 방편과 처방책을 주시고, 우리의 정서를 때마다 일깨워 거룩하게 하시고 하늘에 속한 것들을 사모하게 하심으로 우리의 마음과 생각이 위에 있는 것들을 즐거워하도록 역사하시는 것입니다. 그러나 하나님께서 한탄하시며 말씀하십니다. "내가 내 포도원을 위하여 행한 것 외에 무엇을 더할 수 있었으랴?" 그러한 은혜를 받았던 자들이 세상적이고 육신적인 사람이 되어 자기들 속에 있는 어떤 은혜의 작용도 감지하지 못한 상태가 되는 일보다 성령께서 더 슬퍼하실 일은 없습니다. 자기에게 하나 밖에 없는 자녀를 교육하기 위하여 모든 방편을 마다하지 않았던 자애로운 부모가 있습니다. 그런데 그 부모가 게으름에 빠져 자신의 소명을 부주의하게 여기고 악한 벗들과 어울리는 데 열심을 부리는 자녀를 보게 된다면, 이보다 더 가슴 아픈 일이 어디 있겠습니까? 무엇이 그 부모의 마음을 위로할 수 있겠습니까? 하나님의 성령께서는 세상의 어떤 자애로운 부모보다도 더 자애로운 분이십니다. 우리의 영적인 정서가 자라고 진보하도록 모든 정성과 애정을 다해 먹이고 기르시는 분이십니다. 그것이 성령께서 우리에 대해 가지시는 모든 보살핌의 목적인 것입니다. 그런 성령께서 우리가 냉담해지고 둔해지며 땅에 속한 생각을 하며 세상의 즐거움과 정욕에 집착하고 있는 모습을 보시면 어찌 근심하시지 않겠습니까! 어떤 사람들은 성령을 근심케 한다는 것을 별 큰 문제로 여기지 않습니다. 그래서 다른 국면들에 대하여 자유하고도 별 문제가 없을 것이면 성령님을 근심케 하는 것은 거의 고려를 하지 않을 것 같은 모습을 보입니다. 그러나 그 모습이야 말로 죄 가운데서 강퍅하게 방종하고 있음을 드러내는 가장 큰 증거임을 알아야 합니다.

앞에서 넌지시 언급한 것 같이 이상의 경우는 하나님을 특별한 방식으로 격동시켜 '교회를 판단하여 책망하시는 일'을 불러 옵니다. 신앙고백의 실상이나 예배의 질서에 있어서 살았다 하는 이름은 가졌으나 정서 속에서 살아 역사하는 은혜의 능력에 대하여는 죽어 있습니다. 예배의 외적인 제도들을 버릴 정도로 냉담해 진 것도 아니고, 영적인 정서로 자기들의 의무들에 생기를 줄 정도로 뜨겁지도 않을 때에 주님은 더 이상 그들을 참아내지 않으십니다. 아니 하나님의 집을 향하여 판단이 갑자기 임하게 될 것입니다.

또 그 경우는 '하나님의 사랑을 확신하는 모든 위로'와 절대로 배치되어 있습니다. 그러한 상태에 있는 이들이 하나님의 사랑을 확신하는 위로를 받고 있는 것 같은 모습을 보이려고 아무리 애를 써도 죄악적인 안일(安逸)이지 주님의 은혜가 주는 확신이나 평강이 아닙니다. 신앙고백자들이 영적인 정서가 냉담하고 후패한 쪽으로 나아가게 되면 양심이 둔해지고 이지가 헛된 안도감에 빠지게 됩니다. 그들이 어떤 더 큰 죄로 인하여 종종 자신들도 놀라거나 전복되는 일이 있어서 심각한 양심의 가책을 받기도 합니다. 그래서 한동안 괴로워하고 깊은 시름에 빠집니다.

그러나 하나님과 더불은 평화와 구원의 확신이 그런 은혜 안에서의 습관적인 후패와 조화를 이룬다거나, 정서 안에서 활동하여 정체를 드러내기 마련인 은혜들에서 후패가 습관적으로 지속이 된다면 그것은 성경의 전체적인 기조와 증거와 배치됩니다. 그런 상상을 하는 것마저 성경의 종교를 파괴하고 해롭게 하는 독입니다. 물론 그렇다고 구원의 확신과 하나님과 더불어 화평한 마음을 가지는 것이 전적으로 우리 속에 작용하는 은혜로부터 온다고 말하고 있는 것은 아닙니다. 거기에는 다른 요인들도 함께 용해되어 작용합니다. 그러나 제가 말하고 싶은 것은 이것입니다. 우리의 정서를 영적으로 유지시키는 은혜의 영역 안에서 쇠미와 후패가 습관적으로 일어나면, 하나님의 사랑이나 하나님과 더불어 화평함에 대한 은혜로운 지각을 견지할 사람은 아무도 없습니다. 그러므로 오늘날 자기들이 가졌다고 하는 평안의 근거들을 근실하게 점검하고 시험해 보는 의무처럼 더 엄격하게 강조될 것이 없습니다. 그렇지 않으면 라오디게아 교회가 빠졌던 상태로 들어갑니다. 그들은 스스로에 대해 매우 큰 만족을 느끼고 있었습니다. 자기들의 실상이 비참하고 절망적임에도 불구하고 말입니다.

그렇습니다. 하나님과 더불어 견고한 화평을 누리고 있다고 할 수 없는 수많은 신앙고백자들이 있다고 저는 말하지 않을 수가 없습니다. "가시나무에서 포도를, 엉겅퀴에서 무화과를 따겠느냐?" 허망하고 세상적이고 이기적인 마음의 구조와 행실 속에서 하나님과 함께 하는 화평의 열매를 얻을 수 있을 거라 생각하십니까? 겉으로 어떠한 모습을 보인다 해도 그들은 죄악적인 안일 속에 잠자고 있는 사람들에 불과합니다. 그들은 어떠한 확실한 소망도 가질 수 없습니다. 그들이 가지고 있다고 생각하는 거짓된 소망이 그들을 속이고 있습니다. 하나님과의 화평을 유지하는 것을 쉬운 일 따위로 여기는 것만큼 우리 믿음의 고백을 파멸시키는 것은 없습니다. 최선을 다하여 은혜의 모든 국면에서 번창하려고 애를 써야만 하나님과의 화평을 유지할 수 있는 것입니다. 우리 믿음의 전체 아름다움과 영광은 바로 여기에 달려 있습니다. "영의 생각은 생명과 평안이니라."(To be spiritually minded is life and peaced - 영적으로 생각이 돌아가는 것은 생명과 평안이다-역자 역).

앞에서 묘사된 후패는 '악한 상태와 조건'의 위험한 징후입니다. 그리고 그런 악한 조건에서 벗어나지 못하고 있으면 마지막 날에 외식자(外飾者, hypocrite)로 발견될 것입니다. 그런 이들이 자기들은 외식자들이 전혀 아닌 체 하는 여러 증거들을 보였을 것이고 앞으로도 보일 것입니다. 그리고 많은 일들에 있어서 진실성을 보이며 충분하게 만족하게 여깁니다. 그래서 그들이 외식자라는 의심을 가지고 지켜보기가 불가능하게 됩니다. 그러나 이러한 이해는 외식에 대한 거짓된 개념에서 나온 것입니다. 그들은 단정하지요. 실상은 믿음이 없으면서도 자기가 믿음이 있는 양하거나, 자기가 누구인지 알지 못하면서도 그저 일반적으로 종교생활을 하는 체 하는 사람, 아니 적어도 그러한 모습을 쉽게 내 보이는 이들만 외식자라는 식입니다. 바리새인들의 경우를 보면서 외식에 대하여 가질 수 있는 가장 광범위하게 받아들여지는 개념이 그것임은 틀림없습니다. 그러나 빛을 받고 신앙고백을 하고 은사들을 가지고 의무들을 감당하면서도 진실함의 어떤 요점에서든지 습관적으로 자원하는 마음이 없다면 그 사람을 외식자로 보아야 합니다. 그 사람은 바리새인의 외식을 보이는 사람 못지않게 멸망에 처한 외식자입니다. 물론 경우는 바리새인들의 모습을 변형한 것일 수도 있습니다. 물론 그렇다고 영적인 정서에 후패의 징후가 득세하는 사람마다 다 외식자라고 말하는 것은 아닙니다. 결코 그럴 수는 없습니다! 다만 치료를 받지 않은 채 계속 그런 일이 진행되어 가면 외식의 징후입니다. 지혜로워 자기 영혼에 관심을 가지는 이는 그런 징후가 발견되면 그 근저를 철저하게 탐색하지 않으면 쉼을 얻지 못할 것입니다.

그런 외식적인 사람들도 마치 그렇게 하는 모습을 보이기도 합니다. 그러나 그들은 그들이 믿는다고 고백하는 하나님께 회심할 때 거짓되거나 불완전한 역사(役事) 밖에는 경험하지 못한 것입니다. 죄에 대한 회오감(conviction of sin), 영적인 빛과 은사들의 교통, 정서의 변이(變異), 교제하는 대상이나 행습의 변화가 그 사람의 회심의 내용을 이루었습니다. 그런 모양의 회심은 신앙고백자의 모든 주도적인 부분과 의무들에서 크게 번성하는 성질을 띠고 있습니다. 그러나 그것은 점차 후패하게 되어 아주 말라 비틀어져 버리고 맙니다. 어떤 이들의 경우에는 매우 격렬한 시험으로 말미암아 그 모습이 사라져 버립니다. 어떤 이들은 특별한 정욕에 빠져서 그렇게 되어 결국 세상적이고 육감적인 사람으로 떨어져 버립니다. 그러나 그런 경우 거의 대부분 점차 후패하게 되어 결국 그 모습이 풍기던 모든 향취와 진액이 다 날아가 버립니다. "나는 포도나무요 너희는 가지라 그가 내 안에, 내가 그 안에 거하면 사람이 열매를 많이 맺나니 나를 떠나서는 너희가 아무 것도 할 수 없음이라"(요 15:5).

자신들 속에서 이러한 후패를 발견하기는 하였으나 아직은 파멸적인 안일감의 세력에 들어갔거나, 죄의 속임수로 충일하여 마음이 강퍅하게 되어 버린 것은 아닌 사람들이 있습니다. 그런 이들은 자기들의 상태가 어떠한지에 대하여 점검하는 것이 마땅하다고 생각하지 않을 수 없게 되는 것입니다. 정말로 자기들이 이제까지 그리스도와 친밀함을 계속 유지하였었는지, 자기들이 정말 사랑으로 역사하는 믿음을 가지고 있었는지 살펴보고 점검하는 것이 마땅하다 여기지 않을 수 없습니다. 자기들이 믿음이 있었다고 하지만 정작 다른 성질에 속한 것만 가지고 있었던 것은 아닌지 자신들을 돌아 보아야 마땅합니다. 성경전체가 증거하는 바와 같이, 구원받을 만한 믿음(saving faith)은 그 본질상 방편들을 부지런히 사용하면서 번성하고 자랍니다.

그러나 뿌리가 없는 이 거짓되고 불완전한 역사는 결국 시들어 버리고 맙니다. 그런 상태에 있는 이들은 '거짓된 소망과 관념들'로 자신들을 속이는 경향이 있습니다. 그래서 죄의 속임수로 가득한 마음은 자기들의 파멸에 대해서 둔감하게 되어 버립니다.

이러한 해로운 열매가 산출되는 두 가지 방식이 있습니다. 하나는 어떤 정욕이나 죄악이 득세하는 경우이고, 다른 하나는 영적인 의무들을 게을리 하고 세상 속에서 허망한 행습에 빠져 드는 경우입니다. 그런 분위기 속에서 영혼은 파리해져가고 기진되어 갑니다.

죄악의 속임수로 영혼을 기만하는 '세 가지 거짓된 개념'이 있습니다.

첫째로 자기들은 '오직 하나의 죄만 졌다'고 하는 개념입니다. 자기들은 '한 가지 죄'를 제외하고는 다른 모든 면에서는 아주 잘 되어 있다는 착각이 그것입니다. 아람의 나아만 장군이 그러하였습니다. 종교의 문제에 대하여 나아만은 그런 식의 개념을 가지고 있었습니다(왕하 5:18). 많은 이들이 그러한 개념을 의지하고 있습니다. 나아만의 사건을 통해서 어떤 사람들은 오래도록 어떤 큰 죄를 범하고 있으면서도 종교의 다른 의무들에서는 '매우 근실한 모습'을 보였다고 자부하여 왔음이 드러났습니다. 그런 논리 아래 수 만

가지 죄들을 허용하면서 살아왔을 것입니다. 이것이 죄의 기만성입니다. 그런 발상 아래 영적인 의무를 감당하는 일은 영혼에 아무런 기여도 하지 못합니다.

"누구든지 온 율법을 지키다가 그 하나에 범하면 모두 범한 자가 되나니 간음하지 말라 하신 이가 또한 살인하지 말라 하셨은즉 네가 비록 간음하지 아니하여도 살인하면 율법을 범한 자가 되느니라"(약 2:10,11).

하나님께서는 단 한가지의 죄라도 사람들의 영혼을 능히 멸할 일천 가지의 죄와 같이 여기십니다. 그러나 단 한 가지 죄만 짓고 사는 사람은 없습니다. 어떤 특정한 한 죄가 가장 주도적인 세력을 부리는 경우가 있기는 하지만 실상은 아주 많은 죄 가운데서 살아갑니다. 다른 이들의 눈에는 드러나 자신은 깨닫지 못하는 죄가 있는가 하면, 밖으로 드러나지 않은 채 자신만 알고 있는 죄도 있습니다(딤전 5:24). 그러나 어떠한 종류의 죄가 되었든, 그 죄가 단 한가지의 죄에 불과하다는 생각으로 자신을 위로하지 말아야 합니다. 가볍게 여기는 그 단 한 가지 죄만으로도 하나님을 만홀히 여기기에 충분하기 때문입니다.

이것이 죄의 기만성입니다. 사람들은 생각합니다. "내가 아직도 이 죄만은 버리지 못하고 있지만 그럼에도 나는 끊임없이 하나님을 사랑하고 하나님께 예배드리는 의무들에는 넘치게 할 것이다. 나는 하나님을 미워하는 자가 되지 않을 것이다. 하나님의 길을 핍박하는 자가 되지 않을 것이다. 나는 나의 처지와 환경 때문에 어쩔 수 없이 작은 죄를 지었을 뿐, 모든 것은 잘 되어 가고 있다."라고 말하려고 할 것입니다.

분명하게 이것은 거짓된 개념입니다. 그것은 사람들을 기만하기 위한 효과적인 죄의 도구에 불과한 것입니다. 그 어떠한 죄도 하나님을 사랑하는 일과 공존할 수 없다는 사실을 잊지 마십시오. 이는 하나님의 말씀의 법칙 속에서 분명하게 드러나 있는 것입니다(요일 2:15). 죄 가운데 살면서 하나님을 사랑한다는 일은 있을 수 없습니다. 저주스러운 세상의 정욕을 온전히 제거하지 않은 채 전적으로 하나님을 사랑하는 일은 불가능합니다. 여러분이 가지고 있을지 모르는 거짓된 논리에 스스로 속아 넘어가지 마십시오. 죄에 기만당한 채 행사하고 있는 여러분의 은사나 영적 의무에 대한 열심과 믿음의 고백이 여러분을 속이지 못하도록 하십시오. 여러분이 죄 안에 살고 있다면, 여러분이 어떤 일들을 하든지 여러분은 하나님을 사랑하지 않고 있는 것입니다.

둘째로, 여러분은 혹시 '한 동안만' 정욕적인 즐거움을 채우다가 파멸의 상태에 다다르기 직전에 그 죄를 그만 둘 수 있다고 생각하십니까? 그렇지 않습니다. 그럴 수 없습니다. 이러한 개념 역시 죄의 기만성을 충족시키는 효과적인 도구일 뿐입니다. 지금 당장 죄를 그만둘 마음이 전혀 없거나, 죄를 버리고자 진지하고 부단하게 애를 쓰지 않는 사람들도 죄를 버려야한다는 의식은 언제나 가지고 있습니다. 그들에게는 단지 그래야 한다는 의식만 있을 뿐, 실제적인 의향은 전혀 없습니다. 그들이 죄를 버리는 일은 아마도 일어나지 않을 것입니다.

세번째로, 폐병에 걸려 쇠약해지고 있는 이들과 같이 신앙의 사활을 좌우하는 정신이 보편적으로 후패하는 이들도 거짓된 개념들을 가지고 자기들을 속입니다. 다음의 경우들이 바로 거기에 해당합니다.

'자신을 신뢰하지 않을' 어떤 이유를 가지고 있어도, 그 조건이 어떤 자들이 이해하는 대로 악하여 경고를 받을 정도는 아니라는 식으로 생각할 수 있습니다. 양심이 공포심과 불안으로 채워질 정도의 엄청난 어떤 죄를 범한 것은 아니라는 생각에서 이러한 의식이 나올 수 있습니다. 그러나 이것도 거짓된 개념입니다. 죄로 인한 정서의 후패는 그 어느 것도 위험하지 않은 것이 없습니다. 그런데도 그들은 나름대로 만들어낸 논리와 구실로 은근히 자신의 죄를 묵인해주고 싶은 것입니다.

사람들은 자신의 후패함의 원인을 '자기 자신의 마음의 악이 아닌 주변 환경과 현재의 처지로' 돌리려는 경향을 가지고 있습니다. 그래서 환경이 바뀌기만 한다면 언제든 영적인 것들에 대한 이전의 사랑이나 즐거움으로 돌아갈 수 있을 거라 상상합니다. 그러나 결코 그렇지 않습니다(히 3:12). 하나님에게서 떠나가는 모든 죄는 자신이 가지고 있는 불신앙적인 악한 마음에서 나오는 것입니다. 사람들은 후패한 자신의 정서의 상태에서 언제든 벗어날 수 있다고 생각합니다. '자, 이제 그렇게 해야겠다.'고 말하면서 마음먹기만 하면 된다는 식으로 생각하는 것입니다. 하지만 그렇지 않습니다. 침륜의 수렁에 빠져 다시 회복되는 일만큼 어려운 일은 없습니다. 그 일은 결코 가벼운 일이 아닙니다.

여러분들 중 자신이 이러한 곤고한 심령의 상태에 있다는 것을 인지하고 있습니까? 여러분 속의 영적인 조건이 후패해져 간다는 것을 느끼고 있습니까? 만약 그러하다면, 정서의 회복을 간절하게 소원하며 노력을 기울여야 합니다. 그렇지 않는다면 생명과 소망에 대한 기대는 어느 누구도 가질 수 없습니다. 그것은 이미 '사망의 낭실'로 내려가는 입구에 서 있는 것과 마찬가지입니다.

곤고한 심령 가운데 정서의 영적 회복을 간절히 소원하고 있는 분들에게 몇 가지의 충고의 말씀을 드리려고 합니다.

먼저 '이전의 일들을 기억하십시오.' 여러분의 정서가 영적으로 생기 있고 활력이 넘치던 때를 상기해 보십시오. 그리고 비교해보십시오. 지금 여러분이 느끼고 있는 마음의 상태, 여러분이 현재 느끼고 있는 평안함이 이전에 느끼던 그것과 같은 것인지 비교해보십시오. 이것은 하나님께로 돌아가는 위대한 원리입니다(호 2:7). 긍휼하신 하나님께서 우리가 다시 돌아갈 근거와 이유를 친히 만들어 놓으셨습니다(렘 2:2). 우리가 하나님의 언약과 긍휼의 울타리 안으로 다시 돌아간다면 우리의 처음 사랑을 기억하실 것입니다. 그리스도 안에서 신혼의 사랑과 같던 예전의 때를 기억하실 것입니다(렘 31:18-20).

옛 성도들이 크게 낙담이 될 때에 새 힘을 얻고 다시 자신들을 추스릴 때 그 방식을 썼습니다.

"내 하나님이여 내 영혼이 내 속에서 낙심이 되므로 내가 요단 땅과 헤르몬 산과 미살 산에서 주를 기억하나이다"(시 42:6).

다윗이 이 시편을 기록할 때는 사울에게 핍박을 받아 광야를 배회하던 때였습니다. 그 곤고한 때에 그는 하나님과 거룩하고 영적인 교통을 누렸습니다. 수많은 시편이 이를 증거하고 있습니다. 그가 가장 곤고한 지경에 처했을 때, 그의 정서는 가장 열렬하였습니다. 그의 가장 곤고한 때는 아둘람 굴에서 피하여 나와 모압의 미스베로 가서 자기 부모들의 거처를 마련하려 할 때였습니다(삼상 22:3). 그때 그는 헤르몬 사람들의 땅에 있었습니다. 헤르몬 산 언덕은 모압과 경계해 있는 이스라엘의 동편 땅에 있었기 때문입니다(신 3:8,9). 다윗은 의심할 여지없이 하나님께 믿음의 복된 행사를 보였습니다. 하나님을 향하여 자기의 모든 정서를 다 동원한 것입니다. 이후 하나님께서 자기를 버리신 것 같다는 생각이 찾아올 때마다(시 42:9) 다윗은 헤르몬 사람들의 땅에 있을 때에 하나님과 복되게 교통하였던 그 때의 체험을 상기하였습니다. 거기서 새로운 힘과 용기를 얻었던 일들을 기억하였습니다. 자기가 불렀던 '밤의 노래'를 생각하며 하나님과의 영적인 교제를 통해 얻은 그 달콤했던 새 힘을 상기하였던 것입니다.

주님께서는 우리에게 권고하셨습니다. "어디서 떨어진 것을 생각하라." 이전의 날들을 기억하십시오. 여러분이 누울 때나 일어날 때, 하나님과 하나님께 속한 것들을 많이 생각하던 그 날들이 지금보다 낫지 않은지 생각해보십시오. 그때 여러분이 가졌던 생각은 달콤하고 가치 있는 것이 아니었습니까? 하나님의 거룩하심을 기억하며 즐거워했던 그 때의 일을 기억하십시오. 하나님의 영광을 위하여 열심을 다하던 때를 기억하십시오. 하나님께 드리는 예배를 즐거워하던 그 때를 기억하십시오. "우리가 함께 하나님의 전에 이르자"라고 외치며 즐거워하던 그때를 말입니다. 생각해 보십시오. 여러분도 자원하는 심정으로 영혼을 하나님 앞에 쏟아 놓고 모든 정서를 하나님께 향하던 때가 분명 있었습니다. 그때 여러분은 분명 하나님의 사랑이 여러분에게 임하는 것을 의식할 수 있었고, 그 사랑을 기억하면서 새 힘을 얻곤 하지 않았습니까! 그때 여러분이 얻었던 평안과 위로와 기쁨이 얼마나 큰 것이었습니까!

여러분 자신을 솔직하게 다루는 일을 피하지 마십시오. 하나님을 버리고 멀리 떠났을 때 여러분이 얻었던 것이 무엇입니까? 모든 영적인 것들을 대신하여 여러분이 세상에서 더불어 즐겼던 사람들이 여러분을 위하여 무엇을 해주었습니까? 분명하게 말해보십시오. 여러분들이 세상 가운데서 얻은 것이라곤 멸시와 상처가 아닙니까? 혹시 그러한 때를 기억하고 추억하며 다시 그때와 같기를 바라고 탄식하지는 않습니까?

그 둘을 기억하고 비교해보십시오. 여전히 영적이었던 예전의 상태를 기억하는 것이 아무런 감동을 주지 않습니까? 그렇다면 여러분은 영혼에 미치는 은혜의 '진정하고 확실한 역사(役事)'를 경험한 일이 전혀 없었던 것일지도 모릅니다. 여러분은 물론 아니라고 말하고 싶겠지만 여러분들이 감당했던 모든 영적인 의무들 속에 하나님과의 진정하고 진리에 합당한 교제가 없었다고 밖에는 말하지 않을 수 없습니다. 그저 잠시 자극을 받아서 외적인 행위로 그러한 일들을 감당했을 뿐, 은혜의 달콤한 체험의 기억은 전혀 없는 것입니다. 만일 여러분의 믿음과 사랑이 여러분이 행한 일을 통하여 진정으로 드러났었다면, 은혜가 주는 달콤함을 기억하지 못할 리가 없습니다.

성경은 그러한 조건에 빠져 있는 자들을 위한 '특별한 부르심과 약속을' 제안하고 있습니다. 그 제안에 어떻게 반응하느냐에 따라 영원한 복락과 영원한 화가 결정 된다는 사실을 잊지 마십시오. 하나님이 은혜로 말미암아 베푸시는 부르심과 약속에 귀를 기울이십시오.

"너는 가서 북을 향하여 이 말을 선포하여 이르라 여호와께서 이르시되 배역한 이스라엘아 돌아오라 나의 노한 얼굴을 너희에게로 향하지 아니하리라 나는 긍휼이 있는 자라 노를 한없이 품지 아니하느니라 여호와의 말씀이니라 너는 오직 네 죄를 자복하라 이는 네 하나님 여호와를 배반하고 네 길로 달려 이방인들에게로 나아가 모든 푸른 나무 아래로 가서 내 목소리를 듣지 아니하였음이라 여호와의 말씀이니라, 여호와의 말씀이니라 배역한 자식들아, 돌아오라 나는 너희 남편임이라 내가 너희를 성읍에서 하나와 족속 중에서 둘을 택하여 너희를 시온으로 데려오겠고"(렘 3:12-14).

거기에 호세아를 통해서 주신 복된 약속의 말씀을 첨가하여 보십시오.

"내가 그들의 반역을 고치고 기쁘게 그들을 사랑하리니 나의 진노가 그에게서 떠났음이니라"(호 14:4).

이 부르심에 복종하십시오. 하나님 앞에서 이 약속을 아뢰고 믿음을 화합하여 탄원하십시오. 그러면 이사야 57장 18,19절의 말씀으로 응답 받을 것입니다.

"내가 그의 길을 보았은즉 그를 고쳐 줄 것이라 그를 인도하며 그와 그를 슬퍼하는 자들에게 위로를 다시 얻게 하리라 입술의 열매를 창조하는 자 여호와가 말하노라 먼 데 있는 자에게든지 가까운 데 있는 자에게든지 평강이 있을지어다 평강이 있을지어다 내가 그를 고치리라 하셨느니라"(사 57:18,19).

이것이 우리가 큰 용기와 위로를 얻음으로 모든 질고에서 건짐 받는 길입니다.

여러분의 영혼을 가치 있게 여긴다면 더 이상 하나님의 부르심을 외면하지 마십시오. 하나님의 부르심과 하나님의 약속이 여러분에게 더 이상 해당되지 않을 때가 갑자기 닥칠까 염려하십시오. 이 말씀을 들으면서도 하나님의 부르심과 약속의 말씀에 부합하려는 진지한 마음으로 자신을 북돋지 못하는 자가 있다면 그는 이미 너무 많이 벗어난 사람일지도 모르겠습니다.

"너희가 주를 따라 알려 하면 너희가 주를 알리라." 힘을 내십시오. 돌아올 마음이 있다면 빨리 돌아오십시오. 어째서 지금은 안 된다고 하는 것입니까? 왜 지금이 가장 좋은 때가 아니라고 하는 것입니까? 바로 지금 하지 않으면 안 된다는 사실을 왜 알지 못하는 것입니까? 더 이상 거짓된 논증으로 씨름하지 마십시오. 아침 이슬처럼 가치 없이 사라질 노력과 시도들은 이제 그만두십시오. 그렇게 잠시 만들어낸 인상들이 닳아 없어지기까지 흘러가고 있는 시간만큼 여러분은 멸망의 길로 더 깊이 걸어가고 있다는 것을 왜 모르십니까?

우리의 죄와 나태함은 영적으로 새로워진 정서를 후패하게 만듭니다. 그런 상태에 있는 한, 정서가 하늘에 속한 것들을 따라 동화되어 나가는 일은 더디고 불완전해질 것입니다. 하나님을 벗어난 후패한 정서는 영혼을 깊은 침륜에 빠지게 하는 죄를 온전히 벗어버릴 수 없습니다. 우리의 정서는 하늘에 속한 것들을 향하여 언제나 기울어져 있어야 합니다. 날로 새롭게 되어 하늘의 영적인 대상들과 같이 동화되어 나아가야 합니다. 그것이 우리가 견고한 위로와 평안을 누릴 수 있는 유일한 길입니다.

chapter.18

영적으로 새로워진 정서의 상태

우리의 정서가 따라야 하는 가장 탁월한 '본보기'는 예수 그리스도와 그의 거룩한 영혼의 정서입니다. 우리는 "우리 안에 그리스도 예수 안에 있는 같은 마음"을 품기 위하여 애를 써야 합니다(빌 2:5). 이것은 우리의 의무이자 은혜의 주된 부분입니다. 그리스도의 마음을 품고 묵상해야 하는 일을 게을리 한다면 어떤 이도 영적으로 자신을 합당하게 쓰는 경지에 들어갈 수 없습니다(고후 3:18). 우리의 이지로 하여금 그리스도 안에 있는 거룩한 정서의 여러 가지의 사례들을 주목하게 해야 합니다. 그리고 모든 경우에 우리 이지가 그 거룩한 사례들과 같이 되도록 복되게 정서를 행사하여야 합니다. 성경을 보십시오. 성경은 그러한 거룩한 사례들로 가득 차 있습니다. 그리스도께서 하나님을 사랑하고 기뻐하는 것에 대하여 표현된 것이 얼마나 영광스러운지 보십시오.

"내가 주의 뜻 행하기를 즐기오니 주의 법이 나의 심중에 있나이다"(시 40:8).

이 말씀은 그리스도의 정서 속에 하나님의 법이 자리하고 있음을 보여줍니다. 그리스도의 모든 정서가 하나님의 법에 따라 언제나 완전한 질서 속에 놀랍도록 자리하고 있다는 사실을 말해주는 것입니다. 그리스도께서 보여주신 자기 부인, 세상에 대한 경멸, 십자가를 기꺼이 지심으로 하나님의 뜻에 따라 행하셨던 그 심령을 보십시오. 우리가 그리스도의 본을 따라간다면 그 본은 우리를 합당하게 변하도록 하는 효력을 낼 것입니다. 여러분의 마음이 그리스도 예수님 안에 있는지를 자문해 보십시오. 여러분의 영혼이 범사에 그리스도를 본으로 삼기를 즐거워한다면 이는 여러분의 정서가 영적으로 새롭게 되어 하늘에 있는 것들에 동화되고 있다는 증거입니다.

우리 정서의 영적인 진보를 위한 '최상의 법칙' 은 역시 '성경' 입니다. 이는 두 가지 방면에서 그러합니다. 즉 우리 '정서의 내면적인 활동' 의 측면에서나, '그 정서를 표현하기 위하여 사용하는 외적인 방편' 의 측면에서 그러합니다.

'내면적 정서의 활동' 을 위해서 성경은 우리에게 보편적인 원칙을 제공합니다. 다른 모든 것들을 다 함축하는 원칙을 제공한다는 말입니다. 다시 말하여 "우리가 마음과 뜻과 정성과 힘을 다하여 주 하나님을 사랑한다." 는 원칙입니다. 우리의 영혼이 최상의 완전함에 이르기 위해서는 우리의 정서가 하나님을 향해 온전한 총력을 기울여야 합니다. 모든 경우에서 우리는 세상 그 어느 것보다 하나님을 더 귀하게 여겨야 합니다. 하나님을 사랑하는 것에서 나오는 것이 아니라면 아무 것도 하지 않으려 할 정도로 말입니다. 물론 우리가 아는 바대로 이 세상 살아 있는 동안에 우리의 상태는 절대적인 정도에 까지는 이르지는 못할 것입니다. 그러나 하나님의 성품은 분명히 우리에게 제시된 것입니다. 우리가 가진 여러 기능들은 바로 그 일을 위하여 지음 받았습니다. 때문에 우리의 범사가 그 목표를 언제나 염두에 두어야 하는 것입니다. 이것이 앞서 말한 원칙이 가지고 있는 절대적인 당위성입니다. 범사에 하나님께 부단한 애착을 보이고, 모든 것보다 하나님을 더 우선하고, 하나님을 우리의 최상의 선으로 즐거워하기 위하여 진지하게 애를 써야 하는 것입니다. 이는 모든 시련의 때에 우리를 견고하게 할 것입니다. 시련의 때는 세상의 일들이 우리의 정서 속에서 주도적인 관심을 끄는 때입니다. 그때 우리가 견고하지 못한 상태에 있다면 우리는 모든 길에서 당황하지 않을 수 없습니다. 우리가 감당하는 모든 의무들은 생명력을 잃을 것이며 하나님을 망각하는 지경에까지 이를 것입니다. 하나님의 거룩하심을 바르게 기억하는 일이 없이는 우리는 죄를 지을 수밖에 없다는 사실을 잊지 마십시오. 하나님을 우선적으로 사랑하는 것에 익숙하지 못한 사람들이 하나님을 망각하여 건성으로 여러 의무들을 감당하는 것이 바로 그러한 경우입니다. 그러한 경우라면 우리의 마음은 모든 무익한 신앙고백의 샘 근원이 될 수밖에 없는 것입니다.

우리의 영적인 정서들이 밖으로 드러나는 '외양적인 방편들과 의무들'의 원칙 역시 성경적이어야 합니다. 성경에 제시 되어 있는 방식을 통하지 않고서는 우리의 영적 정서는 하나님을 향하여 바르게 흘러갈 수 없습니다. 성경에서 요구하고 있는 은혜의 방편으로 우리의 정서를 활용해야 하는 것입니다. 만약 이 원칙이 무시된다면 우리의 정서는 통제되지 못할 정도로 불규칙한 상태가 되어버릴 것입니다. 세상에 가득한 미신들을 보십시오. 그것들은 성경이 제시하는 말씀의 원리에서 완전히 벗어난 사람들의 정서들에 기원을 두고 있습니다. 무모하고 어리석기 짝이 없는 것들로 말입니다. 세상의 미신처럼 사람들의 영혼을 무섭고 곤고한 상태로 빠지게 하는 것이 없는데도 불구하고 허다한 사람들이 그 미신에 마음을 빼앗겨 살아가고 있습니다. 하나님께서 말씀으로 제시하신 원칙에 벗어나는 일을 억압에서 벗어나 자유를 얻는 것처럼 여기며 만족해합니다. 그리고 그런 심령의 상태에서 만들어낸 자기들 나름대로의 방식으로 경건의 의무들을 감당하는 것입니다. 그들은 겸손을 떨며 지혜 있는 자들처럼 행동합니다. 하나님께서 제시하신 모든 유익한 동기들보다 자신들이 형상화한 것들을 더욱 귀하게 여깁니다. 성경의 원칙을 떠나 경건의 색조를 띄는 사람들의 정서만큼 더 엉뚱한 방향으로 치우쳐 가는 것은 없을 것입니다.

우리가 정서를 바르게 행사하고, 거룩한 목적을 위해 부지런히 사용한다면 거기엔 우리가 도달할 수 있는 상당한 '성취의 분량'이 있습니다.
"**그러므로 누구든지 우리 온전히 이룬 자들은 이렇게 생각할지니 만일 어떤 일에 너희가 달리 생각하면 하나님이 이것도 너희에게 나타내시리라**"(빌 3:15).
세상에 사는 동안 우리가 완전함에 이를 수는 없는데도 불구하고 마치 완전함에 이른 척 과시하는 이들은 아주 미미한 정도의 분량 밖에 이르지 못한 이들입니다.

우리의 정서가 하늘에 속한 것들을 향하여 바르게 향하여 동화되어 가고 있다면 그 정서는 다음의 세 가지 상태를 견지하고 있을 것입니다.
첫째, 정서에 제시된 영적인 것들에 정서가 습관적으로 맞추어갑니다.
둘째, 영적인 것들을 부단하게 접하는 정서는 그 영적인 것들 속에서 감격하고 즐겁고 유쾌하게 하는 풍미를 발견합니다.
셋째, 그래서 정서가 모든 은혜의 저장소와 같은 역할을 하여 영혼의 보고(寶庫)와 같은 역할을 하게 됩니다.

위의 사항들을 차례로 설명하여 드리겠습니다.
첫 번째 요점에 대하여 말합니다.

영적인 것들이 우리 마음에 제시되는 방식은 여러 가지입니다. 하나님을 예배하는 모든 규례들 속에서 성령의 운행하심으로 말미암아 나타나기도 하고, 다른 이들과의 거룩한 대화 속에서도 나타날 수 있습니다. 그 밖의 여러 방식으로 그러한 일이 일어날 수 있는 것입니다. 그 방식이 제시되는 시기 역시 마찬가지 입니다. 언제라도 그러한 시기가 될 수 있습니다. 그러므로 우리는 준비해야합니다. 우리의 정서를 영적으로 연마하여 어떠한 방식이든, 언제이든 그것을 받아 누릴 준비를 해야 하는 것입니다. 그러나 그러한 준비가 되어 있지 못하다면, 우리의 정서는 언제 어떤 방식으로 주어질지 몰라서 영적인 것들을 향하게 하는 모든 은혜의 방편과 매번 버성기고 있는 것입니다.

인간의 본래 가진 정서는 영적인 것들을 가까이 하거나 받아들이지 않으려 합니다. 마음의 시선은 온통 세상으로 향하여 세상의 것들과 짝하고, 모든 영적인 의무를 감당하는데 있어서 온갖 구실과 변명을 늘어놓으려 합니다. 이는 분명 정서가 육신적이기 때문입니다. 시험의 불화살에 맞은 육신적인 정서는 하늘에 있는 것들을 영접할 마음을 일으키시는 성령의 활동을 거부하게 되어 있습니다. 환난으로 나타나는 하나님의 섭리에도 자극을 받지 못합니다. 그러나 정서가 영적이고 하늘에 속한 것들에 부합하고 순응하는 경우는 다릅니다. 하늘에 속한 영적인 것들이 제시되는 순간, 마음은 즉각적인 반응을 보입니다. 좋은 음식 냄새에 금방 침이 고이는 것처럼 말입니다.

두 번째 요점에 대하여 말씀드리지요.

육신적인 정서에 사로잡혀 있는 마음은 배가 부른 자와 같이 영적인 달콤함을 거부하지만, 바른 영적 정서는 항상 그러한 것들을 소원합니다. 이들은 영적인 것들 속에 있는 맛과 풍미가 무엇인지 알고 있는 사람들입니다. 영적인 것들 속에 있는 '주님의 자비하심' 의 풍미가 어떠한 것인지 아는 사람들입니다(벧전 2:3).

영적으로 새로워진 정서는 그렇게 하나님의 선하심이 풍기는 향기로운 내음과 하나님과의 교제와 교통 속에서 느끼는 달콤함을 체험합니다. 그들에게 있어서 그 달콤함은 때로 감당하기 어려울 정도가 되기도 합니다. 그리스도를 사랑하는 기쁨과 영광의 충만함이 때로는 감당할 수 없을 정도로 크게 다가오기 때문입니다. 이들은 환난이나 억압의 시련까지도 달콤하게 여기는 사람들입니다(잠 27:7).

그러나 혈과 육에 속한 사람은 그렇지 않습니다. 그들은 영적인 것들이 가지는 맛을 전혀 느끼지 못합니다. 영적인 것들의 본질상 그러한 자들이 느낄 수 있는 맛이 그 안에 들어있지 않기 때문입니다. 그들에게 있어서 십자가의 모든 교리들이 그러할 것입니다. 영혼이 이 세상을 사랑하고 있는 상태에 있으면 하늘에 속한 것들의 맛을 느낄 수 없습니다. 욥이 말한 바와 같이 '계란의 흰자위' 처럼 아무런 맛이 없게 느껴지는 것입니다. 혹 개념적인 이해를 통해 그 맛의 본질이 무엇인지 조금이나마 느낄 수도 있을지는 모르겠습니다. 하지만 분명 그것을 달거나 유쾌한 맛으로 느끼지는 못합니다.

세 번째 요점에 대하여는 이러합니다.

영적인 것들에 정서가 순응하여 동화되어 나가는 경우, 정서는 '모든 은혜의 저장소' 가 되어 영혼의 보고(寶庫)와 같은 역할을 합니다. 그것은 성령님의 은혜들입니다. 그 은혜 안에 모든 것이 함축되어 있습니다. 영적인 정서는 바로 그러한 은혜의 뿌리에서 자라는 것입니다. 이렇듯 모든 은혜는 사람의 정서를 가장 주도적인 거처로 삼고 안전하게 보전 되어 언제라도 활동을 개시할 준비를 하는 것입니다. 은혜가 충일한 상태로 보전되어 있는 정서는 때에 맞추어 은혜를 방출합니다. 그래서 믿음이 하나님의 영광을 위하여 바른 도리를 행할 길을 바르게 분변하고 판별할 수 있는 은혜들을 제공합니다.

이 경우가 바로 정서가 영적이고 하늘에 속한 것들과 부합된 상태입니다. 아니, 영적으로 새로워진 정서의 모습인 것입니다. 이러한 정서는 시간이 지날수록 더욱 하늘에 속한 정서로 동화되어 갈 것입니다.

그러나 영적으로 새롭게 되지 못한 정서는 이와는 정반대입니다. 하늘에 속한 것들의 가치를 세상적인 시각으로 판단할 뿐만 아니라, 오히려 자기들의 정서에 영적인 것들을 맞추려 하는 시도를 그치지 않습니다. 그들의 정서는 '세상적인 생각이나 이해로 조성한 개념들'의 지시를 받습니다. 그런 정서의 상태에서는 '하나님께 속한 일'들을 분변해내지 못합니다. 그러한 일들은 영적인 은혜로만 가능한 일입니다. 영적인 것들의 아름다움과 영광은 영적인 빛으로만 바르게 분변될 수 있습니다. 영적인 빛을 가지지 않은 자들에게는 불가능한 일입니다.

영적인 것에 대한 바른 분변 없이 정서가 그것을 깨닫고 받아들이면서 애착을 가지는 일은 일어나지 않습니다. 정서는 그저 육신적인 마음을 따라 영적인 것들에 대한 과장되고 거만하고 헛된 공상과 상상으로 가득 찰뿐입니다. 이는 사도가 골로새서에서 말한 바와 같습니다.

"아무도 꾸며낸 겸손과 천사 숭배를 이유로 너희를 정죄하지 못하게 하라 그가 본 것에 의지하여 그 육신의 생각을 따라 헛되이 과장하고 머리를 붙들지 아니하는지라"(골 2:18,19).

이것이 육체의 마음을 가진 자가 보여주는 모습니다. 거듭나지 않았음에도 불구하고 자신이 영적인 것들에 부합한 사고방식을 가진 자라고 여기는 헛된 상상을 하는 것입니다. 세상의 미신과 거짓된 우상 숭배는 모두 그러한 상상에서 만들어진 것들 입니다.

이것이 모든 미신과 우상 숭배가 거듭나지 못한 육적인 사람들의 정서와 아주 잘 부합하는 이유입니다. 또한 이것이 오늘날 기독교계에서 일어나는 모든 거짓된 숭배의 모습입니다. 이들은 영적인 의무를 이행하는 것 자체에 큰 의미를 부여합니다. 자신들이 이를 통해 사랑이나 기쁨을 가질 수 있다고 믿습니다. 그들이 행한 일들이란 것은 고작 부패한 정서 가운데 자행한 일임에도 불구하고 말입니다. 이것은 '헌신'의 모양으로 자신을 채색한 것에 지나지 않습니다. 하나님께서 말씀으로 주신 '오직 유일한 법칙'인 성경에서 완전히 벗어나 있습니다.

그들은 자기들의 모든 행사가 과연 성경의 지시와 일치하는지에 대하여 생각하지 않습니다. 그들은 안내자를 필요로 하지 않습니다. 그러면서도 자기의 정서가 영적이고 하늘에 속한 것들을 향하고 있다고 믿습니다. 그들은 새롭게 되지 못한 자신들의 정서에 아주 꼭 들어맞는 개념과 형상들을 만들어내고자 부단히도 애를 씁니다. 마치 영적인 정서가 영적인 것들을 받아들이려고 노력을 기울이는 모습과 흡사합니다. 이러한 부패한 정서 속에서 그들이 애를 쓰며 만들어낸 것이 바로 로마교회에 만연되어 있는 거짓된 우상 숭배적 예배인 것입니다. 그들은 멈추지 않습니다. 또 다른 일을 획책하려는 마음이 가득 찬 상태로 말입니다.

육적인 정서는 온갖 방편을 다 동원하여 자신들의 수준으로 '영적인 것들의 차원'을 내려뜨리려 합니다. 심지어 하나님조차도 자신들과 같은 수준으로 여기기까지 합니다. 그들 정서의 중심에는 언제나 '자기 자신'이 있을 뿐입니다.

그러나 영적으로 새롭게 된 정서는 만유(萬有) 안에 계시는 '그리스도의 인격'을 그 중심에 둡니다(골 3:10,11). 그리스도는 생명과 빛의 샘 근원이십니다. 그 모든 것을 담고 계시는 대양이십니다. 하나님 아버지의 사랑은 그리스도를 통해 우리에게 나타나시는 것입니다(요일 4:8,9). 새롭게 된 정서는 그리스도 안에 있는 모든 것에 대한 애착을 가지지 않을 수가 없습니다. 그리스도께서는 '만유 안에 계시는' 분이시기 때문입니다.

  영적으로 새롭게 되지 못한 사람들에게 있어서 그리스도의 인격의 신비와 중보의 영광과 본질은 큰 의미가 없습니다. 그저 그리스도를 허망하게 형상화(形象化)하고 표현한 조각들과 그림들을 즐거워하려고 할 뿐입니다. 그리스도의 영광과 아름다움과 위대함과 능력에 대한 거짓된 개념들에 감동합니다. 그리고 자기들이 만들어낸 예배의 형식에 즐거움으로 참여합니다. 마음은 그리스도의 직무와 은혜에 대한 부패한 견해로 가득 차 있습니다. 그러면서 스스로 만족하고 있습니다. 영적으로 새롭게 되지 못한 이들은 주 예수 그리스도를 진지하게 사랑할 수 없습니다. 아니, 그들은 그리스도의 인격과 은혜의 신비에 대한 은근한 반감을 가지고 있는지도 모릅니다. 그리스도의 인격을 받아들이려면 정서의 중심에 자리 잡고 있던 '자기 자신'을 몰아내야 하기 때문입니다.

  참된 성도들은 그리스도를 그 자체로 사랑합니다. 그리스도 안에 있는 모든 것들을 사랑합니다. 태양이 빛으로 공기를 정화하고 따뜻하게 해주지 않는다면 우리는 편안히 숨을 쉬지 못할 것입니다. 그리스도께서는 모든 영적인 것들에 비춰는 '의의 태양'이십니다. 그리스도의 빛이 비춰지 않는 한, 영적인 모든 것들은 우리에게 유익이 되지 못할 것입니다.

  영적으로 새롭게 된 정서를 가지고 있는 사람은 그리스도를 떠나서는 그 어떤 것도 얻을 수 없다는 사실을 압니다. 그래서 그는 그리스도를 떠나서는 아무 것도 하지 않으려 할 것입니다. 어떠한 경우에서도 그분을 배제하지 않습니다. 이것이 영적으로 새롭게 된 정서의 성격입니다.

chapter.19

하늘에 속한 신령한 것들의 영광스런 본질

영적으로 생각하기 위하여 우리의 정서가 어떠해야 하는지를 알아 볼 때 살펴야 하는 또 다른 사항은 '영의 생각' 의 대상들 자체입니다.

정서가 영적으로 애착을 가지는 그 대상 자체에 대하여 알아보아야 한다는 말입니다. 우리 정서가 주목하는 영적인 것들이란 사실상 무엇인가? 그 사항은 사실상 우리가 생각하고 묵상하여야 하는 대상이 무엇인가를 생각할 때 이미 천명된 셈입니다. '영의 생각' 의 대상이나 '영적인 정서가 애착하는 대상' 이 동일하기 때문입니다. 이미 시사한 바와 같이 우리 정서가 그 영적인 것들에 애착을 가지는 것이 바로 영적인 것들에 대한 우리 생각의 샘 근원과 원인입니다. 그러나 이 장(章)에서는 '하늘에 속한 영적인 것들에 대한 참된 개념과 사고(思考)'의 문제를 다루려 합니다. 그렇게 하늘에 속한 영적인 것들에 대한 참된 개념을 가져야 정서가 애착을 가질 이유를 가지는 셈이니까요. 앞에서 지시한 바와 같이 사람들이 영적인 것들에 대한 거짓된 개념들을 가질 수 있습니다. 그런 그릇된 개념을 가지고 새롭게 되지 못한 육신적인 정서로 영적인 것들을 애호하고 환영하는 모습을 보입니다. 그러므로 우리는 영적인 것들의 실상을 몇 가지 숙고함으로써 '영적으로 새로워진 정서가 만족하게 기쁨으로 그것들을' 바르게 애착할 이유가 무엇인지 살펴봅시다.

먼저 생각할 것은 이것입니다. 영적으로 새롭게 된 이들은 그리스도 안에서 하나님을 알았고, 하나님으로부터 나오고 하나님께 돌아가는 다른 모든 것들을 또한 알았습니다. 그래서 그들은 그리스도 안에서 '하나님의 무한하신 선하심과 아름다우심'을 발견합니다. 그 하나님의 됨됨이가 영적으로 새롭게 된 정서를 강하게 끄는 매력이 됩니다. 그것만이 영적인 정서를 채울 수 있고 만족하게 할 수 있고, 안심하고 따르게 하는 것이 됩니다. 영혼 속에서 가장 주도적이고 우세한 정서는 사랑입니다. 사랑의 정서는 거짓되든 참되든 속에 호감과 매력을 느끼지 못하는 것을 대상으로 삼지 않습니다. 선하고 모든 바람직한 것을 갖추었다 여기는 것을 사랑하게 된다는 말입니다.

우리의 두려움의 정서가 영적인 경우에는 하나님의 선하심을 그 대상으로 삼습니다.

"저희가…말일에는 경외함으로 여호와께로 와 그 은총으로 나아가리라"(호 3:5).

하나님과 하나님께 속한 일들에 우리 마음이 가게 하는 것이 그것이 아니라면, 아무리 하나님을 사랑하는 체 갖은 모양을 다 낸다 하여도 선지자의 말과 같이 '자기들이 이해하는 대로' 자기들을 위하여 우상을 만들어냅니다 (호 13:2).

그러니 우리의 정서가 바르게 영적인 것들에 애착하기 위하여 세 가지의 요건이 요구됩니다.

영적인 것들 속에서 '선함과 아름다움'을 발견하여 '호감'을 가져야 합니다. 우리는 먼저 영적인 것들 속에 진정으로 우리가 바랄만한 것이 있다는 것을 알아야 합니다(슥 9:17). 많은 이들이 하나님과 영적인 것들을 사랑한다고 고백하지만 왜 하나님을 사랑하는지에 대해서는 설명하지 못합니다. 그저 하나님께로부터 받은 은택과 자비하심을 생각하고 감동하는 것 자체만을 하나님에 대한 사랑이라고 결론지어 버립니다. 그러나 그들이 말하는 사랑이란 마귀가 하나님께 욥을 거짓되게 비난하면서 참소할 때에 말한 사랑 밖에는 되지 않습니다(욥 1:8-11).

어떤 이들은 하나님께 드리는 예배의 외적인 양식들과 의식들 속에서 즐거움을 찾는 사람들이 있습니다. 그들은 하나님께 드리는 외양적 형식을 하나님에 대한 사랑의 증거로 여깁니다. 그 모든 외적 의식들은 실상 육적으로 상상해낸 것에 지나지 않는데도 말입니다. 누구나 하나님을 사랑해야 한다고 말합니다. 그러나 하나님을 사랑해야 하는 이유는 알지 못합니다. 하나님을 사랑하지 않는 것은 그저 나쁘다는 생각으로 동기를 삼을 뿐입니다.

하나님의 탁월하심을 영적으로 분변하고 이해하는 이들이 많지 않습니다. 그리스도 안에 있는 하나님의 사랑과 선하심을 바라보고 깨닫는 이가 얼마나 적은지요! 그것을 깨닫지 않고서는 하나님을 진정으로 즐거워할 수가 없음에도 말입니다. 하나님을 진정 참되게 사랑하는 근거는 오직 그것이어야 합니다.

어느 것이든지 우리가 호감을 주는 선함을 맛보고 진지한 정서로 애착을 가지게 되는 경우는 두 가지 요건이 충족되었을 때입니다.

먼저 그 대상이 그 자체로 참된 가치와 탁월함을 가지고 있을 경우입니다.

그 다음으로 그 대상 안에 우리의 '조건'과 상태에 걸 맞는 것이 있어야 합니다. 곧 우리의 참된 복락을 염두에 두고 따를 만한 바람직한 것들이 그 속에 있어야 합니다.

전자(前者)의 경우에 해당하는 것이 하나님 안에 있습니다. 곧 하나님께서 스스로 탁월하시고 존귀하신 분이십니다. 또한 하나님께서는 후자의 경우에도 해당되시는 분이십니다. 곧 하나님께서는 그리스도 안에서 우리의 진정한 복이십니다. 이러한 이해를 가져야 하나님을 사랑하게 되는 것입니다. 다시 말하면 우리 자신의 이익개념에서만 하나님을 사랑하는 것이 아니라 하나님 자신의 탁월하심 때문에 하나님을 사랑하는 것이 되는 것이지요. 하나님과 연합하여 하나님께 속한 것을 누리기 소원하는 일은 순전히 우리의 이익만을 위한 것임에도 하나님자신을 사랑하는 것과 분리될 수 없는 것이 되는 것입니다.

어떤 이들은 처음부터 이런 요점들에 대한 뚜렷한 이해를 가지고 하나님을 사랑한 것은 아니라고 말할 수 밖에 없습니다. 그럼에도 불구하고 지금 그들은 영혼 전체를 다하여 진실함으로 하나님을 사랑한다고 스스로 여기고 만족을 느낍니다. 그럴 수 있음을 저도 인정합니다. 하나님께서는 때로 불쌍한 죄인의 마음을 당신 자신의 옷자락으로 덮어 주십니다. 그리하여 위의 요점들에 대한 뚜렷한 이해가 없는 불쌍한 상태에서 죄인이 갖게 된 단순한 사랑의 의식을 통해서 하나님께 나오도록 이끄시기도 합니다. 엘리야가 엘리사 곁으로 지나치는 투로 자기 겉옷을 던집니다. 엘리야가 "돌아가라 내가 네게 어떻게 행하였느냐?"고 다그쳤지만 엘리사는 단념하지 않을 셈이었습니다(왕상 19:19,20). 하나님께서는 때로 "돌아가라. 내가 네게 무엇을 하였느냐?"라고 말씀하시는 것 같습니다. 그에 대한 대답은 "주여, 당신을 떠나 어디로 가오리까? 내 마음이 주께 온전히 드려졌으니 결코 주를 떠나 갈 수 없나이다."라고 해야 합니다.

그러나 그러한 사람들과 다른 모든 이들에게 말씀드리는 바입니다. 만일 우리의 하나님 사랑이 유쾌한 증거들을 가지고 있을 정도로 진지하고, 또 그 사랑이 자라고 번성하고 활발하여 꾸준하다면, 하나님의 선하심을 깊이 생각하는 데로 마음을 써야 합니다. 또 주 예수 그리스도 안에서 하나님을 향한 사랑과 우리 영혼이 서로 조화를 이루는 상태에 있게 하려고 애를 써야 합니다.

하나님의 사랑에 대한 그러한 개념, 곧 "하나님께서 친히 진정으로 존귀하고 탁월하시다"는 개념을 가지고 있어야 영적인 것에 대해서 진지한 애착을 가질 수 있습니다. 그것이 아니고는 결코 그 일은 불가능합니다. 그리고 그 영적인 대상이 우리에게 '적합하고 바람직하다'고 여기는 것이 있어야 애착을 가지게 되는 것입니다.

영적인 것들 속에 있는 그 탁월함은 절대적인 가치의 측면이나 상대적인 측면에서 볼 때 모두 최상의 가치를 지닌 것입니다. 영적인 것들 속에 있는 '선하심과 유익함'은 그 자체로 절대적인 가치를 지니고 있습니다. 또 '다른 어떤 것들'에 비해 우리의 정서가 우선적으로 이끌리는 상대적인 탁월함을 가지고 있습니다.

여러분이 가진 사랑 중 어떤 것이 가장 우세하게 작용하는지를 살펴보십시오. 여러분이 가지고 있는 모든 소유, 심지어 가족이나 친지라 할지라도 이를 그리스도보다 더 사랑한다면, 그것은 그리스도를 전혀 사랑하지 않는 것이 됩니다. 세상에 잠시 존재하는 것들과 영적인 것들에 대한 사랑을 결코 동등한 가치로 비교할 수는 없는 법입니다. 우리는 다른 모든 것들보다 그리스도를 더 사랑해야 합니다. 세상의 것을 구하려는 사람들의 그 호의적인 자세와 사랑 어린 얼굴들을 보십시오. 그들의 정서를 주도하는 원리는 세상적인 것임에 틀림없습니다.

시편 기자는 예루살렘을 '나의 제일 즐거워하는 것보다 좋아한다' 고 말하였습니다(시 137:6). 또 다른 시편 기자는 이렇게 확언하고 있습니다.

"주의 입의 법이 내게는 천천 금은보다 좋으니이다"(시 119:72).

"금 곧 많은 순금보다 더 사모할 것이며 꿀과 송이꿀보다 더 달도다"(시 19:10).

"대저 지혜는 진주보다 나으므로 원하는 모든 것을 이에 비교할 수 없음이니라"(잠 8:11).

이것이 신령한 정서가 가지는 영적 관점입니다. 이 세상에 있는 것들 중 가장 바람직해 보이는 것보다 영적인 것들 속에 있는 선함과 탁월함의 가치를 더 크게 바라보는 영적인 시각을 가지고 있는 것입니다.

여러분은 어떠하십니까? 저는 여러분들 중 영적인 것들에 대단한 애착을 보이는 정서를 저울에 달았을 때 너무 가볍지 않을까 두렵습니다. 그러니 여러분, 영적인 것들이 가지는 선함과 탁월함에 비추어 여러분이 최상의 애정을 가지고 있는지 스스로 자문해 보십시오. 여러분 스스로 기만당하지 않으려 한다면 말입니다. 이것은 정말 영원한 중요성을 가진 일입니다. 영적인 것들 속에 있는 그 선함과 탁월함이 무엇인지 점검하십시오. 영적인 것들 속에 있는 그 선함과 탁월함 때문에 세상에 있는 그 어떤 것보다도 영적인 것들을 더 존귀하게 여기는 것입니다. 어느 누구도 헛된 말과 위선적인 행동들로 자신들을 기만하지 말아야 합니다.

현세에서 누리는 것을 존귀하고 가치 있게 여겨 자기 정서 전체를 드려 염려하고 근면하고 산업에 열심 있는 사람들이 있습니다. 그래서 영을 분별하는 사람은 그들을 보고 할 말을 잊을 정도입니다. 그들은 영적인 것들에 대하여 차갑고 형식적이고 나태합니다. 그런 이들을 보면, "어떻게 그들 속에 하나님을 사랑하는 것이 거하겠느냐?"고 말해야 합니다.

어떤 이들은 자기의 시간과 힘과 심령의 힘을 다 소진시킬 뿐 아니라 세상에서의 존귀와 영예와 승진과 부요와 안일을 얻기 위해서 자기 양심을 팔아먹기도 합니다. 그런 이들은 속마음으로는 자기들이 세상에서 사는 날 동안의 잠시의 이익을 염두에 두고 종교적인 여러 의무들을 감당하는 것으로 알고 있습니다. 그러한 사람들이 세상의 것들과 비교하여 영적인 것들 속에 말로 할 수 없이 탁월한 가치를 발견해 내는 일은 불가능할 거라고 저는 생각합니다.

그러니 우리의 정서가 그 영적인 것들 속에서 안식과 만족과 완전한 확신에 이르기 위해서는 '모든 영적인 것들이 선하심의 무한한 샘에서 나오고 그 샘으로 다시 용해되어 들어간다.'는 바른 생각을 가져야 합니다. 현세적인 모든 것이 그와는 다른 것입니다. 현세에 속한 것들은 다 하나 같습니다. 그것들을 모두 합한다고 해도 영혼에 진정한 안정과 만족을 주지 못합니다. 세상의 것들에 완전히 사로잡혀 그것으로 영혼 전체를 채우려고 해보지만, 그러한 것들이 주는 안정과 만족은 오래 가지 못합니다. 성경이 말하는 '물을 담아두지 못하는 터진 웅덩이'와도 같은 것입니다.

현세적인 것들을 누구보다 풍성하게 소유한 사람들을 보십시오. 그들은 세상에서 사람들이 누릴 수 있는 보편적인 정도를 훨씬 뛰어넘는 부(富)를 소유하고 있습니다. 부요가 주는 평안은 계속될 것처럼 보일지 모릅니다. 하지만 결코 그렇지 않습니다. 양심의 가책은 그들이 평안하도록 내버려두지 않을 것입니다. 무한한 것에서 파생되는 신령한 것들만이 우리에게 지속적인 평안과 안식을 줄 수 있습니다. 그것만이 우리 정서에 온전한 만족을 누리게 할 수 있습니다. 그것만이 우리 모두를 생명의 샘 근원으로 인도하여 주기 때문입니다.

　물론 이 세상이 있는 한 그런 완전한 안식과 만족에는 이르지 못할 것입니다. 우리가 가진 정서의 연약 때문입니다. 그것은 영적인 것들 자체가 주는 안식과 만족이 부족하기 때문이 아닙니다. 우리의 연약한 정서가 하나님의 무한한 분량을 다 취할 수가 없기 때문입니다. 완전하고 충분한 분량은 내세에서 받게 될 것입니다. 지상에 살고 있는 동안에는 영적인 것들에 우리가 나아가는 만큼 우리 영혼이 안식과 평안을 누리게 될 것입니다.

　또한 영적인 것들은 반드시 '신적인 지혜'의 차원에서 숙고되어야 합니다. 하나님의 지혜는 거룩한 성품에 속한 정말 아주 호감 어린 탁월함입니다. 우리의 영혼에 나타나는 모든 영적인 진리들과 하늘에 속한 것들은 모두 하나님의 지혜로 채움을 입은 것입니다(고전 2:7 ; 엡 3:10 ; 1:8,9). 합리적인 이해를 가진 사람이라면 하나님의 탁월한 지혜에 매력을 느낄 수밖에 없습니다. 동물적인 근성으로 자신이 가진 힘의 대부분을 육적이고 감각적인 세상의 것에 쏟아 내고 있는 사람들의 영혼이라 할지라도 그 영혼이 깨어 영적인 지혜를 맛볼 수만 있다면 그것이 얼마나 탁월한 가치를 지닌 것이라는 것을 알게 될 것입니다. 그리고 거기에서 즐거움을 찾게 될 것입니다.

　그렇습니다. '하나님의 지혜는 은혜롭게 새로워진 영적인 정서에 아주 매력적'인 것입니다. 시편기자는 하나님의 행사를 찬탄하고 즐거워합니다. 왜냐하면 그 모든 행사들이 하나님의 지혜에서 나온 것이기 때문입니다(시 104:24). 하나님의 행사들은 하나님의 지혜로 충만합니다. 그 지혜의 행사가 사람들의 영혼을 인도하여 하나님의 모든 행사들을 즐겁게 숙고하도록 하는 것입니다.

그러나 이 지혜의 모든 보화와 영광은 그리스도의 복음 안에 싸여 있습니다. 그것은 그리스도 안에 감춰진 하나님의 비밀입니다. 그 비밀은 그리스도로 말미암아 우리에게 전달되는 하나님의 은혜와 하나님의 선하심의 영광입니다. 그러니 이 비밀을 아는 신자들이 어찌 거룩한 감격과 기쁨으로 하나님께 나아가지 않을 수 있겠습니까! 그 안에 있는 모든 구원의 빛을 바라보면서 어찌 세상의 허망하고 어리석음의 어둠 속으로 달려 들어갈 수 있겠습니까!

세상의 시각은 하나님의 지혜를 미련하고 어리석은 것으로 바라봅니다. 사도가 옛 사람들에게 증거 한 바와 같습니다(고전 1:23,24). 지금도 그러한 일은 계속됩니다. 그들은 복음을 멸시합니다. 복음 안에서 어떠한 탁월함도 발견해내지 못합니다. 복음 안에 있는 생명의 샘 근원에서 흘러나오는 무한한 지혜를 분변하지 못하기 때문입니다.

영적인 것들에 대해 애착을 보이는 정서는 심령이 완전한 조건의 상태에 가까워지도록 작용하지만 세상의 속한 것들을 향하는 정서는 이와 정반대입니다. 사람의 본성을 가장 낮은 상태로 만들어 짐승에 가깝게, 아니 어떤 면에서는 짐승보다 더 악하고 비열하게 만들어 갑니다. 그러한 정서는 고상한 원리들에서 완전히 벗어나 육적이고 야비하고 무가치한 것을 향하여 기울어질 수밖에 없습니다. 자기 스스로를 음부에 던지는 것과 다를 바가 없는 것입니다(사 57:1-13). 그들의 정서는 비열한 세력 아래에 있습니다. 이런 상태 자체가 공의의 보응이요, 가장 악한 죄로 인한 심판인 것입니다(롬 1:26).

자기들의 본성이 육신적인 정서의 노예가 된다는 것은 비열한 짐승의 조건에 처하게 되는 것과 다르지 않습니다. 육감적인 대상들을 향하여 집착을 보이고 있는 비열한 정서는 사람들의 성품을 가장 낮은 수준의 것으로 만듭니다. 사람이 가지고 있던 모든 기능들을 완전히 장악하고 부패시킵니다. 그러한 상태에서 마음의 양심은 더러워질 수밖에 없습니다. 세상에 있는 어떤 것에 대하여 무절제한 집착을 보이고 있는 사람이 본래 가져야할 가치 있는 상태에서 얼마나 멀리 떨어져 있는지를 분간하는 일은 어렵지 않을 것입니다.

이러한 측면에서 본다면 영적인 대상들에 강한 애착을 가지고 그 정서를 견고하게 고정시키고 있다는 것은 영혼이 가진 현재의 상태와 조건이 온전하다는 것을 보여 주는 증거가 됩니다. 물론 우리가 완전함에 도달하였다는 말은 아닙니다. 우리의 영혼이 완전을 향하여 계속 진보하고 있음을 보여주는 증거가 된다는 것입니다. 이는 비열한 정서가 육적이고 감각적인 것으로 말미암아 아주 기본적인 상태 이하로 떨어지는 것과는 완전히 정반대의 경우입니다. 선지자가 말한 것처럼 "독주와 포도주와 새 포도주"에 완전히 마음을 빼앗겨 악함이 총명을 대신하고 있는 경우가 바로 그러한 상태인 것입니다.

영적인 것들을 고정적으로 향하고 있는 거룩한 정서는 마음을 참된 지혜와 총명으로 밝힙니다. 왜냐하면 여호와를 경외함이 지혜요 불의를 떠나는 것이 명철이기 때문입니다. 신령한 정서는 언제나 마음을 바른 대상으로 향하게 함으로써 영혼 속에 있는 모든 것들을 질서 있게 보전합니다. 그로 인해 심령이 생명과 평안을 느끼는 것입니다. 모든 것들은 마음속에서 고요하고 평온합니다. 정서가 위에 있는 것들에서 벗어난 방향으로 나아가지 않는 한, 영혼 전체는 질서와 평안으로 그 모든 기능과 작용이 조화를 이루게 됩니다.

많은 사람들이 세상의 집착을 버리고 하늘의 것들로 나아가면서도 경건의 실제적인 부분에서 실수를 범합니다. 마음의 간교함이 하늘로 향한 정서를 엉뚱하고 그릇된 미신의 방식으로 인도하는 것입니다. 이 부분을 놓치지 마십시오. 야고보서 4장 1절에 "너희 중에 싸움이 어디로 다툼이 어디로부터 나느냐."라고 질문을 우리 자신에게 던져 보아야 합니다. 우리 스스로를 "너희 지체 중에서 싸우는 정욕으로부터 나는 것이 아니냐. 너희가 욕심을 내어도 얻지 못하여 살인하며 시기하여도 능히 취하지 못하므로 너희가 다투고 싸우는도다."라고 말씀으로 돌아보아야 합니다.

하늘에 있는 것들을 향하여 우리 마음의 정서가 바르게 작용하면, 정서의 모든 기능들과 세력들이 연합하여 온전함을 향하여 진전하는 유익한 효과를 가져옵니다.

"그런즉 사랑하는 자들아 이 약속을 가진 우리가 **하나님을 두려워하는** 가운데서 거룩함을 온전히 이루어 육과 영의 온갖 더러운 것에서 자신을 **깨끗케 하자**" (고후 7:1).

그 정서 속에서 영원한 것들을 건전하게 판단하는 분별력과 지혜와 총명, 거룩함, 마음의 힘과 양심의 평온이 제 나름의 분량으로 바르게 우러나오게 될 것입니다.

'영원한 복락'은 지금 현세 속에서 우리의 영적인 대상이 되고 있는 것들을 '내세에서 완전하게 누림' 입니다. 이 세상을 떠나 하늘에서 비로소 영원하고 완전한 복락과 영광으로 들어가게 되는 것입니다. 하늘의 복락은 우리가 지상에 살면서 세상의 다른 모든 것들보다 사랑하고 즐거워하던 영원한 것들을 완전하고 충만하게 누리게 되는 것을 말합니다. 이 땅에서 영적으로 새롭게 된 정서가 대상으로 삼았던 것을 충만하게 누리게 되는 것입니다.

아직은 우리가 그것에 직접 참여할 수 없습니다. 그러나 그것이 주는 생명과 평안이 우리에게 주어질 것입니다.

그리스도 안에서 영원토록 하나님을 누리는 놀라운 복락, 이것이 이 세상을 살아가는 우리의 정서가 고정되어야 할 궁극적인 대상입니다.

chapter.20

새로워진 영적 정서의 승리

이제 우리는 '정서를 영적인 대상들에게 완전히 고정시키는 방식'에 대하여 숙고해 보도록 하겠습니다.

우리 영혼이 그 대상을 향하여 완전히 고정되기 위해서는 우리의 정서가 사랑과 기쁨으로 영적인 모든 것들에 강한 애착을 가져야 합니다. 정서는 영혼의 도구입니다. 정서를 이용하여 영혼을 그 대상에 고정시키고 적응시키는 것입니다. 이것이 바로 영적인 정서가 가지는 용도와 목적입니다.

"주여 우리에게 이 떡을 항상 주소서"라고 졸라대던 자들의 경우와 같이 잠시 영적인 대상에 대한 강렬한 소원을 가질 수 있습니다. 그런 간헐적인 생각이나 소원은 누구라도 가질 수 있습니다. 심지어 가장 악한 자들조차도 말입니다. 그들도 얼마든지 '나로 의인의 죽음같이 죽게 하시고 나의 종말이 의인의 종말과 같게 하소서!'라고 외칠 수 있는 것입니다. 하지만 외치고 있는 그들의 마음엔 뿌리가 없습니다. '분명한 영적인 관점'과 영적인 것에 대한 '진지한 사랑'이 없는 것입니다. 영적인 것에 대한 본질이 무엇인지도 알지 못한 채 그것으로 감동을 받은 척 하는 것뿐입니다. 그것들이 가진 외적 분위기의 차원에서만 영향을 받은 것일 뿐, 영적인 것을 그 자체로 즐거워하지 않습니다. 그들은 머지않아 영적인 것들이 자기들의 마음의 원리와 서로 맞지 않는다는 사실을 발견하게 될 것입니다. 그들은 결코 "그리스도의 멍에는 쉽고 그 짐은 가볍다. 그의 계명은 무거운 것이 아니다"라고 말하지 못할 것입니다. "오, 내가 주의 법을 어찌 그리 사랑하는지요!"라고 말할 리가 없을 것입니다. 그들이 가지는 정서는 매우 불규칙한 모습을 보입니다. 영적인 것에 대해 한 동안 즐거워하는가 하면 어느새 금방 싫증을 내고 돌아섭니다. 잠시 동안 열심을 보이는 것 같다가도 얼마 가지 않아 차가워지고 냉담해집니다. 그들이 받았던 순간적인 감동이 영혼 깊은 곳까지는 변화시키지 못하는 것입니다.

영혼이 영적인 것들을 사모함으로 바르고 참되게 고정되어 나오는 정서는 견고하고 안정된 것입니다. 정서 안에서 사랑과 기쁨이 부단히 일어납니다. 고린도전서 15장 58절에서 권고하는 바가 그러합니다. "그러므로 내 사랑하는 형제들아 견실하며 흔들리지 말고 항상 주의 일에 더욱 힘쓰는 자들이 되라 이는 너희 수고가 주 안에서 헛되지 않은 줄을 앎이라." 간헐적으로 나타나는 정서도 때로는 기쁨과 애통, 탄식 등의 많은 효력들을 산출하기도 합니다. 외적인 환난이나 질병 같은 것들을 통하여 정서가 강한 자극을 받는 경우가 그렇습니다. 그러나 결코 오래 가지 못할 것입니다. 아침 이슬이나 비 없는 구름과 같을 뿐입니다.

이렇게 간헐적으로 찾아오는 정서의 변화에 만족하지 마십시오. 그처럼 변덕스러운 것은 없습니다. 어떠한 경우에서라도 견고하고 안정된 모습을 잃지 않는 진지한 정서를 가져야 합니다. 영혼의 정서는 미각(味覺)을 가진 신경과 같습니다. 맛이나 향기를 느끼지 못하는 것에는 사실상 진정한 애착을 가질 수 없습니다. 여러분 스스로에게 물어보십시오. 여러분이 만약 영적인 일에 진지한 애착을 가진 사람이라고 생각한다면 그 영적인 것으로부터 달콤한 맛을 느끼고 있는지 말입니다.

입에 맞는 음식의 맛으로부터 즐거움을 얻는 것처럼 여러분의 정서가 영적인 것들을 통해 달콤한 즐거움을 누리고 있다면, 여러분의 속사람은 영적인 것들에 대해 바른 방식으로 사모하여 영적인 것들로부터 영양을 공급 받고 있는 것입니다. 이것은 체험의 문제입니다. 단순히 듣고 이해하는 것의 문제가 아닌 것입니다. 영적인 은혜의 체험은 시험의 때에 우리가 붙잡을 위안입니다. 그 체험은 우리가 기도하는 것에 대한 강한 기대와 믿음을 줍니다.

영적인 모든 것은 우리가 공급 받아야 할 영혼의 양식입니다. 우리 영혼에게 있어서 '살진 고기와 잘 혼합한 포도주'와도 같은 것입니다. 영적인 생명의 기운이 조금이라도 남아 있는 사람이라면 시험의 때에 그 체험을 기억할 것입니다. 그리고 다시 그러한 이전의 상태로 돌아가려고 애를 쓸 것입니다. 사도는 말합니다. "주의 은혜로우심을 맛보았으면 그리하라." 여러분은 어떠합니까? 그러한 체험이 여러분에게 있습니까? 만일 여러분이 주의 은혜로우심을 맛본 기억이 없다면, 여러분은 한 번도 영적인 것들을 진정으로 사랑했던 적이 없었는지도 모릅니다. 영적인 것들에 대한 진정한 사랑이 있었다면 영적인 것들에 대한 미각을 느끼지 않을 수 없었을 것입니다.

여러분은 주의 은혜로우심을 맛보았습니까? 그렇다면 그것을 기억하고 침륜에서 벗어나도록 애를 쓰십시오. 여러분의 정서가 영적 생각과 묵상의 부단한 샘이 될 때까지 영적인 것들을 놓치지 마십시오. 보이지 않을 정도로 작은 애착을 가지고 있으면서 진지하게 사모하고 있는 것처럼 생각하지 마십시오. 영적인 것들이 마음에서 떠나지 않을 정도로 부단히 사모하지 않는다면 누구도 진지한 애정을 가지고 있다고 생각해서는 안 됩니다.

여러분이 관계하고 있는 모든 것들 중 여러분이 가장 즐거워하는 것은 무엇입니까? 여러분의 소원이 향하고 있는 대상이 과연 무엇입니까? 거기에서 어떤 맛을 느끼고 계십니까? 실로 많은 사람들이 하나님과 그리스도를 사랑하고 하나님의 방식을 좋아하는 것처럼 행동하지만 마음속에서 진지함은 찾아볼 수가 없습니다. 이 얼마나 허망한 일입니까!

여러분의 정서가 진정으로 영적인 생각으로 고정되어 있지 않다면 원수의 유혹과 시험에 때에 넘어지지 않을 수 없습니다. 신자들을 향해 가지고 있는 사탄의 궁극적인 목표는 마음에 하나님과 그 존재의 본질과 의지에 대하여 악마적이고 신성모독적인 생각을 주입하여 정서가 영적이지 못한 다른 대상을 향해 집중하도록 만드는 것입니다. 세상의 모든 것이 이런 목적을 위한 사탄의 도구가 될 수 있습니다. 육신의 즐거움, 곧 술 취함이나 부정함 같은 모든 육감적인 죄악은 물론이며, 심지어 자기의 소유나 직업이나 가족에 대한 무절제한 사랑들도 사탄의 도구가 될 수 있습니다. 우리의 정서를 악하고 죄악적인 대상들로 향하도록 하거나 우리가 관계하고 있는 세상의 속한 것들에 지나친 애정을 쏟도록 우리를 유인하는 것입니다. 우리가 투쟁해야 하는 대부분의 시험은 그러한 성질과 효력을 가지고 찾아옵니다. 뱀이 하와를 넘어지게 한 것처럼 말입니다. 이것이 우리 원수가 사용하는 전형적인 시험의 방편인 것입니다.

우리는 매번 얼마나 쉽게 기만당하는지 모릅니다. 신자들 중 대부분은 세상에 속한 것이긴 하나 죄악적이지 않고 합법적으로 보이는 것이라면 합당한 것으로 여깁니다. 그러한 것들을 귀하게 여기며 마음을 쓰는 것은 하나님께서도 허락하시는 일이라고 생각합니다. 과도하지 않게 절제할 수만 있다면 괜찮다고 생각합니다. 이것이 바로 사탄이 파놓은 기만의 함정인 것입니다.

사람들은 자신의 위선에 스스로 속아 넘어지기도 합니다. 아주 작은 것에만 애착을 둘 뿐, 다른 모든 면에서는 하나님을 전적으로 향하고 있다고 생각한다면, 그것은 분명한 위선입니다. 앞서 다뤘듯이 단 한 가지의 잘못된 정서로 영혼 전체가 무너지는 경우가 허다합니다. 지난 시절 많은 사람들이 자기의 목숨과 육신의 자유와 재물을 지키기 위해 신앙을 버렸던 것을 생각해 보십시오. 아주 작고 소소한 일일지라도 그것이 세상으로부터 온 것이라면, 우리가 그리스도와 그의 복음을 이탈하는데 있어 충분한 힘을 발휘할 수 있다는 사실을 잊지 마십시오.

항상 깨어 기도하십시오. 여러분의 믿음을 분명하게 행사하십시오. 우리의 정서가 유혹을 이겨내어 언제나 순전하고 일관성 있는 자세를 가진다는 것은 결코 용이한 일이 아닙니다. 매일 쉬지 않고 여러분 자신을 점검해 보십시오. 우리의 정서를 신령한 바른 대상에 고정시키기 위해 부단히 애를 쓰지 않는다면 우리가 느끼지 못하는 사이에 가지고 있던 영적 생명의 모든 능력이 자취도 없이 사라질지도 모릅니다.

신령한 하늘에 속한 것들에 정서를 집중시키지 않은 채 아직 남아있는 '옛 사람'의 헛된 잔재를 이길 수 있는 사람은 없습니다. 신자들에게 있어서 그 허망한 잔재보다 무거운 짐은 없습니다. 많은 신자들이 그토록 애통하는 이유가 바로 이것입니다. 신령한 정서가 하늘에 속한 것들을 향하여 힘 있게 성장하지 못하면 누구도 옛 사람이 주는 곤고함에서 벗어날 수 없습니다. 우리의 어리석고 부질없는 헛된 생각들을 막는 유일한 길은 신령한 정서가 성장하는 것 밖에는 없습니다. 그렇지 않고서는 그런 어리석은 상상들을 일으키는 샘을 마르게 할 도리가 없습니다.

"여호와여 주의 도를 내게 가르치소서 내가 주의 진리에 행하오리니 일심으로 주의 이름을 경외하게 하소서"(시편 86:11).

이렇게 될 수만 있다면 우리 마음과 생각은 쉽사리 무너지지 않을 것입니다.

여러분은 아주 중요하고 긴급한 일을 위해 길을 떠난 사람이 도중에 여기 저기 들러 술을 마시고 가는 것과 같은 경우가 되어서는 안 됩니다. 세상에 있는 것들의 강한 맛과 향취를 잊지 못하는 사람은 정말 중요한 영적 의무들을 감당하면서도 세상에 대한 생각들을 털어 버리지 못합니다. 목적지를 뻔히 앞에 두고도 술집을 그냥 지나치지 못하는 사람처럼 말입니다. 그런 사람은 결국 자신이 어떤 중요한 일을 하고 있었는지 조차도 잊는 지경에까지 이릅니다.

잊지 마십시오. 하늘에 속한 것들을 향하여 마음을 기울이지 않고서는 그렇게 될 수밖에 없습니다. 하늘에 속한 것들에 마음의 정서들을 온전하게 기울이십시오. 그러면 세상의 것들에서 느꼈던 맛과 향기의 달콤함은 더 이상 느끼지 못하게 될 것입니다. 그리스도의 십자가를 마음의 중심에 놓으십시오. 그리고 세상을 그 십자가에 못 박으십시오. 우리를 유혹하는 세상의 모든 헛된 광채와 화려함이 그 십자가에서 다 죽어 버리게 말입니다.

그렇게 하지 않고서는 허망한 마음의 생각을 자극하는 시험의 유혹을 경계할 수 없습니다. 그러한 시험의 방편들은 우리의 지각을 혼미하게 하고 방황하게 만듭니다. 그 외적인 지각의 감각들은(특히 시각) 마음의 허망함과 정욕들을 채울 재료를 공급하는 조달자의 역할을 하려고 늘 준비하고 있습니다.

그래서 시편 기자는 "내 눈이 허망한 것을 보지 말게 하여 주소서"라고 기도하였던 것입니다. 눈이 허망한 대상을 바라보면, 마음의 생각도 그 허망한 대상들을 따라가게 되어 있습니다. 욥은 자기의 '눈과 언약을 맺었다'고 말하였습니다. 그는 유혹 어린 정욕이나 부패한 정서를 일으킬 수 있는 대상들을 아예 쳐다보지도 않겠노라 마음을 먹은 것입니다. 사도의 권면을 잊지 마십시오. "또한 너희 지체를 불의의 무기로 죄에게 내주지 말고 오직 너희 자신을 죽은 자 가운데서 다시 살아난 자같이 하나님께 드리며 너희 지체를 의의 무기로 하나님께 드리라…너희 육신이 연약하므로 내가 사람의 예대로 말하노니 전에 너희가 너희 지체를 부정과 불법에 드려 불법에 이른 것같이 이제는 너희 지체를 의에게 종으로 드려 거룩함에 이르라."

모든 것에 주의하고 경계하십시오. 그렇지 않으면 영혼 안에서 몸의 행실을 죽이는 일은 일어날 수 없습니다.

"위의 것을 생각하고 땅의 것을 생각지 말라 이는 너희가 죽었고 너희 생명이 그리스도와 함께 하나님 안에 감추어졌음이라 우리 생명이신 그리스도께서 나타나실 그때에 너희도 그와 함께 영광 중에 나타나리라"(골 3:2-4).

chapter.21

생명과 평안

지금까지 우리는 '영적으로 생각한다'는 것이 무엇인지 깊이 생각해 보았습니다. 이제 마지막으로 본문이 지시하는 바와 같이 어떻게 해서 '영의 생각'이 '생명과 평안' 인지를 알아보는 일만 남았습니다.

이제까지 주도적으로 알아 볼 것은 다 알아 보았으니 간략하게만 살펴보려고 합니다.

이를 위하여 두 항목으로 나누어 생각해 보려고 합니다.

1. '생명과 평안' 이란 본문에서 무엇을 의미하는가?
2. 어떤 의미에서 '영적으로 생각되는 것'이 '생명과 평안'에 속한 것인가?

I

먼저 알아 볼 것은 우리가 이 세상에서 동참하게 된 '영적 생명'은 삼중적인 측면을 가지고 있다는 것입니다. 아니면 그것을 복음이 부여하는 세 가지의 특권, 또는 세 가지의 은혜의 표현이라고 해야 할 것입니다.

그 첫 번째는 '의롭다 하심(칭의-稱義)의 생명'입니다. 이 생명으로 인하여 의인은 믿음으로 말미암아 삽니다. 곧 율법이 발하는 정죄의 선고(宣告)에서 자유하게 된 생명입니다. "한 사람의 의"로 말미암아 믿음을 가진 모든 이가 "의롭다 하심을 받아 생명에 이르게" 된 것입니다(롬 5:18). "더욱 은혜와 의의 선물을 넘치게 받는 자들이 한 분 예수 그리스도로 말미암아 생명 안에서 왕 노릇 하리로다"(롬 5:17). 그러나 여기 로마서 8:6의 본문에서 말하는 생명은 그런 생명이 아닙니다. 왜냐하면 칭의의 생명은 예수 그리스도로 말미암아 하나님의 주권적인 은혜에만 의존되어 있기 때문입니다. 곧 하나님께서 '하나님의 의'를 우리에게 전가하시어 죄를 용서하시고, 생명과 구원의 권리를 부여하신 것이 바로 '칭의'이기 때문입니다.

이 세상에서 우리가 동참한 생명의 두 번째 측면은 '성화(聖化, sanctification)의 생명'입니다. 앞에서 언급한 '칭의의 생명'이 죄책과 그 정죄의 형벌로 부과되는 사망선고를 정면으로 대치하고 있다면, '성화의 생명'은 영혼 안에서 죄가 가지고 있는 세력과 효력을 정면으로 대치하는 생명이라고 할 수 있습니다. 내주하는 죄의 세력과 효능은 영적 생명의 모든 활동을 무기력하게 합니다. 그러니 영적 생명의 활동을 대적하는 원수라 할 수 있지요. 전에 죄와 허물로 죽었던 우리가 예수 그리스도와 함께 살리심을 받아 바로 그 '성화의 생명'을 가지게 된 것입니다(엡 2:1-5). 사도 바울은 바로 여기 로마서 8장에서 바로 그 생명의 문제를 직접 다루고 있습니다. 로마서 8장 1-4절에서 사도는 '칭의의 생명'의 성질과 동인들을 선포하고 나서, 그 이후로는 죄 안에 있는 영적 죽음의 문제인 '성화의 생명'을 다룹니다. '성화의 생명'으로 말미암아 우리가 죄 안에 있는 영적 죽음에서 자유하게 되는 것입니다.

'영의 생각'(영적으로 생각하는 것)이 두 가지 방면에서 바로 이 '성화의 생명'입니다.

첫째로, 그 생명의 주도적인 '효력과 열매'가 바로 '영의 생각'입니다. 생명 자체는 생명의 원리(principle)가 우리 영혼의 모든 기능들과 세력 속으로 주입되고 전달됨으로 파생됩니다. 생명의 원리는 바로 믿음과 순종의 원리입니다. 그 원리로 인하여 우리가 하나님을 위해서 살 능력을 갖게 되는 것입니다. 이 세상에서 영적으로 생각한다는 것은 은혜인데, 그 일을 위해서 많은 수행해야 할 도리들이 수반되어 발생합니다. 그 도리들 속에 있는 모든 은혜의 작용이나 그 작용의 정도 자체가 이 생명 자체라고 할 수는 없습니다. 다만 생명의 원리의 세력이 가장 주도적으로 발산되는 곳이 바로 이 '성화의 생명' 안에서입니다. 내면적이든 외적이든 간에 은혜의 모든 작용들, 순종의 모든 의무들은 다 이 '성화의 생명'이라는 샘 근원에서 나오는 것입니다. 하나님께서는 이 생명의 효력이나 그 효력의 영향을 받은 것 말고는 그 어떤 의무들과 순종 그 어느 것도 받지 않으십니다. 그러나 그 생명이 힘을 발휘하여 가장 주도적인 효력을 맺는 것은 우리의 이지(理智)가 '영의 생각'을 하게 함을 통해서입니다. 그 생명이 효력을 발하지 않으면 영적으로 생각하는 일은 전혀 일어나지 않습니다. 그러면 우리는 '영의 생각'이 전혀 없는 사람이 되는 것입니다.

우리의 성화(聖化) 속에서 생명의 원리가 그 다음으로 즉시 작용하여 내는 열매는 이지를 새롭게 하여 영적이 되게 하고, 여기서 '영의 생각' 이라고 칭하는 정도까지 점진적으로 나아가게 하는 것입니다.

그것이 바로 그 생명에 정당하게 '수반하는 증거' 입니다. 어느 누가 자신이 이 성화의 생명과 성결로 하나님을 위해서 영적으로 살고 있는지의 여부를 알겠습니까? 전능하신 창조자의 능력으로 생명이 부어졌으니(엡 2:10) 그 일은 쉽지 않습니다. 그것도 생명의 진수나 형식으로부터 그 생명 여부에 대한 바른 판단을 내리는 것은 정말 쉬운 일이 아닙니다. 그 자체만 가지고는 실상을 분간하기가 어려울 경우에는, 그것이 필연 수반하는 부속적인 것들을 가지고 알아 볼 수 있습니다. 그래서 우리는 실상을 가리켜 '진수'(essence), 또는 원형(元型, form) 자체라 부르는 것입니다. 영적으로 생각하는 것과 '성화의 생명' 의 관계도 그러합니다. 영적으로 생각히는 것이 '성화의 생명' 과 뗄 수 없는 종속적인 것입니다. 그래서 성화의 생명을 가진 사람들은 필연 영적으로 생각하게 되어 있습니다. 그래서 영적으로 생각하는 사람이라면 '수반하는 증거들' 을 통해 자기 안에 성화의 생명이 있음을 드러내는 것입니다.

우리가 이 세상에서 누리는 생명의 세 번째 측면은 '삶의 위안(comforts)과 유쾌함(refreshment)' 입니다. 여기서 로마서 8:6에서 바로 '생명' 을 그런 차원에서 취해야 할 것입니다. 사도 바울이 데살로니가전서 3:8에서 그리 말하고 있습니다. "그러므로 너희가 주 안에 굳게 선즉 우리가 이제는 살리라."(Now we live, if ye stand fast in the Lord.) 이는 '마침내 우리의 생명이 우리에게 선을 부여할 것이다. 우리가 삶의 위안과 기쁨과 새 힘을 얻게 되었다' 라는 말입니다. 삶의 위안과 기쁨은 생명 그 자체 보다 더욱 풍성한 생명입니다. 그 삶은 그 '생명' 에 만족과 유쾌함을 가져다주어 사는 것이 상쾌하고 바람직한 것으로 만들어 줍니다. 사도가 여기 본문에서 가장 주도적으로 바로 그것을 의중에 두고 있다고 저는 상정합니다. 그 '생명'은 기쁨에 찬 기운 찬 생명이라서 삶으로 표현할 만한 가치가 있는 생명입니다. 바로 그 요점을 적용하고 확증하기 위해서 사도는 '평안'이라는 말을 더하고 있습니다.

이제 '평안'에 대해서 알아봅시다.
평안은 두 가지 차원에서 생각해 볼 수 있습니다.
하나는 '보편적이고 절대적인 의미'에서의 평안이며,
또 다른 하나는 '성령님의 특별한 열매'로서의 평안입니다.

보편적이고 절대적인 의미에서의 평안이란 예수 그리스도로 말미암은 하나님과의 화평을 가리킵니다. 성경은 이를 아주 크게 높여 말하고 있습니다. 신자의 모든 위로의 오직 유일한 원천(源泉)이 바로 그것입니다. 사실상 이 '평안'속에 신자들에게 선하고 유익하고 바람직한 모든 것이 다 들어 있다고 해야 할 것입니다. 그러나 여기 로마서 8:6에서의 '평안'은 정확하게 말해서 그런 의미의 보편적이고 절대적인 평안이 아닙니다. 여기서는 '평안의 즉각적인 근거와 동인(動因)'에 대해 말하고 있지 않습니다. 그 근거와 동인은 '칭의'이지 '성화'가 아닙니다. "그러므로 우리가 믿음으로 의롭다 하심을 받았으니 우리 주 예수 그리스도로 말미암아 하나님으로 화평을 누리자"(롬 5:1). 그러한 차원에서는 그리스도께서만 '우리의 평안'입니다. 그 분이 '십자가의 피로써 화평을 이루셨기' 때문입니다(엡 2:14,15; 골 1:20).

우리가 영적으로 생각하기 때문에 하나님과 화평을 이룬 것이 아닙니다. 우리가 영적으로 생각할 수 있다는 것은 그리스도께서 이루신 화평의 열매요 표증입니다. '평안의 형식상의 성질'의 입장에서도 그러합니다. 예수 그리스도의 피로 말미암아 하나님과 더불어 평화한 것과, 우리 이지 속에 있는 거룩한 기풍으로 말미암아 속으로 누리는 평화는 별개의 것입니다. 우리 속에 내주하시는 성령님의 즉각적인 역사로 말미암아 우리에게 그리스도로 말미암은 하나님과 더불은 화평(평안)이 전달되었습니다.

"소망이 우리를 부끄럽게 하지 아니함은 우리에게 주신 성령으로 말미암아 하나님의 사랑이 우리 마음에 부은 바 됨이니"(롬 5:5).

우리 마음으로 누리는 평안은 우리 이지에 미치는 효과입니다. 이 책의 내용 속에서 상세하게 설명된 의무들을 수행함으로써 시작되고 점증되어 가는 평안입니다. 우리를 인치시고 우리가 하나님의 자녀인 것을 증거하시는 양자(養子)의 영이시오 영광의 보증이신 성령께서 즉각적으로 역사하시어야 하나님과 더불은 평안이 주어지는 것입니다. 우리 마음속에서 누리는 평안을 위해서 의무들을 신실하고 부지런히 행하고 모든 은혜의 작용이 요구됩니다.

우리 마음속에 주어지는 '평안'은 매우 특별한 '성령의 특별한 열매' 입니다. 우리로 두렵게 하고 낙담하게 하며 불안하게 만드는 여러 어려움과 시험들과 고통에 처할 수 있습니다. 그런 중에서도 마음이 은혜로 고요하고 침착함을 견지하는 것, 그것이 바로 성령님의 특별한 열매로서의 평안입니다. 이로 인하여 '영혼은 힘을 내어' 두려움들이나 정욕에서 벗어나 복음에 상존하는 위로를 의지하게 됩니다. 왜냐하면 이것이 특별하고 고유한 은혜이지만 영혼이 여전히 그리스도 안에서 하나님의 모든 사랑과 그 모든 열매들을 숙고함으로써 감화를 받고 생기를 유지하기 때문입니다.

절대적이고 보편적인 의미에서의 '평안,' 곧 예수 그리스도로 말미암아 하나님과 더불어 평안을 가진 이들은 외적으로 만나는 모든 대적들과 고통에도 불구하고 내면적인 자유를 누립니다. 한편으로 '영의 생각'의 효과로 누리게 되는 평안을 통해서는 두 가지 난제에서 보호를 받습니다.

첫째로 '범죄'로부터 보호를 받습니다. 복음서에서 '범죄'의 위험에 대해서 보다 더 경계를 받는 것이 없습니다. 구주께서 말씀하셨습니다. "죄로 인하여 세상이 화가 있도다." 어느 세대, 어느 시대, 어느 시절을 막론하고 범죄로 가득차 있습니다. 죄로 많은 이들의 영혼이 해를 받고 파멸됩니다. 그리스도인들 사이에도 추악한 분쟁도 범죄가 원인이 됩니다. 하나님을 믿고 예배하는 실제에 대해 이렇게 이견(異見)이 난무하고 있습니다. 신앙고백자들의 넘어짐과 죄들을 보십시오. 죄로 인하여 어떤 이들은 믿음의 삶을 중지하기도 합니다. 거룩하고 엄격한 삶의 특별한 방식에 간여하고 있는 모든 이들에게 쏟아지는 비난들, 동일한 성질을 지니고 있는 다른 여러 가지 것들 – 헤아릴 수 없이 많은 영혼들이 그로 인하여 불안해하고 있고, 또 전복되기도 하거나 그에 감염되기도 하였습니다. 이런 모든 것들이 '범죄'의 항목에서 고려되어야 합니다.

이런 일들로부터 우리의 마음이 조금이라도 해로운 영향을 받거나 심령의 불안이나 낙담이나 수심에 빠지지 않도록 이 평안이 우리를 보호해줍니다. 그래서 시편 기자가 우리에게 확신시켜 줍니다.

"주의 법을 사랑하는 자에게는 큰 평안이 있으니 그들에게 장애물이 없으리이다"
(시 119:165).

하나님의 말씀과 율법은 우리에게 하나님과 하나님의 뜻을 계시해 주시는 유일한 방편입니다. 우리가 회심하여 하나님과 교통할 수 있는 유일한 외적인 방편인 것입니다. 그러므로 우리가 하나님의 법을 사랑하는 것은 우리가 하늘에 속한 자답게 생각한다는 것을 말해주는 것입니다. 사실상 그것이 전체를 포괄하고 있습니다. 하늘에 속한 자답게 생각하는 자에게는 앞에서 언급한 죄목들이나 그와 같은 성질에 속한 것들 중 그 어느 하나에도 거쳐 넘어져 죄에 떨어지는 일이 없을 것입니다. 그 이유는 이러합니다. 그들은 복음의 진리와 능력, 그 거룩함을 스스로 체험하기에 복음을 고백하면서도 비행(卑行)을 저지르는 자들을 보고 넘어지거나 그리스도께 범죄하는 쪽으로 나아가지 않을 것이기 때문입니다. 자기와 같은 신앙 고백을 하는 이들의 비행에 관심을 두고 보다가 상처를 받아 놀랍게도 자기가 고백하는 신앙에 대해 회의적인 생각에 빠져 들어가는 경우가 있습니다. 저는 이 경우는 그런 이들의 마음이 매우 악한 상태임을 보여주는 표증이라고 생각합니다.

둘째로, 마음의 평안은 모든 '환난과 핍박과 고난'으로부터 마음을 지켜줄 것입니다. 우리의 마음이 환난이 주는 불안과 초조함의 해로운 효력 가운데 빠지지 않도록 지켜준다는 것입니다. 그렇게만 된다면 우리는 평화롭고 기쁨에 잔 삶을 보전할 수 있습니다.

"이것을 너희에게 이르는 것은 너희로 내 안에서 평안을 누리게 하려 함이라 세상에서는 너희가 환난을 당하나 담대하라 내가 세상을 이기었노라"(요 16:33).

요한복음 16장 33절에서 "생명과 평안"이 함께 어우러져 마음과 생각이 지닌 거룩한 기품을 함축하고 있습니다. 그 기품 속에서 신자들의 영혼은 시험과 환난과 죄악들의 범람과 고난의 현실을 대응하여 하나님 안에서 안식과 고요함과 유쾌함과 만족을 발견합니다. 그것이 바로 하나님과 그리스도 안에 있는 하나님의 사랑 안에서 침착하게 자신을 견지하는 영혼의 침착입니다. 그런 영혼은 질서를 벗어나거나 자기에게 부딪혀 오는 어떤 것과 함께 휩쓸려 나뒹굴지 않을 것입니다. 물론 그런 이들도 사망의 음침한 골짜기로 지나야 할 때가 있을지라도 그 영혼의 침착함을 통해서 힘을 잃지 않고 만족하게 자신을 지킬 수 있습니다. 자기들 속에 그러한 영혼의 침착함을 지속적으로 견지하는 자들은 모든 경우에 '생명과 평안'을 누리게 될 것입니다.

II

이제 우리가 다음으로 살펴 볼 것은 어떻게 해서 이 '영의 생각'(영적 사고, spiritual mindedness)이 '생명과 평안'이 되는가에 대한 것입니다. 아니면, 어떻게 영의 생각이 '생명과 평안'에 기여하는가? 영의 생각이 어떻게 해서 그렇게 표현되는 마음과 이지의 기풍을 산출하는가?

'영의 생각'은 우리 편에서 '하나님의 사랑에 대한 의식을 보전하는' 오직 유일한 방편입니다. 성령님으로 말미암아 우리 마음에 부어진 그 하나님의 사랑은 영구적인 모든 위로의 유일한 기초입니다. 물론 그 사랑을 아는 것은 우리에게 주신 은혜로운 의식을 통해서이지요. 모든 대적들과 곤고함 속에서 우리를 지탱하여주고 유쾌하게 하는 모든 항구적인 위로의 기초는 바로 그 하나님의 사랑에 대한 의식입니다. 곧 어떤 조건 속에서도 우리 영혼이 속에서 누리는 생명과 평안의 제일되고 유일한 초석도 바로 하나님의 사랑에 대한 의식입니다. 주권적인 은혜로 하나님께서 우리에게 이 의식을 전달하십니다. 우리 자신 속에 그것을 위한 어떤 준비가 없이도 거의 대부분 하나님 편에서 주권적인 은혜로 부어주십니다.

"입술의 열매를 창조하는 자 여호와가 말하노라 먼 데 있는 자에게든지 가까운 데 있는 자에게든지 평강이 있을지어다 평강이 있을지어다"(사 57:19).

그러나 하나님의 사랑이 그 자체로 항상 불변하고 항상 동일하지만, 그 사랑에 대한 우리의 의식은 상실될 수 있습니다. 다윗의 경우가 그러하였습니다. 그래서 다윗은 "구원의 즐거움을 회복하여 주십사"고 기도하였습니다(시

51:12). 하나님의 사랑에 대한 의식이 우리에게 주어지고 나서 그 의식을 은혜롭게 항상 신선하게 유지하여야 마땅합니다. 그런데 그러기 위해서 우리 편에 요구되는 것 모두를 이 강론에서 살펴보지는 않을 것입니다. 다만 제가 말하고 싶은 것은 이것입니다. 그 목적에 속한 것을 위해서 보다 더 세심하고 근면해야 할 것이 없다는 것입니다. '주권적인 하나님의 은혜의 작용' 만으로 하나님의 선하심을 맛보고 그것의 위안과 즐거움을 체험하였다 해도 자기들 속에서 그것을 지키고 보전하는 일을 등한히 하면 그것은 하나의 도발적인 행위입니다. 어느 때에는 그 실상을 의식하게 될 것입니다. 구속의 날까지 우리를 인치신 성령님의 특별한 역사를 등한히 하고 무시하는 것 만큼 성령님을 근심케 하는 것이 없습니다. 그것은 그 사람으로 하여금 자의로, 또는 자기의 나태함으로 말미암아 말로 다 할 수 없이 존귀한 은혜와 긍휼과 특권을 빼앗기게 하는 시험이나 어떤 부패가 그 사람 속에 득세하고 있음을 드러내는 셈입니다. 자신의 어리석음을 애통하지 않아도 될 사람은 우리 중에 거의 없을 것 같습니다. 하나님의 사랑을 지시하는 모든 표증은 말로 할 수 없이 귀한 보배입니다. 그것을 우리 마음에 안전하게 보관하고 있으면 우리의 영적인 부요함이 더할 것입니다. 그러나 그것을 상실하게 되면 어느 때엔가는 우리를 슬프게 할 것입니다.

우리 중 많은 이들이 영혼과 영적 상태에 대한 큰 선입견을 그냥 방치하고 있는 것을 저는 두려워합니다. 성령께서 말씀을 통하여 그러한 것들의 여러 조짐들을 알려 주시지만 별로 주목하지 않습니다. 우리는 그것들 속에서 말씀하시는 그리스도의 음성을 알아듣지 못합니다. 또 바른 방식으로 그리스도께 귀 기울이지 않습니다. 아니면 그분이 우리에게 말씀하심을 모를 수 없을 때에도 그분에게 순응하지 않습니다. "내가 잘지라도 마음은 깨었는데 나의 사랑하는 자의 소리가 들리는구나 문을 두드려 이르기를 나의 누이, 나의 사랑, 나의 비둘기, 나의 완전한 자야 문을 열어 다오 내 머리에는 이슬이, 내 머리털에는 밤이슬이 가득하였다 하는구나 내가 옷을 벗었으니 어찌 다시 입겠으며 내가 발을 씻었으니 어찌 다시 더럽히랴마는"(아 5:2,3). 아니면, 그러한 것들을 암시하여 주실 때에 거기서 하나님의 사랑에 대한 은혜로운 의식에 속한 어떤 인상들을 받아도 금방 잃어버립니다. 우리 영혼의 생명이 그것과 얼마나 많이 연관되었는지를 알지 못합니다. 뒤따르는 시험이나 연단을 받거나 마땅한 의무들을 시행할 때 그 인상들을 어떻게 활용할지 모릅니다.

자, 우리 영혼의 '생명과 평안'을 제공하는 유일한 샘은 하나님께서 우리를 사랑하신다는 의식입니다. 그 의식을 보전하는 큰 방편이 바로 '영적으로 생각하는' 은혜와 도리입니다. 그 도리의 본질 자체로부터 그 점이 명백하게 나타납니다. 그 점에 대하여 몇 가지로 나누어 생각해 봅시다.

첫째로, 우리의 도리는 '하나님의 사랑에 대한 이 의식을 받고 보전하기에 합당한 마음의 기풍' 속에서 자신의 영혼을 지키는 것입니다. 그러니 그 하나님의 사랑의 의식을 받고 보전해야하는 우리의 이지가 영적이고 천상적인 성향을 띠고 항상 하나님과 거룩한 대화와 교제할 준비를 해야 합니다. 그것 말고 우리 편에서 취할 다른 어떤 방도가 있겠습니까? 하나님께서는 예수 그리스도로 말미암아 우리에게 당신 자신을 우리에게 내어 주시기를 기뻐하셨습니다.

둘째로, 우리의 도리는 우리의 생각과 정서를 '하나님의 은혜와 사랑'에 고정시키는 일입니다. 하나님께서는 우리를 사랑하신다는 것을 아는 의식을 우리에게 주시기까지 말로 다 할 수 없는 자비를 베풀어주셨습니다. 그 하나님의 사랑의 의식이 하나님 사랑의 풍미를 마음에 보전하는 오직 유일한 방편입니다. 이런 사고(思考)의 성향을 가진 이는 하나님의 은총을 보여주는 모든 은혜의 표증들을 거듭 반추하여 곱씹어 생각합니다. 다윗이 '헤르몬 땅과 미살 산'과 같은 곳에서 받은 은혜를 기억하며 자주 반추한 것과 같습니다(시편 42편 참조). 이 위대한 방식을 통하여 '하나님의 사랑'의 보배를 간직할 수 있는 것입니다.

셋째로, 그렇게 영적으로 생각하는 사람만이 하나님의 사랑의 여러 표증들과 암시들을 '바르게 평가할' 것입니다. 생각이 다른 것들로 가득차고 정서가 그 다른 것들에 가 있는 자들은 하늘에 속한 자비와 특권들을 마땅한 바대로 결코 평가하지 못합니다. "배부른 자는 꿀이라도 싫어하고"(잠 27:7). 하나님께서는 당신 자신의 자비하심이 높이 평가받는 것을 기뻐하십니다. 그와 정반대로 그 자비하심을 경멸하는 자들에 대하여는 크게 분노하십니다. 실로 그러한 악한 일에 대하여 무한하신 인내로 참으시는 것입니다. 사람들이 하나님으로부터 외적이고 현세적인 일들에 자비하심을 받고도 귀하게 여기지 않거나 감사하지 않아도 하나님의 노를 크게 사게 됩니다. 사람들이 쓰는 모든 것들을 다 하나님으로부터 받고도 마치 자기 스스로에게서 난 것 같이 하며, 자기들의 힘으로 그 모든 것들을 운용하는 것 같이 조금도 하나님의 은혜를 생각지 않으면 하나님의 노를 크게 격발하는 것입니다. 하물며 당신의 아들의 피로 특별하게 사시어 베풀어 주신 자비하심, 그리고 당신의 영원한 사랑과 은혜를 사소한 것으로 여긴다면 그 일에 대하여 하나님은 얼마나 더욱 노하시겠습니까. 영적으로 생각하는 사람만이 더없이 귀한 보배들을 마땅하게 평가하고 존귀하게 여겨 쌓아 놓습니다.

넷째로, 그런 사람들만 하나님의 사랑에 대한 의식을 전달하는 '모든 방편들을 활용하고 계발하는 방식'을 압니다. 그런 방편들을 하나도 사용하지 않고도 그런 좋은 것들이 우리 편으로 허락되는 일은 없습니다. 그 방편들은 우리로 하여금 다른 모든 도리들을 감당하고 모든 갈등을 극복하고 모든 시련들을 능히 이기도록 제공하여 주신 은혜로운 장비(裝備)들입니다. 그 장비들은 어떤 경우에도 우리의 영적인 힘과 용기를 위하여 거듭 동원되는 것입니다. 그럼으로써 우리의 영적인 힘과 용기를 안전하게 보전하는 것입니다. 왜냐하면 그 방편들을 바르게 잘 활용함으로써 날마다 우리의 이지 속에서 우리의 영적인 힘과 용기가 더 강하게 자라기 때문입니다. 그래서 그런 방편들은 우리가 항상 사용하도록 허락되어 있습니다. 그런 상태 속에서 우리의 영적인 힘과 용기가 안전하게 보전되는 것입니다. 그러나 이런 이들은 다음에 알아보는 모든 경우들에서 더욱 더 분명하게 밝혀질 것입니다.

이런 사고(思考)의 구조(frame of mind)가 '생명과 평안'을 저해하는 고통거리와 불안의 '모든 원리들과 원인들을 다 날려 버립니다.' 본질상 우리 안에는 영적인 생명과 평안을 거스르고 대적하는 원리들이 있습니다. 그와 아울러 우리 안에 거하면서 세력을 부리고 있는 여러 요인들이 우리의 영적인 생명과 평안을 방해합니다. 이 국면에 대하여 두어 가지로 나누어 생각해 봅니다.

첫째, 이런 사고 구조는 우리 마음에서 '불결하고 방탕한 음란한 생각'을 축출할 것입니다. 이런 일이 없이는 은혜의 방편을 통하여 아무런 은택도 받을 수 없으며, 어떤 도리도 바르게 수행할 수 없습니다. "하나님 아버지 앞에서 정결하고 더러움이 없는 경건은 곧 고아와 과부를 그 환난 중에 돌아보고 또 자기를 지켜 세속에 물들지 아니하는 그것이니라"(약 1:27). 그런 불결한 생각은 영적으로 생각하는 것을 정면으로 대치하고 서서 방해하여, 결국 한 인격을 일관성이 없게 만들어 버립니다. 그 둘은 서로 간에 상대의 냉기와 열기를 저해합니다. 그래서 '불결하고 방탕한 음란한 생각'이 존재하는 곳에서는 생명이나 평안은 존재하지 못합니다. 육체와 심령의 부정한 정욕들이 사람들의 이지 속에서 역사하고 작용하고 소동하면, 그것이 성결의 생명이 그들 안에서 번성하지 못하게 하고, 어떤 확고한 평안도 거하지 못하게 합니다. 그 결과 영혼은 영적인 모든 작용에 힘을 잃게 되며, 마치 "평온함을 얻지 못하고 그 물이 진흙과 더러운 것을 늘 솟구쳐 내는 요동하는 바다와 같게" 되는 것입니다(사 57:20). 그런 생각들이 세력을 잡고 있으면 거기에는 '흑암의 깊은 지옥'이 있으며, 혼돈과 하나님을 대적하는 것이 있습니다. 그런데서 사람들은 영원히 끝도 없이 이어지는 형벌의 지옥으로 향할 준비를 하고 있는 셈입니다. 그 생각들이 속에서 남아 있거나 어떤 세력을 부리는 정도에 비례하여 우리의 영적인 생명과 평안은 훼손되고 방해를 받는 것입니다.

자, 이 영적으로 생각하는 은혜의 본질과 그 보편적인 활동 자체가 이런 '불결하고 부정하고 방탕한 음란'을 축출하기에 적당합니다. 그 은혜가 그런 악한 생각들을 솟구쳐내는 원리를 정면으로 내적하는 원리를 우리 이지 속에 들여옵니다. 우리가 이미 묘사한 바 있는 그 은혜의 모든 작용들은 생명과 평안을 파괴하는 그 불결함의 원인들을 정면으로 박살내는 성향을 가지고 있습니다. 다른 방식으로는 그런 것들이 우리 마음에서 퇴출될 수가 없습니다. 만일 그 사람의 이지가 영적이지 않으면 대번에 육신적이 될 것입니다. 만일 위에 것을 생각하지 못하면 이지는 무질서하게 땅의 것들에 시선을 고정시킬 것입니다.

둘째, 본질상 우리의 마음(mind)의 정서들과 정욕들(affections and passions)에는 '무질서'가 존재합니다. 그 무질서는 영적인 생명과 평안을 정면으로 대적하는데, 영적으로 생각하는 것을 통하여 그 무질서가 치료되거나 퇴출되는 것입니다. 복음의 은혜의 효력으로 말미암아 정말 무절제하고 과격한 정욕이 온순해지고 겸손하게 될 것이라고 이사야 선지자를 통해서 약속되었습니다. 바로 신약시대가 도래하고 그리스도의 나라와 그 통치가 이루어지게 되는 때에 그렇게 될 것이라는 복된 약속이 주어졌던 것입니다.

"그 때에 이리가 어린 양과 함께 살며 표범이 어린 염소와 함께 누우며 송아지와 어린 사자와 살진 짐승이 함께 있어 어린 아기에게 끌리며"(사 11:6).

이 약속이 어느 정도라도 실현되지 않았을 때에는, 무질서한 정욕이 여러 가지 방면에서 득세하여 우리가 복음적인 은혜에 동참자가 되지 못하였었습니다. 우리의 정서와 정욕이 영적인 생명과 평안을 어떻게 파괴하는지를 나타내는 것은 그리 쉽지 않은 일이었습니다. 그 무질서한 정서와 정욕이 어떻게 영적인 생명과 평안을 대적하여 자기가 힘을 쓰려고 어찌나 격렬하고 쉬지 않고 덤비는지요. 그런 성향을 나타내는 사람은 어떠한 경우에도 하나님의 진노를 받을 각오와 준비가 되어 있는 듯한 모습을 보이게 됩니다. 그래서 그 악한 정욕으로 상상하는 것만으로도 그 사실에 대한 충분한 증거가 될 정도입니다.

분노와 시기 질투, 세상적인 것들에 대한 애착이 도를 넘어서서 상주하고, 어떤 경우에도 그 모습을 드러낼 태세가 되어 있는 영혼 안에 영적인 생명과 평안이 거한다고 생각할 수 있습니까? 부단하게 소동하고 싸우고 패역하고 있는 사람의 영혼을 생각해 보세요. 마음의 정욕으로 은혜의 지도와 논리를 따르지 않는 그들의 영혼에 영적인 생명과 평안이 거하겠습니까?

이 '영의 생각'의 본질과 주도적인 효력은 우리 마음의 모든 정서들과 정욕들을 거룩한 질서 아래 복종하게 하는 것입니다. 사실은 하나님께서 우리를 그렇게 정직한 자로 지으셨었습니다. 다시 말하면, 우리의 영혼의 모든 요소들과 기능들과 정서들, 그리고 그것들의 모든 작용들을 다 질서 있게 운용하며 하나님을 위하여 살게 지으셨던 것입니다. 이 은혜, 곧 영적으로 생각하는 도리를 통하여 그 영광이 우리에게 회복되는 것입니다. 물론 이 세상에 있는 동안에는 우리가 창조시에 가졌던 본래의 그 완전함에는 어림도 없이 모자랍니다(왜냐하면 죄로 인하여 우리에게 닥쳐온 그 무질서의 남은 잔재가 우리 속에 여전히 부분적으로 남아 있을 것이기 때문입니다). 그럴 경우 '영적으로 생각하는 도리' 속에서 작동하는 복음적인 은혜의 새 원리의 역사로 인하여 그 모자란 회복이 보충될 것입니다. 하나님을 향한 우리의 정서들의 모든 작용이 은혜의 능력을 힘입어 더욱 넘치게 됩니다. 그리하여 결국 본래 창조시에 부여된 부패하지 않은 본성의 상태로 우리가 도달할 수 있는 경지 보다 더 높이까지 올라가기 때문입니다. 그런 경로로 '생명과 평안'이 우리 영혼으로 들어와 보존되는 것입니다.

'우리 심령과 생각을 세상에서 떨어지게 하고 세상에 대한 과도한 애착을 버리게' 되는 것도 바로 그 영적으로 생각하는 일로 말미암습니다. 세상에 애착하는 마음이 더 크게 되면 생명과 평안이 존재하지 않습니다. 세상에 대한 애착이 과도하게 되면 그 정도만큼 영적 생명과 영적 평안은 약화되는 것입니다. 아니 모든 견실한 영적인 평안을 어지럽힙니다. 아니 파괴합니다. 앞에서 기회 있을 때마다 그 점을 말씀드렸습니다. 위엣 것들을 바르게 생각하는 방식은 우리 영혼을 올무에 넣는 덫에서 건져주고 피하게 합니다. 우리가 자신을 부지런히 점검하면 다음과 같은 사실을 발견할 것입니다. 이런 것들에 대한 무절제한 정서와 애착 속에서 영적인 생명의 힘을 더 이상 활발하게 발휘하지 못하게 하는 주도적인 원인들이 나온다는 것입니다. 그로 인하여 우리는 심령의 불안과 낙담에 빠지고 하나님 안에 있는 우리의 평안과 안식을 침해받습니다. 본질상 그로 인하여 은혜가 손상을 받지 않거나, 그런 실제를 통하여 은혜가 저해(沮害) 당하지 않을 수 없기 때문입니다. 그러므로 "영의 생각(영적으로 생각하는 것)은 생명과 평안"입니다. 이는 그것이 바로 그 무절제한 현세적인 것들에 대한 사랑을 제압하고 축출하기 때문입니다. 그 애착은 생명과 평안과 조화될 수 없고 그것들을 파괴합니다.

'영적으로 생각하는 것'이 그 마음으로 하여금 '모든 다른 의무들을 실행하는데 바르고 거룩한 기풍' 속에 있게 합니다. 생명과 평안을 유지하기 위하여 다른 의무들을 성실하게 이행하는 것이 요구됩니다. 특히 그 생명과 평안을 계발하기 위하여 그러합니다. 다른 거룩한 의무들을 게을리 하거나 바른 방식으로 실행하지 않는 사람들 속에는 여기 로마서 8:6의 본문에서 일컫는 '생명과 평안'은 거하지 않을 것입니다. 아니 그 생명과 평안이 번성할 것을 기대하지 못할 것은 말할 필요가 없습니다. 우리 영혼에 이로움을 주는 거룩한 의무들에 참여하지 못하게 하고, 영적으로 생각함으로써 새 힘을 얻어 행하는 모든 것을 방해하는 것이 네 가지 있습니다.

'집중하지 못하고 주의가 산만함' (Distractions)

'낙담' (Despondencies)

'싫증' (Weariness)

'자원함으로 행할 은혜의 부족' (Unreadiness of grace for exercise)

그것들을 차례로 살펴보려 합니다.

첫째, '마음과 생각이 산만하면' 이런 나쁜 효과를 가져옵니다. 많은 이들이 이런 불평을 하는데, 거기서 벗어날 바른 방도를 가진 이들은 거의 없을 것 같습니다. 왜냐하면 이 악은 우리 이지의 '전체 기풍'이 변하지 않고는 아무리 특별한 처방으로도 치료되지 않을 것이기 때문입니다. 그런 자리에서 우리를 벗어나게 하는 일은 하늘에 속한 영적인 것들을 더 즐거워하는 것 외에 다른 대안이 없습니다. 우리가 영적인 일에 집중하지 못하고 산만한 것은 바로 우리 이지의 기풍에 변화가 없기 때문입니다. 그러면 우리가 영적인 것들을 즐겁게 주목하는 것이 부족하고, 그러다 보면 영적인 일에 싫증을 느껴 기회만 있으면 영적인 것들로부터 벗어나고자 합니다. 그런 전환을 가져올 기회만을 노리게 됩니다. '영의 생각'을 하는 기풍이 마음을 주장하고 있어야만 영적인 것들을 즐겁게 주목할 수 있습니다. 그렇게 되어 결국 영적인 것들이 우리 마음의 기풍과 화합하여 조화를 이루고 우리 정서에도 유쾌한 것이 되는 것입니다.

우리의 이지와 영적인 것들 자체가 그렇게 서로 화합하면 어떤 경우에도 상호 융합할 준비가 된 셈입니다. 그러면 이제까지 불평하던 '영적 산만'의 어떤 동인(動因)이나 방편으로도 그 둘을 떼어놓기가 쉽지 않을 것입니다. 그렇게 하여 그 '영적 산만'의 상태를 막을 수가 있는 것입니다.

둘째, '죄책감'(guilt of sin)이 불시로 자주 찾아와 '낙심하게 되어 의무들을 감당할 마음'이 없어지게 되는 일이 있습니다. 죄의 기억이 영적인 의무를 감당하기 시작하는 초기에 많은 이들의 마음을 괴롭힙니다. 그 마음이 은혜의 특별한 역사를 힘입어 분발하여 자기들이 감당하게 된 그 일을 진실하고 열심있게 감당하는 경우가 아니면 그리 됩니다. 또 의무를 한창 감당하고 있는 도중에도 죄책감이 불현 듯 떠올라 마음의 활기를 잃어 버려, 의무를 감당하게 될 때에 자기들이 드린 기도가 정말 잘된 것인지도 모르게 됩니다. 우리가 많은 경우에서 입증하였듯이, 영적으로 생각한다는 것이야말로 이런 식으로 우리 마음의 힘을 잃게 하는 '죄책감의 출몰'에 대비하여 우리를 보호해 줍니다. 영적으로 생각하게 되면 그것이 어떤 경로를 통하여 나타나든지 깨어다 막아내어 영혼을 지켜낼 수 있습니다. '영의 생각'(spiritual mind) 속에서는 어떤 정욕이나 부패도 힘을 쓸 수 없습니다. 영혼이 낙담하게 하는 죄책감에 영향을 입게 할 정도로 죄가 불쑥 찾아오는 주도적인 이유는 세력을 잡으려 하는 것입니다. 만일 이지가 그런 식으로 영향을 받아 죄악적인 어떤 혼돈에 빠지게 되면 어떤 정서도 영적인 것을 향할 수 없습니다. 이렇게 되면 역시 죄가 들어와서 죄책감으로 산만하게 합니다. 그러나 이에 대한 오직 유일한 처방은 바로 '영의 생각'의 은혜와 도리 속에 있습니다. 죄가 불쑥 찾아 들어오는 모든 방식들과 방편들과 기회들을 대처하는 해법도 다 바로 그 영적으로 생각하는 은혜 속에 있습니다.

셋째, '영적인 의무들에 싫증을 느끼게 되면' 그 영적 의무들이 지니고 있는 성향을 낮추게 됩니다. 곧 우리 안에서 생명과 평안을 계발하는 성향을 약화시킨다는 것입니다. 이 악은 앞에서 설명한 '영적 산만'의 경우와 같은 원인으로 발생합니다. 이 현상이 겉 사람, 곧 우리의 육체가 쇠약해지고 기분이 언짢은 상태로 인하여 가중되는 경우가 흔합니다. 때로 심령은 힘이 있는데 육체가 연약하여 낙담하게 됩니다. 이에 대한 제일의 처방은 영적으로 생각하여 영혼이 영적인 일들 속에서 즐거움을 느끼게 하여 주는 데 있습니다. 왜냐하면 어떤 일이든지 부단한 즐거움이 있는 곳에서는 싫증이란 없기 때문입니다. 적어도 정말 즐거워 집착하고 있는 것에서 그 사람을 거기서 떼어낼 것이 없습니다. 그러므로 우리가 영적인 것들에 즐거움으로 참여하게 되면 지루함이 강해져서 우리의 이지를 공격하는 일은 없습니다. 영적으로 생각하게 되면, 그것이 마음을 지켜 겉사람의 여러 요구들에 너무 지나치게 주목하지 않게 합니다. 겉사람은 다른 것들을 생각하는 것으로 네 마음을 채워 '네 자신을 아끼라'고 울부짖습니다. '영의 생각'이 육체의 불만에 '거룩한 압박'을 가하고, 거룩한 의무들에 대한 의식과 기쁨으로 그 불만을 잠잠하게 하는 것입니다.

넷째, '기꺼운 마음으로 영적인 생각을 바르게 실행할 은혜가 모자란 경우'가 거룩한 의무들의 은택을 누리지 못하게 하는 또 다른 것입니다. 예를 들어 마땅한 의무를 감당해야 할 때가 왔다 합시다. 그럴 경우 의무감으로 그 사람은 그 일들에 참예하여 수행합니다. 그러나 그들이 그 의무들을 감당하기 시작할 때, 그들의 영혼과 존재의 핵심인 믿음과 사랑과 경외함이 제 자리를 벗어나 있습니다. 그러니 바르게 그 일들을 행할 기꺼운 마음의 준비가 없습니다. 겨우 일들의 외적인 수행만으로 만족할 정도입니다. 마음과 이지가 다른 일들에 사로잡혀 있습니다. 거룩한 일들을 위하여 바른 준비가 부족한 것이지요. 세상적인 기회들을 엿보는 생각들을 풍기며 그 일들을 수행하러 나온 셈입니다. 그러한 상태에서 즉시 벗어나 은혜를 불일 듯 일으켜 바르게 작동하게 만드는 일은 결코 쉬운 일이 아닙니다.

그러나 이런 경우에 바로 영적으로 생각하는 삶 지체기 필요한 것입니다. 그런 삶의 본질은 우리의 처지가 요구하는 바대로 모든 은혜가 작용하게 지키고 보전하는 것을 내용으로 하는 것입니다. 영적으로 생각하는 것이야말로 효력있는 방식입니다. 바로 이 방식을 통하여 그 은혜가 '생명과 평안'에 이르게 되는 것입니다. 모든 거룩한 의무들을 수행하면서 그렇게 부단한 영성을 견지하는 일이 아니고는 '생명과 평안'에 이르거나 보전될 수 없기 때문입니다. 우리가 영적으로 생각하지 않는 한 우리가 결단코 부단한 영성에 이르지 못하는 것과 마찬가지입니다.

끝으로, 이렇게 영적으로 생각하는 마음의 기풍은 영혼으로 하여금 '하늘과 그 복락에 가장 가까이 접근하게' 합니다. 그 '하늘과 그 복락' 속에 '생명과 평안'의 영원히 마르지 않는 샘이 있습니다. 우리 속에서 이 은혜의 정도에 비례하여 우리가 하나님께 가까이 나아감의 정도도 결정이 될 것입니다. 우리가 하나님을 가까이 하는 것은 우리 속에서 늘 새롭게 하나님의 형상을 숙고함으로써 하나님을 닮아가게 됩니다. 하나님과 우리가 함께 거하게 되는 날 거기서 우리가 하나님의 형상을 완전하게 본받게 될 것입니다. 우리가 하나님을 뵈올 때에 우리는 하나님을 닮을 것입니다. 하나님께서 그리스도 안에 계시고, 하나님께서 친히 우리의 생명과 평안의 샘이시니, 우리가 하나님께 가까이 나아가고 하나님을 본받아 닮아감으로써 우리 영혼 안에서 '생명과 평안'이 번성하고 왕성하게 될 것입니다.

역자 서문강 목사

현재 서울 녹번동에 위치한 '중심교회'의 담임목사로 고려대 신문방송학과, 총신대 신학대학원을 졸업하고, 미국 리폼드 신학대학에서 '강해설교의 회중반응과 그에 대한 목회적 대응'이라는 논제로 목회학 박사 학위를 받았다. 그 학위 논문의 우수성을 인정받아 그 학교 D. Min 프로그램의 논문지도교수와 설교학 객원교수로 섬기고 있다. 1988년 이래 칼빈대학에 출강해 왔고 지금은 전임대우로 칼빈대학원에서도 강의하고 있다. 그는 자기에게 맡기신 하나님의 교회를 목양하며 문서로 복음의 영광을 선파하는 일에 소명받은 사람으로서 본서와 함께 존 오웬의 대표작인 '그리스도의 영광'(지평서원 간)과 '죄 죽이기'(SFC 간), 로이드 존스의 '로마서 강해' 전 14권, '목사와 설교', '부흥', '청교도 신학과 신앙', '시대의 표적', 존 칼빈의 '욥과 하나님', '내가 자랑하는 복음', 조나단 에드워즈의 '신앙과 정서', '그리스도를 아는 지식' 외 수십 권의 역서가 있다. 저작으로 '요한계시록 그 궁극적 승리의 보장', '신앙의 초석', '내가 다시 말하노니 기뻐하라(빌립보서 강해)' 가 있다.

영의 생각, 육신의 생각

초판 1쇄 펴낸날　2011년 7월 1일
　　4쇄 펴낸날　2016년 10월 7일

지은이　존 오웬
옮긴이　서문강
펴낸이　전수빈
펴낸곳　청교도신앙사

주소　서울시 은평구 녹번로3길 2(녹번동)
전화　02-354-6985(Fax겸용)
전자우편　smkline@naver.com
등록　제 8-75(2012.8.21)

디자인　백현아
출력·인쇄　예원프린팅
총판　비전북(031-907-3927)

파본이나 잘못된 책은 구입처에서 바꾸어 드립니다.

ISBN 978-89-87472-23-2　93230
값 16,000원